王韶(1030—1081)像

2022年10月18日，中共江西省委宣传部副部长郎道先(左一)，九江市委常委、宣传部部长孙金淼(左二)在中共德安县委书记周三连(右一)、爱民乡党委书记李瑞生的陪同下一行20余人到锹溪总祠调研指导正在打造的王韶"忠烈文化家风馆"

◀ 2019年11月30日，江西省历史学会王韶研究专业委员会成立大会现场

▶ 2019年11月30日，在首届王韶学术研讨会现场与资深专家等人合影。左起：王定钊、赵明、俞兆鹏、许怀林、王可喜、邹锦良、彭锋、王清愿、李勤合

2019年11月30日，在南昌大学（前湖校区）国际学术交流中心召开江西省历史学会王韶研究专业委员会成立大会暨首届全国王韶学术研讨会，图为与会人员合影。前排左起：冯瑞、王连旗、杨忠生、张莘、邹锦良、王清愿、何冠环、甘姝、赵明、俞兆鹏、许怀林、孙家骅、顾宏义、王可喜、邓木林、王瑞风、雷家圣、王晓燕、贾连港

◀ 2019年11月30日，江西省历史学会王韶研究专业委员会班子成员与资深专家合影。左起：王定钊、王先进、邓木林、孙家骅、许怀林、俞兆鹏、邹锦良、王可喜、王定乾

2018年11月24日,在德安县第28期《周末干部大讲堂》就"北宋名臣王韶的历史功绩与影响"主题开讲。县四套班子在家领导、县委中心组全体成员,县委各部门、县直及驻县各部门负责同志,各乡镇副科以上干部、王韶研究会的专家及成员,县部分中小学校语文、历史学科老师代表共计300余人参加讲座。讲座由县委常委、宣传部长甘姝主持。县领导周三连、张浔、江昌英、田存飞等到场聆听讲座

▶ 2018年10月14日，在德安县北宋才子王寀与汝帖活动中作专题讲座

◀ 2018年10月14日，在德安县纪念王寀与汝帖书法百家邀请展开幕式上，与参会领导、嘉宾、德安锹溪族人合影。左起：冯德良、相黎丽、王先进、王振华、刘劲楠、邹锦良、李国胜、甘妹、王定乾、王可喜、方明、胡美玲、李志军、王定钊、王北京

▶ 2018年10月14日，在中共德安县委宣传部举办的"晋贤流风·德安县纪念王寀与汝帖书法百家邀请展"活动中接受江西电视台记者采访

◀ 2023年12月16日，应邀参加第二届江西·德安家风文化交流研讨会，并以《德安王韶家族忠烈文化的形成与传扬》为题作演讲

▶ 2023年12月16日，第二届江西·德安家风文化交流研讨会现场

◀ 2023年12月16日，在第二届江西·德安家风文化交流研讨会会场与活动承办方负责人及德安宗亲合影。左起：王贤勇、王义荣、王可喜、张莘、王定钊、王贤贝、王先进

2019年12月1日,在望夫山王韶家族墓葬群向顾宏义等专家介绍碑文情况

2023年12月17日,到望夫山拜谒祖墓,在王韶家族墓葬群文物保护单位标志牌及保护禁令旁合影。左起:王贤勇、王定钊、王瑞凤、王可喜、王义荣、王贤贝(王瑞凤,德安县文化发展研究中心副主任)

◀ 2015年10月4日，在金坛茅麓茶厂同王柳松等宗亲交流宗谱，讨论世系问题

▶ 2019年11月29日，在南昌大学召开的首届全国王韶学术研讨会期间，同永修县王经华、德安县王贤勇等宗亲交流宗谱

◀ 主编《王韶家谱》一函四册。2024年11月23日，在通山九宫山召开的第三届中华锹溪王氏联谊大会上正式公开发行

▶ 2021年6月6日，与谱局同仁走访九江柴桑固塘，为《王韶家谱》采集资料。左起：王振华、王可喜、王义水、王定钊

# 宋代王韶忠烈世家研究

王韶研究丛书

王可喜 王娇 著

湖北省社科基金项目（项目号：2020252）资助
湖北省七个一百人才出版资助
咸宁市2021年度高层次人才科研项目择优资助

江西高校出版社
南昌

图书在版编目(CIP)数据

宋代王韶忠烈世家研究 / 王可喜，王娇著. -- 南昌：江西高校出版社，2024.12. -- (王韶研究丛书).
ISBN 978-7-5762-5232-3

Ⅰ.K820.9;I206

中国国家版本馆 CIP 数据核字第 202491QD73 号

| 策 划 编 辑 | 陈永林 | 责 任 编 辑 | 王良辉 |
| 封 面 设 计 | 邓家珏 | 责 任 印 制 | 李香娇 |

| 出 版 发 行 | 江西高校出版社 |
| 社　　　　址 | 江西省南昌市洪都北大道96号 |
| 邮 政 编 码 | 330046 |
| 总编室电话 | 0791-88504319 |
| 销 售 电 话 | 0791-88511423 |
| 网　　　　址 | www.juacp.com |
| 印　　　　刷 | 南昌市光华印刷有限责任公司 |
| 经　　　　销 | 全国新华书店 |
| 开　　　　本 | 700 mm×1000 mm　1/16 |
| 印　　　　张 | 23 |
| 彩　　　　页 | 8 面 |
| 字　　　　数 | 330 千字 |
| 版　　　　次 | 2024 年 12 月第 1 版 |
| 印　　　　次 | 2024 年 12 月第 1 次印刷 |
| 书　　　　号 | ISBN 978-7-5762-5232-3 |
| 定　　　　价 | 118.00 元 |

赣版权登字-07-2024-764

版权所有　侵权必究

图书若有印装问题，请随时联系本社印制部(0791-88513257)退换

# 总　序

在宋朝近320年的历史长河中，涌现了许多政治家、军事家、思想家等，他们都为中华文化的发展、繁荣做出了贡献。

北宋中期的官员王韶，因为"开熙河""断西夏右臂"，在宋、夏史上留下了浓墨重彩的一笔。早在20世纪70年代笔者参与编写《中国通史》（人民出版社，1978年4月版，第157页、162页）第五册时，曾两次提及王韶。一次是记载他在宋神宗初期，以同管勾秦凤路经略司机宜文字身份，在陇州古渭寨设置市易司，管理商贸，每年获利一二十万贯。熙宁五年（1072），神宗据此颁布市易法，成为王安石新法的主要措施之一。又一次是王安石任命王韶为秦凤路沿边安抚使，采纳其《平戎策》断西夏右臂的战略方案，发兵抗御西夏。是年八月，王韶战胜吐蕃。次年二月，再次出兵攻占河、洮、岷、宕等五州，取得了北宋王朝对外作战的胜利，王韶因此加官晋爵。20世纪80年代初，在《中国历史大辞典·宋史卷》（上海辞书出版社，1984年版，第45—46页）中，陈振先生首次概述王韶的一生。近年，笔者主编的《宋史辞典》（待出，山东教育出版社，校样第148页）中，自然也收入王韶条目，内容较陈振先生所写更详，文末还指出王韶曾著《敷阳子》等书。

应该说，王韶是一位值得肯定的官员。近年，王韶的历史引起他故乡专家学者的注意。江西省文化厅（现文化和旅游厅）孙家骅先生首先写出《试论王韶出师熙河》一文，载笔者《八秩寿庆文集》（中国商务出版社，2017年10月

版,第236—243页)。该文论述王韶一生的业绩之一,除引用了《宋史》《宋会要辑稿》等宋代主要文献外,还发掘出未刊本德安《王氏重修宗谱》、江西省博物馆收藏的《宋故华原郡夫人杨氏墓志铭》等,更显得珍贵,足以弥补正史的不足。如今,家骅先生经多年之力,编成"王韶研究丛书",将进一步为《全宋文》《宋代墓志铭》等已经付梓或待出的宋代文献总集增添新的内容,为宋代历史的研究做出新的贡献。

谨序。

朱瑞熙

(上海师范大学古籍整理研究所原所长、研究员,四川大学历史文化学院博士生导师,曾任中国宋史研究会会长)

# 目录

## 上编　世家研究

### 第一章　王韶忠烈世家总论 /3
　　第一节　王韶世家源流考 /5
　　第二节　五代忠烈的望族 /24

### 第二章　家族主要成员生平事迹考 /28
　　第一节　王韶行年系地谱 /28
　　第二节　王厚行年系地谱 /107
　　第三节　王寀行年系地谱 /147
　　第四节　王阮行年系地谱 /163
　　第五节　王彦融生平事迹考 /199
　　第六节　王万全生平事迹考 /205
　　第七节　王万枢生平事迹考 /207
　　第八节　王遂行年系地谱 /212

### 第三章　王韶忠烈世家兴盛不衰的原因 /250
　　第一节　忠烈家族文化的树立与影响 /250
　　第二节　其他因素对家族兴盛的影响 /257

## 下编　文学研究

　引言 /265

### 第一章　王韶诗文研究 /266

第一节　王韶的诗歌　/268
　　第二节　王韶的策论代表作《平戎策》　/271
　　第三节　王韶佚文辑考　/275
**第二章　王厚佚文考　/283**
**第三章　王寀诗词研究　/288**
　　第一节　王寀的诗　/288
　　第二节　王寀的词　/292
**第四章　王阮诗歌研究　/296**
　　第一节　王阮诗歌题材内容　/296
　　第二节　从王阮诗歌看其思想人格特征　/303
**第五章　王遂等家族成员佚文考　/314**
　　第一节　王遂佚文考　/314
　　第二节　家族其他成员佚文考　/324

# 余论　论王韶的军事思想　/331

# 引用文献　/340

# 附录　王韶家族故事　/350

# 后记　/359

## 上编　世家研究

# 第一章　王韶忠烈世家总论

宋代名臣、著名军事家王韶（1030—1081），字子纯，"纯"一作淳、醇，号敷阳子。卒谥襄敏。江州德安（今江西九江德安）人。宋仁宗嘉祐二年（1057）与苏轼、曾巩等同榜进士。王韶于宋神宗熙宁年间经略熙河，主导熙河之役，拓边二千余里，收复熙、河、洮、岷、叠、宕六州，是中国古代著名的军事家、政治家，官至枢密副使。王安石变法以富国强兵为目标，熙河之役是"强兵"的重要体现和实践，是整个变法内容的重要组成部分，因而，王韶成为王安石变法运动的主要支持者和具体实施者，是"强兵"战略实践的中坚、骨干。王韶主导的熙河之役的胜利，"是北宋王朝在结束了十国割据局面之后，八十年来所取得的一次最大的军事胜利"①。清人蔡上翔在《王荆公年谱考略》中评曰："王子醇天下奇才也。……韶以书生知兵，诚为不出之才，而谋必胜，攻必克，宋世文臣筹边，功未有过焉者也！"②西北大学教授陈峰在《武士的悲哀——北宋崇文抑武现象透析》一书中评价说：王韶"是本朝历史上最善用兵、也最具胆魄的军事统帅，其作为在一定程度上已足以与古代名将相媲美"③。

王韶以献奇策（《平戎策》）、立奇功（收复六州国土、断西夏右臂）、得奇赏

---

① 冯瑞等《王韶〈平戎策〉及其经略熙河》，《兰州大学学报》2002年第1期。
② 蔡上翔《王荆公年谱考略》，上海人民出版社1973年版，第249—251页。
③ 陈峰《武士的悲哀——北宋崇文抑武现象透析》，陕西人民教育出版社2000年版，第267、268页。

(一日三圣旨,上封三代,下覃九族)而官至枢密副使,成为宋代著名的"三奇"副使。

自王韶以下,其子王厚、王端、王定、王实、王寀,孙王彦隆、王彦博、王彦融、王彦举,曾孙王阮、王万全、王万枢,玄孙王遂、王遇等等,或为文臣,或为武将,或文武兼备。自北宋仁宗嘉祐年间王韶登第出仕,至南宋理宗淳祐年间王遂下世,王韶家族祖孙五代,近二百年勋臣辈出,奋忠许国,成为两宋著名的忠烈满门的世家望族。

王韶世家又是家教源远流长、文化底蕴深厚的家族。家族成员多热爱文学,并以文学著称。王韶以文出仕,以武报国,据《宋史》卷二百五《艺文志》,著有《敷阳子》七卷、《王韶奏议》六卷、《熙河阵法》一卷,虽多已散佚,仍存诗五首,存文二十八篇。

次子王厚,亦能文,《茅田王氏宗谱》存《宁远军节度使庄敏公小传》云:"公闲居,手不释卷;每草诏,拂纸成文,运笔不停,成则一览,不复改窜。"[1]《京口耆旧传》卷六《王厚传》载:"有奏议三十卷。"不传。今曾枣庄等编《全宋文》辑其文十二篇,笔者又辑补得四篇,共存文十六篇。

幼子王寀"少豪迈有父风","善议论,工词翰"[2]。《宋史》卷三百二十八《王寀传》亦谓其"好学,工词章"[3]。据《宋史》卷二百八《艺文志》,王寀著有《南陔集》一卷,又据赵希弁《郡斋读书后志》卷二,王寀著有《岷山百境诗》二卷,两集均佚,今《全宋词》收其词十二首,《全宋诗》录其诗十六首,另据陶宗仪《南村辍耕录》可补《双凫》一首。《全宋文》录其文两篇。

曾孙王阮有《义丰集》传世,宋淳祐三年王旦刻本藏于北京图书馆,今《全宋诗》录其诗二百零五首,清陈元龙编《历代赋汇》收其《馆娃宫赋》一篇。另

―――――――
[1] 王可喜《王韶家族研究文献集》,江西高校出版社2018年版,第297页。
[2] 王明清撰,燕永成整理《挥麈后录》卷三,大象出版社2013年版,第125页。
[3] 脱脱等《宋史》卷三百二十八,中华书局1990年版,第10584页。

有《雪山集序》等文两篇。

玄孙王遂以文学著称于时，"（刘）宰尝称遂为文雅健，无世俗浮靡之气，足以名世"①。王鏊《姑苏志》卷四十《王遂传》载："所著《诸经讲义》《奏议》《实斋文稿》藏于家。"②诸著不传。今《全宋诗》辑其诗一卷，存诗九十首，周应合《景定建康志》、钱毂《吴都文粹续集》等存其文多篇，《全宋文》辑其文为三卷，计四十二篇。笔者又补得六篇，编为一卷。

其他如王彦融、王万全、王遇、王迈（字英伯）、王遘（字浩翁）等均有文章传于世。因而，王韶家族又是热爱文学并以文学著称的世家望族。

## 第一节　王韶世家源流考

王韶世家世系清晰可考，王韶家谱——《茅田王氏宗谱》③之《历代长江图》载之甚详，兹先录德安始祖王傑之隐居德安之前世系图如下：

道行→森→彬→昇→昱→顾→错→贲→渝→息→恢→元→颐→翦→贲→离→元→灏→钺→吉→竣→崇→遵→音→融→览→琛→侃→傑之

---

① 脱脱等《宋史》卷四百十五《王遂传》，中华书局 1990 年版，第 12461 页。
② 王鏊《姑苏志》卷四十，《北京图书馆古籍珍本丛刊》本，书目文献出版社 1998 年版，第 597 页。
③ 茅田王氏系王韶第八子王定一支，《茅田王氏宗谱》重修于民国辛巳年（1941）。据该谱卷目录，整谱有五十七卷，计九千八百九十页，规模宏大，笔者今所见仅为卷首一册。版面高 36.5 厘米，宽 46 厘米，四周双线边框，版框高 30 厘米，宽 42 厘米；左右双栏，半叶 9 行，行 22 字；版心单鱼尾、白口，上有谱名"琅琊王氏宗谱"，下有堂号"三槐堂"，鱼尾下有篇名、重修时间及页码。该谱自宋淳熙戊戌年（1178）至民国辛巳年凡十三次续修。收录有历代续修的谱序（录、记），完整连续（除元代无序），是为可信。下文引小传，不另加注。

此世系图与宋邓名世《古今姓氏书辩证》卷十四所考完全一致，且更完整。邓名世考云：

> 周灵王太子晋八世孙错，为魏将军；生贲，为中大夫；贲生渝，为上将军；渝生息，为司寇；息生恢，封伊阳君；生元，元生颐，皆以中大夫召不就；生翦，秦大将军；生贲，字典，武陵侯；贲生离，字明，武城侯，二子元、威。元避秦乱迁于琅琊，后徙临沂。四世孙吉，字子阳，汉谏议大夫，始家皋虞，后徙临沂都乡南仁里；生骏，字伟山，御史大夫，二子崇、游。崇字德礼，大司空，扶平侯；生遵，字伯业，后汉中大夫，义乡侯，二子皆、音。音字少元，大将军掾，四子谊、叡、典、融。融字巨伟，二子祥、览。祥晋太保，睢陵元公；览字元通，晋光禄大夫，即丘正子。……览六子，裁、基、会、正、彦、琛。……琛字士玮，晋国子祭酒。……琛生稜、侃。①

王韶先世出自山东琅琊王氏，至汉代有先祖王吉。据班固《汉书》卷七十二《王吉传》②记载，王吉字子阳，琅琊皋虞（今属山东）人。少好学明经，以郡吏举孝廉为郎，补若卢右丞，迁云阳令，举贤良为昌邑王中尉。昌邑王好游猎，驱驰国中，动作亡节。吉上疏谏曰："大王不好书术而乐逸游，……非所以全寿命之宗也，又非所以进仁义之隆也。""吉辄谏争，甚得辅弼之义，虽不治民，国中莫不敬重焉。"后昌邑王"以行淫乱废。昌邑群臣坐在国时不举奏王罪过，令汉朝不闻知，又不能辅道，陷王大恶，皆下狱诛。唯吉与郎中令龚遂以忠直数谏正，得减死，髡为城旦。起家，复为益州刺史，病，去官，复征为博士谏大夫。

---

① 邓名世《古今姓氏书辩证》，景印文渊阁《四库全书》，台湾商务印书馆1985年版，第922册第145、146、148页。
② 班固《汉书》卷七十二，中华书局1962年版，第3058—3068页。

是时宣帝颇修武帝故事,宫室车服盛于昭帝"。吉上疏言得失曰:"臣闻:圣王宣德流化,必自近始。朝廷不备,难以言治;左右不正,难以化远。民者,弱而不可胜,愚而不可欺也。圣主独行于深宫,得则天下称诵之,失则天下咸言之。行发于近,必见于远,故谨选左右,审择所使;左右所以正身也,所使所以宣德也。……臣愿陛下承天心,发大业,与公卿大臣延及儒生,述旧礼,明王制,驱一世之民济之仁寿之域。……上以其言迂阔,不甚宠异也。吉遂谢病归琅琊。"

其子骏①(字伟山)相关情况,《本传》附载云:"元帝初即位,遣使者征贡禹与吉。吉年老,道病卒,上悼之,复遣使者吊祠云。初,吉兼通五经,能为驺氏《春秋》,以《诗》《论语》教授,好梁丘贺说《易》,令子骏受焉。骏以孝廉为郎。左曹陈咸荐骏贤父子,经明行修,宜显以厉俗。光禄勋匡衡亦举骏有专对材。迁谏大夫,使责淮阳宪王。迁赵内史。吉坐昌邑王被刑,后戒子孙毋为王国吏,故骏道病,免官归。起家复为幽州刺史,迁司隶校尉,奏免丞相匡衡,迁少府。八岁,成帝欲大用之,出骏为京兆尹,试以政事。先是京兆有赵广汉、张敞、王尊、王章,至骏皆有能名,故京师称曰:'前有赵、张,后有三王。'而薛宣从左冯翊代骏为少府,会御史大夫缺,……骏乃代宣为御史大夫,并居位。"

其孙崇(字德礼)相关情况,《本传》亦附载云:"骏子崇以父任为郎,历刺史、郡守,治有能名。建平三年,以河南太守征入为御史大夫数月。是时成帝舅安成恭侯夫人放寡居,共养长信宫,坐祝诅下狱,崇奏封事,为放言。放外家解氏与崇为昏,哀帝以崇为不忠诚,策诏崇曰:'朕以君有累世之美,故逾列次。在位以来,忠诚匡国未闻所繇,反怀诈谖之辞,欲以攀救旧姻之家,大逆之辜,举错专恣,不遵法度,亡以示百僚。'左迁为大司农,后徙卫尉左将军。平帝即

---

① 前文所录家谱写作"竣",而《汉书》作"骏",宋邓名世《古今姓氏书辩证》卷十四亦作"骏",当是家谱抄录有误,以《汉书》为是。

位,王莽秉政,大司空彭宣乞骸骨罢,崇代为大司空,封扶平侯。岁余,崇复谢病乞骸骨,皆避王莽,莽遣就国。岁余,为傅婢所毒,薨,国除。"

"自吉至崇,世名清廉,然材器名称稍不能及父,而禄位弥隆。皆好车马衣服,其自奉养极为鲜明,而亡金银锦绣之物。及迁徙去处,所载不过囊衣,不畜积余财。去位家居,亦布衣疏食。天下服其廉而怪其奢,故俗传'王阳能作黄金'。"

可见,先祖自王吉至王崇,祖孙以儒业起家,仕宦算是比较显达,禄位也趋于隆高。他们都敢于直谏,为政则"治有能名",表现出较强的政治才能,且能奉尚清廉。

自王崇历三代至王融,正汉末三国纷争,王融(字巨伟)"公府辟,不就"。王融有子王祥(185—269)、王览(206—278)。《晋书》卷三十三《王祥传》载:"王祥,字休徵,琅琊临沂人。汉谏议大夫吉之后也。祖仁①,青州刺史;父融,公府辟不就。祥性至孝……父母有疾,衣不解带,汤药必亲尝。母常欲生鱼,时天寒冰冻,祥解衣将剖冰求之,冰忽自解,双鲤跃出,持之而归。母又思黄雀炙,复有黄雀数十,飞入其幕,复以供母。乡里惊叹,以为孝感所致焉。……举秀才,除温令,累迁大司农。高贵乡公即位,与定策功,封关内侯,拜光禄勋,转司隶校尉。……迁太常,封万岁亭侯。……(晋)武帝践祚,拜太保,进爵为公,加置七官之职。……泰始五年薨。明年策谥曰:元。"王祥对父母十分孝顺,其卧冰求鲤的故事,早已是广为流传的佳话。王祥官位显赫,重振家族,为东晋王氏发达江左奠定了基础。王祥曾著遗令训诫子孙云:"夫言行可复,信之至也;推美引过,德之至也;扬名显亲,孝之至也;兄弟怡怡,宗族欣欣,悌之至也;临财莫过乎让。此五者,立身之本。"这既是他对子孙为人处世的要求,也是他本人为人处世所秉持的准则,成为王氏后人有志者共同的做人准则。

---

① 前文所录家谱写作"音",而《晋书》作"仁",宋邓名世《古今姓氏书辩证》卷十四考云:"生遵,字伯业,后汉中大夫,义乡侯,二子音、音。音字少元,大将军掾,四子谊、叡、典、融。融字巨伟,二子祥、览。"祥、览之祖为"音"而非"仁",此考与家谱同,不知《晋书》何据,或写法有误。

王览是王祥同父异母的弟弟。《晋书》卷三十三《王览传》载："览,字元通。……览孝友恭恪,名亚于祥,及祥仕进,览亦应本郡之召,稍迁司徒西曹掾,清河太守五等建封即丘子,邑六百户。泰始末,除弘训少府,职省转太中大夫,禄赐与卿同。咸宁初,诏曰:览少笃至行,服仁履义,贞素之操,长而弥固,其以览为宗正卿。顷之,以疾上疏,乞骸骨。诏听之,以太中大夫归老,赐钱二十万,床帐荐褥,遣殿中医疗疾给药,后转光禄大夫,门施五马。咸宁四年卒,时年七十三,谥曰贞。有六子:裁、基、会、正、彦、琛。……琛字士玮,国子祭酒。……览后奕世多贤才,兴于江左矣。"

琅琊世系由于年代久远,至今有诸多互异。前录《茅田王氏宗谱》之《历代长江图》可备一说。其中,元至吉中间两代与后文《槐泉编正历代传次》所列锹溪唐初两代相同,必有误,据现通行琅琊王氏世系,当为"谆""渊"。又,自王琛至傑之,中间似缺数代。

由于史料有限,现先作如下推测,且世代之间的时间尽量放宽:若王览四十岁生第六子王琛,则王琛约生于 246 年,主要活动时间在西晋,其子王侃约生于 280 年,主要活动时间为两晋之际。《茅田王氏宗谱》又载王彦融《王氏总说》一篇,云:"侃卒,子傑之隐居德安昆仑山,是为上宅,距锹溪之北四五里许。世传云:王傑之初至,有子名伟,甚机敏,而上宅有姓向者,翁媪二人,惟生一女,见王氏子,求之为婿,住双圩坪。故上宅至今名向冲保,而王氏祭享祖先,则必请双圩土地焉。"若据此,可继续推测,王傑之为王侃子,则王傑之约生于东晋建立的 317 年前后,主要活动时间在东晋,王傑之之子王伟亦为东晋时人,活动于晋宋之际。《王氏总说》又云:"至大唐,则徙江州浔阳(原注:即今德安县)蒲塘场(原注:即今锹溪),在太平乡恭顺里中,恭顺正锹溪之里名也。锹溪主家讳瓘文者,生二子,长曰定,次曰海。"王瓘文为锹溪开基祖,其时在大唐,则王伟至王瓘文之间有南朝宋至唐近三百年世系的空缺,可见明显漏载,王彦融亦明确说"迄周隋,无所稽考"。可见,王傑之不可能为王侃之子,王傑

之与王伟父子关系亦存疑问。

　　锹溪王氏现存有清同治六年（1867）由翰林院编修王凤池等所纂修的《王氏大成谱》（以下简称《锹溪同治谱》），共四卷，版面高36.5厘米，宽46厘米，四周双线边框，版框高30厘米，宽42厘米；左右双栏，半叶8行，行14字；版心单鱼尾、白口，上有谱名"王氏大成谱"，下有堂号"听笙堂"，鱼尾下有卷次、篇名、页码。卷首收录《锹溪老谱历代传次》《乾隆戊申茅田订正谱系》《槐泉编正历代传次》《瑾文公支下总系》等。按，王凤池（1824—1898），字兆木，号丹臣、敬庵，兴国州（今湖北阳新）人。咸丰九年（1859）中举人。同治四年（1865）中进士，殿试第十二名，钦点翰林院庶吉士。同治十年（1871）授为翰林院编修，负责起草诰敕、纂修史书、侍讲经筵。历任南康、九江知府。他才思敏捷，又擅长书画，时誉"江南才子"，清末浅绛彩绘瓷画先驱之一，传世作品有光绪三年（1877）作的《松风清籁图》山水瓷板、光绪二十二年（1896）作的《松鹤图》瓷板等。著有《福云堂诗稿》。

　　《锹溪同治谱》之《槐泉编正历代传次》似有完整补充。现录如下：

　　　　侃→戬→明德（宋）→潘（齐）→尹寿（梁）→施仁（后周）→政→
　　　　延治（隋）→灏（唐）→钛→伟→傑之→瑾文

　　按，王戬名下按云："自侃至傑之，三百五十年有奇，宋、明谱仅三传，定然遗载。且明德公御史大夫、灏公刺史令，周代无此官，必宋齐梁魏后周人，故照老谱补十一世，年世亦相当。"看来，彦融所记，有关久远的历史部分，可能是以口授相传的，明显有误。同治谱并录三大世系，《锹溪老谱历代传次》《乾隆戊申茅田订正谱系》保持原貌照录，而《槐泉编正历代传次》则明显在纠错，其补正了瑾文之前的十一代。其中关于王伟与王傑之亦有考辨，按云："伟，一名少。宋、明谱载，伟为傑之之子，湖田谱载傑之之父。按《宋封爵表》：晏之生

裕文,肇之生镇文,耆之生韶文、宏文,则偈之生瑾文。世派符合而伟为父明矣。"故知:迁入德安时间在唐朝,始祖为王偈之,定居锹溪开基祖为王瑾文,这是明确无疑的。

综上所考,列锹溪王瑾文之前《历代长江图》如下:

晋→道行→森→彬→昇→昱→颀→错→贲→渝→息→恢→元→颐→翦→贲→离→元→谭→渊→吉→竣→崇→遵→音→融→览→琛→侃→戬→明德(宋)→潴(齐)→尹寿(梁)→施仁(后周)→政→延治(隋)→灏(唐)→鈫→伟→偈之→瑾文

湖北通山茅田王氏与江州德安锹溪王氏是何关系?《茅田王氏宗谱》可信度如何?

湖北通山茅田王氏系王韶第八子王定的一支,北宋绍圣间始定居兴国军(今湖北阳新),王定之孙王仁宏始迁茅田①。明洪武壬子年(1372)王时俊《茅田王氏谱系序》记载:

> 绍圣间,有观文学士第八子定,由承务郎除知富川郡事,后以评事致仕。因访承庆遗址,人烟稀少,田园宽闲,山川秀而修阻,于是率仆从而家焉。娶郑氏,生十四评事英甫于徽宗建中靖国元年(1101),殁葬举坑旧宅屋背后,有碑可验。英甫生二子,长仁庆迁青阳,次仁宏迁茅田。……时洪武壬子仲秋月九日,文显公次子时俊字则胜号龙溪撰。

---

① 茅田在今湖北通山洪港镇,历史上均属兴国(今湖北阳新),1950年划归通山管辖。

该序详细记载了茅田王氏的支脉来源及迁徙情况。按,富川,指河即富水河,发源于通山县境内幕阜山脉主峰九宫山,流经阳新县,由富池口汇入长江;指县即兴国军治永兴县(别称富川县、阳新县)。又按,观文学士指王韶,王定即以父开熙河功除承务郎,再除知富川郡事。

今所见《茅田王氏宗谱》重修于民国辛巳年(1941)。该谱自宋淳熙戊戌年(1178)至民国辛巳年凡十三次续修。据该谱卷首目录,整谱有五十七卷,计九千八百九十页,规模宏大,今所见仅为卷首。卷首收录了王彦融《王氏总说》,宋淳熙五年戊戌(1178)所录《三万家谱录》《黄土家谱录》《锹溪源流实事》,明洪武五年壬子(1372)王时俊《茅田王氏谱系序》,嘉靖三十二年癸丑(1553)韩楷《武昌王氏族谱序》,万历元年癸酉(1573)徐纲《太原王氏重修统宗谱序》,万历三十四年丙午(1606)王惟周《茅田补订族谱录》,清顺治十四年丁酉(1657)王善极《茅田重修族谱序》,乾隆五年(1740)王神武《续修茅田王氏宗谱序》,乾隆五十三年(1788)王国隆《茅田王氏族谱序》,道光五年(1825)《茅田王氏上三支分修谱序》,光绪九年(1883)王全俊《茅田王氏族谱记》,宣统三年(1911)辛亥谱序未见,民国壬午年(1942)王贤泽《续修宗谱序》。可谓完整连续,可信无疑。整谱可信,王彦融《王氏总说》及世系亦属可信。

谱中所录王彦融《王氏总说》载德安始祖王傑之以下发派及五代间"九分"之人迁徙情况,云:

> 锹溪主家讳瓘文者,生二子,长曰定,次曰海。定生三子,曰靖,曰显,曰晖;海生二子,曰明,曰昭。大中(原注:唐宣宗号)十二年,家指繁盛至一百二十余口,分为九分。靖生三子,长曰滨,居塘畔,谓之堂上;次曰复,居堂下,谓之西厅;季曰谊,居北冲,谓之中宅。显生二子,长曰诚,居桥东,谓之茶坊;次曰溶,居桥西,谓之墙下。晖生一子,曰哲,居中厅。昭生三子,长曰澄,居西宅;次曰密,居东厅之楼

下;季曰燮,居北林,谓之磨坊。于是锹溪东西二岸及二冲等处,接栋连楹,无尺寸空址。近年塘畔诸处掘地而得大砖,有"咸通(原注:宣中[宗]子懿宗号)十四年"字,是其验也。五代间,僭乱迭兴,干戈不息,盗寇蜂起,乡里莫能安逸,吾族虽家势浩大,声誉四驰,盗寇不敢侵,九分之人亦不能无迁徙于四方者矣。今即其前后迁徙而言之,惟堂上楼下二分,寇退仍还锹溪旧宅;西宅一分则迁之宅西四十里许地,名黄土,渌水界;墙下一分则迁之宅东十里许地,名三万;磨坊一分则迁之宅北十里许地,名珠明村。此五分者,世之相传为最盛,地之相去亦不远焉。①

又据《始迁德安锹溪祖瑾文公派下世系》,选录部分为官及外迁者简传如下:

王瑾文,"凌烟阁学士,迁工部尚书。子二:定、海"。

王定,"朝议大夫。子三:靖、显、晖"。

王复,"孝感县丞,娶袁氏,子一:衡。公徙兴国洴田,今名泉口畈。公、妣合葬猛虎跳涧"。

王谊,"徙居蕲州白沙河"。

王诚,"唐大中五年(851)登第,咸通(860—874)间为豫宁令,政宽平,得民心。解印日,留任者数百人,遂止。王方而家焉。生子三:怡、惇、恒"。

王怡,"光启元年(885)迁栗冈廉村"。

王恒,"迁枫林潘田马头坑"。

王密,"由楼下迁九江府"。

王君朋,"赠金紫光禄大夫"。

---

① 王可喜《王韶家族研究文献集》,江西高校出版社2018年版,第311、312页。

王君权,"字崇祖,唐昭宗天复间(901—904)进士,从常侍平乱有功,累官兵部尚书,银青光禄大夫知制诰。五季兵乱,以礼致仕,徙武宁安乐乡八都,因驴驻居焉"。

王君演,"第五郎,天祐间(904—907),加褒镇南将军观察先锋兵马使。葬曹家坑"。

王君浅,"第十郎,字禹源,镇南节度使,押衙常侍,御史大夫。公幼英敏,听览皆能默识。时惟戎绎骚,公偕伯仲,建明计略,陈之幕府,邦伯吴公奇之,一意委任,每奏殊捷。乾宁乙卯(895),闻于朝廷,玉音加劳,累迁枢要。光化庚申(900)卒,年三十八,惜哉!"据此,知其生于咸通四年(863)。

王君汴,"官镇南军节度使,左相检校常侍,御史大夫,加银青光禄大夫"。

王君涌,"十三郎,官兵马副使"。

综上考录,列《始迁德安锹溪祖瑾文公派下世系图》如下:

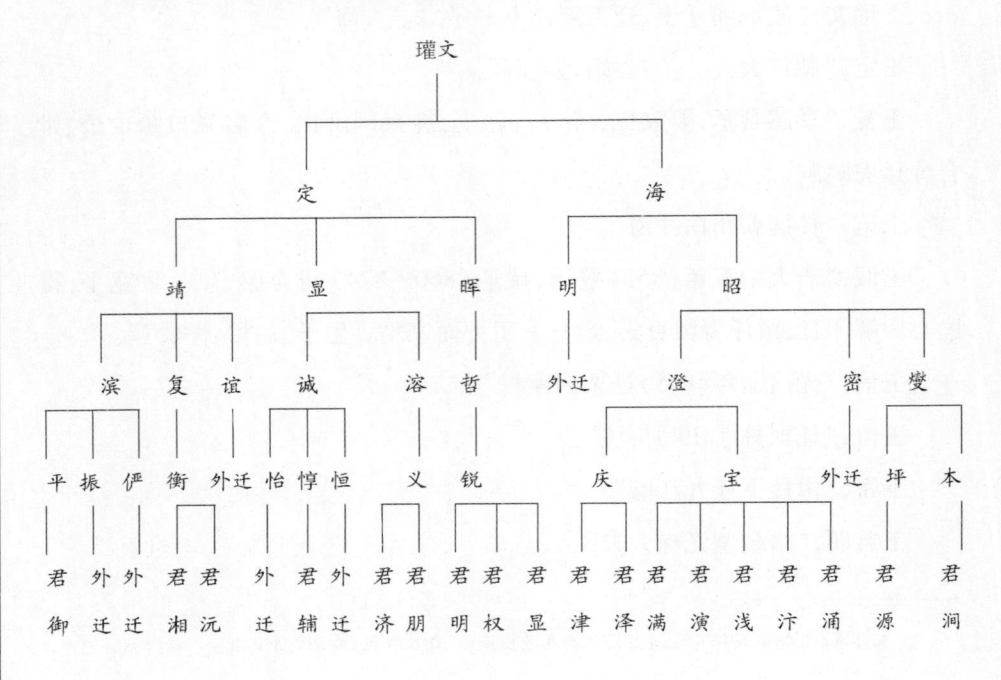

```
                    瑾文
            ┌────────┴────────┐
            定                 海
    ┌───┬───┤              ┌───┴───┐
    靖   显  晖             明       昭
  ┌─┬─┐ ┌┬┐ ┌┬┐           外迁   ┌──┼──┐
  滨 复 谊 诚  溶 哲              澄      密  燧
  │ │ │ │  │ │           ┌─┬─┐ ┌─┬─┐  │  │
  ┌┬┐│┌┐│  │ │           庆    宝    外迁 坪 本
  平振俨衡外怡惇恒义 锐             
  ││││迁│││ │ │          
  君外外君君外君外君君     君君君君君君君君君
  御迁迁湘沅迁辅迁济朋     明权显津泽满演浅汴涌源涧
```

锹溪王氏起派于"君"字,唐编《锹溪老派四十字》为:

君承少师令,世知继仲宗。公汝延时泰,天元宇宙洪。宣和纯正直,福德永兴隆。文武全忠义,贤能定有功。

清同治续编《锹溪新编四十字》为:

瑞衍英华茂,祥开景象新。通经成玉海,列席聘儒珍。仪凤辉腾汉,芳芝秀遇春。伦常敦大本,俊彩耀星辰。

自王君朋以下至王韶六代世系图如下:

承寿→少昭→师诚→令极→世规→韶

王韶曾祖师诚,熙宁八年(1075)赠金紫光禄大夫。《茅田王氏宗谱》之《特晋正议大夫充观文殿大学士襄敏公小传》①(以下简称《小传》)载:"曾祖师诚,赠金紫光禄大夫。"

祖令极,父世规,熙宁八年赠金紫光禄大夫、太子太师。《小传》载:"祖令极,受封同襄敏公官职;父世规,赠太子太师,江国公,母陈氏封江国夫人,先封嘉泰郡夫人。"《同治谱》卷首:世规"生子四:振、韶、夏、巽"。

兄弟四人:兄振,授奉礼郎;弟夏,进士,历任江宁府法曹参军、大理寺丞、熙河路经略司机宜文字、三司勾当公事。李焘《续资治通鉴长编》卷二百四十九:熙宁七年正月"甲辰(六日),将作监主簿、书写熙河路经略司机宜文字王

---

① 《特晋正议大夫充观文殿大学士襄敏公小传》全文见《茅田王氏宗谱》,民国辛巳年(1941)刻印本。

夏为大理寺丞,赐绯章服。夏管押蕃部都首领瞎吴叱等及赍贺表至阙,上特引对,故有是命"①。同书卷二百五十:熙宁七年"二月己巳朔,知熙州、端明殿学士、兼龙图阁学士王韶为资政殿学士、兼制置泾原秦凤路军马粮草。……又赐韶崇仁坊第一区、银绢二千,授其兄振奉礼郎,弟大理寺丞夏三司勾当公事,令侍母于京师"②。《锹溪同治谱》之《君朋公支下世字总系》:王振"娶刘氏夫人,生子二:资、蕴"。王夏"特恩赐进士出身,……表授江陵府,卒于太平州。子二:宏、宰"。王韺"恩授承务郎,至朝奉郎,迁居孝感县。生子二:密、宥"。

子十四,其名曰廓、厚、谆、完、固、端、颛、孚、定、宁、确、寘、实、寀,其中"谆""宁"早亡,"颛"出继伯氏后,实有子十三人③。《宋史》本传言"子十人",非。《小传》言:"子十三人。"岳珂《桯史》卷一云:"神宗朝,王襄敏韶在京师,会元夕张灯,金吾驰夜,家人皆步出,将帷观焉。幼子寀第十三,方能言,珠帽象服冯肩以从。"④亦云子十三。王韶玄孙王遂《送三八弟归九江》诗云:"燕公最繁盛,子孙十三支。默数半凋零,坐愈成伤悲。"此亦言"十三支"。按,燕公指王韶,政和四年追赠燕国公(详后谱)。

《德安县志》附《宋神宗褒奖王韶的八道敕》之四云:

> 朕既赏其身矣,今又录其诸子,及命尔秩,于京办寄,以效忠勤,以荣尔父。朕于士大夫可以无负矣。特赐韶长子廓进士出身,次子厚俱大理评事,完、固、端、孚、定、确、寘、实、寀俱承务郎。熙宁七年七月□日奉特旨。

---

① 李焘《续资治通鉴长编》卷二百四十九,上海古籍出版社1986年版,第2335页。以下所引同此版本,只注页码。
② 同上,第2340、2341页。
③ 据古人习惯,未成年早亡之子,均会记录入谱,并计入子嗣总数,而出继之子则不记录在直系名下。王颛出继伯氏后详后其母杨氏墓志。
④ 岳珂《桯史》卷一,中华书局1981年版,第5页。

由此知十一子之名。早亡及出继伯氏后之三子不在褒奖录用之列。

另，厉鹗《宋诗纪事》卷九十六引《夷坚志》云：

> （王）寀好延道流，说丹灶神仙事。兄寛，守郑州，寀往省。郑有书生能诗，慕寀名，行卷来谒，内有诗云云。寀大称赏，即与定交。①

此载名寛，"寛"字当为"实"字，因繁体"寬"与"實"字形相近而误。《锹溪同治谱》卷首：王实"行十二，字克道，初授承务郎，迁承奉郎，累官朝议大夫，知婺州、郑州、凤阳军事，卒于润州，葬马脊山。生子四：（彦）高、（彦）齐、（彦）直、（彦）野"。

另有一子王颢"出继伯氏后"。据《宋故华原郡夫人杨氏墓志铭》载："有子七人：长子廓，赐进士，恩授大理评事、签书河南府判官厅公事；次厚，授大理评事；次（谆）早亡；次完，□□志尚，初举国学，获解；次固、端，尚少。颢，出继伯氏后。女一，少未嫁。"②按，据该墓志，杨氏卒于英宗治平三年（1066）十二月，时王韶三十七岁。杨氏卒后，王韶续娶刘氏。《小传》载："与初娶江国夫人杨氏、继娶燕国夫人刘氏合葬敷阳山凤凰岭下。"故知续娶刘氏亦生七子，即孚、定、宁、确、寘、实、寀。十三子以厚、寀最显，《宋史》卷三百二十八《王韶传》有附传。

王厚（1054—1106），字处道，有乃父之风，亦为北宋名将、功臣。元符元年（1098），王厚率师出塞，"七月，下邈川、降瞎征。九月，次青唐，……定湟、鄯"③。崇宁间，王厚再平湟、鄯叛乱，功勋卓著。王厚卒时，"徽宗抚膺叹息

---

① 厉鹗《宋诗纪事》，上海古籍出版社1983年版，第2285页。
② 该墓志见《文物》1979年第7期第78页，影印1972年出土的埋铭。按，早亡之第三子据《同治六年锹溪王氏大成谱》名"谆"。
③ 脱脱等《宋史》卷三百二十八《王厚传》，中华书局1990年版，第10583页。

曰:'何可少此节度使!'命太常寺集百官议谥曰'庄略'以闻,徽宗改'庄敏',赠宁远军节度使"①。《宋史》卷三百二十八卷末之论曰:"厚之降陇拶、瞎征,取湟、鄯、廓州,功足继韶。"②其生平事迹略见于《宋史》卷三百二十八《王厚传》、《东都事略》卷八十二《王厚传》、《京口耆旧传》卷六《王厚传》及家谱存《宁远军节度使庄敏公小传》等。参后《王厚行年系地谱》。生三子:(仲)宜(彦洗)、(仲)班(彦超)、(仲)说(彦博③)。

王寀(1078—1118),字辅道,一字道辅,号南陔。徽宗崇宁二年(1103)登霍端友榜五名进士第,历官秘书省著作佐郎、以直秘阁知汝州、守陕州、知襄州,任翰林学士、兵部侍郎。王明清《挥麈后录》卷三谓其"少豪迈有父风","轻财喜士,宾客多归之","善议论,工词翰"④。《宋史》卷三百二十八《王寀传》亦谓其"好学,工词章"⑤。《宋史》卷二百八《艺文志》著录有王寀《南陔集》一卷,赵希弁《郡斋读书后志》卷二著录有王寀《岷山百境诗》二卷,两集均佚。今《全宋词》收其词十二首,《全宋诗》录其诗十六首。事迹详后《王寀行年系地谱》。生子四:(彦)熙、(彦)修、(彦)融、(彦)重。

王廓字孚道,特恩赐进士出身,大理评事,官颍川通判。初娶陈氏,次娶李氏,生子一:(仲)念(彦置)。按,据下文所考,当有子彦隆。

王完字守道,授承务郎,累官龙图阁学士。生子一:(仲)道(彦深)。

王固字坚道,恩授承务郎,监润州税,卒于官。生子一:彦汶。

王端字正道,初授承务郎,以兄庄敏遗表,迁承奉郎,累官中散大夫,后降

---

① 孙自诚主编《德安县志》卷二十四,上海古籍出版社1991年版,第792页。
② 脱脱等《宋史》卷三百二十八卷末,中华书局1990年版,第10592页。
③ 正史如《宋史》《建炎以来系年要录》等作"傅"或"传",当是书写之误,当以"博"为是。名前所加"仲"字系辈分,名后所加为字。后文所加"仲"字亦为辈分。
④ 王明清撰,燕永成整理《挥麈后录》卷三,大象出版社2013年版,第125页。
⑤ 脱脱等《宋史》卷三百二十八《王寀传》,中华书局1990年版,第10584页。

集贤院修撰。与兄王厚一起立功西北，曾任兰州通判，"徽宗时为显谟阁待制"①。生子七：（仲）平（彦橙）、（仲）诚（彦恂）、（仲）和（彦惊）、（仲）开（彦恢）、（仲）泰（彦烈）、恪（彦恪）、然（彦然，一名熊）。

王孚字信道，初授承务郎，迁承奉郎，监合州税，累官朝议大夫、信安军通判。生子一：（彦）勋。

王定字襄道，一字道襄，初授承务郎，迁承奉郎，知富川（兴国军）郡事。娶郑氏，生子一：仲典（英甫）。

王确字振道，初授承务郎，迁承奉郎，监江宁军税事，卒于官，葬成启坟。

王寔字明道，恩授承务郎，累官朝议大夫。娶刘氏，再娶马氏、夏氏。殁葬冷水坑。

孙二十四人以上，以彦隆、彦博、彦融、彦举最显。

王彦隆（1078—1128），字仲礼②，以季父厚任，补假承务郎，官七迁至朝奉郎，赐五品服，历任陈州湖城尉，汝州司刑曹掾，熙河兰会路安抚司干当公事，监无为军酒税，河南府永宁县丞，移知河南县事。事见王洋《右朝奉郎王公墓志》。有子万章、万夫、万裕③。按，据墓志，"考某故任大理评事，累赠朝请郎；妣李氏，赠宜人。公以季父厚任，补假承务郎"。又据前引《宋神宗褒奖王韶的八道敕》之四，只有王廓、王厚赠大理评事，王厚为其"季父"，同时母为李氏，则彦隆为王廓之子。又按，墓志云"有子万章、万夫、万裕"，《锹溪同治谱》卷首却将三人列于王完之子仲道（彦深）之下，且多出一人万倾，不知孰是，疑家谱有误。

王仲念字彦置，生子五：万恭、万宽、万敏、（宗）九二、（宗）九五。

---

① 王偁撰，孙言诚等点校《东都事略》卷八十二，《二十五别史》本，齐鲁书社2000年版，第693页。下引只注卷次页码。

② 据家谱，当名仲礼，字彦隆。

③ 王洋《东牟集》卷十四，景印文渊阁《四库全书》，台湾商务印书馆1985年版，第1132册第510—512页。

王仲宜字彦洗,以庄敏遗表授承奉郎,迁通直郎,提举两京宗室财用。娶唐氏。生子二:竦、璘。

王仲班字彦超,以庄敏遗表授承奉郎,累官朝议大夫,封开国男,食邑三百户。生子二:叡、积。

王仲说字彦博(?—1160),以遗表补承奉郎。《宋史·王阮传》谓"父彦博靖康勤王,皆有功"。南渡后曾权临安府通判、提点江淮等路坑冶铸钱。李心传《建炎以来系年要录》卷一百六十九载:绍兴二十五年八月"壬寅,右朝请郎、知衢州王彦博为江淮荆浙福建广南路都大提点坑冶铸钱"①。绍兴二十五年秦桧死后,彦博因曾附秦桧而被除名勒停,送靖州编管。绍兴三十年,彦博死于靖州贬所。生子八:阶、陟、阮、陵、陶、阳、隗、隰。

王仲平字彦憕,授承奉郎。生子五:釜、谷、益、博文、组文。

王仲诚字彦恂,官奉议郎。生子一:郁文。

王仲和字彦惊,通直郎。生子一:焕文。

王仲开字彦恢,宣教郎。生子一:宾玉。

王仲泰字彦烈,居秀州。生子一:崇德。

王恪字彦恪,文林郎。生子二:祖庆、万钧。

王然字彦然,一名熊。生子四:万选、万金、万通、万和。

王仲典字英甫,官评事,娶吴氏。生子二:仁庆、仁宏。

王彦融(1108—1168后?),字炎弼。《京口耆旧传》卷七本传载:"靖康改元,彦融时年十九,徒步走京师,上书讼冤,召对命官。"②按,讼乃父王寀被林灵素所陷而处死之冤,其生年亦据此考得。历任庐州录事参军、知平江府长州县、无为军通判、知郴州,绍兴三十年(1160)九月知楚州,加直敷文阁,累赠金

---

① 李心传编撰,胡坤点校《建炎以来系年要录》,中华书局2013年版,第3210页。
② 佚名《京口耆旧传》卷七,中华书局1991年版,第93页。

紫光禄大夫。生子四：万全、万选、万贤、万枢。

王彦举绍兴十二年（1142）进士。《至顺镇江志》卷十八"科举题名"载："王彦举，金坛人，绍兴十二年登进士第。兄彦融见仕进类。"①据此为彦融之弟、王宷之子。以左迪功郎任庐州教授②，淳熙十四年任水军统制，与县令唐叔翰修定海县海石塘③。按，据家谱，彦举为王振之孙、王资之子，不知孰是，存疑待考。

曾孙四十二人以上，以王阮、王万全、王万枢最显。

王阮（1140—1208），字南卿，一名元隆，号义丰，登隆兴元年（1163）进士第，诗文创作颇丰，有《义丰集》传世，官至抚州守。《宋史》卷三百九十五有传，参后《王阮行年系地谱》。

王万全（1133—1213），字必胜，一字通一。以父任授扬州高邮尉，屡迁知会稽县，通判舒州，擢知辰州。事见《京口耆旧传》卷七本传。

王万枢（1143—1205），字赞元。以父任授昆山尉，移崇德丞，改秩知滁州来安县，迁知兴国军，秩满改知吉州。事见《京口耆旧传》卷七本传，亦见刘宰《故知吉州王公墓志铭》。

玄孙至少在五十五人以上，以遇、通、迈、遄、逢、遂最显。王遂有诗《送三八弟归九江》。知其名者有王阮之子旦④；王仁宏之子：安时、安礼、安仁、安民；王仁庆之子：纬、綵、宜、庸；王万全之子遇、通、迈、遄；王万枢之子：适、逢、遂、逊、近、选⑤。

---

① 脱因《至顺镇江志》卷十八，《宋元方志丛刊》第3册，中华书局1990年版，第2852页。
② 刘一止《苕溪集》卷四十九《丁居中墓志铭》，景印文渊阁《四库全书》，台湾商务印书馆1985年版，第1132册第245页。
③ 罗濬《宝庆四明志》卷十八，《宋元方志丛刊》第5册，中华书局1990年版，第5232页。
④ 详后《王阮行年系地谱》。
⑤ 刘宰《漫塘集》卷三十四《故吉州王使君夫人蔡氏行状》，景印文渊阁《四库全书》，台湾商务印书馆1985年版，第1170册第765页。

王遇，字安世，万全长子。绍熙四年（1193）登进士第①；嘉定元年（1208）十二月以朝散郎知常州，三年（1210）六月除浙东提举②。

王通，字文伯，累官知常州。《至顺镇江志》卷十九：王通，"字文伯，京口人，万全仲子。以父任调衢州江山主簿，累官至常守，所至以公廉称"③。

王迈，字英伯，居京口，与岳珂交游甚密。

王遄，字浩翁，曾知宁国府。《至顺镇江志》卷十九：王遄，"字浩翁，万全季子。以父恩授建康椿积库，累迁至大理丞右曹郎，出知宁国府。家有祖业，尽分族人，至饭不足"④。

王逢，庆元五年（1199）登进士第⑤。

王遂（1182—1248），字去非，先字颖叔，号实斋。嘉泰二年（1202）进士。调富阳主簿，知当涂、溧水、山阴县。绍定三年（1230），知邵武军，改知安丰军。迁国子主簿，累迁右正言。端平三年（1236），除户部侍郎兼同修国史及实录院同修撰。出为四川制置使兼知成都府。历知庆元府、太平州、泉州、温州、隆兴府、平江府、宁国府、建宁府。复知隆兴兼江西安抚使。召赴阙，授权工部尚书。卒谥正肃，享年六十七。有《实斋文稿》，已佚。《京口耆旧传》卷七、《宋史》卷四百十五有传。今《全宋诗》辑其诗一卷，存诗九十首；《全宋文》辑其文三卷，存文四十一篇。

综上所考，参《始迁德安锹溪祖瑾文公派下世系》《君朋公支下世系》及《茅田王氏宗谱》，列王韶上下十一代世系图如下：

---

① 脱因《至顺镇江志》卷十八，《宋元方志丛刊》第 3 册，中华书局 1990 年版，第 2853 页。
② 史能之《咸淳毗陵志》卷八，《宋元方志丛刊》第 3 册，中华书局 1990 年版，第 3021 页。
③ 脱因《至顺镇江志》卷十九，《宋元方志丛刊》第 3 册，中华书局 1990 年版，第 2859 页。
④ 同上注，第 2859 页。
⑤ 脱因《至顺镇江志》卷十八，《宋元方志丛刊》第 3 册，中华书局 1990 年版，第 2853、2854 页。

# 王韶上下十一代世系图

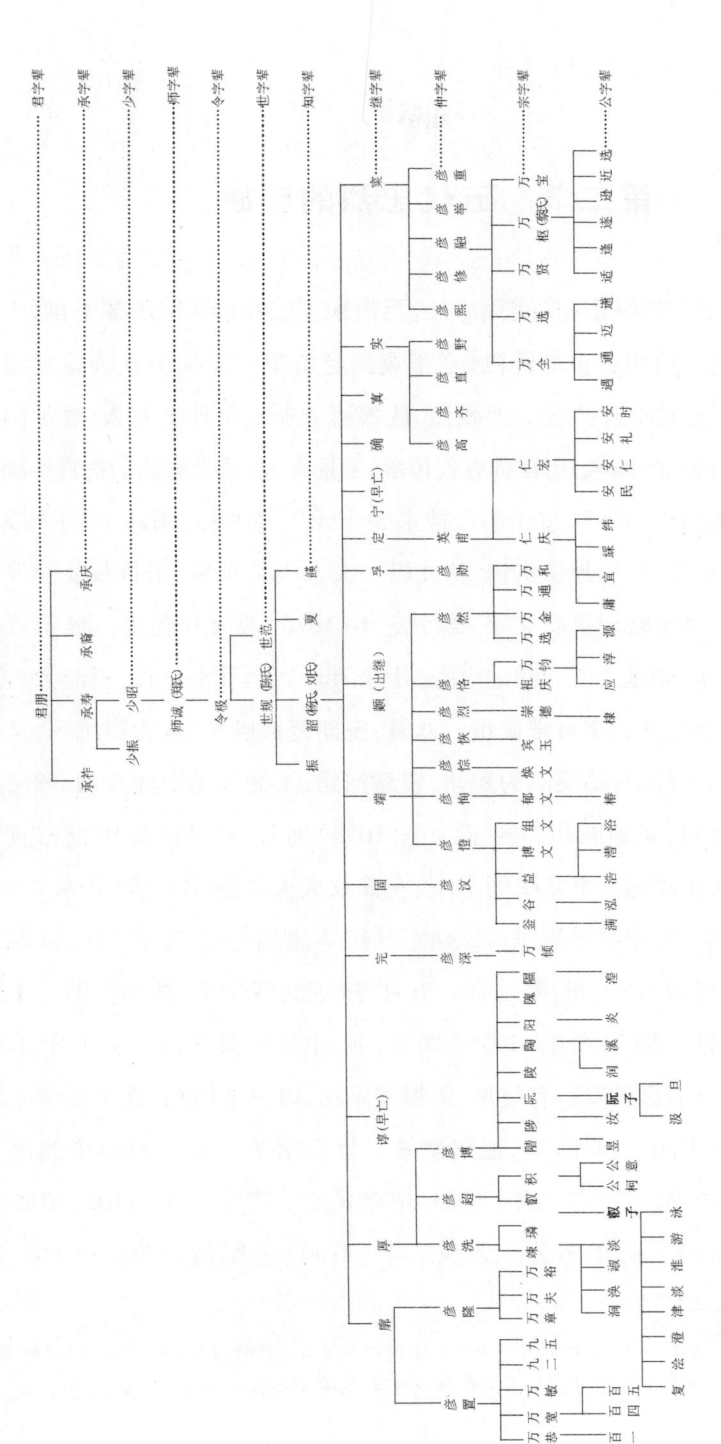

|  |  |
|---|---|
| 君字辈 | 君朋 |
| 承字辈 | 承祚 — 禹庆 |
| 少字辈 | 少振 — 少昭 |
| 师字辈 | 师流（嗣𫖮） |
| 令字辈 | 令极 |
| 世字辈 | 世视（嗣𫖮）— 世范 |
| 诏字辈 | 诏俶、诏从 — 夏 — 诚 |
|  | 振 — 颤（出继）— 𫖮 — 完 — 𪞙 — 厚 |
| 知字辈 | 实、翼、定（早亡）、宁（早亡）、英甫、仁庆、仁宏、许（早亡） |
| 彦字辈 | 彦童、彦华、彦铨、彦修、彦熙、彦野、彦直、彦齐、彦高、彦勋、彦然、彦格、彦烈、彦依、彦伦、彦昫、彦澄、彦改、彦深、彦𬨎、彦超、彦洗、彦隆 |
| 仲字辈 | 万宝、万枢（嗣𫖮）、万贤、万修、万全、万和、万通金、万选、万钓、万租庆、万棠玉、文郁、文榕、文浩、文泓 |
| 宗字辈 | 迖、达、迈、迅、安时、安礼、安仁、安民、经、绎、应、承禄、庆、崇德、宾玉、渭沄、湛洁、陶阳、滕附、阮积、攸呈、文浩（下接）万钧、万夫、万𮧏 |
| 公字辈 | 选、近、通、远、陵、润、淡、公奎、公柯意、公子救、汝子汉日、万九二、万三敬、百四一、百五、百（下延）|

（编上）

穷研家世

## 说明：

1. 以上世系主要依同治六年家谱所录，亦参校本人所考证结论，合编而成；
2. 限于篇幅，王振、王夏、王诚世系未列入；
3. 同样原因，王万章子永功、永𬬭，王万裕子污共三位"公"字辈也未列入；
4. 𮦠、阮，阮之子，往下延伸另行列出，均为"公"字辈。

23

## 第二节　五代忠烈的望族

　　自北宋仁宗嘉祐年间王韶登第出仕,至南宋理宗淳祐年间王遂下世,王韶家族近二百年勋臣辈出。正如曾协《送王炎弼赴山阳守以兵卫森画戟宴寝凝清香为韵十首》之五所言:"公家西州烈,武事冠方册。祖孙世有人,要足门三戟。"①王韶树立的忠烈家风,历祖孙五代传承,发扬光大,成为家族的优良传统。

　　王韶登嘉祐二年(1057)进士第。神宗熙宁元年(1068),诣阙上《平戎策》三篇,详述取西夏之略,得神宗赏识,从此以一文人出掌军事,担负收复河湟重任。初为管干秦凤经略司机宜文字,熙宁三年(1070)改著作佐郎。熙宁五年(1072),知通远军,拓地千二百里,招附三十余万口。七月十三日,王韶为右正言直集贤院,二十九日为集贤殿修撰。八月,王韶复武胜军,建为镇洮军,又破木征于巩令城。十月,升镇洮军为熙州,置熙河路,王韶为龙图阁待制、熙河路都总管经略安抚使、兼知熙州。熙宁六年(1073)四月,迁礼部郎中枢密直学士。十月,进端明殿学士、兼龙图阁学士、左谏议大夫。熙宁七年(1074)二月入朝,加资政殿学士、兼制置泾原秦凤路军马粮草,赐第崇仁坊第一区。四月,王韶破西蕃,收复熙州、河州,降木征。五月,进观文殿学士、礼部侍郎。十二月,召为枢密副使。熙宁八年(1075)四月,加封太原郡开国侯。熙宁十年(1077)二月,因与宰执王安石有歧见,罢枢密副使,以户部侍郎、观文殿学士知洪州、鄂州。元丰四年(1081)卒,谥曰襄敏。哲宗绍圣三年(1096)令熙河立王韶庙②,赐额"忠烈"。元符三年(1100)追赠司空。崇宁元年(1102)追赠太尉。崇宁四年追赠太师申国公。大观二年(1108)追赠楚国公。政和元年

---

① 曾协《云庄集》卷二,景印文渊阁《四库全书》,台湾商务印书馆1985年版,第1140册第248页。
② 脱脱等《宋史》卷十八《哲宗本纪》,中华书局1990年版,第345页。

(1111)追赠魏国公。政和四年追赠燕国公。

王韶主导熙河之役，拓边二千余里，收复熙、河、洮、岷、叠、宕六州，生擒木征，取得熙河之役的巨大胜利，恢复了安史之乱前由中原王朝控制这一地区的局面。王韶成为北宋著名的常胜将军、神宗朝一代勋臣！清人蔡上翔在《王荆公年谱考略》中赞叹不已，曰："王子醇天下奇才也！……韶以书生知兵，诚为不出之才，而谋必胜，攻必克，宋世文臣筹边，功未有过焉者也！"

王韶的赫赫战功，使故乡三万由敷阳里改名为勋贤社。《茅田王氏宗谱》之《三万家谱录》载："自古州县皆分都分里，唯德安以吾襄敏公有洮湟之功，得以里为社，故三万原属敷阳里，后改名勋贤社。"王韶为德安锹溪王氏家族树立了忠烈家风传统。

次子王厚，有乃父之风，也是北宋著名的大将军、大功臣。元符元年（1098），王厚率师出塞，"七月，下邈川、降瞎征。九月，次青唐，……定湟、鄯"①。崇宁间，王厚再平湟、鄯叛乱，功勋卓著。"崇宁三年，授邓州刺史，充武胜军节度使观察留后、少师。自是知熙州、知威州、知秦州、知洪州、知鄂州，事功益懋，爵秩益隆。崇宁四年，加上骑都尉，特晋封文水县开国男，食邑三百户"②。崇宁五年王厚卒，"徽宗抚膺叹息曰：'何可少此节度使！'命太常寺集百官议谥曰'庄略'以闻，徽宗改'庄敏'，赠宁远军节度使"③。《京口耆旧传》卷六《王厚传》："礼官议谥恪敏，诏以奋忠许国，似其先人，赐谥庄敏。"④可见王厚所受的家风影响。《茅田王氏宗谱》王厚小传："功高天下，威镇（震）四方，时称文武全才、忠烈一家。"⑤

---

① 脱脱等《宋史》卷三百二十八《王厚传》，中华书局1990年版，第10583页。
② 王可喜《王韶家族研究文献集》，江西高校出版社2018年版，第296页。
③ 孙自诚《德安县志》卷二十四，上海古籍出版社1991年版，第792页。
④ 佚名《京口耆旧传》卷六，景印文渊阁《四库全书》，台湾商务印书馆1984年版，第451册第187页。
⑤ 王可喜《王韶家族研究文献集》，江西高校出版社2018年版，第297页。

六子王端，与兄王厚一起立功西北，曾任兰州通判，"徽宗时为显谟阁待制"①。

幼子王寀，于宋徽宗崇宁二年（1103）登进士第，为秘书省著作佐郎。大观二年（1108）以直秘阁知汝州。后守陕州、襄州，官至翰林学士、兵部侍郎。

孙王彦隆，"官七迁至朝奉郎，锡五品服。历任陈州湖城尉、汝州司刑曹掾，熙河兰会路安抚司干当公事，丁内艰不赴。监无为军酒税，不厘务，河宁府永宁县丞，移知河南县事。建炎二年（1128）七月以疾终"②。

孙王彦博，于靖康之难中率兵勤王有功。南渡后曾以右朝请郎添差通判临安府，绍兴二十五年（1155）六月知衢州。是年八月为江淮等路都大提点，坑冶铸钱。

孙王彦融，历任庐州录事参军，知平江府长州县，无为军通判，知郴州、楚州，加直敷文阁。除淮南运判兼随军运判，起知雅州，未上卒。累赠金紫光禄大夫③。

孙王彦举，绍兴十二年（1142）登进士第④。以左迪功郎任庐州教授⑤，淳熙十四年任水军统制，与县令唐叔翰修定海县海石塘⑥。

曾孙王阮，登隆兴元年（1163）进士第，隆兴二年任南康军都昌县主簿，乾道七年（1171）至九年为永州教授，淳熙七年（1180）知新昌县，淳熙十五年至绍熙元年（1190）知昌国县，庆元四年（1198）知濠州，次年改知抚州，开禧元年（1205）奉祠归隐庐山。嘉定元年（1208）卒。与陆游一样，终生以抗金卫国为

---

① 王偁撰，孙言诚等点校《东都事略》卷八十二，第693页。
② 王洋《东牟集》卷十四《右朝奉郎王公墓志》，景印文渊阁《四库全书》，台湾商务印书馆1985年版，第1132册第510—512页。
③ 《京口耆旧传》卷七《王彦融传》，中华书局1991年版，第93页。
④ 脱因《至顺镇江志》卷十八，《宋元方志丛刊》第3册，中华书局1990年版，第2852页。
⑤ 刘一止《苕溪集》卷四十九《丁居中墓志铭》，景印文渊阁《四库全书》，台湾商务印书馆1985年版，第1132册第245页。
⑥ 罗浚《宝庆四明志》卷十八，《宋元方志丛刊》第5册，中华书局1990年版，第5232页。

己任。

曾孙王万全,以父任授扬州高邮尉,屡迁知会稽县,通判舒州,擢知辰州。

曾孙王万枢,以父任授昆山尉,移崇德丞,改秩知滁州来安县。绍熙四年(1193)七月以朝散大夫任建康通判,庆元间迁知兴国军,秩满改知吉州。事迹亦见刘宰《故知吉州王公墓志铭》《故吉州王使君夫人蔡氏行状》[①]及真德秀《夫人蔡氏墓志铭》。

玄孙王遇,字安世,绍熙四年(1193)登进士第[②]。嘉定元年(1208)十二月以朝散郎知常州,三年(1210)六月除浙东提举。王通,字文伯,以父任调衢州江山主簿,累官知常州;王遘,字浩翁,以父恩授建康椿积库,绍熙三年(1192)五月至五年四月以宣教郎任常州武进县令[③],累迁至大理丞右曹郎,出知宁国府;王逊,字志叔,以父任调宣城尉,终和州判官;王选,字无择,曾知嘉定县[④]。

玄孙王遂,宁宗嘉泰二年(1202)进士。调富阳簿,知当涂、溧水、山阴县。理宗绍定四年(1231),知邵武军,改知安丰军,迁国子主簿。六年,与洪咨夔同拜监察御史。端平二年(1235)除右正言,寻拜殿中侍御史。三年(1236),除户部侍郎兼同修国史及实录院同修撰,出为四川制置使兼知成都府。历知庆元府、太平州、泉州、温州、隆兴府、平江府、宁国府、建宁府。淳祐五年(1245)复知隆兴府兼江西安抚使。八年除权工部尚书,未及造朝而薨。积官至龙图阁直学士通奉大夫。

综上考述,王韶世家祖孙五代,勋臣辈出,或为文臣,或为武将,或文武兼备,奋忠许国,精忠报国,真可谓"文武全才、忠烈一家"[⑤]!

---

① 刘宰《漫塘集》卷二十八、三十四,景印文渊阁《四库全书》,台湾商务印书馆1985年版,第1170册第661—663、764—768页。
② 脱因《至顺镇江志》卷十八,《宋元方志丛刊》第3册,中华书局1990年版,第2853页。
③ 史能之《咸淳毗陵志》卷八、十,《宋元方志丛刊》第3册,中华书局1990年版,第3021、3036页。
④ 脱因《至顺镇江志》卷十九,《宋元方志丛刊》第3册,中华书局1990年版,第2859页。
⑤ 王可喜《王韶家族研究文献集》,江西高校出版社2018年版,第297页。

# 第二章 家族主要成员生平事迹考

王韶世家主要成员,自王韶以下,主要有其子王厚、王寀,孙王彦隆、王彦博、王彦融、王彦举,曾孙王阮、王万全、王万枢,玄孙王逢、王遂、王遇、王旦等等。本章将依据诸史志及家谱相关资料,逐一考证,基本弄清楚主要成员的生平事迹。可详考者,作出年谱或行年考。

## 第一节 王韶行年系地谱

王韶(1030—1081),是北宋著名的军事家,官至枢密副使。神宗熙宁间经略熙河,主导熙河之役,拓边二千余里,收复熙、河、洮、岷、叠、宕六州。王韶亦能文,据《宋史》卷二百五《艺文志》,王韶著有《敷阳子》七卷、《王韶奏议》六卷、《熙河阵法》一卷,可惜已佚。王韶亦能诗文,《全宋诗》录其诗四首,又可补遗一首[1],存诗共五首;《全宋文》辑录王韶文二十二篇,另可辑佚五篇[2],存文共二十七篇。《宋史》卷三百二十八《王韶传》、《东都事略》卷八十二《王韶

---

[1] 王可喜《王韶及其咏东林诗——兼补校〈全宋诗〉中王韶诗》,《贵州社会科学》2005年第2期。
[2] 王可喜《王韶〈平戎策〉处理民族关系的原则及借鉴意义——兼补辑〈全宋文〉中的王韶文》,《青海民族研究》2005年第2期。

传》、《宋史新编》卷一百七《王韶传》等对其生平事迹均有记述,然颇简略零散,兹据相关史料及《茅田王氏宗谱》等,考其生平事迹,作行年系地谱如下①。

**王韶,字子纯,"纯"一作淳、醇。江州德安(今江西九江德安)人。**

《宋史》卷三百二十八《王韶传》(以下简称"《宋史》本传")载:"王韶,字子纯,江州德安人。"②《东都事略》卷八十二《王韶传》(以下简称"《东都》本传")亦载:"王韶,字子纯,江州德安人也。"③"纯"一作淳。普济《五灯会元》则载:"观文王韶居士,字子淳,出刺洪州,乃延晦堂问道,默有所契。"④又作醇。王安石《临川文集》卷七十三有《与王子醇书》四篇⑤,系王韶经略熙河期间,王安石与其往来的书信。

**号敷阳子。**

一般史传均未见其号,据王韶家谱(《茅田王氏宗谱》民国辛巳年重修)宋淳熙戊戌年(1178)所录的《三万⑥家谱录》记载:"公文学最高,少题东林寺有'泉流秀谷长时雨,云拥庐峰白昼烟'之句。自号敷阳子。"⑦该记载系有关王韶别号文史资料之首见。又,王韶《法身三门》有"敷阳子既罢枢密副使,知洪州"⑧云云,知其自号敷阳子。

**初娶杨氏,赠江国夫人;继娶刘氏,赠燕国夫人。**

---

① 王可喜《王韶行年考》,《古籍研究》2006年第1期。
② 脱脱等《宋史》卷三百二十八,中华书局1990年版,第10579页。以下所引本传,俱据此本,不另加注。
③ 王偁撰,孙言诚等点校《东都事略》卷八十二,第690页。
④ 普济著,苏渊雷点校《五灯会元》卷十七,中华书局1984年版,第1139页。
⑤ 王安石《临川文集》,景印文渊阁《四库全书》,台湾商务印书馆1985年版,第1105册第609—610页。
⑥ "三万"即今德安山湾。
⑦ 王可喜《王韶家族研究文献集》,江西高校出版社2018年版,第314页。下引同此版本,不另出注。
⑧ 《全宋文》第76册,第161页。

家谱《小传》载："与初娶江国夫人杨氏、继娶燕国夫人刘氏,合葬敷阳山凤凰岭下。"

王韶上下十一代世系,详前世系源流考。

王韶著述颇丰,据《宋史》卷二百五《艺文志》,著有《敷阳子》七卷、《王韶奏议》六卷、《熙河阵法》三卷,可惜已佚。《全宋诗》录其诗四首,另有断句,笔者又辑得一首[①],存诗共五首;《全宋文》辑录王韶文二十二篇,笔者又辑得六篇[②],存文共二十八篇。

## 宋仁宗天圣八年庚午(1030),一岁。

**二月二十八日王韶生。生而颖异,形气不凡。**

《宋史》本传载:"(元丰)四年(1081),病疽卒,年五十二。"元丰四年卒,享年五十二,则其生年为宋仁宗天圣八年(1030)。《小传》载之更详:"公生于天圣八年庚午二月二十八日。"

家谱《小传》又载:"生而颖异,形气不凡。左手有文字,掌后有横文,起贯中指二节,两手五指皆齐。"

## 仁宗景祐三年丙子(1036),七岁。

**就读于三万王氏义学。**

《三万家谱录》:"先代以农为业,与义门陈氏、谷埠郑氏叠构婚姻。陈、郑并称儒学名家,于是诸族子弟观感兴起,亦皆潜心儒业。家世既盛,乃开义学于舍旁,招四方博学之士与子弟相讲论焉。"此即三万王氏义学,王韶是年七岁,当就读于此。

---

[①] 王可喜《王韶及其咏东林诗——兼补校〈全宋诗〉中王韶诗》,《贵州社会科学》2005年第2期。
[②] 王可喜《王韶〈平戎策〉处理民族关系的原则及借鉴意义》,《青海民族研究》2005年第2期。

## 仁宗宝元二年己卯（1039），十岁。

在三万王氏义学读书，已有远志。

家谱《小传》："冲年即有远志。"冲年即幼年。

## 仁宗庆历五年乙酉（1045），十六岁。

天资高迈，志趣不群。

《三万家谱录》："自幼天资高迈，志趣不群，识者知其非寻常士也。"

## 仁宗皇祐元年己丑（1049），二十岁。

游学产山，学已有成。

家谱《小传》："及长，游学产山，六经淹贯，学通天人，士大夫师之。"按，产山在无锡，知王韶有游学吴越经历。

## 皇祐二年庚寅（1050），二十一岁。

游学四方，靡有倦志。

《三万家谱录》："既长，游学四方，靡有倦志。"

## 皇祐三年辛卯（1051），二十二岁。

约于是年娶夫人杨氏。

《杨氏墓志》云："夫人生性婉淑，家为择配，归于王氏，即今枢密副使、尚书礼部侍郎王公韶也。始归，王公尚未仕。"据后文，次子王厚生于仁宗至和元年九月，则长子王廓约生于皇祐四年（1052），故推之，王韶娶夫人杨氏不会晚于皇祐三年。

**皇祐四年壬辰（1052），二十三岁。**

长子王廓约生于是年。

据前后文所推知。

**仁宗至和元年甲午（1054），二十五岁。**

是年九月，次子王厚生。

王厚生卒年诸史传不载，《宋人传记资料索引》及《全宋文》小传亦付阙如。唯家谱小传《宁远军节度使庄敏公小传》载之甚详，云："公生于至和元年九月十八日，距薨之日，得年五十有三。"

**至和二年乙未（1055），二十六岁。**

游学舒州，与傅野交游。

吕南公《傅野墓志铭》："尝客舒州，与建人黄莘、余翼文酒相酬，士民传美，以为未有。是时之人，王韶年少，学官在舒，投记愿交，君纳之。"[①]据后文所叙"别十许年，韶为建昌司理掾，访君沙溪山，延置门下，且荐于守使"，王韶于英宗治平三年（1066）任建昌军司理参军，十许年前则约为至和二年。

傅野（1017—1082），字亨甫，建昌军南城（今江西南城）人。试进士，数不中。王韶为建昌司理，荐于郡守，为军学教授。韶受命取熙河，奏为熙学教授，督役香子城。城成，以功试将作监主簿。韶还朝论事，即言野有文章学术而老，愿补东南一官，上可之，调明州定海县尉[②]。复摄熙河粮饷，元丰五年（1082）五月病卒于河州学舍，年六十六。著有《通稿》二十四卷。事见《灌园

---

[①] 吕南公《灌园集》卷二十，景印文渊阁《四库全书》，台湾商务印书馆1985年版，第1123册第187页。

[②] 《江西通志》卷八十三，景印文渊阁《四库全书》，台湾商务印书馆1984年版，第515册第822页。

集》卷二十《傅野墓志铭》,《宋元学案补遗》卷三。

### 至和三年丙申(1056),二十七岁。

**是年秋乡试中举,冬入京师备试。**

按,是年九月改元嘉祐。王韶明年登进士第,今秋必以乡贡荐试入京。

### 仁宗嘉祐二年丁酉(1057),二十八岁。

**是年春,登进士第。**

《宋史》本传言:"第进士,调新安主簿。"时间不详。家谱《小传》载:"宋嘉祐二年,中章衡榜登进士第。"厉鹗《宋诗纪事》云:"韶字子纯,江州德安人,嘉祐二年进士。"①《宋会要辑稿·选举七》之一七:"嘉祐二年三月五日,帝御崇政殿试礼部奏名进士,内出《民监赋》《鸾刀诗》《重巽命论》题,得张衡已下三百八十八人,第为五等,并赐及第、出身、同出身。翌日,试诸科,得九经单至诚已下三百八十九人,并赐本科及第、出身。七日,试特奏名进士,内出《斋居决事诗》《乾坤示人易简论》题,得张应已下一百二十二人,并赐同五经、三礼学究出身,授文学、长史。同日,试特奏名诸科,得一百二人,并赐同本科出身,授文学、长史。"②彭百川《太平治迹统类》卷二十七《祖宗科举取人》载:"嘉祐二年春正月,翰林学士欧阳修权知贡举。……(三月)丁亥,赐进士章衡等二百六十三人及第,一百二十六人同出身。是岁进士与殿试者,始皆不落。……章衡、窦卞、郑雍、吕惠卿、蒋之奇、苏轼、曾巩、朱光庭、曾布、宋希、史元道、王韶、梁焘、苏惟贤、苏辙、刘元喻。"③知其与苏轼、苏辙、曾巩、曾布、吕惠卿、蒋之奇

---

① 厉鹗《宋诗纪事》卷二十一,上海古籍出版社1983年版,第533页。
② 徐松等辑《宋会要辑稿》,第4364页。"张衡"当为"章衡"。
③ 彭百川《太平治迹统类》,景印文渊阁《四库全书》,台湾商务印书馆1984年版,第408册第688、689页。

等同榜进士。

**嘉祐三年戊戌（1058），二十九岁。**

调新安（今属河南）主簿。

《宋史》本传言："第进士，调新安主簿。"知登第进士后任新安主簿。

**嘉祐四年己亥（1059），三十岁。**

在新安主簿任上。

**嘉祐五年庚子（1060），三十一岁。**

在新安主簿任上。

**嘉祐六年辛丑（1061），三十二岁。**

在新安主簿任上，试制科不中。

《宋史》本传载："试制科不中。"时间不详。王韶与苏轼同榜进士，其试制科当与苏轼同时，查王宗稷《东坡先生年谱》，"六年辛丑，是岁先生年二十六，应中制科。"据孔凡礼先生《苏轼年谱》，东坡中制科在本年[①]，故定王韶试制科时间亦为嘉祐六年。

**嘉祐七年壬寅（1062），三十三岁。**

调耀州（今陕西耀县）司户参军。

《宋史》本传载："试制科不中，客游陕西，访采边事。"王韶《辞免右正言直集贤院表》："况臣守耀州司户参军到东路，首尾四年之内，蒙非次进擢，官升朝

---

① 孔凡礼《苏轼年谱》，中华书局1998年版，第91—94页。

列,职忝台阁,总兵边要,分任方面,必欲责臣以成效。"①按,王韶去岁试制科不中后,调耀州司户参军,其时或在去冬今春;其访采边事当在耀州任后。

## 嘉祐八年癸卯(1063),三十四岁。

在耀州司户参军任上。

## 英宗治平元年甲辰(1064),三十五岁。

在耀州司户参军任上。

访采熙州、河州地区历史地理。

## 治平二年乙巳(1065),三十六岁。

在耀州司户参军任上。

访采熙州、河州地区历史地理。

## 治平三年丙午(1066),三十七岁。

调建昌军司理参军。

《宋史》本传载:"(调)建昌军司理参军。"仍时间不详。查《(正德)建昌府志》卷十三《名宦》载:"王韶,字子纯,建昌军司理参军。"同书卷十二《秩官》题名载:治平三年,治军事邹矩,司理参军王韶②。

是年十二月十日,初娶的江国夫人杨氏卒,享年三十九岁。

《宋故华原郡夫人杨氏墓志铭》载:"治平三年丙午十二月十日终,享年三十有九。以其月二十有八日葬于德安县之敷里。"据此知杨氏生于仁宗天圣六

---

① 孙家骅、邹锦良编《王韶研究文献集》,江西高校出版社2018年版,第134页。
② 夏良胜《(正德)建昌府志》,《天一阁藏明代方志选刊》本,上海古籍书店1964年版。

年(1028)。

### 治平四年丁未(1067),三十八岁。

**在建昌军司理参军任上。举荐傅野充军学教授。**

吕南公《傅野墓志铭》:"别十许年,韶为建昌司理掾,访君沙溪山,延置门下,且荐于守使。会诸生黄寀等许君高才滞淹,守使以闻,有旨赐君粟帛,以充军学教授。"

**在建昌期间有诗《南城》。**

《舆地纪胜》卷三十五《建昌军》载王韶诗《南城》,《全宋诗》据此辑得。诗云:"南城古要地,险隘接闽区。国家建昌垒,镇守东南隅。"①按,南城系建昌军治。

### 神宗熙宁元年戊申(1068),三十九岁。

**诣阙上《平戎策》三篇,详论取西夏之略,得神宗赏识。**

《宋史》本传:"熙宁元年,诣阙上《平戎策》三篇。"《东都》本传载:"时神宗初立,韶内知天子智勇,有志于天下,乃上《平戎策》。"毕沅《续资治通鉴》(以下简称《续通鉴》)卷六十六亦载:熙宁元年,"是岁,前建昌军司理参军德安王韶,诣阙上《平戎策》三篇"②。

**是岁,以王韶管干秦凤经略司机宜文字。**

《宋史》本传载:"神宗异其言,召问方略,以韶管干秦凤经略司机宜文字。"《续通鉴》亦载:"帝异其言,召问方略,以韶管干秦凤经略司机宜文字。"③徐乾学《资治通鉴后编》卷七十六:"是岁,前建昌军司理参军德安王韶诣阙上

---

① 王象之《舆地纪胜》卷三十五,中华书局1992年版,第1530页。
② 毕沅《续资治通鉴》卷六十六,中华书局1957年版,第1632页。以下所引只注页码。
③ 《续资治通鉴》,第1633页。

《平戎策》三篇。……帝异其言，召问方略，以韶管干秦凤经略司机宜文字。"①《宋会要辑稿·方域八》之二三载："熙宁元年六月三日，李师中言，……令王韶、刘希奭与同蕃部首领标定界，至具诣实以闻。寻令王韶、刘希奭计会高遵裕同往诸部族内体量其间。"②按，李师中于熙宁元年任秦凤路经略使兼知秦州③，故知王韶是时管干秦凤经略司机宜文字。

李师中（1013—1078），字诚之，楚丘（今山东曹县）人，徙居郓（今山东郓城）。年十五，即上书议论时政，由是知名。后中进士。累官提点广西刑狱，摄帅事。熙宁初，历河东转运使，知秦州、舒州、瀛州。后为吕惠卿所排，贬和州团练副使安置。元丰元年卒，年六十六。《宋史》《东都事略》有传。著有《珠溪诗集》，词存《菩萨蛮》一首。

**熙宁三年庚戌（1070），四十一岁。**

二月，王韶请置市易司、营田司，并请以官钱作本，改著作佐郎，提举营田市易务。

《宋会要辑稿·职官二七》之三八载：熙宁三年"二月十一日，同管勾秦凤经略司机宜文字王韶言：欲本路置市易司，借官钱为本，稍笼商贾之利，即一岁之入亦不下一二十万贯。诏令将本司见管西川交子差人往彼转易物货赴沿边置场，与西蕃市易如合，选差官王韶同管"④。《宋会要辑稿·食货五五》之三一亦有相同的记载。又提出置市易司及具体办法。《宋会要辑稿·食货一》之二八又载："（熙宁）三年二月，管勾秦凤经略司机宜文字王韶言：渭源城下至

---

① 徐乾学《资治通鉴后编》，景印文渊阁《四库全书》，台湾商务印书馆1984年版，第343册第431、432页。
② 徐松等辑《宋会要辑稿》，第7452页。
③ 脱脱等《宋史》卷三百三十二《李师中传》，中华书局1990年版，第10678页。
④ 《宋会要辑稿》，第2955页。

秦川,沿河五六百里,良田不耕者何啻万顷。但自来无钱作本,故不能致利。欲每岁常于秦川和籴场,预借钱三五万贯作本。"①《本传》载:"韶又言:'渭源至秦州,良田不耕者万顷,愿置市易司,颇笼商贾之利,取其赢以治田。'帝从其言,改著作佐郎,仍命韶提举。"

四月十八日,命秦凤路都钤辖向宝与王韶同提举秦州西路缘边蕃部,王安石以为向宝"足以乱韶事",上因令罢宝命。

李焘《续资治通鉴长编》(以下简称《长编》)卷二百十:熙宁三年四月戊寅(十八日),"诏秦凤路都钤辖向宝兼提举秦州西路缘边蕃部,王韶加同事。宝旧为管勾,后命韶为提举,上以为轻重不伦,故正之;命张守约依旧专管勾东路蕃部,寻皆罢。初,文彦博、陈升之皆以为宝宜为提举,既而王安石独进曰:'向宝素坏王韶事,韶言有两族不可招抚者,以宝沮害其事故也。今令与韶共事,又在其上,即韶事恐不可成。'陈升之曰:'宝虽带此名,然止在其城中,即亦何害?'安石曰:'宝既为官长,即所属吏皆严惮之,其势足以沮事,何谓无害?兼因边事出城,即更足以乱韶事。'时李师中有奏,言:'用韶提举,若不令宝都大提举,即失宝心,不肯尽节。'于是升之亦以其言为然。安石曰:'朝廷用一王韶,于宝有何亏损,乃不肯尽节?如汉高祖得陈平于亡虏,即令尽护诸将,诸将何尝不尽力?'上与枢密院再议,文彦博固执前说,上因令罢宝命,乃用急脚递追还"②。

六月初七日,罢李师中,于永兴军听旨。十七日,上怪韶奏报一日两说,令于秦州听旨。王安石极力解释,以为"未须令往秦州听旨"。上从之,令:"姑候体量到别议之。"

《长编》卷二百十二:六月"丙寅(初七日),殿前都虞候、邕州观察使、秦凤

---

① 《宋会要辑稿》,第4815页。
② 《续资治通鉴长编》,第1950页。

路副总管窦舜卿知秦州,李师中于永兴军听旨"。"上既罢李师中,后十日(十七日),批付中书、枢密院曰:'隆博、托硕相仇杀,王韶、高遵裕并不前知,今向宝已领兵破荡,高遵裕亦同去,王韶令于秦州听旨,候王克臣体量到别议之。'上怪韶奏报一日两说,初云蕃部溃散,又云董裕助兵万人,相去才二十里,乃如此不审。文彦博因言王韶不知边事。王安石极力解释,以为'韶但凭探事人所报耳。蕃部旅拒,即二十里内自不通往来,或伪退而复进,或既散而复聚,何由得知?此未足罪韶。然臣亦疑韶智有所短。朝廷用韶提举蕃部时,向宝、高遵裕尚为管勾,韶即受而不辞,臣疑韶智有所短,特此事耳。'又曰:'韶孤立,才领职,威信未能使人,不可遽责以不能前知蕃部动作。若亟令于秦州听旨,恐沮韶意气。后体量到或非罪,复令干事,心更局缩。'上曰:'亦虑韶缘此有希意媒蘖者,然方倚向宝用兵,韶在古渭,似与宝相妨。'安石曰:'韶孤立,为李师中所忌,众官兵所恶,安能沮向宝?朝廷但忧王韶为众排陷,不得申其志,不忧韶沮向宝事也。请促韶分析,未须令往秦州听旨。'上从之。后数日,又呈李师中分析秦州事,师中乞推究请罢向宝者,特赐处分。安石盖先以师中分析白上,曰:'枢密院初用王韶提举蕃部,略不措置,向宝自以为王韶部辖,与韶不和。既不和,更令宝与韶共事,宝专欲用兵,韶专欲招抚,其势必相沮坏。故臣欲罢向宝,但用王韶。韶欲招抚,故令提举蕃部;宝欲用兵,故令依旧作都钤辖。若可和,则委韶和之;若不可和,则令向宝与战。此朝廷委李师中作帅本意也。向宝虽罢提举蕃部,仍带御器械,即朝廷于向宝非有负。宝虽不管勾蕃部,犹在秦州作钤辖,固未尝夺师中所倚赖之人,如何便致蕃部作过?又师中以韶不能前知董裕作过,便为韶罪。韶与董裕非深相要结,又其恩威使人,势不及师中,师中既不能知董裕作过,王韶亦何由独能前知?'上以为然。及是,上与曾公亮等曰:'用向宝要战,用王韶要和,用师中要节制此两人。朝廷于向宝何所亏损,而师中言乃如此?'公亮又为师中解释,上曰:'姑候体量到别议之。'"(原注:初七日丙寅、初八日丁卯当参照。七月十一日己亥体量到,据日录,十七

日,令王韶往秦州听旨,二十五日,呈李师中分析,今并书在六月末。)①

是月初八日,李师中指责王韶招弓箭手地,有违诏旨;移市易司于古渭寨,得不补失。诏遣权开封府判官王克臣、内侍押班李若愚按实以闻。

《长编》卷二百十二:六月丁卯(初八日),"李师中言:'王韶申欲于甘谷城等处未招到弓箭手空闲地一千五百顷,乞差官从三五顷至一二十顷以上,逐段标立界至,委无侵犯蕃、汉地土,然后欲凭出榜,依朝旨召人耕种。缘本司先准中书札子,王韶募人耕种,止标拨荒闲地,不得侵扰蕃部。今韶乃欲指占极边见招置弓箭手地,有违诏旨;又欲移市易司于古渭寨,臣恐自此秦州益多事,所得不补所失。盖韶初献议,朝廷即依所奏,未尝令臣相度,欲乞再委转运使一员重行审定。'诏遣权开封府判官王克臣、内侍押班李若愚按实以闻"②。

七月十一日,李若愚等奏韶欺罔,又言古渭寨置市易司为不便。王安石以为若愚"所奏不能实",上令转运司详度。

《长编》卷二百十三:七月己亥(十一日),"诏陕西转运司详度移市易司于古渭寨利害以闻。又令王韶具析本所欲耕地千顷所在。先是,李师中与韶异议,遣李若愚、王克臣同行视,而若愚奏与李师中协,上疑不实,故复下转运司。(六月八日丁卯,初命克臣等体量。)初,若愚等至秦,问韶所欲耕地安在,韶不能对,但言众共沮我,我已奏乞归田。窦舜卿使人检量,仅得地一顷六十亩。(按:《宋史》作得地一顷。)既而地主自讼,复以归之。若愚等奏韶欺罔,又言古渭寨置市易司为不便。又言韶以官钱假亲旧,使之他方贩易,放散甚多。王安石恐韶获罪,乃言:'若愚在广西素与师中善,所奏不能实。'时已除沈起为都转运使,乃令起往别行体究,韩绛及安石皆言起可使故也。若愚等以为古渭寨不可置市易司,聚三十万货物必启戎心,又妨秦州小马、大马家私交易,且私交

---

① 《续资治通鉴长编》,第1968、1975、1976页。
② 《续资治通鉴长编》,第1969页。

易多赊贷，今官市易乃不然，兼市易就古渭，则秦州酒税课利必亏。曾公亮、文彦博、冯京皆以若愚等所言为是。韩绛亦以市易不在秦州为非。王安石曰：'若西人能得古渭，则非特三十万贯钱之利也。若不敢置三十万贯钱于古渭，恐西人争夺，则尚何须议招致洮、河、武胜生羌？西人敢与我争致此羌，则其为利岂特三十万贯钱而已。以此言之，则若愚以为聚贷起戎心非是也。又言"官市易不许赊贷，百姓不便"。今官市亦非禁民间私相赊贷也，于百姓有何不便？则若愚言于百姓不便非是也。又言"亏秦州酒税"。今秦州尚运致钱物就古渭，若秦州酒税减，即古渭增收，钱在古渭在秦州一也，则若愚以谓亏秦州酒税为不便非是也。'韩绛曰：'韩琦曾令增古渭地税，恐秦州人往古渭居。'安石曰：'以此验之，尤见人情以就古渭交易为便。不然，何须增税以困就居之人？今王韶欲就古渭置市易利害，臣所不敢断，然若愚所奏，即臣未见有害。'上乃令转运司详度"①。

**八月十四日，上与王安石称王韶不可得，有建功名之意。安石褒王韶有智勇，再为之极力解释。**

《长编》卷二百十四：八月辛未（十四日），"先是，上与王安石称王韶不可得，有建功名之意。安石为上言：'韶诚不可得，欲结连一带生羌，又能轻身入俞龙珂帐中，可谓有智勇。今其所擘画，决知无后害，惟须及早应副。'上曰：'今相度得事已审。'安石曰：'朝廷措置事诚要审，然亦要敏速，乃不失事机。如王韶所擘画，本路早从之，则无托硕、董裕之变。及有变，若早募获首恶，亦必已定叠。两事皆失于不敏速，遂至今未了。'又言：'韶欲于古渭置市易，非特一利而已。使蕃部得与官司交关，不患边人逋欠，既足以怀来蕃部，又可收其赢以佐军费。古渭固宜聚兵，但患财谷不足，若收市易之赢，更垦辟荒土，即将

---

① 《续资治通鉴长编》，第1981页。

来古渭可以聚兵决矣。'上曰：'市易、耕田与招纳，乃是一事尔。'安石曰：'诚如此。臣闻亓赟说，并洮河一带为夏国所有，则绝买马之路，此又不可不招怀也。'上曰：'诚有此。'安石曰：'秦州常患地阔远难管摄，若得古渭蕃盛，因建军令救应侧近城寨，分秦州忧责，接引洮河一带蕃部，极为长利。如王韶者，令领古渭军事，亦无害也。臣闻亓赟说青唐族有七八万人，就令不及七八万人，固当有三四万人。朝廷取绥州，所费极多，然所利无几。今若得青唐，建以为军，其首领便与一诸司使副名目，令为军使，亦未为过。何则？秦州要得青唐要领，建以为军，使汉官辅之，又建古渭以为军，即秦州形势遂长足以抗西贼，一诸司使副何人不为而乃惜之乎？此事非陛下特达主张，则边帅度朝廷自来不能如此行事，必不敢议及。若使枢密院同议，亦必以未曾有此体例沮诘，惟陛下特达主张，然后此事可必成无疑也。向王韶奏状言一岁不过费二三千贯钱者，此是欲朝廷肯听从，所以不敢大作擘画。陛下须恢张此辈意气，令尽理经画，勿拘守自来体例。汉高祖封沛令，使乘轮驰骋，由此诸城皆向风慕利而降。今厚抚初附，则诸羌欣慕，争来投汉，然后可以收其酋领，明示约束，使异日为用。不然，则徒费料钱，不免与西人交通，临时不为用，实无补也。'于是，上令安石作书谕韶，且曰：'事当申经略司者，但令奏来。'安石因言：'韩缜虽粗有材气，然非欲建立功名者，陛下与一待制已满愊。内迫大臣议论，外又困于众人语言，又本无立功名志气，兼见缜所辟人已草草，要恐未能副陛下任使，陛下常须驱策令向前乃可。今陛下主张王韶，议者必有以为因此更令人转嫉韶，适所以害之，此大不然。汉祖令陈平护军，平无行受金，诸将不服，高祖令尽护诸将，乃不敢言。人主须弹压得众定，乃可立事。陛下用手诏戒饬缜辈，然不知痛行遣李师中使知警惧，则陛下不言，人自奔走以承圣旨；如其不能，虽手诏亦未免坏废也。譬如天以阳气兴起万物，不须物物浇灌，但以一气运之而已。陛下刚健之德长，则天下不命而自随；若陛下不能长刚德，则流俗群党日

强,陛下权势日削。以日削之权势欲胜日强之群党,必不能也'"①。

十月二十二日,因言者谓王韶所言"有良田万顷可耕"不实而夺王韶一官,降授保平军节度推官,依旧提举秦州西路蕃部及市易司。李师中落天章阁待制降授度支郎中知舒州。

《宋会要辑稿·食货一》之三对其被夺官又还官的过程记载甚详,"(熙宁)三年三月,同管勾秦凤经略司机宜文字王韶言:渭城下至秦州,缘河有良田万顷,乞钱兴治。言者谓其不实,夺韶一官。既而委本路按验,言有四千余顷,乃还其官,而并从所请"②。《宋会要辑稿·食货六三》之七四又载:熙宁三年"七月十一日,提举秦州西路蕃部及市易司王韶,具析本所欲耕地千顷所在以闻"。"十月二十二日,秘书省著作佐郎王韶,降授保平军节度推官,依旧提举秦州西路蕃部及市易司"③。《续通鉴》亦载:冬十月己卯(二十二日),"王安石主韶议,为削师中职,徙知舒州,而以窦舜卿代,且遣内侍李若愚案实。若愚至,问田所在,韶不能对;舜卿检索,仅得地一顷,地主有讼,又归之矣。舜卿、若愚奏其欺,安石又为谪舜卿而命韩缜,缜遂附会实其事,乃进韶太子中允"④。

《长编》卷二百十六载:十月"己卯,前知秦州、右司郎中、天章阁待制李师中落天章阁待制,降授度支郎中、知舒州;秦凤路都钤辖、皇城使、带御器械向宝落带御器械,为本路钤辖;著作佐郎王韶降授保平军节度推官,依旧提举秦州西路蕃部及市易司。初,遣王克臣、李若愚按师中及韶所论市易利害及闲田顷亩,克臣等奏与师中协。朝廷疑其不然,复下沈起,起奏:'韶所说荒地,不见的实处,虽实有之,然于今未可检踏召人耕种,恐西蕃诸族见如此兴置,以为朝廷招安首领,各授以官职、料钱,令献纳地土。人情惊疑,则于招安之计,大有

---

① 《续资治通鉴长编》,第1992、1993页。
② 《宋会要辑稿》,第4803页。
③ 《宋会要辑稿》,第6023页。
④ 《续资治通鉴》,第1691页。

所害。欲乞权罢垦田之议，俟招安诸蕃各已信服，人情通顺，然后为之未晚。'于是侍御史知杂事谢景温言：'近闻起体量甘谷城弓箭手地稍多，乞候边事稍宁日根括施行。缘韶元奏，自渭源城至成纪县沿河良田不耕者万顷，乞择膏腴者千顷，岁取三十万斛济边储。今甘谷城去渭水远，非韶昔所指之处。乃以此为名，避当日欺妄之罪。昨克臣、若愚尝奏无此闲田，窦舜卿亦称但打量闲田一顷四十三亩，与起所奏，各有异同。而起亦徇韶之情，妄以它田为解，附下罔上。乞降韶元状，遣推直官一人往体量，就推劾如有矫伪，重行谴责。'御史薛昌朝亦言：'韶妄进狂谋，邀功生事。今起体量，多与克臣等不同，兼起妄指甘谷城地附会韶言，乞以师中前后所上文字，及克臣、起等节次体量事状，付有司推勘，各正其罪。'时中书谓起未尝指甘谷城地通作韶所言地之数，而师中、宝前在秦州，稽留朝旨，奏报反复。宝与韶更相论奏，各有曲直，韶以妄指闲田，特有是责。其后知秦州韩缜按视，乃言实有古渭寨弓箭手未请空地四千余顷，乃复韶官如故（复官在四年六月二十三日，其本末见彼）"①。

## 熙宁四年辛亥（1071），四十二岁。

### 六月十六日，王韶奉诏赴阙召对。安石又辩王韶不当降官。

《长编》卷二百二十四：六月"己巳（十六日），保平军节度推官、同提举秦州西路蕃部及市易司王韶言：'昨经略司令韶招纳近边生户入居汉界，今韶已奉诏赴阙，恐离任后来生户或与夏国连结，别为边患。其生户入居汉界见给粮者，非韶所招，如养饲充饱，或连结夏国度为寇害，实非招纳所致，乞赐详察。'韶先坐妄指闲田责官，及再打量，乃云实有田四千余顷，于是召对。王安石白上曰：'王韶为陛下尽力，臣不知陛下尚夺其官何意。'因言石显事。上曰：'元

---

① 《续资治通鉴长编》，第2015页。

帝不能诛有罪。'安石曰:'显有何罪? 不过害刘向之徒而已。今之为奸者,特才不如显尔,其罪非与显有异也。石显尚须因忠良有衅,然后敢攻,今之害忠良则未尝伺其有衅,此乃过于石显,陛下何尝能诛?'冯京曰:'李师中降官,故韶须降官。'安石曰:'师中附下罔上,坏陛下所欲为,陛下不得不责降,然内批特与舒州,宠以善地。韶无罪乃亦降官,好恶赏罚如此,君子何所恃赖,小人何所畏惧!'京曰:'今日人已震慑,如此足矣,尚欲如何?'安石曰:'臣所论者,陛下威福,非臣私计也'"①。

**二十三日,复为著作佐郎。**

《长编》卷二百二十四载:六月"丙子(二十三日),保平军节度推官、提举秦州西路蕃部及市易司王韶,复为著作佐郎"②。

**八月九日,置洮河安抚司,王韶以太子中允、秘阁校理主其事。高遵裕同管勾安抚司、兼营田市易。**

《宋史》本传载:"师中、舜卿皆坐谪,而韶为太子中允、秘阁校理。"《宋史》卷十五《神宗本纪》载:八月"癸酉(二十一日),置洮河安抚司,命王韶主之"③。按,癸酉(二十一日)系辛酉(九日)之误。《宋会要辑稿·职官四一》之九三载:熙宁四年"八月九日,置洮河安抚司。自古渭寨接青唐、武胜军一带地分应招纳蕃部市易,募人营田等事。并令同提举秦州西路蕃部及市易等公事王韶主之"④。《长编》卷二百二十六载:八月辛酉(九日),"著作佐郎、同提举秦州西路蕃部及市易王韶为太子中允、秘阁校理、兼管勾秦凤路缘边安抚司、兼营田市易。西京左藏库副使、兼阁门通事舍人高遵裕权秦凤路钤辖、同管勾安抚司、兼营田市易。录效用人黄察为成州司户参军、管勾秦凤路缘边安抚司机宜

---

① 《续资治通鉴长编》,第2092页。
② 《续资治通鉴长编》,第2094页。
③ 脱脱等《宋史》卷十五,中华书局1990年版,第280页。
④ 《宋会要辑稿》,第3213页。

等事。秦州衙前王惟新，弓箭手指挥使杨英，并为下班殿侍、缘边安抚司准备差使。遣僧智缘乘驿随王韶驱使，仍赐银三百两。置洮河安抚司，自古渭寨接青唐武胜军应招纳蕃部、市易、募人营田等事，并令韶主之。调发军马及计置粮草，即令秦凤经略司应副。韶以董毡、木征多与僧亲善，而僧结吴叱腊主部帐甚众，故请与智缘俱至边"①。

高遵裕（1027—1086），字公绰，蒙城人。忠武军节度使高琼之孙，高继宣之子。熙宁初，朝廷用王韶复洮陇，命为秦凤路沿边安抚，以遵裕副之。历任岷州、熙州、庆州知州，后贬为郢州团练副使。哲宗即位，复右屯卫将军主管中岳庙，卒年六十，赠永州团练使。《宋史》卷四百六十四有传。

**八月二十一日，以恩信成功招抚俞龙珂部。**

《续通鉴》载：八月"癸酉（二十一日），置洮河安抚司，命王韶领其事。初，议取河湟，自古渭寨接青唐、武胜军，应招纳蕃部市易、募人营田等事，韶悉主之，遂至秦。会诸将以蕃部俞龙珂在青唐最大，渭源羌与夏人皆欲羁縻之，议先致讨。韶因案边，引数骑直抵其帐，谕以成败，遂留宿。明旦，两种皆遣其豪随韶以东，龙珂率其属十二万口内附。既归朝，自言：'平生闻包中丞朝廷忠臣，乞赐姓包氏。'帝如其请，赐姓包、名顺"②。此乃王韶以诚信、胆量与智谋实现民族和解之成功范例。

**十二月十八日，王韶奏俞龙珂及旺奇巴等举种内属，乞依已得朝旨，除俞龙珂殿直、蕃巡检，又分其本族大首领四人为族下巡检，既分为四头项，自此可令不复合为一，免点集作过。上令悉依王韶所乞。**

《长编》卷二百二十八：十二月戊辰（十八日），"中书、枢密院同进呈：'王韶奏俞龙珂及旺奇巴等举种内属，乞依已得朝旨，除俞龙珂殿直、蕃巡检，又分

---

① 《续资治通鉴长编》，第2110页。
② 《续资治通鉴》，第1710页。

其本族大首领四人为族下巡检,既分为四头项,自此可令不复合为一,免点集作过。又乞除旺奇巴殿侍、抹邦一带巡检。'上曰:'如何便言举种内属?'王安石曰:'不知如何不谓之举种内属?'上曰:'须点集得,方为内属。'安石曰:'不知今欲如何点集?'上曰:'亦须便点阅见户口人数。'安石曰:'羁縻须有渐,如何便令王韶点阅得彼户口人数!'文彦博曰:'若与科钱,又使不得,可知是不易。'安石曰:'如此诚易。然便要点阅,恐却未有此理。'彦博曰:'在此见不得,到秦州乃见,极微秒,不足虑。'安石曰:'昨拓硕只引一蕃僧来秦州,便奈何不得。今幅员数千里强族,设若有一豪杰自强,外立文法,迤逦内侵,则角蝉之事不可谓无之,非特如托硕事而已。只如董毡、木征自是凡才,若稍桀黠,兼并生羌,日迫内地,即是复生一夏国,岂得以为微秒不足虑?老子以为其脆易破,其微易散,其未兆易谋。就今生羌微秒,正是当施谋计之时。若待其党众架合,则欲经营,已无所及。'上曰:'然要须点集得,方为实利。'安石曰:'诚如此。然今朝廷十万缗钱付王韶等蕃息,收其息以为内属人禄赐,非有伤财劳民之事。就令三五年间未可点集,亦终为我羁縻,免更有创立文法为边陲之患,亦自有利无害。若如王韶本谋,即终当为吾民,不患不可点集也。韶本谋欲以官致首领,以蕃勇敢招其强人。其强人服于下,首领附于上,则余人不患不为我用。然此事恐须少待岁月,乃见成效耳。'彦博曰:'分却俞龙珂族下人作四头项,恐俞龙珂不肯。'又言:'未须与殿直与军主,恐见得力蕃官觖望生事。'安石曰:'分为四头项,既责任王韶,韶必有斟酌,朝廷何由遥度?不知蕃官如何便敢觖望?'彦博曰:'俞龙珂等并不为用却与官,既为用者如何不觖望?'上曰:'事体有大小,如木征作刺史,董毡作节度使,何尝为用?蕃官亦岂可觖望?'安石曰:'秦州蕃官如令修己见作殿直,不知有多少族帐?朝廷除与俞龙珂、旺奇巴官,于令修己何事,便敢觖望?'彦博曰:'如韩绛厚蕃兵,便致汉兵作

过。'上曰：'此事不类。'令悉依王韶所乞"①。

**夫人杨氏因王韶功，追赠蓬莱县君。**

《宋故华原郡夫人杨氏墓志铭》载："夫人以熙宁四年辛亥，因公以太子中允、秘阁校理为秦凤路沿边安抚，会明堂大礼，始追赠蓬莱县君。"

## 熙宁五年壬子（1072），四十三岁。

**正月十九日，王安石以为郭逵坏事，请即用韶帅秦，徙逵他处。上示"且更待其有功"。**

《长编》卷二百二十九：正月己亥（十九日），"是日，王安石留身白上以'郭逵激智缘使攻王韶，又谢景温亦害韶事。今秉常方弱，正合经营，夷狄之功，虽不足贪，然陛下欲大有为，则方夷狄可以兼制之时，不可失，不宜为人所坏。'上曰：'夷狄功非所贪，然须图难易，以弭患难。'因问安石何以处此。安石请即用韶帅秦，徙逵他处。上曰：'韶轻易，如兰山族才来请料钱，便言举属内附。'安石曰：'韶但急于见知，故不为高远。若肯就招纳，即言内属，亦不为过。考其前后计事，乃无遗策。于众人窥伺倾侧之中能立事，不可谓无气略，比赵卨尤胜。'上曰：'且更待其有功。'欲用吕公弼代逵，曰：'公弼易驱策，委以韶事必尽心。'安石亦称公弼可用，上曰：'与何官？'安石曰：'向来罢枢密使，亦无显状，又经受遗诏，当与节度使或宣徽使乃可。'上曰：'与宣徽使'"。

---

① 按，俞龙珂举众内附时间诸载有异，《长编》卷二百二十八十二月戊辰条下有注可参，兹录如下："今年十二月十八日俞龙珂等授殿直，而实录并无之，于明年五月十一日方书以俞龙珂为西头供奉官，不知何故。或初授殿直，后迁供奉官。实录但书供奉官，不书殿直也。当考。朱史王韶本传，就韶作机宜时，便云：韶直抵俞龙珂帐中交诏，因留宿，示以不疑。于是俞龙珂感服，即遣首领纳款，其后率其属十二万口归附。按韶作机宜，乃元年冬；被命相度招抚，乃二年七月。朱史预夸韶功，已于二年七月辨之。然则韶以二年七月被诏招抚，其留宿俞龙珂帐中，当是三年或四年事。四年十一月，俞龙珂举众内附，日录所载，或非妄也。四年十二月，俞龙珂虽云举众内附，其实元未出界，故神宗有点集不得之语。至五年五月始见十二万户口数，故再命以供奉官。朱史所云其后即指五年五月事，或四年十二月事也。今并依日录，附此事于十二月十八日，更须检详。"《续资治通鉴长编》，第2130、2131页。

郭逵（1022—1088），字仲通，其先自邢徙洛，康定中兄遵死于敌，录逵为三班奉职。历任湖南路兵马钤辖、邵州知州，迁容州观察使、泾原路副都部署，治平二年（1065），郭逵以检校太保同签书枢密院。出领陕西宣抚使，判渭州。后以左武卫大将军致仕。其生平事迹详《宋史》卷二百九十本传。

**二十三日，王安石再为王韶申辩，认为王韶受拔擢未为优过。**

《长编》卷二百二十九：正月壬寅（二十二日），"明日，安石又白上。……安石曰：'陛下自令若愚体量李师中、王韶，中书见其不实，乃具前后情状，乞别差官。不然，则朝廷赏罚为奸人所移，安用彼相？既沈起体量王韶果无一罪，文彦博反谓沈起附会，又谓王韶之势赫赫于关中。陛下以此不能无疑，故夺韶一官。当是时，韶实无一罪，后因韩缜打量韶所言荒地，始明白。然陛下未尝究问从初体量不实之人。昨王韶奏生羌举种内属，陛下便以为不合如此。况蕃户既受官职请料钱，不肯属夏国，即是举种内属，纵似矜功，未为诬罔，陛下即已非其如此。至于妨功害能，罔上不实，即一切不问。如此，即人孰肯为陛下尽力？尽力有何所利？'上曰：'王韶非不拔擢。'安石曰：'妨功害能，沮国害事，而陛下任用，名位过于王韶者，何可胜数？则王韶受拔擢未为优过，亦未足以劝人为忠'"①。

**二月十三日，王韶被指取赐钱撞充市易司息钱，王安石为辩，请陛下深察。**

《长编》卷二百三十：二月癸亥（十三日），"王安石白上：'闻有旨，令秦凤缘边安抚司撞市易钱，将来比较赏罚，别支钱招纳蕃部，此何故也？'上曰：'人言市易司并无利息，但虚立蕃部姓名支破，恐久远如萧注事连蛮夷，不可根究，不如明以数万缗给之。'安石曰：'中才商贾得二十万缗本钱，便能致息，王韶岂不能干运？不知谁为陛下言此，此必无之理。市易有高遵裕同领，陛下又欲差张守约，其管勾使臣非一人，财物非王韶独专，韶何缘作得奸欺？若作得奸欺

---

① 《续资治通鉴长编》，第2137、2138页。

事,亦何难根究? 如萧注事,自是当时施行不尽正理,今若王韶实有奸欺,则事虽连蕃部,自可根究。如支钱一百缗与结吴叱腊,纵上下为奸欺,结吴叱腊固可问。然王韶粗有行止,何遽至此?'上曰:'朝廷初不疑韶,欲令分晓,免人谤议耳。'安石曰:'人谤议何可免,陛下苟知其无他,即谤议何伤? 今疑问如此,即何由责其自竭? 臣愚以谓任人当有大略,如汉高祖用陈平,自言不受金无以为资,然汉高祖委金四万斤,恣所出入不问,故能济大事,况韶未至如陈平无行。今陛下别赐韶钱三五万缗,若陛下有术以检御群臣,即韶自不能为奸;如其无术,韶更取别赐钱虚支破,却撞充市易司息钱,陛下亦何由辨察? 如臣愚见,以为假令韶妄用市易钱,苟能济一方大事,亦在所容忍;况又无此,不须预有猜疑。臣见王韶诚非盗窃财物之人,然其为名高节廉则似不足,陛下遇之未为尽,而区区务欲兴事造功,非士大夫之操也。此自于王韶私义为不足,于朝廷何负? 韶内则为大臣所沮,外则为将帅所坏,虽无罪,尚懔懔不自保,何况有罪? 此陛下所当深察也。'"[1]

**二月十四日,郭逵奏指王韶招纳蕃部激起木征不满,无能裁处。王安石责郭逵:朝廷兴事,不肯协同而沮坏,无理。**

《长编》卷二百三十:"明日,又呈郭逵奏言:'木征遣人来告:"王韶元与我咒誓,约不取渭源城一带地及青唐盐井,今乃潜以官职诱我人,谋夺我地,我力不能校,即往投董毡,结连蕃部来巡边。"若木征果来巡边,拒之则违王韶咒誓,纵之则前所招纳蕃部必为木征夺去。臣智议昏愚,无能裁处,乞朝廷详酌指挥。'王安石曰:'木征为河州刺史,郭逵为宣徽使、秦凤路经略安抚使。统押弹制木征乃逵职事。木征有一语来,便称昏愚无能裁处,若知无能,何不早辞?'文彦博曰:'朝廷专任郭逵,方可以责此。'安石曰:'何尝不专任? 逵作经略安抚使,王韶招纳蕃部,于逵职事有何害?'上曰:'又不知木征果有此言否,亦安

---

[1]《续资治通鉴长编》,第2145页。

知非逌导之使言。'王安石曰：'此事诚不可知,就非导之使言,只观逌前后论奏反复事状甚明。前谓西蕃皆脆弱不足收,招纳枉费钱,至木征一言,便称昏愚无能裁处,若如此则木征乃是强梁可畏,可畏则前不当言脆弱,脆弱则今何故便以为不可裁处?'文彦博曰：'事任不专,难责办于郭逌。'上曰：'制御木征,正是郭逌事任,如何不可责办?'吴充曰：'逌与王韶矛盾,只此可知王韶必独当秦州事未得,郭逌又必不肯协同。'王安石曰：'朝廷兴事,若为郭逌不肯协同,便自沮坏,恐无理'"①。

当日,王安石与上商"须专委王韶",上示勿委经略司磨勘市易钱。

《长编》卷二百三十：二月甲子(十四日),"安石又曰：'郭逌有智计,若摇扇沮坏王韶,即其事必难推究,恐非但韶事不成,缘此更开边隙。陛下若欲委郭逌,则不如罢王韶,专任郭逌;如以王韶未可废,即须王韶势力足以自济,不为中外牵制沮坏乃可。'上曰：'须专委王韶。'上又欲差人往体量事,安石曰：'蕃户有无力量,即虽韶久在彼,尚不得知,若暂往之人,何由知其实?'安石又言：'今生羌久与中国隔绝,其有力量与无力量,皆非中国所知,但来附属,即须与职名、料钱。若彼未来附属之人自争强弱,非安抚司所得知。若附我者虽弱,不可不助;未附者虽强,不可不摧。如此,然后恩威立。欲立恩威,则古渭兵力不可不增。'上曰：'建军须增兵。'安石曰：'王韶乃陛下自于选人中拔擢,非有左右之力。今所为渐有功绪,此陛下知人善任使之效。"为山,未成一篑,止,吾止也";掘井九仞不及泉,犹为废井。愿陛下终成此事,毋为众人沮坏于垂成。'上曰：'久任专责固善,闻韶止于一年后求罢。'安石曰：'此必谗间之言。比欲除王韶作检正官,韶愿自效于边,方此时,事未有端倪,韶顾肯自效;今事有绪,何故一年后遽求罢?'上曰：'闻高遵裕亦欲如此。'安石曰：'就令一年后求罢,一年内亦须尽力。'彦博曰：'若但灭裂不务功实,即难以持久,故或

---

①《续资治通鉴长编》,第2145、2146页。

有苟且岁月求罢。'安石曰:'作一年便罢,不知待事成不待事成。若事已成,何须求罢?若不待事成,则于遵裕有何所利?遵裕非是懵然不晓利害,必无此语也。'时经略司磨勘市易钱,凡为王韶干事者多所追逮,韶辄留不遣,且言恐人情扰动,乞改就三司磨勘。安石以韶奏白上曰:'王韶非贪墨之人,臣敢保任。假令王韶欲为侵欺,如高遵裕之徒,皆窥其职任者也,苟有过,岂肯庇覆?以此不须疑。兼韶所关借钱才二千余缗,便都侵欺了,于委任边臣之体,亦不足校。'上曰:'缘经略司取索文历,俱不得,必又有词,今更勿委经略司驱磨,候三年取旨别官磨勘'"①。

**二月二十七日,郭逵奏闻王韶招俞龙珂甚屈辱。安石进呈逵分析韶招俞龙珂事,上以为无屈辱。**

《长编》卷二百三十:二月"丁丑(二十七日),郭逵奏闻王韶招俞龙珂,甚屈辱。上谓执政曰:'韶所奏,乃与逵不同。'王安石曰:'宜令逵具屈辱实状以闻。'韶又言:'逵公言不当招纳俞龙珂,乃私使人诱俞龙珂来秦州,欲招纳之功归己,阴沮坏边事。'文彦博曰:'臣尝议此两人难并立,今既徙郭逵矣。'安石曰:'朝廷置缘边安抚司招纳生羌,于经略司何所妨害?何难立之有?'彦博曰:'人各有所见。'安石曰:'所见有是非,若己所见非是,朝廷不以为可,则当听朝廷指挥。'冯京曰:'此亦韶偏辞耳。'安石曰:'诚然,此事当推究。'乃诏逵分析。时经略司已逮捕元瓘送秦州狱,鞫韶擅用市易钱赃状未竟也。其后,安石进呈逵分析韶招俞龙珂事,上曰:'乃无屈辱,须差官勘韶,并此事令勘'"②。

**三月十六日,郭逵再奏王韶市易钱磨勘事有欺弊。安石再为辨明,指朝廷未尝假借韶。**

《长编》卷二百三十一:三月丙申(十六日),"郭逵奏:'王韶初乞经略司磨

---

① 《续资治通鉴长编》,第2147页。
② 《续资治通鉴长编》,第2150页。

勘市易钱,今又乞别差官磨勘,盖有欺弊。见本司点检,乞止令本司磨勘。'上曰:'韶力争如此,或未必有奸。'王安石曰:'有奸无奸,非朝廷所能知,但差官磨勘,自见情实。'吴充曰:'待之无适莫,则情实自见。'上曰:'人虽欲庇韶,其形迹亦可见,缘钱物事当有归著。'安石曰:'此事固无可庇之理,迨与秦州官吏非不能自达于朝廷者,兼无人于此事有适莫者。'上再三疑怪韶有此,安石曰:'以理料之,则韶为众人所窥伺,不宜有此。然人事固不可意料者,但根究即见情实。'文彦博曰:'恐韶倚赖朝廷假借,所以如此。'安石曰:'韶顷无罪,尚降一官,朝廷未尝假借韶。至余事,但有一毫所言,未尝不诘问是非,何尝假借?'充曰:'若无欺弊,因何自乞磨勘又奏乞罢磨勘?'安石曰:'此事未可便疑其有奸。自乞磨勘者,似是无欺弊,后为经略司捃摭尽追捕勾当人,恐摇动人情,所以乞别差官根究,亦未曾乞不磨勘也。'充曰:'谚云"停囚长智",合早放施行。'安石曰:'已便令分析入急递闻奏,固不容其停留。'上曰:'此事有无根究自见,虽迟无害'"①。

**四月二日,上召对杜纯往秦州推勘王韶公事。**

《长编》卷二百三十二:四月"辛亥(二日),光禄寺丞、枢密院宣敕库检用条例官杜纯往秦州推勘王韶公事,上召对遣行"②。

**十七日,王韶言招蕃部鄂特凌等千余人,乞补都虞候、指挥使等职名,从之。**

《长编》卷二百三十二:四月丙寅(十七日),"王韶言:'招纳洮、河、武胜军一带蕃部鄂特凌等千余人,乞补都虞候、指挥使等职名,仍第给俸。'从之"③。

**五月二日,以古谓寨为通远军,王韶知军事。**

《宋史》卷十五《神宗本纪》载:熙宁五年五月"辛巳(二日),诏以古渭寨为

---

① 《续资治通鉴长编》,第2152页。
② 《续资治通鉴长编》,第2158页。
③ 《续资治通鉴长编》,第2160页。

通远军,命王韶兼知军"①。《长编》卷二百三十三:五月"辛巳,诏以古渭寨为通远军,以王韶兼知军。古渭,唐渭州也。自至德中陷于吐蕃,至皇祐中始得其地,因建为寨,上将恢复河陇,故命建军,为开拓之渐。先是,上尝言古渭可建军,王安石曰:'蕃人但见贵种则已悦慕附从,若说以中国威灵而怀之以道,何忧不集?近羌夷尽来古渭决曲直,既尽来则易成临长之势,临长势成则化为内地不难矣。'上乃遣刘宗杰往与韶及高遵裕议之而降是诏"。《续通鉴》亦载:五月"辛巳,以古渭寨为通远军。帝志复河陇,会定州都监张守约请以古渭为军,帝从之,以王韶知军事,行教阅法"②。

**四日,上与安石论木征事,安石以为"此事非王韶、高遵裕不能办"。**

《长编》卷二百三十三:五月癸未(四日),"上问王安石:'见秦州衙前分析木征事否?'安石曰:'已见了。初,秦州遣人往董毡所,木征坐之庭下。又缘路多打扑财物,过洮、河东即一如汉界,不敢复打扑阻留,此王韶招纳之效也。'上言:'要招纳,须用威乃能成就。'安石曰:'如木征极易取,但令边将先阴厚抚结木征下首领,使其心内乡,又善抚初附,令彼首领见而慕羡,则木征孤特,若取之则取一夫而已,何难之有?木征既取,则董毡、夏国皆知惧,如董毡亦非难取也。'上曰:'边将谁能办此,王韶能否?'安石曰:'此事非王韶、高遵裕不能办也'"③。

**十二日,王韶书报已拓地千二百里,招附三十余万口。安石指王韶本谋至今日见成效,不忧用不得,但要陛下明察,毋令异议扰之而已。**

《续通鉴》载:五月"辛卯(十二日),王安石以王韶书进呈;韶言已拓地千二百里,招附三十余万口。帝与安石论人有才不可置之闲处,因言汉武亦能用

---

① 脱脱等《宋史》卷十五,中华书局1990年版,第281页。
② 《续资治通鉴》,第1722页。
③ 《续资治通鉴长编》,第2166页。

人"①。《长编》卷二百三十三：五月辛卯，"王安石以王韶书进呈，韶言：'已拓地千二百里，招附三十余万口。然此特众人以为异效。韶所欲为朝廷施为此尚未仿佛，料相公亦不止期韶以此，恐勾当人各欲保守见功，无复奋励向前之意。'安石白上：'韶如此诚善。今三十万众若能渐以文法调驭，非久遂成汉人，缘此本皆汉人故也。韶言募到勇敢九百余人，耕田百顷，酒坊三十余处。蕃部既得为汉人，蕃部贱土贵货，汉人得与蕃部交易，即汉得土，蕃部得货，两各得所欲而田畴垦、货殖通。蕃汉为一，自然易以调驭。因令韶如诸路，以钱助役收息，又捐百余万缗养马于蕃部，且什伍其人，奖劝以武艺，使其人民富足，士马精强，因奋而使之，则无所不可。今蕃部初附，如洪荒之人，惟我所措置而已。'上曰：'木征须早剪除。'安石曰：'岂但木征，董毡、夏国皆在我所措置而已。诸路自可高拱无事。'上曰：'今虽已招纳得，却用未得。'安石曰：'韶本谋至今一一不忿于素，今已见端绪，自此以往，日见成效，不忧用不得，但要陛下明察，毋令异议扰之而已。韶狱事了，若召来谕以此旨，必能济集。'上曰：'高遵裕已来，便可以此指谕之。'"②

**二十六日，秦州制勘院见劾王韶市易司公事。朝廷认为韶别无事，宜令韶速归本司，以让其全心备武胜之役。**

《长编》卷二百三十三：五月"乙巳（二十六日），诏秦州制勘院，见劾王韶市易司公事，其命官使臣候案成除赃罪外，余并还旧任。时朝廷将举武胜之役，虑随军阙官故也。后又诏转运使张诜，专在通远军计置修堡寨什物钱粮。先是，高遵裕以春季当诣阙奏事，诏趣之。韶言：'臣近被制狱讯问，今自通远军抵秦州，以便供答，乞留遵裕在任，并由经略司别遣官代遵裕行。'上谓安石曰：'韶别无事，又遵裕已来，安抚司殊阙人，宜令韶速归本司。如制狱有所问

---

① 《续资治通鉴》，第1722页。
② 《续资治通鉴长编》，第2169页。

讯,即实封文字应报。'又令催杜纯结绝曰:'恐人情疑惧,不敢向前。'安石曰:'今韶不过以二三分心力经营边事,却以七八分精神照管防备人沮害,此边事所以难集;非特韶如此,凡为韶用者,又皆前却不敢以三四分力向前勾当,即事尤难集。'上曰:'政为与韶勾当人如此也。'上又曰:'吕公弼言董毡与夏国结亲事,其意又似恶缘边安抚司。若不招纳蕃部,亦岂能止董毡与夏国结亲也?'安石曰:'董毡与夏国结亲,于边事都无所计。但我能亲附蕃汉人,使乐为用,即董毡虽与夏国深相结,亦不敢违背朝廷恩信,况但结为婚姻,岂不顾利害以国徇儿女亲家?'上以为然"①。

**六月十五日,王韶遣王存等破荡蕃部有功,诏赏王存等五人各减磨勘三年。王安石以为王韶有智略、肯建功,可为将帅。**

《长编》卷二百三十四:六月癸亥(十五日),"诏权通远军都监王存等五人各减磨勘三年。初,俺东熟户久不顺命,招呼不至,王韶遣存等破荡,而秦凤路经略司以闻,故赏及之。初,议赏,王安石曰:'方欲创事,宜加厚。'文彦博曰:'打族帐与军赏格不同,难用军赏。'上曰:'惟赏无常,轻重视功。'蔡挺曰:'比捉贼赏未为厚,以此比捉贼,则其劳绩岂不过于捉贼乎?'上曰:'王中正言,洮河以西未有朝廷明降指挥许招纳。'蔡挺曰:'乘今机会,破竹之势,正可厚以金帛、官职招纳,然王韶新经摧沮,不敢开阔擘画,须朝廷谕意。'乃令中书、密院谕意。王安石言:'将帅事事指教关防不得,必得有智略自肯建功人,乃可使为将帅。'上曰:'如何得如此人?'安石曰:'岂患无人,但患知人未尽。若陛下尽知人之道,御制不失礼,则人才自出。如王韶被朝廷三度疑其为盗,若尚气节,自免去久矣,安肯复黾勉到今?功名如梦幻,气节之士岂肯摧气节以就功名?朝廷遇人如此,即未有以致豪杰之士'"②。

---

① 《续资治通鉴长编》,第2174页。
② 《续资治通鉴长编》,第2178、2179页。

**二十六日,王安石见上,以为王韶之狱系郭逵、杜纯诬罔妄奏。**

《长编》卷二百三十四:六月甲戌(二十六),"安石曰:'……陛下今日得失事,固难一一尽言,臣请试言郭逵、王韶事。陛下以郭逵诞谩,故许其辞秦州,既而逵微谮王韶,陛下又不寤而从之。逵知陛下可欺,然后使刘希奭入奏,因而游说,窥伺陛下意向,陛下又为其所惑,故逵敢放肆为王韶之狱。今杜纯奏王韶讨奄东事,陛下以为何如?'上曰:'又不合如此。'安石曰:'纯为勘官,于奄东事了不相关,又辄如此诬罔妄奏。小人敢无忌惮者,陛下当求其所以然,此不在他人,在陛下而已。陛下诚能照奸而断以义,则无人敢如此。'上曰:'只为事难得分者。'安石曰:'事何尝不分明,但是陛下不穷究到底。前后小人为欺,岂是尽无形迹,但以陛下含糊不穷究,若穷究到底,岂有不分明之理。'(二十八日,安石又辞位。)先是,杜纯勘王韶市易司事,奏韶出纳官钱不明,韶答勘院,置辞率诋谰骄慢,有云:'委不曾依诸场务出纳,致有差互。韶私家物却上公使历,乞根问是与不是韶发意侵盗?'又韶先奏:'元瓘称臣见欠瓘钱二百六十贯未归著,若勘得是侵盗,只乞以功赎过,贷臣死。'其它多类此,故纯奏韶欺欺事难究治,乞依韶元奏候满三年磨勘。又因韶不发遣王君万对狱,遂及韶讨杀奄东蕃部,谓韶生事邀功。王安石见纯奏大怒,自为画一,问纯何以证韶于官钱不明令韶具析?上曰:'文历差互,韶或不免。初疑韶为侵盗耳,韶亦必不至侵盗九十余贯钱。'安石又言:'韶讨杀蕃部,于纯所勘事初无与,纯本枢密院属官,久知枢密院恶韶,观望利害,辄敢诬奏,其情意可见,今当别遣人推鞫。'上以为然"①。

**七月十一日,蕃部蒙罗角不肯内附,王韶讨之。**

《长编》卷二百三十五:七月戊子(十一日),"王韶言讨蕃部蒙罗角,以其抢夺西域般擦,又不肯内附故也。文彦博曰:'追究前事,恐新附蕃户惊疑。'王

---

① 《续资治通鉴长编》,第2183、2184页。

安石曰：'以其不内附，故讨其抢夺；若内附，必不追究前事。'上曰：'结吴叱腊是也。'蔡挺曰：'新附不宜数有诛讨，必致惊疑。'上默然。枢院退，王安石曰：'上讨不附，乃所以结固附我者，恐王韶必知出此。'上以为然"①。

　　七月十三日，王韶为右正言、直集贤院，二十九日为集贤殿修撰；弟王夏为江宁府法曹参军。

　　《长编》卷二百三十五：七月庚寅（十三日），"太子中允、秘阁校理、管勾秦凤缘边安抚司王韶为右正言、直集贤院，权秦凤路钤辖、阁门通事舍人高遵裕为引进副使，落权字，进士王夏为江宁府法曹参军。韶等并以招纳蕃部特推恩，而夏者，韶母弟也，始议推韶恩，官其子，而上欲慰其母心，故先及其弟。始欲转韶两官，以太常博士直昭文馆，王安石曰：'韶功大，恐博士未称，宜与司谏、正言。'上从之"②。按，"韶母弟"非母亲之弟，当为同母之弟，故言"上欲慰其母心，故先及其弟"。

　　同卷又载：七月"丙午（二十九日），右正言、直集贤院、管勾秦凤路缘边安抚司王韶为集贤殿修撰。先是，上谓王安石曰：'高遵裕非首谋，近又退缩避事，官赏乃已过韶。'安石曰：'遵裕诚非首谋，能与韶不为异而已，亦未至退缩避事。然韶功诚大，赏薄。'上令再议韶赏，王珪请与直龙图阁，文彦博曰：'如此，则边上便呼龙图。'珪曰：'赵禼尚作龙图。'上曰：'龙图与直集贤院何所校？'欲与修撰，且曰：'沈起亦作修撰。'彦博曰：'边人不知职名高下，但见呼龙图即以为尊。如唐时藩镇言军中只知尚书转仆射。'上曰：'修撰要是胜直龙图阁。'安石欲与史馆，而故事史馆不带出，乃除集贤殿修撰，仍差入内供奉官、秦凤路缘边安抚司勾当公事李宪就赍诰敕往赐。时朝廷命修玛勒寨，遵裕乞缓兴工，故上以为退缩避事也。诏：'王韶修玛勒寨，宜更遣探候，即今西界侧

---

① 《续资治通鉴长编》，第2189页。
② 《续资治通鉴长编》，第2190页。

近,如点集众多,未可兴功,即不须于未进誓表前毕功。计西人亦岂能持久,第一面计置修城材物,俟其退散,并手修完。如点集不多,即依所奏施行。仍仰秦凤路经略司计会韶兴功日,差将官一员领人马防托。近差定泾原路将官、弓箭手等,亦令韶相度勾抽。'先是,韶奏乞候修乞神平堡毕功,即勒厢军采木并修玛勒,故有是诏"①。

**有《辞免右正言直集贤院表》。表云：**

今月某日,臣王韶进奏院递到诰敕一道,伏蒙圣恩,赐右正言、直集贤院者。臣昨以老母思归,缺人侍奉,曾具表陈讫。如今来招纳,不合妄希恩赏,臣甘伏重刑窜出。以臣招纳,薄治成功,依众效体例,不合该恩酬贤②。臣情愿不沾分毫恩翰,只乞检会。臣弟进士王夏曾至分水岭,招纳武胜军都首领结吴叱腊,乞依众效用例,特赐一名目,注使家令入。若遣令迎侍老母南归,臣虽殁身戎③行,死无所恨。今夏④已蒙圣恩降,发江宁府法曹,是时愚衷已遂草请。况臣守耀州司户参军到东路,首尾四年之内,蒙非次进擢,官升朝列,职忝⑤台阁,总兵边要,分任方面,必欲责臣以成效。赏官民职,足以集事。乞寝荣命,以安愚分。所有诰敕不敢只受,已牒送通远军,于军后库寄讫。臣无任瞻天仰圣,激切屏营之至,谨奉表辞谢以闻。⑥

---

① 《续资治通鉴长编》,第2196页。
② 按,家谱原文为"依众效体不例合该恩酬贤",参下文"依众效用例",疑"不"字在"例"字后,当是刻印之误,据文意改。
③ 按,家谱原文为"戍",当是刻印之误,据文意改。
④ 按,家谱原文为"下",当是刻印之误,据文意改。
⑤ 按,家谱原文为"参",当是刻印之误,据文意改。
⑥ 王可喜《王韶佚文考》,《青海民族研究》2006年第1期。下引王韶辞、谢表同此,断句有修订。

闰七月五日，王韶言筑乞神平堡，新附羌人七千骑来助防托。诏三司出银、绸、绢总十万付秦凤缘边安抚司，以备边费。

《长编》卷二百三十六：闰七月壬子（五日），"王韶言筑乞神平堡，新附羌人七千骑来助防托。王安石曰：'此宜优与支赐。'上曰：'缘边安抚司无以给此。'安石曰：'此不可吝惜也。'上曰：'防托岂不费粮食？若既内附为用，失于应接必解体，首领宜与支赐，但缘边安抚司无以给耳。'三司使薛向言：'欲与支赐银、绢，三司亦有备。'甲寅，诏三司出银、绸、绢总十万付秦凤缘边安抚司，以备边费"①。

二十一日，王韶欲讨南市、经略木征事，上以韶为是。

《长编》卷二百三十六：闰七月戊辰（二十一日），"王安石言王韶欲讨南市、经略木征事，上以韶为是，既而曰：'韶能了此否？'安石曰：'观韶所奏，甚合事机，然兵有利钝，则未可知。若此举未胜，必须再举，胜而后已。凡经略边夷，当从事于易。木征最为易者，或不能决胜，即士气沮坏，敌情轻我，难复言经略矣。'上曰：'西人敢来助否？'安石曰：'元昊、谅祚或敢来，今决不敢也。'"②

八月四日，王韶奏招弓箭手指挥等，并从之。

《长编》卷二百三十七：八月"庚辰（四日），王韶奏就竹牛岭东西各招弓箭手一指挥，又奏乞度僧牒五百给勾当番僧，并从之"③。

八日，王韶复武胜军，筑城武胜军。十六日建为镇洮军。二十八日又破木征于巩令城。

《宋史》卷十五《神宗本纪》载：八月"甲申（八日），秦凤路沿边安抚王韶复

---

① 《续资治通鉴长编》，第2200、2201页。
② 《续资治通鉴长编》，第2210页。
③ 《续资治通鉴长编》，第2212页。

武胜军。壬辰,以武胜军为镇洮军。甲辰,王韶破木征于巩令城"①。《长编》卷二百三十七:八月甲申,"管勾秦凤路缘边安抚司王韶等言收复武胜军。诏:'具合修堡寨处所以闻。其蕃族所委牛羊,有属降人者并给还,或先已支用者偿其直。'先是,七月韶举兵城渭源堡,遣将破蒙罗角,遂城乞神平,破抹耳水巴族。贼时处高恃险,诸将欲置阵平地。韶计贼苟不肯舍险离巢穴速斗,则我师必且徒归,而师已入险地,则当使险为吾所有,乃径领师至抹邦山逾竹牛岭,压贼军而陈,下令曰:'兵置死地,敢言退者斩!'贼乘高下战,官军稍却。韶亲擐甲麾帐下兵逆击之,贼众溃走,获首领器甲,焚其族帐,洮西大震。会木征渡洮为之声援,余党复集抹邦山。韶语诸将曰:'若官军至武胜,则抹邦山可一举而定。'乃令景思立、王存将泾原兵由竹牛岭南路张其军声,示其不疑,而韶潜师由东谷路径趋武胜,未至十里,遇贼破之,瞎药等弃城夜遁,大首领曲撒西王阿珂出降,遂城武胜"。

丁亥(十一日),"蔡挺言王韶经制洮河,宜止杀招降。上曰:'强犷若不讨荡,即无缘帖服。'又言招弓箭手事。王安石曰:'地远难遥制,王韶必有经画。薛向说边事不畏贼,但畏京递到不合事机耳。'上曰:'鄩城科等并领众防托。'安石曰:'王韶固欲朝廷知初附诸羌为用。然初附之众,不宜令久暴露无恩泽,若遍加劳赐,即难给。谓宜令韶、科等放散其众,独留精兵防托,厚加犒劳、赏赐,以慰悦众心。人少则不多费财,众心慰悦则乐为用。'上令安石速与韶书言此并及弓箭手事"。

"辛卯(十五日),入内供奉官李宪言:'方筑武胜军,乞令本路经略、转运司应副守城战具等。'诏:'王韶速修筑,如阙防城器用,令秦凤路经略司于近里城寨应副,仍差义勇辇运,与免今年教阅。'宪又言:'闻韶欲归通远备夏国,及遣马忠荡除抹邦山南不顺蕃部。乞令韶且住武胜。'王安石曰:'韶来通远,必

---

① 脱脱等《宋史》卷十五,中华书局1990年版,第282页。

是声言备夏国,实袭不顺蕃部,乃所以保武胜也。'上曰:'抹邦山去武胜远,然岂可令韶只在一处,须听韶往来经略。'""壬辰(十六日),赐武胜军征役在军者袍二万领,改武胜军为镇洮军,以引进副使、带御器械高遵裕兼知镇洮军,依旧秦凤路钤辖、同管勾缘边安抚司,所有本军合置官,听自奏举。上曰:'闻洮西人至浮渡洮河乞内附。'"甲辰(二十八日),"是日,王韶奏破木征于巩令城"①。

王韶复武胜军的经过,《续通鉴》卷六十九记载更详:熙宁五年八月甲申(八日),"秦凤路沿边安抚使王韶引兵城渭源堡,破蒙罗角,遂城乞神平,破抹耳水巴族。初,羌各保险,诸将谋置阵平地,韶曰:'贼不舍险来斗,则我师必徒归。今已入险地,当使险为吾有。'乃径趋抹邦山,逾竹牛岭,压贼军而阵,令曰:'敢言退者斩!'使皆下马少息。贼乘高下斗,军小却。韶麾帐下兵击之,羌溃走,焚其庐帐,洮西大震。会玛尔戩渡洮来援,余党复集。韶命别将由竹牛岭路张军声,而潜师越武胜,遇玛尔戩首领瞎药等,与战,破之,遂城武胜"②。《续通鉴》又载:"壬辰,以武胜军为镇洮军。""甲辰,王韶破玛尔戩于巩令城,降其部落二万余人。"③按,"玛尔戩"即"木征",系译音之别。

**宰相王安石闻捷,致书问候。**

《与王子醇书》(一)云:

> 某启:得书,承动止万福,良以为慰。洮河东西,蕃汉集附,即武胜必为帅府,今日筑城,恐不当小。若以目前功多难成,城大难守,且为一切之计,亦宜勿隳旧城,审处地势,以待异时增广。城成之后,想当分置市易务,为蕃巡检大作廨宇,募蕃汉有力人,假以官本,置坊列

---

① 《续资治通鉴长编》,第 2215、2216、2217、2223 页。
② 《续资治通鉴》,第 1728 页。
③ 《续资治通鉴》,第 1729、1730 页。

肆,使蕃汉官私两利,则其守必易,其集附必速矣。因书希详喻经画次第。秋凉自爱。不宣。①

十月十二日,木征杀李都克占父子,上批付王韶"当乘此机会,即以时经制"。

《长编》卷二百三十九:十月"丁亥(十二日),上批付王韶:'闻木征杀李都克占父子,都克占侄乞汉兵借助复仇,可详定。如当乘此机会,即以时经制'"②。

十七日,王韶以洮水可通漕,诏镇洮军造船置水手及壮城兵。

《长编》卷二百三十九:十月"壬辰(十七日),诏镇洮军造船置水手及壮城兵,共以五百人为额。先是,王韶以洮水自北关下结河,溯流至香子城,可通漕,故有是诏"③。

二十一日,诏知通远军王韶相度镇洮军献地蕃户,优与酬奖。

《长编》卷二百三十九:十月丙申(二十一日),"诏知通远军王韶相度镇洮军献地蕃户,优与酬奖,及泾原军人弓箭手所获作过蕃部牛马,估价分给元获之人"④。

二十三日,升镇洮军为熙州,置熙河路。王韶为龙图阁待制、熙河路都总管、经略安抚使兼知熙州。

《长编》卷二百三十九:十月"戊戌(二十三日),改镇洮军为熙州,以镇洮为节度军额,分熙河洮岷州、通远军为一路,置马步军都总管、经略安抚使,所应制置事,令经略安抚使司详具以闻。熙河、秦凤路德音到日,罪人除常赦不

---

① 蔡上翔《王荆公年谱考略》,第239页,有编年,本谱据此。
② 《续资治通鉴长编》,第2234页。
③ 《续资治通鉴长编》,第2235页。
④ 《续资治通鉴长编》,第2237页。

原情轻奏裁外,余各降一等,杖以下释之。熙河路应唐以来勋贤之后,世系照证分明,量加甄录。知通远军、右正言、集贤殿修撰王韶为龙图阁待制、熙河路都总管、经略安抚使兼知熙州。初,议克复洮、岷功赏,上曰:'王韶当与何官?'王安石曰:'韶更迟一二年亦当除待制,不如早除,令其势重易使人,于经制边事尤便。'上曰:'待制岂可知军?'安石曰:'此事在朝廷措置,如韶功除待制不过前后,除待制要如此人即难得。'上曰:'固也,但要措置稳当耳。'已而,韶欲自知镇洮,令高遵裕知通远。安石白上:'镇洮便可建为州,通远镇洮、河州或并割阶州为一路。'金以阶州为远。安石曰:'未要阶州亦可。'上曰:'王韶意未欲便并河州,恐动人情。'安石曰:'是或一说。然如臣计,便明下诏割河州属镇洮路,示河州人以必取,即人心自折,不复首鼠,木征无由结合奸党。'上以为然,故有是诏"①。《宋会要辑稿·蕃夷六》之八载:"熙宁五年十月二十三日,以知通远军右正言集贤院修撰王韶为龙图阁待制、熙河路都总管、经略安抚司兼知熙州,以克复洮岷之功也。"②《续通鉴》卷六十九载:"十月戊戌,升镇洮军州以为熙、河、洮、岷四州及通远军,置熙河路,除王韶龙图阁直学士,为经略安抚使知熙州。然河、洮、岷犹未能复也。"③

**有表辞免。**

《辞免龙图阁待制充熙河元帅表》云:

> 今月某日,臣王韶伏蒙圣恩,授臣龙图阁待制、充熙河马步军都总管、经略安抚使、知熙河者,只服宠灵,复增惊惧。臣诚惶诚恐,稽首顿首。窃念臣才气甚微,进擢不次。总兵洮陇,获承圣算之全;招纳河湟,期正蕃畿之远。方粗成于戎效,末获扩于王灵。岁历一周,

---

① 《续资治通鉴长编》,第2238页。
② 《宋会要辑稿》,第7822页。
③ 《续资治通鉴》,第1731页。

官荣三锡。塞垣宣力，皆素志之愿为；延阁升华，恐殊恩之误及。况复节旄授以屏翰，委寄之深，岂愚臣虚薄之任。愿回钧命，别付能人；上应宸谟，下安愚分。所有诰敕不敢只受，已牒送通远军，寄纳取有。本路经略安抚司公事，椽目即未有正官，恐缓急边事，缺行处置，臣且一面权行管司。伏望圣恩垂听，臣无任战栗恐惧之至，谨奉表辞谢以闻。

**到任，有谢表。**
《服龙图阁待制充熙河元帅谢表》云：

伏蒙圣恩，授臣王韶龙图阁待制、充熙河元帅，已于今月十四日到任讫。臣诚惶诚恐，稽首顿首。伏念启疆成绩，繇内禀于宸谟；因利安民，亦劳资于群策。顾臣何力取宠居殿，为陛阁之华资，与屏藩之重寄？只荷优渥，实增战兢。恭惟皇上于鞠兆民，天临万域。席祖宗之大宝，播羌夏之溥恩。爰命小臣，抚兹群丑。三年示信，庸推慈爱之心；五陈宣威，仅免纤毫之刃。斩三千余级，降三十万家。臣虽有此微勤，敢沾恩均于能者，如何方面，并使专裁。以兹新展之邦，更有将来之效。全家出塞，用安遥戍之心；拨地兴功，幸免因人之力。经图寸绩，誓报鸿恩；瞻望阙廷，下情无极。臣不胜感戴竦惧之至，谨奉表称谢以闻。

**二十九日，应王韶所请，诏淮南、两浙等地谙晓耕种稻田农民犯罪，刺配熙州种稻。**

《长编》卷二百三十九：十月甲辰（二十九日），"诏：'淮南、两浙、江南、荆湖、成都府、梓州路如有谙晓耕种稻田农民犯罪该刺配者，除强盗情理凶恶及

合配本州、邻州、沙门岛人外,并刺配熙州,候及三百人止。'王韶言'近洮可为稻田,欲得善种稻者'故也"①。

**十一月八日,河州首领瞎药等来降,仍赐姓包名约。**

《长编》卷二百四十载:十一月癸丑(八日),"河州首领瞎药等来降,诏以为内殿崇班、本州蕃部都监,仍赐姓包名约。约者,顺之兄,木征谋主也。木征既败,约始归熙州听命"②。

**二十日,王韶招纳温布察克置及所部。**

《长编》卷二百四十载:十一月"乙丑(二十日),知熙州王韶言,招纳穆楞川东抹邦一带大首领温布察克置等及所部首领三百八十七人,各补副军主等职名,仍第支料钱"③。

**十二月初一日,上赐王韶攻守图等,以支持王韶经略熙河。**

《长编》卷二百四十一载:十二月乙亥朔(初一日),"诏赐王韶御制攻守图、行军环珠、武经总要、神武秘略、风角集占、四路战守约束各一部,仍令秦凤路经略司抄录"④。

**二十三日,上示:"边事须委付,不可扰之。王韶等不怕西边事宜,却怕东边事宜。"**

《长编》卷二百四十一:十二月丁酉(二十三日),"上问王安石曰:'见王中正否?'安石曰:'见之。'问何言,安石曰:'中正言熙河人情甚喜,蕃酋女子至连袂围绕汉官踏歌,言自今后无仇杀,有买卖,快乐作得活计,不被木征来夺人口牛马也。'上曰:'边事须委付,不可扰之。王韶等不怕西边事宜,却怕东边事宜。每得朝命,或不应事机,即人情疑沮。'安石曰:'熙州事陛下一一应副无

---

① 《续资治通鉴长编》,第2239页。
② 《续资治通鉴长编》,第2240页。
③ 《续资治通鉴长编》,第2244页。
④ 《续资治通鉴长编》,第2259页。

违,不知更有何事,致人情疑沮?昨者韶亦无说,方克武胜,人人望功赏,乃有朝中人书报韶将以城还木征,人情大段疑沮。'王珪曰:'此必是闻吴充奏乞以城还木征事。'上曰:'由此观之,事皆在庙堂。'安石曰:'事不在庙堂,乃皆在圣心。圣心辨君子小人情状分明,不为邪说所蔽,即无事不成'"①。

**熙宁六年癸丑(1073),四十四岁。**

正月,王安石再致书问候。

《与王子醇书》(二)云:

某启:承已筑武胜,又讨定生羌,甚善。闻郢成珂等诸酋,皆聚所部防拓,恩威所加,于此可见矣。然久使暴露,能无劳费?恐非所以慰悦众心,令见内附之利。谓宜喻成珂等,放散其众,量领精壮人马防招,随宜犒劳,使悉怀惠。城成之后,更加厚赏。人少则赏不费财,赐厚则众乐为用。不知果当如此否?请更详酌。荡除强梗,必有谷可获以供军,有地可募人以为弓箭手。特恐新募未便得力。若募选秦凤、泾原旧人投换,仍许其家人剌手承占本名,官土人员节级更与转资,即素教之兵足以镇服初附。事难遥度,心所谓然,聊试言之尔。诸当条奏,想不惮烦。露次劳苦,为时自爱。不宣。②

二月二十二日,王韶复河州,获木征妻子。二十三日,诏以秦凤路军马六分属熙河路。

《宋史》卷十五《神宗本纪》载:二月"丙申(二十二日),王韶复河州,获木

---

① 《续资治通鉴长编》,第2264页。
② 蔡上翔《王荆公年谱考略》,第242页。

征妻子"①。《宋会要辑稿·兵一四》之一八载:"神宗熙宁六年三月四日,熙河总管高遵裕言得经略使王韶牒,已于二月二十二日领大兵(收)[攻]下河州。先锋斩首千余级,木征遁去,生擒其妻瞎三牟并子续本洛,言尽得六州之地二千余里。"②《长编》卷二百四十二载:二月丙申,"是日,王韶克河州。丁酉(二十三日),诏以秦凤路军马六分属熙河路,人二万九千七百二十二、马三千二百七十八,驻泊兵一万三百二十八、马九百四十八,土兵一万八千三百九十四、马二千三百二十,并属熙河路。遇有边事,则以泾原将官领本路土兵并山外弓箭手防托为策应兵。先是,析秦州威远寨以西,别置熙河经略总管司,命王韶、张诜及永兴军路转运使赵瞻同分定兵马数。至是,始条上,故降是诏"③。

**王安石闻复河州捷,再致书问候。**

《与王子醇书》(三)云:

某启:得书,喻以御寇之方。上固欲公毋涉难冒险,以百全取胜,如所喻,甚善,甚善。方今熙河所急,在修守备,严戒诸将勿轻举动。武人多欲以讨杀取功为事,诚如此而不禁,则一方忧未艾也。窃谓公厚以恩信抚属羌,察其材者,收之为用。今多以钱粟养戍卒,乃适足备属羌为变,而未有以事秉常、董毡也。诚能使属羌为我用,则非特无内患,亦宜赖其力以乘外寇矣。自古以好坑杀人致畔,以能抚养收其用,皆公所览见。且王师以仁义为本,岂宜以多杀敛怨耶?喻及青唐既与诸族作怨,后无复合,理固然也。然则近董毡诸族,事定之后,以兵威临之,而宥其罪,使讨贼自赎,随加厚赏,彼亦宜遂为我用,无复与贼合矣。与讨而驱之使坚附贼为我患,利害不侔也。事固有攻

---

① 脱脱等《宋史》卷十五,中华书局1990年版,第283页。
② 《宋会要辑稿》,第7001页。
③ 《续资治通鉴长编》,第2271页。

彼而取此者服,诚能挫董毡,则诸羌自服,安所事讨哉?又闻属羌经讨者,既亡蓄积,又废耕作,后无以自存,安得不屯聚为寇,以梗商旅往来?如慕之力役,及伐材之类,因以活之,宜有可为。幸留意念恤。边事难遥度,想公自有定计,意所及,尝试言之。春暄,为国自爱。不宣。①

三月四日,熙河路经略司奏报克复河州经过,辅臣皆贺。是役也,闻外间纷纭,以为王韶全军覆没,却传来大捷,上赞王韶料知夏国不敢来之高明。

《长编》卷二百四十三:三月丁未(四日),"熙河路经略司言:'二月丙申(二十二日),克复河州,斩千余级,木征遁走,生擒其妻子。是日,守香子城钤辖奚起言:蕃贼数千犯城,掠辎重粮草,侍禁田琼部弓箭手七百余人救援,至牛精谷,及其子永吉皆战死。丁酉(二十三日),遣苗授等领骑至香子城,杀退蕃贼,臣等以大军继之,进讨牛精诸谷,助击蕃部,焚荡族帐,获千余级,即日回香子城,经度版筑。以道路尚阻,戊戌(二十四日),又遣景思立、王君万通路,斩三千级,复得所掠及获牛羊、粮斛等不可胜数。'于是辅臣皆贺,上谓王安石曰:'非卿主谋于内,无以成此。'时河、洮、岷州虽共为一路,而实未复。韶方图进兵,上手诏令所议不须申覆,及上奏亦不必过为详谨妨事。韶以香子城为大军来往根本地,乃先令城守,然后领兵由此讨定河州,木征战败,弃城跃去。会降羌反变,复围香子,而诸羌结集,屯积庆寺以应之。韶回军欲击诸羌,而木征已复入河州,韶兵首尾不相及,乃止解香子围,破积庆寺诸羌而还","上既阅河州奏,曰:'闻外间纷纭,以为王韶全军覆没,此必高遵裕唱之。'王安石曰:'造作如此语言者众,恐非因遵裕唱之也。遵裕但不能料夏国不敢来尔,如王韶即从

---

① 蔡上翔《王荆公年谱考略》,第242、243页。

初便料知夏国不敢来。'上曰：'若不能料，即不敢往河州矣'"①。

苗授(1029—1095)，字授之，潞州(今山西长治)人。父京庆历中以死守麟州抗元昊者也。少从胡翼之学，补国子生。以荫累迁供备库副使。从王韶取镇洮，授为先锋，破香子城，尽取河湟之地。败鬼章有功，知河州。破羌人于露骨山，俘大酋长冷鸡朴，羌族十万多帐归附，威震洮西。拜龙神卫四厢都指挥使，徙知熙州。元丰中，攻西夏，城兰州，转战千里。元祐三年(1088)迁武泰军节度使、殿前副都指挥使，知潞州。卒，赠开府仪同三司，谥庄敏。事迹详《宋史》卷三百五十本传。

王君万，秦州宁远人，以殿侍为秦凤指挥使。王韶开边青唐，大酋俞龙珂归国，独别羌新罗结不从，经略使韩缜期诸将一月取之，君万诈为猎者，逐禽至。又献计解河州之围，累官客省使为副总管。事迹详《宋史》卷三百五十本传。

**十六日，应熙河路经略司奏请，先行赏苗授、王存等克复河州功臣。功状皆由王韶所定。**

《长编》卷二百四十三：三月己未(十六日)，"供备库副使苗授为西京左藏库使，内殿崇班、阁门祗候王存为内藏库副使，西头供奉官、阁门祗候王君万为崇仪副使，左侍禁韩存宝为供备库副使，左班殿直魏奇为内殿崇班，三班借职刘普为左侍禁，披带班殿侍赵简为左班殿直，左班殿直缴顺为东头供奉官，右班殿直郝贵为西头供奉官，三班借职毛政为右侍禁，三班差使孟志、王维新为左班殿直，三班借差赵亶、下班殿直吉庆并为右班殿直，凡十四人，皆以河州功最，经略司请先行赏故也。后又第有功人为六等，自三官至一官及递减磨勘年限有差。上初阅河州奏，亟令下王韶速具功状，谕以当厚赏。王安石曰：'但如下熙州时为复加厚。'上曰：'熙州已厚。'既而曰：'熙州时许以厚赏，后乃不如

---

① 《续资治通鉴长编》，第2273—2275页。

侬智高时,人失望。'安石曰:'谕以比下熙州时更优加酬奖可也。'上又曰:'河州战,人已屡胜,自计各有功,更令复往,恐疲苦,须更代。'金以为太宗取河东遂,取幽州无功,正为如此。安石曰:'人情或未可知,但合问愿往者且留,愿归者即听归,据数于泾原选代可也。'上曰:'善。'先是,王韶与李宪连奏河州事,于是蔡挺白上:'功状只下王韶定,或并下李宪?'上令只下王韶,曰:'韶正立事,必不肯为私。'安石曰:'王韶是大帅,自合委韶,何用更委李宪?'上从之"①。

四月二日,王韶迁礼部郎中、枢密直学士。

《长编》卷二百四十四载:四月"乙亥(二日),右正言、龙图阁待制、集贤殿修撰、知熙州王韶为礼部郎中、枢密直学士;环庆路勾当公事、入内东头供奉官李宪为东染院使、遥郡刺史、勾当御药院;走马承受、入内东头供奉官李元凯为礼宾副使,并寄资。知德顺军、如京副使、兼阁门通事舍人景思立为东上阁门使、河州刺史。韶等以克复河州,元凯以随军奏捷故也。王安石请更厚赐韶以金钱,曰:'遇将帅宜如此。'乃赐韶绢三千匹"②。《宋史》本传载:"六年三月,取河州,迁枢密直学士。"《东都事略》本传载:"木征复入河州,韶击叛羌,解香子围,破积庆寺诸羌而还,迁枢密直学士。"

十四日,应王韶所请,赏赐包顺、包诚。修成洮河永通桥。

《长编》卷二百四十四:四月"丁亥(十四日),王韶等言:'岷州近为羌兵所隔,势甚孤危,西京左藏库使包顺、内殿承制包诚婴城拒敌,保全其州。'诏各迁二资,赐顺绢三百,诚二百,仍各赐金带。庚寅,熙州洮河浮梁成,赐名永通桥"③。

二十六日,王韶领兵破踏白城、摩宗城。

---

① 《续资治通鉴长编》,第2277页。
② 《续资治通鉴长编》,第2281页。
③ 《续资治通鉴长编》,第2284页。

《长编》卷二百四十四：四月己亥(二十六日)，"王韶既还熙州，复遣将渡洮，略定南山地，斩首七百级，筑康乐城及刘家川、结河二堡，以通饷道，遂自领兵破阿纳城，斩首三千级，因城之。又城香子，时羌人谋伏兵南山，伺官军渡洮，断我归路，不则保摩宗城。摩宗天险难近，号'铁城子'。韶谍知之，引兵径渡洮，遣别将败其覆，遂拔之"①。

**五月四日，诏熙河路建定羌、宁河、康乐等城寨。**

《长编》卷二百四十五：五月丙午(四日)，"诏名熙河路阿纳城为定羌城，香子城为宁河寨，康乐城为康乐寨，刘家川堡为当川堡，并隶河州"。"己酉(七日)，诏熙河路建定羌、宁河、康乐等城寨及河州兴功防城器甲战具，令永兴军、秦凤两路转运司于近里州军应副"②。

**奏友人傅野为熙学教授，督役筑香子城。**

吕南公《傅野墓志铭》："久之，韶受命治熙河，功有绪信，呼君，君往依之。奏为熙学教授，督役筑香子城。"

**六月五日，诏徙秦州茶场于熙州。**

《长编》卷二百四十五：六月五日"丁丑，诏徙秦州茶场于熙州，以便新附诸羌市易故也"③。

**七月七日，王韶奏先招定洮、岷，上令依韶奏。**

《长编》卷二百四十六：七月戊申(七日)，"诏：'洮、岷州山林深险，粮道难继，而河州方兴兵役，宜令王韶依累诏指挥，详度事几，务在持重。仍戒张玉、高遵裕等毋得深入。'先是，王韶奏：'于河州未筑城以前，招定洮、岷。今瞎吴叱兵未解，阶、成、秦州缘边皆恐，且兵不得休息，不如及今讨荡，自不妨河州之举。'金以为不可。时韶并与王安石书言之。安石曰：'若深入讨荡，恐难。今

---

① 《续资治通鉴长编》，第2287页。
② 《续资治通鉴长编》，第2288页。
③ 《续资治通鉴长编》，第2295页。

洮、岷聚兵久，师已老，吾以见兵加之，必溃散，即阶、成、秦一带皆安帖，且自不妨河州之举，但当戒韶以详审也。'上亦以为然，乃令依韶奏，戒以详审而已"[1]。

**十八日，王韶提出名为应接河州，实为穿露骨山破贼之计策。上善韶策，如所奏行之。**

《长编》卷二百四十六：七月十八日己未，"熙河经略使王韶言：'奉旨令臣躬将士卒，往视河州修城。臣欲令景思立管勾泾原兵马，而委臣就本路择禁卒、蕃兵、弓箭手五千，及秦凤路先差下策应强壮三千，尽以付臣，为思立后继。若有警急，即专留思立修城，臣不妨退军应接。'上善韶策，遂如所奏行之。王安石曰：'韶策诚善，若声言应接河州，遂自洮西，由洮、岷不虞之道攻其所不戒，乃用兵之至计。'既而韶果以兵穿露骨山破贼，如安石所料"[2]。

**八月四日，上怪韶忌景思立。安石为辩，王韶才能、事功在景思立上，不宜忌思立。上示：将帅一心，乃可立事。**

《长编》卷二百四十六：八月乙亥（四日），"王安石以王韶书进呈，韶言洮西事云：'但恐临时制不在我，则无如之何。'上怪韶有此言，盖以为韶忌景思立。上曰：'将帅多不能容偏裨，稍有功，即忌之。韶方欲兴事，恐不宜如此。'安石曰：'韶顷为高遵裕所害，然能容遵裕。韶似与余人不类，不至不能容偏裨，亦恐远方情有不得自竭，陛下虽深倚仗王韶，其如中外妨功害能之人甚众。'上曰：'妨功害能，必有实事可指。'安石曰：'奸人妨功害能，此最难指，但要精察。'上又言韶固能容遵裕，意谓韶不能不忌思立，安石曰：'王韶才能，必不自谓不及景思立，陛下待遇固不在思立后，韶所兴造事功，何至与思立争高下？以此推之，不宜忌思立。'上曰：'卿可再与韶书，且包容将帅，将帅一心，乃

---

[1]《续资治通鉴长编》，第2300页。
[2]《续资治通鉴长编》，第2302页。

可立事。'安石曰：'臣恐陛下亦宜更审察物情，未可专责王韶不能包容将帅。若一心，乃能立事，即非但边鄙如此，朝廷亦宜如此。自古未有令服谗搜慝，小人与君子参相检制，而致百姓昭明，黎民于变时雍者。'上曰：'然。'已而安石又白上：'长子帅师，弟子舆尸，凶。军旅之事，尤宜听于一。如陛下欲奖包顺，亦宜令王韶为之，使包顺为王韶用，韶为陛下用，尚复何求？今使人人得自达于天子，喜惧恩怨不在主帅，即主帅之权分，而军政有所不行矣。'"①

十九日，熙河路走马承受李元凯奏王韶自露骨山过，一日至五七下马步行。安石以为"韶颇有计虑，举动必不妄"。上召问习知路径者，乃言如此出师大善。

《长编》卷二百四十六：八月庚寅（十九日），"是日，熙河路走马承受李元凯奏：'王韶自露骨山过，一日至五七下马步行。'上不知韶路径所趣，甚忧之。前此，王安石答韶书云：'以万人为景思立后继，甚善，想当以其间攻洮、岷所不戒也。'上再三言：'韶不当如此罢敝兵甲。'安石曰：'韶颇有计虑，举动必不妄。'退召问习知路径者，乃言如此出师大善。安石翌日白上，且曰：'韶为大将，以万人暴露原野，若收成之功全在思立，即韶下将佐无功，将佐无功，即怨且怠矣。臣恐其思虑或有一不及，故因书微发其思虑，非敢辄然明劝喻之也。军如弈棋，若一着只应得一着，即无胜理，须一着应三两着，乃可胜敌。今韶因援河州，略定南山一带，乃是弈棋一着应三两着之类也。'"②

二十五日，王韶、景思立入河州，诸羌皆降。王安石等请率百官称贺，上不允，俟修河州城毕入庆。

《长编》卷二百四十六：八月丙申（二十五日），"中书言：'王韶、景思立入河州，诸羌皆降。'王安石等请率百官称贺，上曰：'河州前已收复，但未城守，此

---

① 《续资治通鉴长编》，第 2305 页。
② 《续资治通鉴长编》，第 2308 页。

亦庙堂之谋、将帅之功,于朕何有?'安石等再三陈请,以为:'熙河之功近时少比,陛下神算前定,举无不克,祖宗以来,每下州郡例皆称庆。'上犹不允,安石曰:'中外传河州事多端,称贺则人情释然。请俟修河州城毕入庆。'从之。初,王韶自以兵穿露骨山南入洮州界,破木征弟巴毡角,尽逐南山诸羌。木征震恐,留其党守河州,自将精锐尾官军伺击。诸将皆欲直走河州,韶独私念:兵抵城下,木征必为外应,而四山蕃部得气,且复垒集,则大事去矣。乃密分兵遣景思立攻河州,而特踪迹木征所在,与战,破走之,然后抵城下。时守者犹以木征至,已而知其非是,乃出降,遂城之"①。

**九月一日,王安石白上,招抚蕃部宜专委王韶,不如此,军政不一,上下更生衅隙,害国家边事。**

《长编》卷二百四十七:九月辛丑朔,"上批:'赐河州沿边安抚司锦彩,令招抚蕃部。'王安石白上,宜专委王韶。先是,上论景思立、王韶事,上以为王韶作缘边安抚司,事体与景思立不同。至是,安石为上言:'陛下前用王韶为沿边安抚司,以羌事成败专责王韶。当是时,若陛下即用王韶为经略使,则洮、河事成疾二三年。惟其用王韶为沿边安抚,别置帅,此韩缜所以出违异之言,郭逵所以起矫诬之狱也。今沿边安抚司非专任洮、河成败者,与王韶事不类,即每事当令听王韶。不如此,军政不一,上下更生衅隙,害国家边事。'上曰:'武臣自来安敢与帅臣抗?'安石曰:'先朝以来,任帅臣如此,非失计,但置帅臣非其人,乃是失计。'"②

**二日,王韶惩处杀降者。**

《长编》卷二百四十七:九月"壬寅(二日),知熙州王韶言河州平,有随军百姓三十余人杀降人,略财物,已斩之。诏韶密推究杀降兵级及降人被略杀伤

---

① 《续资治通鉴长编》,第2309页。
② 《续资治通鉴长编》,第2311页。

数,并详度部押使臣人员合与不合勘劾;仍命内臣梁从政密体量以闻。先是,王韶亦以书抵王安石言杀降事,安石白上:'部辖使臣,将校宜按劾,不如是,无以明纪律,后难复用。'上难之,安石又论其当治之状,乃有是命。上既难治杀降事,又问:'王韶所言或指泾原人?'安石曰:'韶奏状并熙、秦亦有。'上乃怪韶不当遽受其降,以为杀伤泾原人众矣,而遽受降,故士卒发愤。安石曰:'若不受降,即城未必遽下。'上曰:'奏云掘城,城欲透。'安石曰:'城中尚有二千人,必不肯坐死。即杀伤,又非特二千人而已。今受降极善,岂可复以为非耶?'"①

　　十八日,王韶言大首领瞎吴叱等以岷州来献。二十二日,王韶入岷州,瞎吴叱及本令征来降。于是叠、洮二州羌酋,皆相继诣军中,以城听命。

　　《宋史》卷十五《神宗本纪》载:九月"戊午(十八日),岷州首领本令征以其城降,王韶入岷州"②。《长编》卷二百四十七:九月"戊午,王韶言大首领瞎吴叱等以岷州来献,赐行营将士特支钱有差。瞎吴叱者,木征诸弟也,居岷州,虽有部族,无文法。今年春,寇临江、洮山寨,至是,乃降"。壬戌(二十二日),"王韶入岷州,瞎吴叱及本令征来降。韶谕以不讨贼无所得食,两人各献大麦万石、牛五百头、羊二千口并甲五十领。于是王安石请偿其价,上疑此犒军物不须偿,安石曰:'攻而取之,服而有之。既有之,则不宜徒受其献。偿其价,乃所以怀慰新附也。'上从之"③。

　　《续通鉴》卷六十九载:九月"戊午,岷州首领摩琳沁以其城降。初,王韶既复河州,会降羌叛,韶回军击之。吐蕃玛尔戬以其间据河州,韶进破诃诺木藏城,穿露骨山,南入洮州境,道狭隘,释马徒行,或日至六七。玛尔戬留其党守河州,自将尾官军。韶力战,破走之,河州复平。进攻宕州,拔之,通洮州路。

---

① 《续资治通鉴长编》,第2311、2312页。
② 脱脱等《宋史》卷十五,中华书局1990年版,第284页。
③ 《续资治通鉴长编》,第2314、2315页。

摩琳沁闻先声,遂以城降。韶入岷州,于是叠、洮二州羌酋,皆相继诣军中,以城听命。军行凡五十四日,涉千八百里,得州五,斩首数千级,获牛羊马以万计。是役也,人皆传韶已全师覆没,及奏捷,帝大喜,进韶左谏议大夫、端明殿学士"①。按,摩琳沁即本令征,系音译之异。

**十月一日,诏命王韶详报杀伤河州降人者。**

《长编》卷二百四十七:十月庚午朔,"诏知熙州王韶籍杀伤河州降人者以名闻,如委难究推,即勘会王君万等捕斩人元管使臣及同作过人,条具来上。初,围河州,蕃部开门请降。诸军既入,夜杀降者二千余人,军前匿之不奏。上闻之曰:'祸莫大于杀已降。'故命考实。其后,韶究杀伤已降蕃部等数,诏景思立不赏,赵简等十三人候韶到阙取旨"②。

**九日,诏设道场,为汉蕃阵亡人营福。王韶奏乞优赐诸军特支钱,从之。**

《长编》卷二百四十七:十月戊寅,"诏熙州大威德、河州德广禅院岁各赐钱五十万,设道场,为汉蕃阵亡人营福。王韶奏收复岷、洮等州,乞优赐诸军特支钱,从之"③。

**十一日,熙河路走马承受李元凯以经略司捷奏诣阙,详述王韶平宕州、岷州、叠州、洮州等州经过。奏捷,上大喜。王安石谓韶谋中机会,故所至克捷。**

《长编》卷二百四十七:十月庚辰(十一日),"熙河路走马承受、入内东头供奉官李元凯为六宅副使寄资。元凯以经略司捷奏诣阙故也。初,王韶既城河州,独将兵至马练川,降瞎吴叱,进攻宕州,拔之;通洮山路,岷州本令征以城降,遂入岷州,分兵破青龙族于绰罗川;通熙州路,叠州钦令征、洮州郭厮郭皆相继诣军中,以城听命,巴毡角亦以其族自归。军行凡五十有四日,涉千八百里,复州五,辟地自临江寨至安乡城,东西千里,斩首三千余级,获牛羊马以数

---
① 《续资治通鉴》,第1742页。
② 《续资治通鉴长编》,第2316页。
③ 《续资治通鉴长编》,第2317页。

万计。(吕惠卿墓志云:于是西直黄河,南通巴蜀,北接皋兰,幅员逾三千里。当考。惠卿志韶墓,国史多因之。惠卿又云'降其名王二',盖瞎吴叱及巴毡角皆王也。史既削去,今亦从之。王韶收复五州,皆无端的月日,据日录:八月二十六日,韶奏洮州降;九月十七日,奏至马练川;十八日,奏瞎吴叱等献岷州。其他皆无所考见,今依本传,并书于此。)是役也,人皆传韶已全师覆没,及奏捷,上乃大喜。盖洮、岷、叠、宕连青唐抹邦山,林木翳荟交道,狭阻不可行,韶欲为兵除道,乃先遣人以伐木为名,令青唐羌为卫,以大兵驻谷口镇之。至是,可连数骑以行,而盐井川初平即筑城,又据青唐咽喉之地。王安石谓韶谋中机会,故所至克捷云"①。

十二日,王韶以功迁端明殿学士、兼龙图阁学士、左谏议大夫。赏张玉、高遵裕、张守约诸将。

《东都事略》本传载:"是役也,行军五十四日,涉千八百里,复州五,辟地东西千里,斩首三千余级,获牛羊马以万计。以功迁端明殿学士、兼龙图阁学士、左谏议大夫。"《长编》卷二百四十七载:十月辛巳(十二日),"知熙州、枢密直学士、礼部郎中王韶为端明殿学士兼龙图阁学士、左谏议大夫,秦凤路副都总管、捧日天武四厢都指挥使、昭州刺史张玉为宣州观察使,知通远军、权熙河路总管、西上閤门使、荣州刺史高遵裕为岷州刺史、知岷州,引进副使张守约知通远军。初,议赏王韶以节钺,王安石曰:'优与转官职可也,节钺宜待后功。'韶奏乞与黄察换武官,令知岷州,上曰:'岷州当付高遵裕,用察非所宜。'王安石曰:'诚当如此。'乃使守约代遵裕。上又欲令遵裕带沿边安抚使,曰:'王韶嫌景思立事权重,若复以此命遵裕,则足以抗思立事权。'安石曰:'甚善。'翌日,又言:'陛下欲经略四夷,则须明军中纪律。太祖遣兵伐江南,谕曹彬,但能斩次将,即能为大将,盖知"长子帅师,弟子舆尸"之义故也。今王韶为大帅,高

---

① 《续资治通鉴长编》,第2317、2318页。

遵裕则陵慢于东,景思立则陵慢于西。昨与思立分路,乃令思立自择要去处,其后约与思立会合,思立乃不肯来,即止令苗授以下来,不得已而来,然亦不至所期处而止。臣闻如此,问之李元凯,果然。若将佐乖戾不相承禀如此,则大将威名不立于境内,如何欲加敌国?今韶幸有功,臣谓陛下宜稍别异,令高遵裕、景思立辈知所忌惮,则韶威名宣著边境。大将威名宣著,即胜之半也,如其不然,恐缓急有大举动,必误事耳。'"①

张守约,字希参,濮州人。以荫主原州截原寨,招羌酉水令逋等十七族万一千帐。欧阳修荐其有智略、知边事,擢知融州。鬼章围岷州,守约提敢死士鸣鼓张帜高山上,贼惊顾而遁,遂知岷州,降其首领千七百人。迁西上阁门使、知镇戎军,徙环州。进为环庆都钤辖、知邠州,徙泾原、鄜延、秦凤副总管,领康州刺史。卒年七十五。事迹详《宋史》卷三百五十本传。

**当日,群臣上贺表,御紫宸殿受群臣贺,解所服玉带赐王安石。**

《长编》卷二百四十七:十月辛巳,"宰臣王安石等以修复熙州、洮、岷、叠、宕等州,幅员二千余里,斩获不顺蕃部万九千余人,招抚小大蕃族三十余万帐,各已降附,上表称贺。上解所服玉带赐安石,遣内侍李舜举谕旨曰:'洮河之举,小大并疑,惟卿启迪,迄有成功。今解朕所御带赐卿,以旌卿功。'安石再拜固辞曰:'陛下拔王韶于疏远之中,恢复一方,臣与二三执政奉承圣旨而已,不敢独当此赐。'上又令舜举谕旨曰:'群疑方作,朕亦欲中止,非卿助朕,此功不成。赐卿带以传遗子孙,表朕与卿君臣一时相遇之美也。'安石受赐。常日御垂拱殿,是日以受贺故,再御紫宸"②。《续通鉴》卷六十九:十月"辛巳(十二日),以复熙、河、洮、岷、叠、宕等州,御紫宸殿受群臣贺,解所服玉带赐王安石。安石固辞,曰:'陛下拔王韶于疏远之中,恢复一方,臣与二三执政奉承旨而已,

---

① 《续资治通鉴长编》,第2318页。
② 《续资治通鉴长编》,第2318页。

不敢独当此赐。'帝又谕曰：'群疑方作,朕亦欲中止,非卿助朕,此功不成。'安石乃受赐"①。

《百僚贺复熙河路表》云：

臣某等言：伏睹修复熙、河、洮、岷、叠、宕等州,幅员二千余里,斩获不顺蕃部一万九千余人,招抚大小蕃族三十余万各降附者。奋张天兵,开斥王土,旌旗所指,燕及氐羌,楼橹相望,诞弥河陇。窃以三年鬼方之伐,高宗所以济时；六月狁狁之征,宣王所以复古。政由人举,道与世升。伏惟皇帝陛下,温恭而文,睿知以武。讲周唐之百度,拔方虎于一言。我陵我阿,既饬鹰扬之旅。实墉实壑,遂平鸟窜之戎。用夏变夷,以今准古,是基新命,厥迈往图。臣等均被明恩,具膺荣禄,接千岁之统。适遭会于斯时,上万年之觞,敢愁忘于故事。臣无任。②

**十一月,诏赏诸功臣。**

《长编》卷二百四十八：十一月"戊申（九日）,熙河经略司奏：'诸将收复河州,破常家族及随王韶往露骨山下,先登,用命斗敌,效首级计三千余人。'诏推恩有差"。庚戌（十一日）,"录三班奉职马和子祐庆为右班殿直,即给俸。和攻河州先登城,流矢中额而死故也。又诏河州功赏,获一级加赐绢五匹,其应接大兵破荡部族者亦如之"。戊午（十九日）,"熙河经略司言,包顺乞以献盐井功状录用其子。诏王韶勘会,盐井既系众献,何故包顺今独请赏？若独赏顺,则其余有无争竞？及令韶相度鬻盐条件以闻"。"庚申（二十一日）,王韶

---

① 《续资治通鉴》,第1743页。
② 蔡上翔《王荆公年谱考略》,第243页。

遣本令征、固云沁巴诣阙,皆岷州归顺首领也"①。

**友人傅野获赏,得试将作监主簿。**

吕南公《傅野墓志铭》:"城成,例赏君,得试将作监主簿。"

**十二月,诏熙河路修禅院、置蕃学等安抚民心。**

《长编》卷二百四十八:十二月戊寅(十日),"诏熙河路举人不以户贯年限听取,应熙州以五人、河洮岷州各以三人为解额。又赐熙州新修东山禅院名曰慈云、东湖曰慧日"。壬午(十四日),"熙河路经略司言,熙州西罗城已置蕃学,晓谕蕃官子弟入学。又言固密族首领六人助包顺、瞎吴叱等战有功,诏各转一资,余获级、重伤者转资赐帛有差;纳克通身死,其子结斡沁兼本族巡检"②。

**是月二十七日,王韶自熙州入觐,引见瞎吴叱、巴毡角、董古等于延和殿,各赐官。**

《长编》卷二百四十八:十二月"乙未(二十七日),岷州都首领瞎吴叱、洮州都首领巴毡角并为崇仪副使,董古为礼宾副使,并蕃部钤辖,瞎吴叱岷州,巴毡角洮州,董古河州。古等皆木征弟也,王韶招之内附,至是,引见于延和殿,而有是命。既又诏董古迁一资,亦为崇仪副使。董古虽非首领,以在纳克垒城与其母郢成简先其兄诣景思立前锋乞降故也"③。

## 熙宁七年甲寅(1074),四十五岁。

**正月六日,弟王夏管押蕃部都首领瞎吴叱等及赍贺表至阙,上特引对,为大理寺丞,赐绯章服。**

《长编》卷二百四十九:正月"甲辰(六日),将作监主簿、书写熙河路经略

---

① 《续资治通鉴长编》,第 2325、2326、2327 页。
② 《续资治通鉴长编》,第 2331、2332 页。
③ 《续资治通鉴长编》,第 2334 页。

司机宜文字王夏为大理寺丞,赐绯章服。夏管押蕃部都首领瞎吴叱等及赍贺表至阙,上特引对,故有是命"①。

**是月,再赏收复洮、岷等州功臣。**

《长编》卷二百四十九:正月"辛亥(十三日),赏收复洮、岷等州功,西京左藏库使桑湜等八人各迁三资,蕃官李楞占讷芝、温裕勒等十一人各迁两资,蕃僧马遵九人给奉职至指挥使俸,余补下班殿侍至承局,及减年磨勘、支赐各有差"。壬戌(二十四日),"赐知凤翔府苏寀、知陇州狄咏奖谕敕书,仍各赐绢百匹。前通判秦州陈紘今任知开封县满,除三司、开封府推判官;通判熙州刘宗杰除秦凤路转运判官。寀等并以熙河路经略使王韶言应副军须有劳也"②。

二月初一日,入朝,加资政殿学士、兼制置泾原秦凤路军马粮草,赐第崇仁坊第一区、银绢二千,授其兄振奉礼郎,弟大理寺丞夏三司勾当公事,令侍母于京师。

《宋史》本传载:"七年,入朝,又加资政殿学士,赐第崇仁坊。"《东都事略》本传载:"入觐,进资政殿学士、兼制置泾原秦凤军马粮草,赐崇仁坊第一区。"

《长编》卷二百五十:"二月己巳朔,知熙州、端明殿学士、兼龙图阁学士王韶为资政殿学士、兼制置泾原秦凤路军马粮草。先是,韶自熙州入觐,与二府议夏国事于资政殿,韶请一中人在军中往来奏事。王珪曰:'中人监军非善事,若陛下于韶无疑,则不须如此。'韶又请王安礼、蔡天申为帅府勾当,王安石以为不可。安礼,安石之弟,而天申乃挺子也。上曰:'韶此意不过欲执政协力耳。'安石曰:'臣为执政大臣,若无子弟在军中,即于国事不肯协力,此乃奸仇之人。陛下置奸仇之人以为执政,不早改命而遽图西夏,恐失先后之序。'上曰:'韶意不知卿,故如此言。'韶议筑赞纳克城,须兵三万,上令韶兼四路制置

---

① 《续资治通鉴长编》,第2335页。
② 《续资治通鉴长编》,第2336、2337页。

粮草。安石曰：'今未有实事，先张此声，徒致纷纷，非便。'众皆以为然。上终欲韶兼之，曰：'大臣与之协力，乃令韶敢任事。'安石曰：'臣非与韶争爵禄，又非与韶争功名，若韶能申威四夷，陛下有尧、舜之文，汤、武之武，则臣预有荣焉，何敢不与之协力！但于国计当然尔，欲俟筑赞纳克城毕乃议之。'上曰：'赞纳克既为咽喉之地，西人必争，则须兵力首尾相援，泾原、秦凤若不令韶兼领，则缓急无以应敌。'王安石等曰：'前日之议，未欲令韶兼领四路者，恐虚名以形敌而失我实利耳。今既止兼两路，壤界相接，恐亦无伤。'故有是命。又赐韶崇仁坊第一区、银绢二千，授其兄振奉礼郎，弟大理寺丞夏三司勾当公事，令侍母于京师。"①

是日，王韶乞鄜延路、环庆路、泾原路、秦凤路诸路选土兵、弓箭手修筑赞纳克城。

《长编》卷二百五十：是日，"王韶言：'乞鄜延路、环庆路各差将官一员，选土兵、弓箭手各千五百人，泾原路苗授选土兵、弓箭手万人，秦凤路选正兵、蕃兵、弓箭手万人，本路选七千人，总三万人，一举修筑赞纳克城。'诏：'鄜延路差曲珍、环庆路差林度，各于本路选募三千五百人，内马军一千，大小使臣指名申经略司差，候见王韶移文起发。秦凤路万人，减二千，其将官令王韶以名闻上'"②。

十二日，置市易司以来，收本息钱五十七万余缗，请推奖官吏，从之。

《长编》卷二百五十载：二月庚辰（十二日），"知熙州王韶言：通远军自置市易司以来，收本息钱五十七万余缗，乞下三司根磨推奖官吏，从之"③。《宋会要辑稿·食货三七》之一八所载大致相同④。

---

① 《续资治通鉴长编》，第2340、2341页。
② 《续资治通鉴长编》，第2341页。
③ 《续资治通鉴长编》，第2346页。
④ 《宋会要辑稿》，第5457页。

**十六日，景思立等战死于踏白城，河州被围；三月五日，木征寇岷州。**

《长编》卷二百五十：二月甲申（十六日），"是日，知河州景思立、走马承受李元凯战死于踏白城。先是，董毡将青宜结果庄数扰河州属蕃，诱胁赵常朸家等三族，集兵西山，袭杀河州采木军士，害使臣张普等七人。以书抵思立，语不逊，思立不能忍，帅汉、蕃兵六千攻之于踏白城，钤辖韩存宝、蕃将瞎药止之不可。思立将中军，存宝、魏奇为先锋，王宁策之；王存为左肋，贾翊为右肋，李棻为殿后，赵亹策之。果庄众二万余，为三寨以抗官军，自辰及未，血战十合，贼从山下沿沟出围中军，宁战死，存宝及存亦被围。思立使人谓棻：'奈何纵贼马得过？'棻不应，元凯死之，思立等溃围而出，与殿后合。思立已三中箭，存宝、奇各重伤。众议日晚兵疲，宜移陈东坡为寨，思立以奇重伤，令先移军岭上。又谓弟思谊及效用冯素曰：'兵非重伤者无得动。'复将百余骑血战，走蕃兵数千人，方追之，而殿后兵动，思谊不能止，前阵欲战者见之皆溃。思立与奇兵百余骑，且战且退，至东岭上与亹合，官军尚五千余人。思立曰：'我适以百骑走蕃兵千余人，诸人无助我者，军败矣，我且自到以谢朝廷。'众止之，思立少顷再激厉士卒，转战数合不能解，遇害，惟存宝、棻、思谊得脱"。乙未（二十七日），"是日，上始闻景思立等败殁，熙河路经略司具奏也。开天章阁延访辅臣，枢密副使蔡挺自请行，上曰：'此不足烦卿，河朔有警，卿当行矣'"①。

《续通鉴》卷七十载：二月"乙未（二十七日），知河州景思立与青宜结果庄战于踏白城，败死，贼遂。三月壬寅（五日），玛尔戬寇岷州。时王韶入朝，景思立既败死，玛尔戬势复炽，遂围岷州"②。

**三月七日，王韶已领兵自秦州入熙州。**

《长编》卷二百五十一：三月"甲辰（七日），王韶奏，已领兵自秦州入熙州。

---

① 《续资治通鉴长编》，第2348、2351页。
② 《续资治通鉴》，第1747页。

上深怪韶轻易，王安石曰：'韶此行不为轻易，西贼在马衔山外，木征在洮西宁河寨左右，韶日行秦、熙境内，若贼入，须有烽火斥堠，安能近韶，若防刺客之类，即五百人不为少。况又沿路城寨所收兵五六千人，何所惧而不进？'因言唐太宗与颉利语事，上曰：'太宗有兵随其后至。'安石曰：'韶去贼远，又已集兵通远，臣窃以为无可虑者。韶昨与臣书，已进呈欲扼要害勿与战，须其人心离溃乃要而击之。且欲以修常诃诸城致贼，皆不为失计。兼累书及累奏，皆言持重，必不肯率易取败。'上令安石作书戒韶，安石谓不须如此。先是，上言韶若入熙州坚守为得计，安石曰：'恐韶不得坚守，必择要害地据而扼之，候其师老人饥，然后讨击，乃为得计。'已而韶报安石书，所计悉与安石同"①。

**十一日，上手诏王韶乘此气势，招抚搜择强壮，济其粮食，授以方略，责令讨贼自效。**

《长编》卷二百五十一：三月"戊申（十一日），手诏：'河、洮、岷州为寇蕃部，多是胁从，若更讨荡，是驱使附贼。本路兵力适足备内患，不复能及外寇。今王韶已到熙州，大兵聚集，蕃部必各怀恐惧，令韶乘此气势，招抚搜择强壮，济其粮食，授以方略，责令讨贼自效。若有功即厚酬赏，贵全兵力，兼收蕃部为用。'从王安石之言也"②。

**二十三日，上批：王韶领兵在外，令蔡延庆且权州事。自今如知州领兵在外，并令监司官权管。**

《长编》卷二百五十一：三月庚申（二十三日），"上批：'熙河路经略使王韶见领兵在外，闻折博务官见权知州，可令秦凤等路都转运使蔡延庆且权州事。已差通判亦速令赴任。自今如知州领兵在外，并令监司官权管'"③。

**二十八日，王韶言：张佑齐敕字黄旗付本司，士皆感奋，军声大振。**

---

① 《续资治通鉴长编》，第2353页。
② 《续资治通鉴长编》，第2354页。
③ 《续资治通鉴长编》，第2361页。

《长编》卷二百五十一：三月乙丑（二十八日），"王韶言：'是月甲寅（十七日），走马承受公事张佑齐敕字黄旗付本司，告谕熙河将士："如能协力一心，用命破贼，广有斩获，当比收复河州，倍加酬赏。"士皆感奋，军声大振。'晨起帐中，张敕字黄旗告吏士曰：'此旗，上所赐也，视此以战，帝实临之。'士争奋用命"①。《宋会要辑稿·兵一八》之五：七年"三月二十九日，熙州王韶言：'今月十九日，走马承受公事张佑齐到，敕字黄旗付本司，告谕熙河路将士："如能协力一心，用命大破贼众，广有斩获，当此收复河州，倍加酬赏。"士皆感奋，军声大振'"②。

**四月，王韶破西蕃，收复熙州、河州，降木征。**

《长编》卷二百五十二：四月乙亥（八日），"赐知熙州王韶诏书。以韶奏，领大兵过洮西破贼于结河川，斩二千余级也"。甲申（十七日），"王韶大破西蕃，木征降"③。《宋史》卷十五《神宗本纪》载：夏四月乙亥，"王韶破西蕃于结河川。乙酉（十八日），王韶进筑珂诺城，与蕃兵连战破之，斩首七千余级，焚三万余帐，木征率酋长八十余人诣军门降。丁酉（三十日），诏王韶发木征及其家赴阙"④。

**王安石再致书问候。**

《与王子醇书》（四）云：

> 某启：久不得来问，思仰可知。木征内附，熙河无复可虞矣。唯当省冗费，理财谷，为经久之计而已。上以公功信积著，虚怀委任，疆场之事，非复异论所能摇沮。公当展意，思有以报上，余无可疑者也。

---

① 《续资治通鉴长编》，第2365页。
② 《宋会要辑稿》，第7060页。
③ 《续资治通鉴长编》，第2370、2371页。
④ 脱脱等《宋史》卷十五，中华书局1990年版，第285页。

某久旷职事，加以疲病，不能自支，幸蒙恩怜，得释重负，然相去弥远，不胜惓惓。唯为国自爱，幸甚！不宣。①

**王韶收复熙州、河州战役之经过，《长编》卷二百五十二载之甚详。**

四月"丁酉，李宪言木征出降，辅臣皆贺，诏：'木征及母、妻、子，令王韶、李宪发遣赴阙，走马承受长孙良臣押引，优厚支钱，令缘路供给。'初，韶还至兴平，闻景思立败，疾驰而西，会兵于熙州。熙州方城守，韶命撤之。选兵得二万，谋所向，诸将皆欲趋河州，韶曰：'贼所以围河州者，恃有外援也。今知救至，必设伏以待我。且彼新胜，气甚锐，未可与争锋，不若出其不意，以攻其所恃。古人所谓批亢捣虚、形格势禁，则自为解者此也。'乃以兵直趋定羌城。三月丙午，度洮，遣王君万等先破结河川额勒锦族，以断通夏国径路，斩千余级。韶进兵宁河寨，分遣诸将入南山，破布沁巴勒等族，复斩千余级。贼知党援既绝，且恐断南山归道，乃拔寨遁去。甲寅，韶遣诸将领兵旁南山焚族帐，斩三百余级，即日通路至河州。鬼章等余众保踏白城西，朴摩雅克等族，去河州百余里。四月辛巳，师自河州间精谷出踏白城西与蕃贼战，斩千余级。壬午，进至银川，破贼堡十余，燔七千余帐，斩二千余级。癸未，分兵北至黄河，西至南山，复斩千余级。又遣将领兵入踏白城，葬祭阵亡将士。甲申，回军至河州。乙酉，进筑阿纳城，前后斩七千余级，烧二万帐，获牛羊八万余口。木征率酋长八十余人，诣军门降。王韶言：'已遣阁门祗候麻宗道等管押木征赴阙，及遣男厚赍表称贺'"②。

五月，进观文殿学士、礼部侍郎，仍兼端明殿龙图阁学士。官其兄弟及两子，授其子廓大理评事，赐进士出身；次子厚大理评事；特赠二代，其母封嘉泰

---

① 蔡上翔《王荆公年谱考略》，第248页。
② 《续资治通鉴长编》，第2379、2380页。

郡太夫人,召入禁中,子妇从入者,皆赐命服。

《宋会要辑稿·职官七》之一七载:熙宁七年"五月三日,知熙州、资政殿学士、左谏议大夫王韶为观文殿学士、礼部侍郎,仍兼端明殿龙图阁学士。上以韶收复熙河功,故虽未历二府,特旌宠之"①。《长编》卷二百五十三:五月"庚子(三日),知熙州、资政殿学士、左谏议大夫王韶为观文殿学士、礼部侍郎,仍兼端明殿龙图阁学士,赐绢三十②。授其子廓大理评事,赐进士出身;次子厚大理评事。秦凤路副都总管、内园使燕达为西上阁门使、英州刺史,熙河路照管军马事宜,入内东头供奉官李宪寄昭宣使、嘉州防御使。赏降木征之功也"。此记载与前文所引《德安县志》附《宋神宗褒奖王韶的八道敕》之四,内容大致相同,而时间"五月"与"七月"有异。同卷载:癸卯(六日),"诏观文殿学士王韶特赠二代,其母封永嘉郡太夫人,召入禁中;子妇从入者,皆赐命服"③。按,"永嘉郡"应为"嘉泰郡",详后文所引褒奖诏书之三。

《续通鉴》卷七十载:四月"丁酉,诏王韶发玛尔戬及其家赴阙。进韶观文殿学士、礼部侍郎,官其兄弟及两子,前后赐绢八千匹。初,韶入朝,加资政殿学士,至是又加观文殿学士。非尝执政而除者,皆自韶始"④。

有《辞免枢密直学士尚书礼部侍郎表》。表云:

> 今月某日,伏蒙圣恩,授臣枢密直学士、尚书礼部侍郎,并赐金帛等。臣王韶以恩宠至渥,战踢难安。臣诚惶诚恐,稽首顿首。伏念臣驽骀弱质,章句腐儒;赋性甚愚,遭时累洽;不揣末学,漫有壮图。首冲绝塞之风霜,力探种羌之窟穴。临洮假节,已蒙下监天光;拓地降

---

① 《宋会要辑稿》,第2543页。
② 按,四库本作"千",当是。
③ 《续资治通鉴长编》,第2382、2383页。
④ 《续资治通鉴》,第1755页。

戎，实赖上资睿算。虽执锐常先于士卒，而伸威仅浃于河湟。惧速怨尤，靡遑夙夜；岂图优赏，洊及无功。厚颁金帛以交辉，超擢官联于不次。荒略才谋，既以久尊于师闻；粗疏智职，岂宜进直于枢密。顾兹断断之小臣，敢应煌煌之荣命？即循墙而有获，徒负荆以增忧。矧秘阁之高华，式春官之峻陟。资逾上品，宠骇下情。伏愿履盛思危，益昭用人之哲；计程量力，少加策马之鞭。非冒死而固辞，实叨恩之过当。臣不胜瞻天仰圣，激切屏营之至，谨奉表辞谢以闻。

**六月，奉诏募买蕃马事。**

《长编》卷二百五十四载："六月丁卯朔，命知熙州王韶都提举熙河路买马，权提点刑狱郑民宪同提举。以中书言熙河出马最多，虽已置买务于熙州，立法未尽故也。"辛卯（二十五日），"王韶言：'奉诏募买蕃马，今黑城夷人颇以良马至边，乞指挥买茶司速应副。'从之，仍令李杞据见茶计步乘、船运，具已发数以闻"①。《宋会要辑稿·职官四三》之四七载："熙宁七年六月二十五日，熙河路经略使王韶言：'奉诏募买马，今黑城夷人颇以良马至边，乞指挥买马司速应付。'从之。"②

**二十八日，诏熙河路财利出入委熊本经制，裁省冗官。**

《长编》卷二百五十四：六月甲午，"诏：'熙河路蕃户近已向顺，事多就绪。其本路财利出入，凡折博盐、酒、茶、矾税、市易、坑冶、材木、酒坊、铸钱、交子、盐钞等，委熊木③经制，务节用生财，边备丰衍，裁省冗官，并与王韶相度施行。'"④

---

① 《续资治通鉴长编》，第 2388、2391 页。
② 《宋会要辑稿》，第 3297 页。
③ 按，四库本作"本"字，当是。后文卷二百五十八亦作"本"字。
④ 《续资治通鉴长编》，第 2392 页。

十月二十五日,王韶乞依沿边和籴例,募蕃客中卖给钞,应副籴粮。从之。

《长编》卷二百五十七:十月"己丑(二十五日),三司言:'知熙州王韶乞依沿边和籴例,以一分见钱、九分西钞,别定价,募蕃客中卖给钞,应副籴粮。'从之"①。

十二月三日,诏省熙、河、岷三州冗官,从王韶、熊本之请。

《长编》卷二百五十八:"十二月丙寅,诏省熙、河、岷三州官百四十一员,留五十七员。从经略使王韶、都转运使熊本请也。"②

是月四日,王韶召为枢密副使。

《长编》卷二百五十八:十二月丁卯(四日),"观文殿学士、兼端明殿学士、龙图阁学士、礼部侍郎、知熙州王韶为枢密副使。初,韶建议城拶南,诏罢之,第令修完熙、河二城,减戍省粮,为久安计,且曰:'冀卿早还朝宣力也。'于是,召赴阙,未至,遂有此命(原注:罢城拶南,据吕惠卿志韶墓。未至京师除枢密副使,据御集)"③。《续通鉴》卷七十载:"十二月丙寅,省熙、河、岷三州官百四十一员。丁卯,文武官加恩。以知熙州王韶为枢密副使。"④《宋史》本传:"未几,召为枢密副使。"《宋宰辅编年录校补》卷八载:"十二月丁卯,王韶枢密副使。"⑤

**熙宁八年乙卯(1075),四十六岁。**

三月六日,王韶次子王厚言生母杨氏独不与封,诏自今得封三代者并妻追封。

---

① 《续资治通鉴长编》,第2417页。
② 《续资治通鉴长编》,第2422页。
③ 《续资治通鉴长编》,第2422页。
④ 《续资治通鉴》,第1767页。
⑤ 徐自明撰,王瑞来校补《宋宰辅编年录校补》卷八,中华书局1986年版,第442页。

《长编》卷二百六十一：三月戊戌（六日），"诏自今得封三代者并妻追封，以枢密副使王韶子厚言韶妻亡，独不与封故也"。

**四月九日，枢密副使王韶加封太原郡开国侯，追封三代并妻。**

四月九日，神宗连下三诏，《德安县志》附录有《宋神宗褒奖王韶的八道敕》。兹录三诏：

敕：朝廷有枢密之地以来，谋谟以通天下，制变于未形，非伟德冠伦元功特起，未可膺此选也。左谏议大夫、充龙图端明殿学士王韶，智识之明，洞照于远，出师边境，冠带异类，收功万里，望重华夷，系乎安危，所宜入式，功概鸿枢，干通元化。遂能不试兵、销兵于未变之前。朕意有望于尔，尚勉无怠。可特授依前，升礼部侍郎、枢密副使、充观文殿学士、进封太原郡开国侯，食邑一千四百户，实封四百户，余散官如故。右熙宁八年四月初九日敕。

敕：正议大夫、枢密副使、尚书礼部侍郎，加封太原郡开国侯王韶，曾祖师诚，璞玉韬光，良才避用，不著名于近，乃显效于远，既宏于前，当流浸于后。而庆之积，遗之子孙，为朕开拓边疆，招降戎狄，特加异礼，以旌殊勋，使天下知为善之祥，以昭尔后裔之庆，不在其身，必在其子孙也。特赠师诚金紫光禄大夫，特赠郑氏安康郡夫人。右熙宁八年四月初九日敕。

敕：蕴之久者发必大，孝之至者忠斯真。是子之贵，由乎亲之积善，亲之显，由乎子之立身也。观正议大夫、枢密副使、充观文殿学士、太师、特封太原郡开国侯、食邑一千四百户实封四百户王韶，只事祖宗，多历年所，忠谟谠议，绩效勤诚。朕嗣以来，尤资辅赞，夙夜在念，图善始终。盖以韶家学渊源，庭训有素，渐染致然，使恩礼之数不隆，则不足以剧夫宠遇之异，且无以明其积善者报必腆也。韶祖令

极,父世规,皆特赠金紫光禄大夫、太子太师,祖母□氏、母陈氏,并封嘉泰郡夫人,诸新妇、侄女各赐金冠霞帔一副。右熙宁八年四月初九日敕。①

**有《谢赐封母氏等表》。表云:**

今月十七日,臣王韶得母书,伏蒙圣恩,宣召入内,特晋封嘉泰郡夫人,及臣弟新妇、男新妇、侄女等各赐金冠霞帔,臣男廓、厚各蒙特赐大理评事,仍赐长男廓进士出身。臣出自寒微,蒙恩拔擢,不三四年间,身致近密。臣夙夜警惕,恐恩宠过骤,无以报称托付之意。比者兵威重震,羌酋草偃,皆上禀圣算,旁资众力,未必皆臣之功。今宠遇厚赐,施及臣母等,使老幼安于内,而臣得尽力于外,臣敢不夙兴夜寐,深图后效,以报终始生成之赐。臣无任感荷战栗之至,谨奉表称谢以闻。

**二十六日,举荐张琬、范镗。**
《长编》卷二百六十二:四月"丁亥(二十六日),著作佐郎张琬同提举荆湖北路常平等事,太原府兵曹参军范镗为崇文院校书。琬、镗尝从王韶辟,至是韶言其材,召对,命之"②。

**杨氏进封华原郡夫人。十一月十九日改葬敷阳山。**
《宋故华原郡夫人杨氏墓志铭》载:"熙宁七年,公既定河湟,召拜枢密副使,以恩追封华原郡夫人。夫人之始葬也,棺椁茔兆不足以尽公心。及是,诸

---

① 孙自诚《德安县志》,上海古籍出版社1991年版,第78、79页。
② 《续资治通鉴长编》,第2466页。

子以八年十一月十九日改葬敷阳山之侧。"

十二月九日，乞罢马瑊，始与安石异。

《长编》卷二百七十一载：十二月丙申（九日），"枢密副使王韶言：'熙河路军食阙乏，人心未安，权转运判官马瑊专以捃拾熙河官吏报复私仇为意，致一路重扰。乞罢瑊归阙。'诏熙河经略司具瑊捃拾实状以闻（九年四月十五日瑊移江西）"①。《宋史》本传亦载："转运判官马瑊捃官吏细故，韶欲罢瑊，王安石右瑊，韶始沮，于是与安石异。"

是年，荐傅野，调明州定海县尉。

吕南公《傅野墓志铭》："明年召还朝，论事殿中方已，即言：'傅野有文章学术，而老未仕，愿补东南一官，以便养母。'上可之，君调明州定海县尉。"

## 熙宁九年丙辰（1076），四十七岁。

在枢密副使任。二月十五日，对邕州城陷持异议，与安石始有隙。

《长编》卷二百七十三：二月辛丑（十五日），"交趾之围邕州也，王安石言于上曰：'邕州城坚，必不可破。'上以为然。既而城陷，上欲召两府会议于天章阁，安石曰：'如此，则闻愈彰，不若止就东府。'上从之。安石忧沮形于辞色，王韶曰：'公居此尚尔，况居边徼者乎！愿少安重以镇物情。'安石曰：'使公往，能办之乎？'韶曰：'若朝廷应副，何为不能办？'安石由是与韶始有隙"②。

三月三日，王韶为册礼使，曾孝宽为副使，持节册命许国大长公主为韩国大长公主。邓绾撰册文。

《宋会要辑稿·帝系八》之一七："熙宁九年三月一日制：'许国大长公主进韩国大长公主，令所司备礼册命。'三日，命枢密副使、尚书礼部侍（郎）王韶

---

① 《续资治通鉴长编》，第2556页。
② 《续资治通鉴长编》，第2574页。

为册礼使,枢密直学士、起居舍人、金书枢密院事曾孝宽为副使,翰林学士、尚书兵部郎中、知制诰邓绾撰册文并书篆印。四日,中书门下言:'韩国大长公主受册法物,虑有司趣备绣作不及,欲权以锦代。'从之。十四日,内降韩国大长公主册印,宰臣率百官班文德殿庭行礼。册文曰:'皇帝若曰:好合二姓,人伦所先;礼隆诸姑,国典惟旧。风化是式,品章有彝。参稽前猷,申锡明命。咨尔许国大长公主,仙源流庆,宝婺分辉。聪慧敏明,天姿特异。懿柔端静,姆训弗烦。朕仰惟仁祖之慈,早厚公宫之教。而乃和顺见乎积行,教爱禀乎凤成。性修而愈循,言谨而无择。爰迨及笄之始,载询卜凤之祥。是用进加大国之封,涓选迩辰之吉。君袂备物,公圭主仪,诹循旧章,参酌异数。今遣使枢(密)副使、尚书礼部侍郎王韶,副使枢密直学士、起居舍人、签书枢密院事曾孝宽持节册命尔为韩国大长公主。于戏!惟顺为正,式显燕贻之谋;以贵而行,无忘厘隆之义。永启来誉,不其美欤!'"①

**五月十四日,帝语安石勉留王韶。**

《长编》卷二百七十五:五月己巳(十四日),"是日,上谓王安石曰:'王韶疑卿迫之,力求去,恐复如吕惠卿。韶幸无他,冀后尚有可任使,卿宜勉留之。'又言:'韶论事时不烛理,然不忌能,平直。'安石曰:'韶缓急足用,诚亦豪杰之士。'王珪言:'昨缘马瑊、高遵裕事,必不悦。'安石曰:'高遵裕害马瑊,既不见听,遂乞自引避。瑊以为非我莫能守熙河,朝廷竟移瑊江西,若监司才守法,便为方镇倾害,则国家纪纲败坏矣,此臣所以不敢阿韶所奏。臣与韶无他,陛下所知。又熙河事臣始与闻开拓之议,今所以治遵裕等,正欲成就本议,不贻国家后患而已。他日韶又言于上,以为熙河宜且静候年岁,不然有疏失,臣岂免责!'上曰:'治作过官吏,使来者不敢复然,省浮费,实边备,乃所以使熙河无疏失也。'安石曰:'今按作过官吏及浮浪之人,于熙河安危何所系?若扰蕃部不

---

① 《宋会要辑稿》,第171页。

抚结使向汉,则熙河危,若使犯法官吏知恐惧,浮浪人不敢往,乃所以静熙河。且人常言省静,省乃能静,烦而能静,难矣'"①。

## 熙宁十年丁巳(1077),四十八岁。

**二月十八日,王韶罢枢密副使。以户部侍郎、观文殿学士知洪州。**

《长编》卷二百八十载:二月"己亥(十八日),枢密副使、礼部侍郎王韶为户部侍郎、观文殿学士、知洪州。韶时以母老乞外,因抗疏言:'臣前日面论决里、广源州之事,以为大臣图国事,不当贪虚名而忘实祸,舍远业而先小数。执政乃疑臣有所讥刺,此臣之私意所以郁而未伸也。方安南举事之初,臣力争极论,欲宽民力而省财用者多矣。但执政莫肯听用,每闻臣言,则必以熙河事折臣。然本欲不费于朝廷而可以至伊乌鲁干,初不欲遽令熙、河作路,河、岷作州,广费以自累也。臣昨屡与王安石争熙河劾狱,今重以决里事与执政异论,臣若不自求退,他日必致不容。'"②《宋会要辑稿·职官七八》之二三载:"十年二月十八日,尚书礼部侍郎、枢密副使王韶,罢为观文殿学士、户部侍郎知洪州。韶在枢府四年,自陈母老乞外,故有是命。"③《续通鉴》卷七十二载:二月"己亥,枢密副使王韶罢。韶与安石异,数以母老乞归,帝语安石勉留之"④。《宋宰辅编年录校补》载:"二月己亥,王韶罢枢密副使。"制曰:

> 入而辅大政,缁衣所以美武公之为司徒;出则奠大邦,嵩高所以歌申伯之有南国。虽中外劳逸之异,亦臣邻出处之常。眷吾帷幄之臣,屡上蕃宣之请。诚不可夺,卿既以亲为言;义当勉从,朕欲成尔之

---

① 《续资治通鉴长编》,第2592页。
② 《续资治通鉴长编》,第2647页。
③ 《宋会要辑稿》,第4187页。
④ 《续资治通鉴》,第1800页。

志。具官王韶慷慨自负,忠勤不渝。辟遐壤于笑谈,起大功于跬步。名震戎狄,勋高鼎彝。顷尝嘉于始谋,得入陪于近弼。进断国论,有大臣謇謇之风;参持兵枢,增古武桓桓之气。朕方内倚,将共致于治平;人亦具瞻,忽恳辞于密宥。章屡却而益进,诚愈久而弥坚。南昌名都,最雄于江左;秘殿崇职,莫显于朝中。并示优恩,以为盛观。书劳定国,足以高一世之英;养志奉亲,又可为白发之寿。人臣至此,可谓荣乎。体予宠休,无忘献纳。①

**知洪州有到任谢表。**
**表云:**

为贫而仕,富贵非学者之本心;与时偕行,功业盖丈夫之余事。自信甚明,独立不惧。面折廷争,则或贻同列之忿;指谪时病,则或异大臣之为。以至圣论虽时有小差,然臣言亦未尝曲徇。晓然知死生之不迷,灼然见古今之不异。通理尽性,虽未能达至道之渊微;立言著书,亦足以赞一朝之盛美。②

**十月,坐谢表怨慢,落观文殿学士知鄂州。**

《宋会要辑稿·职官六五》之四三载:十年"十月五日,观文殿学士户部侍郎知洪州王韶,落观文殿学士知鄂州,坐洪州谢表上表语不当也"③。《长编》卷二百八十五载:十年冬十月壬午(十五日),"诏观文殿学士、户部侍郎、知洪州王韶落职知鄂州。韶谢到任表云:'为贫而仕,富贵非学者之本心;与时偕

---

① 徐自明撰,王瑞来校补《宋宰辅编年录校补》卷八,中华书局1986年版,第472页。
② 曾枣庄等《全宋文》,巴蜀书社1994年版,第503、504页。
③ 《宋会要辑稿》,第3866页。

行,功业盖丈夫之余事。'又云:'自信甚明,独立不惧。面折庭争,则或贻同列之怒;指摘时病,则或异大臣之为。以至圣论时有小差,臣言未尝曲徇。'又云:'陷人君于不义,莫如退缩。'又云:'晓然知死生之不迷,灼然见古今之不变。通理尽性,虽未能达至道之渊微;立言著书,亦足赞一朝之盛美。'侍御史知杂事蔡确言:'韶表皆怨愤,欲归过主上,而妄为自洁之辞。臣尝被命鞫熙河结籴违法事,闻韶屡有争执,大率以朝廷制狱为非。察韶之情,不过阿庇旧日将校,及欲掩其在任弛纵之迹。后根究诸州军公使库,共借结籴钱二十余万缗,回易取利,韶亦有支借百姓刘昌立钱钞等事。朝廷以韶方备位枢府,不复谴诃。按韶本以边功,骤蒙拔擢,其余①朝廷政治之要,必未有卓然高论,度越群臣。如争结籴事,不独疏缪,又颇挟私,则其余所言,臣虽不闻,推此可知矣。陛下睿知神武,群臣莫望清光,规模言动,如韶岂能窥万一?乃敢指斥圣论,而又言恐陷人君于不义耶?妄自扬己,公肆慢上,韶必知此表传播中外,因欲欺流俗以盗公直之名。乞行黜责。'故有是命"②。蔡确此奏《全宋文》辑为《王韶洪州到任谢表怨愤慢上乞行黜责奏》。

## 神宗元丰元年戊午(1078),四十九岁。

在知鄂州任上。六月,为《宝觉祖心禅师语录》作后序。

《宝觉祖心禅师语录后序》云:"敷阳子曰:予尝劝学者学圣人之道,皆当求之于文辞章句之外。至于天道阴阳,则又在算数历法之外。今得遇黄龙心师,发明至道,则所谓圣人性命之理者,又在生平学习思想之外。噫!古人谓佛法皆以心相传,岂虚也哉?虽然欲传其心,亦不可得,则所谓得者,亦未尝得也,学者思之。元丰元年六月二十五日序。"③

---

① 按,四库本作"于"字,当是。
② 《续资治通鉴长编》,第2688、2689页。
③ 蓝吉富《禅宗全书语录部六》,台北文殊文化有限公司1989年版,第774页。

**八月，捕斩逃军田胜等。**

《长编》卷二百九十一载：元丰元年八月"壬戌，知鄂州王韶言，逃军田胜等累刺配，复走还作过，已遣人捕斩给赏。乞自今配军逃亡为盗，听捕斩，赏钱十千。诏坐条札与韶照会，如所犯情深重，罪不至死，奏裁"①。

《宋史》本传载有其在鄂州一则逸事，可窥其性格侧面："在鄂宴客，出家姬奏乐，客张缋醉挽一姬不前，将拥之，姬泣以告。韶徐曰：'本出汝曹娱客，而令失欢如此。'命酌大杯罚之，谈笑如故，人亦服其量。韶交亲多楚人。"

## 元丰二年己未（1079），五十岁。

**五月十二日，还其职，复知洪州。**

《宋史》本传载："元丰二年，还其职，复知洪州。"《长编》卷二百九十八：元丰二年五月"己卯（十二日），复户部侍郎、知鄂州王韶为观文殿学士、知洪州"②。

**在庐山建"豫老庵"，并题咏之。**

《茅田王氏宗谱》宋淳熙五年戊戌（1178）所录《三万家谱录》载："公文学最高，……时得补外，作豫老庵以庐阜，自作诗求朝贤题咏之。诗云：'恭承嘉命守江滨，才到东林暂驻轮。卜筑豫寻归老地，光华须藉重名人。莲铺石砌邀新客，茅覆阶楹接旧邻。若得华篇浑碑版，山林从此长精神。'"按，"补外"即指出知洪州。王阮《题东林一首并序》："远公示寂，谶记曰：'后七百年，当有肉身大士草创吾道场。'晋义熙十二年八月六日也。元丰三年，先襄敏公请于朝，照觉总公崇成法席。中烬野烧，今复一新，敬赋古风仰致赞叹。"按，据《庐山东林寺年谱》，元丰二年，经王韶请示朝廷，神宗诏升东林为禅寺，常总为东林住持。王阮所记为元丰三年，疑误。王韶建豫老庵亦当在此时。

---

① 《续资治通鉴长编》，第2746页。
② 《续资治通鉴长编》，第2794页。

王韶在庐山建"豫老庵"确有其事，南宋时庵基尚存。陆游《入蜀记》亦有记载："草堂之旁又有一故址，云是王子醇枢密庵基，盖东林为禅苑，始于王公，而照觉禅师常总实第一祖。总公有塑像，严重英特人也。宿东林。"①

　　有诗《咏裕老庵前老松》。

　　诗云："绿皮皱剥玉嶙峋，高节分明似古人。解与乾坤生气概，几因风雨长精神。装添景物年年换，摆捭穷愁日日新。惟有碧霄云里月，共君孤影最相亲。"②按，"裕老庵"亦作"豫老庵"。又，宋胡仔《渔隐丛话》后集卷三十六引《复斋漫录》云："王公韶少日读书于庐山东林裕老庵，庵前有老松，因赋诗云：'绿皮皱剥玉嶙峋，高脚分明似古人。解与乾坤生气概，几因风雨长精神。装添景物年年换，摆捭穷愁日日新。惟有碧霄云里月，共君孤影最相亲。'王荆公为宪江东，过而见之，大加称赏，遂为知己。"③此说实不可信，王韶该诗当是晚年"时得补外，作豫老庵以庐阜"时所题，王安石与王韶在熙河之役中志同道合，密切合作，是因为他们对当时西北形势认识一致，并非他们早有相知；另，王安石年长王韶九岁，王安石为官江东时，王韶已不是年少时；再从诗的内容看，这首诗当是王韶最后岁月的内在心态反映，作为历尽风雨、建有赫赫战功的老将军，他是以老松自比，全诗寓意遥深，情感深沉，老松就是老将军的自我形象。

## 元丰三年庚申（1080），五十一岁。

　　**知洪州**。诗人徐积往湖湘，途经洪州来访，有诗相赠，盛赞西征之功。

　　徐积《节孝集》卷十《赠王观文并序》云：

　　　　盖古之君子，以好贤爱士尊德乐义而为之始，亦所以为之终。故

---

① 陆游著，蒋方校注《入蜀记》卷六，湖北人民出版社2004年版，第123页。
② 北京大学古文献研究所编《全宋诗》，北京大学出版社1993年版，第7911页。
③ 胡仔《渔隐丛话》，景印文渊阁《四库全书》，台湾商务印书馆1986年版，第1480册第619页。

大有其才,大有其德,大有其位,大有其功,大有其名。五者皆大,而持之以谦。道已行于天下,泽已加于万物,法可传于后世,可谓美矣!盛矣!盖缺然自视,犹以为不足也。故于能贤有道致恭尽礼,将之以诚而加之爱心,势若不敢与之钧敌,惟恐不得有所闻,不得有所见也,是以善其始而光其终。何独古之人耶,一有好之者,是亦古人也。好之、能之、行之、尽之,古人之盛德也,居今之世而为古人之事者,王公其人乎。某也不肖,窃伏淮滨,越在草莽,非有左右之介,一日之素也。食顷之间,使者相望,叩其所舍,即不肖而问焉,如待故人旧物也。适以野处,无良纸笔以报公命,因略为诗歌,见于私写,缮稿未及,即不意其传也。既不污公几席,公既受而弗却,且置之齿牙间,谓之为可也。公之德量既恕如此,二稿之略,率然之罪,顾无辞以谢,是以复为西征篇焉。大江之心,波涛浩然,旌幢蔽空,鼓吹合作,歌酒半酣,借壮夫勇士歌之,虽不足以娱王公之听而动王公之容,至于麾下骁俊,必将慷慨气作,奋思忠烈,如班超、傅介子之比也。其辞曰:

一自西征登将坛,探其窟穴除其残。邻羌余喘虽粗安,匈奴右臂殊不完。闻公姓字摧胆肝,穹庐部落匿可汗。何当饮马朔海干,雄文高勒燕然山。古来从事多壮夫,凯歌得意更豪粗。共公谈笑观投壶,醉笔挥成露布书。归来却佐神圣王,爱贤乐道不敢忘。德功甚盛谦尊光,始终一节郭汾阳①。

**临别,作诗以谢。**

《节孝集》卷四《谢王观文(韶)》诗云:"东野鳏夫未识公,寄声直入茅庐

---

① 徐积《节孝集》卷十,景印文渊阁《四库全书》,台湾商务印书馆1985年版,第1101册第837、838参《全宋诗》第11册,第7618、7619页。

中。茅庐四面生春风,草头添绿花添红。东野鳏夫最好吟,感公高义藏于心。为公制作平戎曲,弹向蔡家焦尾琴。"

**徐积到湖湘后,又寄诗致谢。**

《节孝集》卷十八《寄王观文》诗云:"扁舟欲泛湘江月,亦泛洞庭湖上春。十年此意逢今日,且喜洪州有主人。"

徐积(1028—1103),字仲车,楚州山阳(今江苏淮安)人。早年曾从胡瑗学。英宗治平二年(1065)进士。神宗数召对,因耳聩不能出仕。哲宗元祐元年(1086),以近臣推荐,为楚州教授。徽宗崇宁二年(1103)除监西京嵩山中岳庙,卒,年七十六。政和六年(1116)赐谥节孝处士。以孝行著闻,著有《节孝集》三十卷、附录一卷。事迹详《节孝集》卷三二附王资深撰《节孝先生行状》,《宋史》卷四百五十九有传。

**在洪州有诗《投机颂》。**

宋释普济《五灯会元》卷十七:"观文王韶居士,字子淳,出刺洪州,乃延晦堂问道,默有所契,因述《投机颂》曰:'昼曾忘食夜忘眠,捧得骊珠欲上天。却向自身都放下,四棱塌地恰团圆。'呈堂,堂深肯之。"[1]《全宋诗》据此辑得。

## 元丰四年辛酉(1081),五十二岁。

**知洪州。六月二十四日卒,赠金紫光禄大夫,谥"襄敏"。**

《宋史》本传载:元丰"四年,病疽卒,年五十二。赠金紫光禄大夫,谥曰襄敏"。家谱《小传》载:"薨于元丰四年辛酉六月二十四日,得年五十有二。"《长编》卷三百十三载:元丰四年六月"己卯(二十四日),洪州言:知州、观文殿学士、正议大夫王韶卒。辍视朝,赠金紫光禄大夫,谥襄敏,官其子六人,赐三女冠帔,封长女瑞昌县君。韶为人粗犷,用兵颇有方略,每召诸将授指,不复更

---

[1] 普济著,苏渊雷点校《五灯会元》卷十七,中华书局1984年版,第1139页。

问,所至辄捷。尝夜卧军帐中,前部遇敌,矢石交下,呼声震山谷,侍旁者往往股栗,而韶鼾息自若"①。

《宋大诏令集》卷第二百二十一有赠金紫光禄大夫制。

### 观文殿学士王韶赠金紫光禄大夫制(元丰四年六月)

惟记功录旧,哀死饰终,盖君臣之情,有不能忘者,岂特为天下劝哉。具官某,勇于忠义,志在功名,朕畲器之。属之疆事,克奋威略;震绥羌服,王师弗勤;境土用斥,眷图隽烈。方登赞于近枢,顾念贤劳;旋均休于南服,遽兹沦谢。良所蠹伤,追纪凤勤;肆优赠典,峻跻位品;以易故官,恩礼所加;是昭殊报,明灵可作。尚享余荣。可。②

苏辙代知筠州,毛维瞻写有《代毛筠州祭王观文韶文二首》③。

公学敦诗书,性喜韬略。奋迹儒者,收功戎行。千里开疆,列鼎而食。丰功伟烈,震耀当年。绛蠹朱幡,留连列郡。用舍之际,方共慨然。存没之来,孰云止此。子幼方仕,母老在堂。百口有藜藿之尤,十年为梦寐之顷。士夫殒涕,道路兴嗟。某比缀末姻,仍叨属部。笑言未接,涕泣长辞。攀望灵车,寄哀薄奠。伏惟尚飨。

嗟人之生,梦幻泡影。短长得失,何实非病。惟公少年,阔略细行。从军西方,睥睨邻境。手探虎穴,足践荒梗。遂开洮岷,归执兵柄。功名赫奕,富贵俄顷。未安西枢,斥就南屏。盘桓武昌,偃息洪

---

① 《续资治通鉴长编》,第2932页。
② 《宋大诏令集》,中华书局1962年版,第849页。
③ 苏辙《栾城集》卷二十六,景印文渊阁《四库全书》,台湾商务印书馆1985年版,第1112册第278页。

井。国方用兵,边鄙未靖。谓当再驾,没齿驰骋。呜呼不淑,一寐不醒。老幼盈前,饘粥谁省。盛衰奄忽,惊怛群听。惟公晚年,自谓见性。死生变化,其已安命。世之不知,奔走吊庆。寄奠一觞,孰为悲哽。尚飨。

按,毛筠州即知筠州毛维瞻。时苏辙谪筠州,与之关系甚密,苏辙《栾城集》中有诸多唱和之作,如《次韵筠守毛维瞻司封观修城三首》《过毛国镇夜饮》《次韵毛国镇赵景仁唱和三首》等,故为之代笔。《明一统志》卷四十三:"毛维瞻,(浙江衢州)西安人。以诗鸣,与赵抃同里,相得为山林之乐。元丰中,出知筠州,政平讼理。时苏辙谪筠州监酒,相与唱和,有《凤山八咏》《山房即事十绝》。"

毛维瞻(1011—?),字国镇,衢州江山(今属浙江)人。仁宗庆历二年(1042)进士。神宗熙宁八年(1075),以上殿劄子误用字及不如式,由开封府推官罢为提举洞霄宫。元丰三年(1080),知筠州(今属江西)。曾与苏辙、赵抃唱和。《两浙名贤录》卷四十六有传。子毛滂,系北宋著名词人。

**葬敷阳山凤凰岭下。**

家谱《小传》载:"与初娶江国夫人杨氏、继娶燕国夫人刘氏合葬敷阳山凤凰岭下。"

王韶墓地,史书记载有异,主要有三说①:

一、德安望夫山。清康熙十二年(1673)《德安县志》(姚文燕等纂)记载:"襄敏王公韶墓,在县西望夫山之下。"

二、建昌县(今江西永修县)。清同治十年(1871)《建昌县志》卷十二记载:"王襄敏韶公墓,在县西八十里,德安人,仕宋,累官观文殿学士,转枢密副

---

① 朱瑞熙、孙家骅《北宋军事家王韶墓址考》,《南方文物》1989年第2期。

使,谥'襄敏',葬于建昌。"

三、甘肃岷县金童山。清康熙年间《岷州志》记载:"宋安抚使王韶墓,在城南半里金童山下。"

按,朱瑞熙、孙家骅《北宋军事家王韶墓址考》已有详细考证,王韶墓地在德安望夫山。并考证:望夫山就是敷阳山,汉代称敷阳山,隋代改称望夫山,宋代又称敷阳山,凤凰岭是敷阳山南麓的一座山峰。

**卒后事迹编年:**
**哲宗绍圣三年丙子(1096),卒十六年。**

**令熙河立王韶庙,赐额"忠烈"。**

《宋史》卷十八《哲宗本纪》载:哲宗绍圣三年秋七月"甲寅,令熙河立王韶庙"[①]。家谱《小传》载:"立庙熙河,赐额'忠烈'。"

**哲宗元符三年庚辰(1100),卒二十年。**

**追赠司空。**

家谱《小传》载:"元符三年追赠司空。"

**徽宗崇宁元年壬午(1102),卒二十二年。**

**追赠太尉。**

家谱《小传》载:"崇宁元年追赠太尉。"

**崇宁四年乙酉(1105),卒二十五年。**

**追赠太师申国公。**

---

① 脱脱等《宋史》卷十八,中华书局1990年版,第345页。

家谱《小传》载:"崇宁四年追赠太师申国公。"

## 徽宗大观二年戊子(1108),卒二十八年。

追赠楚国公。

家谱《小传》载:"大观二年追赠楚国公。"

## 徽宗政和元年辛卯(1111),卒三十一年。

追赠魏国公。

家谱《小传》载:"政和元年追赠魏国公。"

## 政和四年甲午(1114),卒三十四年。

追赠燕国公。

家谱《小传》载:"政和四年追赠燕国公。"

王韶一生之功业在于经略熙河。其《平戎策》提出了一系列处理民族关系之原则,如恩信招抚、汉法教化、平等相待、杂居互学、发展经济等,在经略熙河过程中也贯彻了这些原则。如"恩信招抚",以诚信招抚俞龙珂,归顺朝廷,并在以后镇守岷州的工作中作出了杰出贡献。同时对晓之以理不知理,动之以情不知情的顽固分裂势力,以招抚为主的同时也不放弃武力讨伐。讨抚兼用的正确的战略方针,使王韶经略熙河的工作取得了巨大的成功。汉法教化、平等相待、杂居互学、发展经济等原则,促进了西北民族地区经济、文化的快速发展,加快了少数民族封建化进程,加速了民族融合,也提高了少数民族人民的生活水平和质量[1]。

---

[1] 王可喜《王韶〈平戎策〉处理民族关系的原则及借鉴意义——兼补辑〈全宋文〉中的王韶文》,《青海民族研究》2005年第2期。

对王韶经略熙河,蔡上翔在《王荆公年谱考略》中有详论①,兹节引如下:

考略曰:王子醇天下奇才也,然非荆公立于其朝,必不能使之得以尽其才。至是而子醇之功成矣,即"四书"而荆公之才之美,亦见玉带之赐,岂漫然哉。而议者犹谓凿空开边以为子醇罪,于是乎,《熙河总论》尤得详著于篇。

考略曰:西北边二房,自古为中国患久矣。宋以忠厚开国,而兵威曾不及汉唐远甚,故宋北之窜、南之亡,无不失于弱。以契丹言之,太祖太宗之世,尝苦于兵矣。及乎景德元年,澶渊议和,虽曰兵革不用,其民得赖以少息,自是而增岁币、求割地,若小侯事大国,无敢不从,非地不广兵不足,而实谋臣猛将无其人,非德不忍而其力不足以校之也。……

然则欲御西夏,必开熙河,开熙河必取唃厮啰诸羌,所以绝夏人南侵,莫切于此也。夫不计夏人南侵为中国大患,而罪王韶开边衅,又罪安石主韶策,不知王韶有功而无罪!而其进亦非由安石也。韶尝客游陕西,访采边事。熙宁元年所上《平戎策》,安石尚未当国。而韶以书生知兵,诚为不出之才,而谋必胜,攻必克,宋世文臣筹边,功未有过焉者也!且安石亦有功而无罪。夫韶虽不由安石而进,然非安石当国,策虽善,必且见沮于庸人之口;而神宗用之不专,亦不能使韶有成功。及其平戎献捷,安石有玉带之赐,则神宗固以首功归安石,后人虽欲以是幸安石,亦安石所不必辞也,故曰安石亦有功而无罪。元祐攻新法者,无事不为安石罪,以故司马光变新法殆尽,乃并欲举熙河而废之。时有孙路执图以进曰:"若如此,则陕西一道危

---

① 蔡上翔《王荆公年谱考略》,上海人民出版社1973年版,第249—251页。

矣!"光乃止。呜呼! 王韶所上《平戎策》,则与前时盛度所上《西域图》合矣。盛度未见之行事,不可谓非阴雨绸缪之计也。王韶见之行事已能有成功,而顾以凿空开边议之,岂盛度孙路所言皆非耶?

## 第二节 王厚行年系地谱

王厚(1054—1106),字处道,江州德安(今江西德安)人,王韶次子。自幼好学、豁达。少从父于兵间,习晓羌人事。熙宁七年(1074)七月,特恩授大理评事,监寿州税务,累官通直郎。绍圣初,请经理西事,以文职易武阶,授礼宾副使、干当熙河公事,充熙河兰岷路云骑尉。元符二年(1099)六月,师出塞。七月,下邈川,降瞎征。九月,次青唐,陇拶出迎,以青唐为鄯州,以功进东上阁门副使、知湟州。三年三月,为陇右同都巡检使。既而贬右内府率、贺州别驾,郴州安置。崇宁元年(1102),蔡卞荐其可担复湟、鄯之任,复故官,知河州兼洮西安抚使。二年正月,权发遣河州,兼洮西沿边安抚司公事,权勾当熙河兰会路经略司,克复河湟,蕃部降服,迁威州团练使、知熙州,收复廓州、鄯州,改鄯州为西宁州,以厚为武胜军节度观察留后、熙河兰会经略安抚使兼知熙州,赐第京师。四年,加上骑都尉,特晋封文水县开国男。五年,召还京师,提举太乙宫,后提举醴泉观。九月二十六夜,薨于京,享年五十三岁。"徽宗抚膺叹息曰:'何可少此节度使!'命太常寺集百官议谥曰'庄略'以闻,徽宗改'庄敏',赠宁远军节度使。"《宋史》卷三百二十八传论曰:"厚之降陇拶、瞎征,取湟、鄯、廓州,功足继韶。"能文,有奏议三十卷。今存文十六篇。其生平事迹略见于《宋史》卷三百二十八《王厚传》(以下简称《宋史》本传)、《东都事略》卷八十二《王厚传》(以下简称《东都》本传)、《京口耆旧传》卷六《王厚传》(以下简称《京口》本传)及通山《茅田王氏家谱》存《宁远军节度使庄敏公小传》(以

下简称家谱《小传》)等。现据诸本传及相关史料,撰其行年系地谱①。

### 宋仁宗至和元年甲午(1054),一岁。

九月十八日生于德安故里。

王厚生卒年诸史传不载,《宋人传记资料索引》及《全宋文》小传亦付阙如。唯家谱《小传》载之甚详,生于至和元年(1054)九月十八日。家谱《小传》云:"公讳厚,字处道,襄敏公之次子也。……公生于至和元年九月十八日,距薨之日,得年五十有三。"②按,是年乃父王韶尚未登第出仕,故当出生于德安故里。

### 仁宗嘉祐二年丁酉(1057),四岁。

在德安。父王韶登进士第。

详前《王韶行年系地谱》。

### 嘉祐五年庚子(1060),七岁。

在德安。居乡求学。自幼沉静醇雅。

家谱《小传》云:"自幼沉静端悫,朴素醇雅。"

### 英宗治平三年丙午(1066),十三岁。

在德安。居乡求学。十二月,母杨氏卒。

范镗《宋故华原郡夫人杨氏墓志铭》载:"治平三年丙午十二月十日终,享

---

① 王可喜《北宋名将德安王厚生平事迹考》,《九江学院学报(社会科学版)》2020年第2期。
② 王可喜《王韶家族研究文献集》,江西高校出版社2018年版,第296—297页。下引《小传》不另出注。

年三十有九。以其月二十有八日葬于德安县之敷里。"①据此知母杨氏生于仁宗天圣六年(1028)。

### 神宗熙宁元年戊申(1068),十五岁。

在德安。居乡求学。是年,父王韶上《平戎策》,得神宗赏识。

《宋史》卷三百二十八《王韶传》:"熙宁元年,诣阙上《平戎策》三篇。"②毕沅《续资治通鉴》卷六十六亦载:熙宁元年,"是岁,前建昌军司理参军德安王韶,诣阙上《平戎策》三篇"③。

### 熙宁二年己酉(1069),十六岁。

在德安。好学不倦,豁达有度。

家谱《小传》云:"及长,承父义训,好学不倦,豁达有度,才思如流,当时知其为有道士矣。"

### 熙宁三年庚戌(1070),十七岁。

在德安。居乡求学。

### 熙宁四年辛亥(1071),十八岁。

或在熙州。从父兵间,畅习羌事。

《宋史》本传:"少从父兵间,畅习羌事,官累通直郎。"熙州即今甘肃临洮。按,是年八月九日,置洮河安抚司,父王韶以太子中允、秘阁校理主其事。《宋

---

① 孙自诚《从一块墓志谈敷阳山的位置》,《文物》1979年第7期,第78页,影印1972年出土的埋铭。
② 脱脱等《宋史》,中华书局1985年版,第10579页。
③ 毕沅《续资治通鉴》,中华书局1957年版,第1632页。

会要辑稿·职官四一》之九三载,熙宁"四年八月九日,置洮河安抚司,自古渭寨接青唐、武胜军一带地分,应招纳蕃部、市易、募人营田等事,并令同提举秦州西路蕃部及市易等公事,王韶主之"①。王厚"从父兵间"到熙州或始于是年。

### 熙宁五年壬子(1072),十九岁。

在熙州。助父经略熙河。父王韶经略熙河初成,十月以龙图阁待制、熙河路都总管、经略安抚使兼知熙州。

李焘《续资治通鉴长编》(以下简称《长编》)卷二百三十九:十月二十三日"戊戌,改镇洮军为熙州。……知通远军、右正言、集贤殿修撰王韶为龙图阁待制、熙河路都总管、经略安抚使兼知熙州"②。

### 熙宁六年癸丑(1073),二十岁。

在熙州。助父经略熙河。父王韶又收复河、洮、岷、迭、宕等州,十月十二日,以功迁端明殿学士兼龙图阁学士、左谏议大夫。

《长编》卷二百四十七载:十月十二日辛巳,"知熙州、枢密直学士、礼部郎中王韶为端明殿学士兼龙图阁学士、左谏议大夫"③。

### 熙宁七年甲寅(1074),二十一岁。

在熙州。五月,以父平熙河殊勋,特恩授大理评事。

家谱《小传》载:"熙宁七年,以父平熙河殊勋,特恩授大理评事。"《长编》

---

① 《宋会要辑稿》,第3213页。
② 李焘《续资治通鉴长编》,中华书局1995年版,第2238页。
③ 《续资治通鉴长编》,第2318页。

卷二百五十三：熙宁七年五月三日"庚子,知熙州、资政殿学士、左谏议大夫王韶为观文殿学士、礼部侍郎,仍兼端明殿龙图阁学士,赐绢三千。授其子廓大理评事,赐进士出身;次子厚大理评事"①。《德安县志》卷二十四附《宋神宗褒奖王韶的八道敕》之四云："朕既赏其身矣,今又录其诸子,及命尔秩,于京办寄,以效忠勤,以荣尔父。朕于士大夫可以无负矣。特赐韶长子廓进士出身,次子厚俱大理评事,完、固、端、孚、定、确、寔、实、寀俱承务郎。熙宁七年七月囗日奉特旨。"②此与前文所引《长编》所载内容大致相同,而时间"五月"与"七月"有异。

### 熙宁八年乙卯（1075）,二十二岁。

在京。三月,言生母杨氏不与封事,十一月改葬母敷阳山。

《长编》卷二百六十一：三月六日戊戌,"诏自今得封三代者并妻追封,以枢密副使王韶子厚言韶妻亡,独不与封故也"③。

母杨氏进封华原郡夫人。十一月十九日改葬敷阳山。

《宋故华原郡夫人杨氏墓志铭》载："熙宁七年,公既定河湟,召拜枢密副使,以恩追封华原郡夫人。夫人之始葬也,棺椁茔兆不足以尽公心。及是,诸子以八年十一月十九日改葬敷阳山之侧。"

### 熙宁十年丁巳（1077）,二十四岁。

在寿州。监寿州税务。

家谱《小传》载："监寿州税务。"其时或在是年前后。寿州今属安徽。

---

① 《续资治通鉴长编》,第6189页。
② 孙自诚主编《德安县志》,上海古籍出版社1991年版,第790页。
③ 《续资治通鉴长编》,第6357页。

**神宗元丰元年戊午(1078),二十五岁。**

　　在寿州。监寿州税务。

**元丰二年己未(1079),二十六岁。**

　　在寿州。监寿州税务。

**元丰三年庚申(1080),二十七岁。**

　　在寿州。监寿州税务。

**元丰四年辛酉(1081),二十八岁。**

　　在寿州。监寿州税务。

**元丰五年壬戌(1082),二十九岁。**

　　在寿州。监寿州税务。

**元丰六年癸亥(1083),三十岁。**

　　或在寿州。监寿州税务任上。

**元丰七年甲子(1084),三十一岁。**

　　或在监寿州税务任上,官至通直郎、同管勾检校。

　　家谱《小传》载:"监寿州税务,至通直郎、同管勾检校等秩。"

**元丰八年乙丑(1085),三十二岁。**

　　或在监寿州税务任上。

**哲宗元祐元年丙寅(1086),三十三岁。**

或在京。

**元祐二年丁卯(1087),三十四岁。**

或在京。朝廷议弃河、湟,厚请于朝,疏陈不可。

家谱《小传》云:"襄敏公既卒,诸戎观望,有侵境之扰,朝廷议弃其地,公请于朝,曰:'弃熙河之地,未足以为辱;得熙河之地,则足以制夏人,亦可以固吾圉。'"

**元祐三年戊辰(1088),三十五岁。**

或在京。

**元祐四年己巳(1089),三十六岁。**

或在京。疏陈河、湟不可弃,上政事堂言之。

《宋史》本传云:"元祐弃河、湟,厚上疏陈不可,且诣政事堂言之。"按,"元祐更化"时期,司马光、文彦博等人彻底否定熙、丰"新法",也彻底否定熙河之役。放弃米脂、浮图、葭芦、安疆等重要军事要塞,而熙河一路则因安焘、孙路等人极力反对放弃才勉强得以保存。王厚即为反对者中一员。

**元祐五年庚午(1090),三十七岁。**

或在京。

**元祐六年辛未(1091),三十八岁。**

或在京。

**元祐七年壬申(1092),三十九岁。**

　　或在京。

**元祐八年癸酉(1093),四十岁。**

　　或在京。

**哲宗绍圣元年甲戌(1094),四十一岁。**

　　或在京。

**绍圣二年乙亥(1095),四十二岁。**

　　在熙河。绍圣初,以文职易武阶,干当熙河公事,充熙河兰岷路云骑尉。

　　《京口》本传载:"绍圣初,上方略,请经理西事,遂改武阶。"《宋史》本传云:"绍圣中,用荐者换礼宾副使、干当熙河公事。"《东都》本传云:"后以文易武,为礼宾副使,佐熙河帅府。"①家谱《小传》云:"于是以文职易武阶,授公武宾副使②,充熙河兰岷路云骑尉,悉委以阃外之寄。"既言"绍圣初",或在是年。

**绍圣三年丙子(1096),四十三岁。**

　　在熙河。干当熙河公事,充熙河兰岷路云骑尉。

**绍圣四年丁丑(1097),四十四岁。**

　　在熙河。干当熙河公事,充熙河兰岷路云骑尉。

---

① 王偁撰,孙言诚等点校《东都事略》,《二十五别史》,齐鲁书社2000年版,第693页。
② 《宋史》本传、《东都》本传及李焘《续资治通鉴长编》均作"礼宾副使",当是家谱抄录有误。

**哲宗元符元年戊寅（1098），四十五岁。**

在熙河。干当熙河公事，充熙河兰岷路云骑尉。

**元符二年己卯（1099），四十六岁。**

在湟州。六月，师出塞。七月，下邈川，降瞎征。

《东都》本传云："会吐蕃种落乱，其王瞎征、陇拶争国，厚与河州守将王赡欲招徕羌人复故地。师出塞，下邈川诸城，瞎征以其属来降。"不载具体时间。《宋史》本传云："会羌酋瞎征、陇拶争国，河州守将王赡与厚同献议复故地。元符元年六月，师出塞。七月，下邈川，降瞎征。"按，二者所叙事件经过相同，《宋史》所记时间清晰。然"元符元年"似误，当为"元符二年"。《长编》卷五百一十四载：元符二年八月五日乙亥，"经略司勾当公事王厚时在邈川，与同总领蕃兵将高永年谋之。永年曰：'此青唐成败之机，势不容缓。若待安抚还自河州，则无及矣。'安抚，谓赡也。永年请以千骑往，厚许之"①。元符二年八月"王厚时在邈川"，与《宋史》本传所云"七月下邈川"相符，故当为"二年七月"；又，《续资治通鉴长编》卷五百一十五载：元符二年九月二十三日壬戌，"诏王厚同王赡管勾青唐招纳事"②。既元符二年九月才任命"王厚同王赡管勾青唐招纳事"，则《宋史》本传所云"九月，次青唐，陇拶出迎"之"九月"亦当为"二年九月"。邈川即今青海乐都。

闰九月初一日，乞城廓州。

《长编》卷五百一十六：元符二年闰九月庚午朔，"熙河兰会路经略司言：'据勾当公事王厚乞城廓州，洮东安抚李澄乞城洮州。缘收复青唐未了，兼河北邈川、宗哥、罗瓦抹逋等城，并厮归丁、兰宗堡，接连夏国，见令修筑所有廓州

---

① 《续资治通鉴长编》，第12218页。
② 《续资治通鉴长编》，第12249页。

并河南讲朱、错凿、当标、一公城,并洮州并系近里。今王厚、李澄纷然陈乞,事力难办。候收复青唐毕,先将河北边冲要城壁修备,候明年相度河南,渐次修缮。'诏令熙河兰会路经略司审量措置,为边防经久之计"①。廓州即今青海尖扎。

**初四日定青唐,以为鄯州。王赡知鄯州,王厚知湟州。**

《东都》本传云:"厚次青唐,陇拶拥万骑出迎,遂定青唐。"《宋史》本传云:"九月,次青唐,陇拶出迎。遂定湟、鄯。"《长编》卷五百一十六:闰九月五日"甲戌,宰臣章惇率百官上表,贺收复青唐,惇等又升殿贺。知枢密院曾布宣答。降授内殿承制、熙河兰会路经略安抚司勾当公事王厚为东上阁门副使、知湟州,兼陇右沿边同都巡检使"②。《宋会要辑稿·兵九》之二载:"闰九月四日,诏以青唐为鄯州,仍为陇右节度,邈川为鄯州。其鄯州、湟州并河南北新收复城寨,并隶陇右,仍属熙河兰会路。以赡知鄯州,充陇右沿边安抚使、兼沿边都巡检使;以王厚知湟州。"③鄯州即今青海西宁,湟州即今青海乐都。

**十一月二十八日,厚遣使臣邢玠护粮至龙支城。**

《长编》卷五百一十八:十一月二十八日丙申,"是日,王厚自湟州遣使臣邢玠护粮至龙支城(即总噶尔城)"④。

**十二月五日,秦希甫奏赡、厚盗取邈川、青唐府库中金珠等物,诏令体量访实。**

《长编》卷五百一十九:十二月五日壬寅,"陕西转运判官秦希甫奏:'王赡、王厚盗取邈川、青唐府库中金珠等物,因此致变,及杀心牟钦毡等以灭口,及分遗走马将士等,走马后至,所得亦不赀。'诏令希甫及胡宗回、李譓体量访

---

① 《续资治通鉴长编》,第12263页。
② 《续资治通鉴长编》,第12268页。
③ 《宋会要辑稿》,第6906页。
④ 《续资治通鉴长编》,第12340页。

实闻奏"①。

十二月二十二日,湟州羌叛,厚遣使促王赡回湟州驰援。

《长编》卷五百一十九:十二月二十二日己未,"王厚言:'省章峡叛羌其势甚炽,已遣使促王赡回湟州。'先是,朝廷遣苗履、姚雄等领兵援青唐,有诏悉诛啸聚叛羌乃还。时廓州大酋罗日淮凌结、溪丹布哩克等自安儿城据本敦谷,援军既不敢击,从而附之者日滋。王赡遣李忠等击之不胜,势益张。后十余日,赡复令忠及高永年等出兵讨荡,羌迎战,为永年等所败,本敦残众不能军,乃与青唐崄伪主小陇拶合兵移屯干谷崄"。"庚申,胡宗回奏已遣使臣催王赡回湟州"②。

## 元符三年庚辰(1100),四十七岁。

在湟州。三月,为陇右同都巡检使。

《宋会要辑稿·职官四八》之一一二:"元符三年三月十八日,诏建湟州为都护府,以潍州团练使、熙河兰会路都监、兼本路钤辖王赡为陇右都护,知湟州、兼陇右都巡检使;东上阁门副使、知湟州、兼陇右沿边都巡检使王厚为陇右同都巡检使。都护职事如沿边安抚司例施行,仍令经略司以时检校。"③

四月弃鄯州,为太子右率府率,添差监随州酒税。

陈均《九朝编年备要》卷二十五载:元符三年四月丁酉朔,"弃鄯州;……五月窜王赡"④。《宋会要辑稿·职官六七》之三〇:元符三年"五月二日,贬前知湟州王赡为诸卫将军,房州安置;陇右同都巡检使王厚为太子右率府率,添差监随州酒税。赡、厚盗青唐库物,及妄诛首领九人,因隐其物产,上以事连将

---

① 《续资治通鉴长编》,第12347页。
② 《续资治通鉴长编》,第12351、12352页。
③ 《宋会要辑稿》,第3511页。
④ 陈均《九朝编年备要》,景印文渊阁《四库全书》,第328册第676、679页。

士,不欲穷治,姑从薄责,仍谕将士知之"①。随州今属湖北。

## 徽宗建中靖国元年辛巳(1101),四十八岁。

三月,弃湟州。再贬厚贺州别驾,郴州安置。

《九朝编年备要》卷二十六又载:建中靖国元年三月,"弃湟州。时既弃鄯州,于是大酋希巴乌迎怀德之弟锡罗萨勒入居之。言者又论:知湟州王厚首建开边之策,及盗青唐物,上不欲竟其事,姑从薄责,而知河州姚雄又奏,诸蕃怨赡等入骨,枢密院请斩赡,以谢一方。议者又多请弃湟州,朝廷问姚雄以弃守利害,雄遣部将陈迪谕意于知湟州雷秀,秀以为可弃"②。《宋史》本传云:"既而他种叛,合兵来攻,厚不能支。朝廷度二州不可守,乃以畀怀德,而贬厚右内府率③,再贬贺州别驾。"《宋会要辑稿·职官六七》之三四:三月"二十一日,诏降充右千牛卫将军、房州安置王赡除名勒停,免决刺,特配昌化军,永不放还。降充率府率、添监随州酒税王厚责授贺州别驾,郴州安置。初,赡等领兵入青唐,逸川酋长封帑藏,赍簿书、管钥,请以献诸朝,而赡等即开封府库,以给散将士为名,尽取其金、珠、犀、玉,妄杀无辜,赡又掠蕃妇六人为婢。朝廷初恐连逮者众,不欲穷治,始从薄责。至是,熙河帅司奏青唐诸族怨入骨髓,相与结集作过,日图报复,至今未息。枢密院请斩赡等以谢一方,而言者亦有弹奏,故有是责"④。《宋会要辑稿·蕃夷六》之三九亦载有枢密院所奏原委:三月"二十一日,枢密院札子:'据姚雄奏:"青唐、邈川始因王赡贪功生事,招诱羌首,收复穷远之地,费财劳神,连岁不解,至于颠危,几陷两路军马,烦朝廷遣兵救应,仅能

---

① 《宋会要辑稿》,第3902页。
② 陈均《九朝编年备要》,景印文渊阁《四库全书》,第328册第695页。
③ 《东都事略》本传云:"元符末,湟、鄯不守,厚坐贬,监随州酒税,再贬贺州别驾,郴州安置。"《宋会要辑稿·职官六七》之三〇则载:"(贬)王厚为太子右率府率,添差监随州酒税。"与《宋史》本传互有略异。
④ 《宋会要辑稿》,第3904页。

完师而还。"兼据臣僚奏:"王厚、王赡自入据青唐、邈川,其董毡、瞎征所有珍宝应付库之物,并不置收支历,仍一面给散将士衣,焚烧却青唐元管簿籍。及大首领心牟钦毡等九人既已处置,逐家财产亦不见下落。"又检会臣僚奏:"王赡、王厚初领兵入邈川、青唐,赡等实时开府库,以给散将士为名,寻打迭犀玉之类,用骆驼装载出蕃,并寺内有金佛三尊,皆带珠子、璎珞,并系赡等分张。"本路体量到:王厚令人般殊子六布袋,又打角金镜匣、金瓶等物般往熙州本家。'诏:'王赡追毁出身以来文字,除名勒停,免真决,不刺面,配昌化单牢城,永不放还;王厚责授贺州别驾,郴州安置。仍下逐处各选差使臣一员、兵级十人管押前去'"①。郴州今属湖南。

邹浩《王厚责授贺州别驾制》云:"敕具官某:朕惟祖宗以来,仁覆天下,固无此疆尔界之别,间或兴师问罪,亦以义济仁而已,非造兵而嗜杀也。尔以选拔为将,曾不是思,而乃深入青、唐,肆蹂族部,私其宝货,祸及无辜,怨结人心,动伤和气。按章来上,深骇予衷。倘不明正典刑,何以厌塞公议?黜居散秩,窜隶远邦。尚体宽恩,勿忘循省!"②

## 徽宗崇宁元年壬午(1102),四十九岁。

**在郴州。蔡卞荐其可担复湟、鄯之任,命知河州兼洮西安抚使。**

《宋会要辑稿·兵九》之四载:"崇宁元年七月,蔡京自尚书左丞入相,日以兴复熙宁、元丰、绍圣为事。于是侍御史钱遹言,乞除雪赡、厚罪名,及正当时议弃地者之罪。于是诏王厚叙皇城副使,王赡追复供备库副使,而一时议弃地韩忠彦、曾布、安焘、李清臣、蒋之奇、范纯礼、陈次升、都贶、钱景祥、秦希甫、

---

① 《宋会要辑稿》,第7838页。
② 邹浩《道乡集》卷十五,景印文渊阁《四库全书》,第1121册第295页。《宋大诏令集》卷第二百一十题作《率府率添差监随州酒税王厚责授贺州别驾郴州安置制》,更为完整。(中华书局1962年版,第793页。)

龚夬、张庭坚,并贬责有差。收复湟、鄯之谋,自此始矣。时上又问知枢密院事蔡卞曰:'鄯、湟可复否?'卞对曰:'可复。'问:'谁可将?'对曰:'王厚可为大将,高永年可统兵。'上从之,于是命厚知河州,兼洮西安抚。厚请择人以自助,诏遣内客省使童贯与偕。"①《东都》本传云:"崇宁初,复故官。"按,迁东上阁门副使在是年底,知河州兼洮西安抚使则在明年初,详下文。河州即今甘肃东乡。

**崇宁二年癸未(1103),五十岁。**

在熙州。正月二十七日,权发遣河州,兼洮西沿边安抚司公事。

宋杨仲良《皇宋通鉴长编纪事本末》(以下简称《长编纪事本末》)卷一百三十九:"崇宁二年正月丁未(二十七日),东上阁门副使、新知岢岚军王厚权发遣河州,兼洮西沿边安抚司公事。"原注:"此据王厚奏议。正月二十八日状云:'二十七日,奉敕授前件着遣。'今用之。去年十二月八日迁阁副。《王厚传》:'自鄯、湟之弃,畔羌多罗巴等迎陇拶之弟曰溪赊罗撒。国朝复廷赐陇拶姓名曰赵怀德,拜河西节度使,还邈川,溪赊罗撒之党谋掩杀之,怀德惧,奔河南。郎阿章及涧什罗等更挟以令众种落。议者谓诸羌连结,且生边患。朝廷方谋镇辑,而大臣有荐厚者,于是诏供职阁门,因问复故地。厚对状,命知河州,兼洮西安抚。厚请择人以自助,诏遣内客省使童贯与偕往。'按:七月五日,童贯方自供奉官转皇城使、果州刺史,初遣时,安得便为内客省使?本传盖因《王厚行状》致误。《王厚行状》:'议者以谓诸羌连结,且生边患。上方锐意绍述,愤奸谋蠹国,决策复诸郡,历选将帅,无以易公,大臣亦多论荐。是冬,诏公供职阁门。公言:"恢复故地,当以恩信招纳为本,俟其顽悖不服,乃加诛,不过破荡一二族,则皆定。以湟州旧治,人情浃洽,往则可得。鄯、廓须逾年再出,然后

---

① 《宋会要辑稿》,第6905页。

可定。此故地也。大河之南河源、积石之域,土广人众,隐然自成一国,亦宜以时抚有,大辟新疆。"上嘉纳之,赐对崇政殿,知河州兼洮西安抚。熙帅复异议,公请择人协力,诏遣令内客省使童贯以往,协济军谋,天威益振。公条具赏予降人冠带、金币、旗盾等,及军须要阙,上皆亲为区处,出自御府,传置相望于道。召熙帅赴阙,以公权行帅事。附塞羌闻公来,驰书迎于境,乃分遣间牒深入谕恩信,阴送款者甚众,遂檄岷州高永年及公弟端等各令招纳。'"①

二月二十九日,乞青唐边事依熙宁故事,付本路经略司及所委措置官看详。上从之,诏差知河州王厚专切招纳,走马承受童贯往来勾当。

《长编纪事本末》卷第一百三十九:"二月戊寅(二十九日),王厚言:'熙宁间,神宗皇帝以熙河边事委任先臣韶,当时中外臣僚,凡有议论熙河事者,蒙朝廷批送先臣看详可否,议论归一,无所摇夺。今朝廷措置一方边事,已究见利害本末。欲乞自今中外臣僚言涉青唐利害者,乞依熙宁故事,并付本路经略司及所委措置官看详'从之。诏:'青唐自神宗以来遣人绥纳,久有向汉之心。昨王赡等因其归顺朝廷,许之招怀,只缘帅司不务协心,致其疑阻,故一方功绪,终未克就。自那回兵马,后来彼土酋领向慕中国,其心不已。今差知河州王厚专切招纳,走马承受童贯往来勾当,仰本路经略安抚、都总管司公共协力济办。'"②《全宋文》辑为《乞自今中外臣僚言涉青唐利害者付本路经略司看详奏》。

三月二十四日,权管勾熙河兰会路经略司职事。

徐乾学《资治通鉴后编》卷九十五载:崇宁二年三月癸卯"诏:知河州王厚权管勾熙河兰会路经略司职事"③。《长编纪事本末》卷第一百三十九:"三月

---

① 杨仲良撰,李之亮校点《皇宋通鉴长编纪事本末》,黑龙江人民出版社2006年版,第2327、2328页。
② 《皇宋通鉴长编纪事本末》,第2328页。
③ 徐乾学《资治通鉴后编》,景印文渊阁《四库全书》,第343册第745页。

癸卯,诏知河州王厚权管勾熙河兰会路经略司职事。"①

**四月十六日,诏厚奏青唐事。**

《长编纪事本末》卷第一百三十九:"四月甲子,诏付王厚:'委汝以招纳青唐事,措置施设蕃中情伪如何;审量羌人诚心向化,有无端绪。已上施设方略、应酬对答语言,并仰具确实事状奏来。'已巳,童贯至熙州。"甲子为十六日。原按:"此月二十四日奏又云:先遣贯往河州。五月十五日奏:贯宣谕云云。必功状误也。王厚三年六月二十四日《申密院功状》云:'二年三月二十四日,至熙州,体问得元符弃地之后,诸羌因我城垒聚粮整备,结集兵众,以为固守之计。又湟州境内巴金、龊当、把拶宗等处形势险扼,自来羌人负以为固,有一夫当之万众莫前之说,议者因此多言湟、鄯难复,得亦难守。然厚久已详察诸羌情状,分离不一,互相窥伺,必不能并力同心,保有其地。若奉扬国威,示以恩信,必能瓦解来降,其违命者,亦不过一二族,则皆破胆矣。厚先在湟州日,镇抚境内,颇见畏怀。闻厚复来领帅,各已欣赖,间通信息,愿为中国用者甚众。于是选委通判兰州事王端、将官李忠、王亨等勾当招纳,散遣亲信人深入说谕。有禄厮结族首领巴金城主遵巴,及聂农族首领、羌贼用事者龊当、多罗巴之副结令干等大种名豪相继出降,各补授官爵,给以财物,使其党归,广布恩威,其余深在羌中,为凶党协制不能自援者,亦往往阴送降款。奸猾强悍之徒闻,各忧惧,聚众自守。厚以为事机如此,当速用兵出塞,服畔招携,指期可集。若稍犹豫,变不可知。节次具状奏闻,及申禀朝廷去讫。厚自到熙州,计度军须粮仗之属,分委诸州通判催督,运至河州安乡关及兰州京玉关下,两月皆办。是岁五月,童贯至自京师,传语劳军,将士皆奋,遂奏请师期。诏以六月十四日出熙州。'按:厚自叙如此。然童贯以四月二十一日至熙州,方此时,厚至熙州才一

---

① 《皇宋通鉴长编纪事本末》,第2329页。

月耳。既称两月，故不得不以贯五月乃至。然则厚所自叙，要不可凭，姑附注此。"①

**二十六日，厚奏诸羌互有猜忌，乘此机便，前去措置。**

《长编纪事本末》卷第一百三十九："甲戌，王厚奏：'臣体问得河南、河北诸羌，以大小陇拶争国之故，人心极不宁贴，诸族酋首互有猜忌，遂以兵革更相侵掠杀戮，其下人众缘是愈更携二。今来事机如此，正乃中国之利。臣见与童贯计议，乘此从长措置，及选委得力番部。今同使臣李德庆前去笃丁，计会缅什罗蒙送文字与大陇拶评泊事务，才候起发，别具奏闻'又贴黄：'大陇拶虽累与郎阿章雠，赛得胜终恐为青唐吞并，及慕汉家威德，决有归顺之意。其即阿章亦以数败，内怀恐惧不安。臣今与童贯，并召高永年在此商量，乘此机便，前去措置。但臣等稍似出界，即诸处强梗酋豪当尽款服，其间或有说谕不从，即行剪戮，庶几一两月便见大定。伏乞圣慈详察。'甲戌为二十六日。《全宋文》辑为《措置河南河北诸羌奏》。

**六月十四日，王厚、童贯发熙州，兵分二路，出京玉关、安乡关，上巴金岭。**

《长编纪事本末》卷第一百三十九："六月辛酉，王厚、童贯发熙州。初，厚与贯会诸将部分军事，诸将皆欲并兵直趋湟中，厚曰：'贼恃巴金把拶之险，挟大河之阻，分兵互守，以抗我师。若进战未克，青唐诸部之兵继至，夏贼必为之援，非小敌也。不若分兵为二，南道出安乡冲其前，北道出京玉捣其后。贼腹背受敌，势不能支，破之必矣。'贯犹未决，厚曰：'他日身到其地，计之熟矣。顾毋过疑。'遂以岷州将高永年为统制官，权知兰州姚师闵佐之，及管勾招纳王端等，率兰、岷州、通远军漠蕃兵马二万出京玉关。厚与贯亲领大军出安乡关，渡大河，上巴金岭。"原注："此据厚《申密院功状》修入。汪藻《青唐录》：'六月，厚、贯发总领蕃兵将官高永年、蕃兵将官李忠、熙州将卒叔詹、河州将卒叔献、

---

① 《皇宋通鉴长编纪事本末》，第2329、2330页。

兰州将卒姚师闵、刘仲武、通远军潘逢、王用及王亨、党万等，提兵分道并进。溪巴温、溪赊罗撒诱群羌旅拒我师，我师稍衄不能前。明日休士鼓行，连日大捷，遂围湟州部族漆令等二十一族。大首领钦奖等五十余人，率小首领四百余人皆来降，溪巴温、溪赊罗撒遁去，收复湟州，并通川堡、通湟寨、省章、峡口堡、安陇寨、宁洮、釶当城、宁川堡、安川堡、南宗堡城寨十余所。'"①辛酉为十四日。

**十八日，大破贼众，攻占巴金城。**

《长编纪事本末》卷第一百三十九："癸亥，王厚次河州。甲子，王厚次安乡关，童贯率统领官李忠等以前军趋巴金城，旧名安川堡，在巴金岭上。多罗巴使其三子，长曰阿令结，次曰厮铎麻令，次曰阿蒙，率众拒守。城据岗阜，四面皆天堑，深不可测，道路险狭。我师至，望见城门不关，偏将卒叔詹、安永国等争先入。贼出兵迎击，师少却，安永国堕天堑死，叔詹等驰还，几为所败。会雨，各收军而止。童贯遣其麾下来告，厚使数骑驰戒李忠曰：'日既暮矣，善自守。明日大军至，当为诸君破贼！'翌日乙丑，贼以大众背城而陈，埤间建旗鸣鼓，将决战，复有疑兵据高阜，张两翼。会厚以军至，贼望见气沮，其酋长又往来城下，部勒其众。厚乘高列大帅旗帜示之，遣人谕以恩信，开示祸福。数还，阿令结曰：'吾父今夕当至，正好相杀。'其弟亦不肯降，语益不逊。遂命诸将布阵攻城，贼力战拒险，我军不能过天堑。厚亲至阵前，督强弩射之，贼少却。别遣偏将邹胜率精骑，由间道缭出其背，贼大惊，因鼓之。诸军四面奋击，杀阿令绪、厮铎麻令于阵。其幼弟阿蒙流矢中目贯脑，遁去。多罗巴率众来援，闻败，亦遁去。日未中，大破贼众，凡斩首二百一十三，擒九十八人，降者五百余户，遂克其城。贼恃巴金之险，以一战胜负，不逾刻而败，军威大震，远近争降附。厚诛强悍首领数百人，入据其城，遣高永年引兵万余出京玉关。"②癸亥为十六

---

① 《皇宋通鉴长编纪事本末》，第2330、2331页。
② 《皇宋通鉴长编纪事本末》，第2331、2332页。

日,甲子为十七日,乙丑为十八日。

**是日,诏王厚"慎勿轻易粗率","惟在稳审,从长措置"。**

《长编纪事本末》卷第一百三十九:"乙丑,诏付王厚:'近据尔等奏,已卜此月十四日统率兵众出塞应接,未委大军登陟进途次第节目所至去处,及沿边逢迎归顺蕃族多寡、人情向慕如何?更宜遵依累降丁宁处分,上体朝廷委曲诚谕之意,慎勿轻易粗率,不顾利害,落贼奸便。惟在稳审,从长措置,多方招纳,是早得抚定一方,乃纾西顾之忧。'"①

**十九日克复宁洮,有捷奏。**

《长编纪事本末》卷第一百三十九《收复湟州》存有王厚《克复宁洮奏捷》,云:"臣今月十四日,帅领汉、蕃将兵等起离熙州,至十八日,进兵收复䁘哥堡,旧赐名安川。已于当日具状奏闻去讫。十九日,自䁘哥堡前进,至瓦吹驻军止宿。昨赐名宁洮。沿路遣委归顺酋首译语,使臣等各往本族,照管抚慰部族,悉令安心住坐,不得惊疑,及推谕朝廷抚存恩意去讫。大军自入湟州界,除䁘哥堡首领多罗巴男阿令结等三人据城与官军抗,再三遣人招抚说谕,并不听从。又缘多罗巴父子将向顺心白人户,擅行杀戮,诸羌悉皆怨仇,若不略行诛讨,恐不足震服桀黠之众。昨来废弃湟州并管下城寨,止缘多罗巴父子为扰之故。今来大军进复湟州,须至将此酋并余党尽行剪灭,即湟州境内,遂可一成安宁。臣等寻令将佐等顿兵䁘哥城下,引致阿令结兄弟三人出城,与之接战,仍遣诸将分兵攻夺其城,阿令结等乃率众向前力斗,我军寻斩获阿令结,并其弟厮铎麻令二人首级,小弟阿蒙为流矢中目贯脑,遂窜去。初闻多罗巴自本族奔至䁘哥救应,至中路逢见阿蒙,始知男阿令结等二人已被诛戮。及闻官军占据䁘哥,遂投还本族。人户见其窜败,不肯接纳。及忽都城为汉兵守御,潜伏所在,见今未知去处。臣令得力人散行根逐次。今诸羌闻汉兵既诛阿令结等,

---

① 《皇宋通鉴长编纪事本末》,第2334页。

其多罗巴处巢穴,各皆为汉兵所据,莫不欣悦,多称:'自来只被多罗巴父子侵扰,致令部族不得安心住坐,男女等又不得躬亲出汉公参告。阿耶奏知东京官家与男女做主。'臣已再三说谕,令安心归族住坐,除多罗巴窜走见根逐外,阿令结等既已诛死,众心无不悦服。大军沿路经由部族地分,遂无纤毫惊虞,汉蕃并各安贴。今取二十日进军乩当,抚定其余羌众,及令权知河州李忠带领本将人马,照管厢军、家丁修筑乩当,控扼险要。臣与童贯帅其余将卒前去收复湟州。合行措置事件,节次别具申陈次。"①

**二十二日克复通湟寨,再上奏捷。**

《长编纪事本末》卷第一百三十九存有王厚《克复通湟寨奏捷》。云:"臣契勘自奉朝旨措置招纳西蕃部族,以远近羌众相继归款,遂为青唐酋长所知,遣多罗巴等据守,并六心、溪丁等族分据要害,隔绝降羌。其多罗巴等据守臁哥堡,在巴金岭之上,峻长三十余里。六心、溪丁等据守把拶宗,在湟水之南,傍有通道,却稍平易。臣遂与童贯亲帅诸将出安乡关上巴金岭,进次臁哥。其城中拒守之人五千有余众,开门尽锐,敌官军。臣与童贯鼓率士卒,亲督诸将夺险,数路并进,遂斩多罗巴男阿令结、厮铎麻令,并射中第三男阿蒙,仍斩强悍首领数百人,然后得城。今来心白羌酋悉皆降顺,实时说谕,遣令归族,安心住坐。其把拶宗路易于措置,臣止遣高永年引兵万余人,出京玉关前进招纳,而六心、溪丁等族首领部众闻臣等大军已破臁哥堡,诛阿令结等,其势大沮,不能固守把拶宗,相率遁去。今高永年一行人马已乘势进至通湟寨,见取二十一日前进,与高永年会合,所有臁哥获捷,已具奏闻去讫。"②

**二十四日黎明,厚收复湟州。**

其经过《长编纪事本末》卷第一百三十九载之甚详:六月十九日"丙寅,王

---

① 《皇宋通鉴长编纪事本末》,第2332、2333页。
② 《皇宋通鉴长编纪事本末》,第2333页。

厚进军次瓦吹，旧名宁洮寨。高永年等进据把拶宗城。丁卯（二十日）。初，巴金之战，有射阿蒙中其目者，拔矢而遁。道遇其父多罗巴引众来援，告之曰：'兵大败，二兄皆死，我亦重伤。汉家已入巴金城矣！'父子相持恸哭，恐追骑及，皆驰而去。至乩当城，所居附顺者张心白旗甚众，复惧见擒，逾城奔青唐。乩当亦险要之地，与忽都城、青丹谷相连，间可抵鄯、廓，其东即宁川等处，异时畔羌窃据，多出断道，为湟州大患。至是，多罹巴余党犹盛，王厚虑其或掎我军后，是日，大军留宁洮，厚与童贯率李忠等将轻骑二千余人趋乩当，破不顺部族，焚其巢穴。临大河据险，得古城之北，命李忠及党万率万众筑而守之，后赐名来宾城。厚即日还宁洮。戊辰（二十一日），进下陇朱黑城。陇朱黑城旧名安陇寨，分兵据新旧不城。己巳（二十二日），进至湟州。会别将高永年等军于城东坂上。先是，永年等既出京玉关，以乙丑（六月十八日）收复通川堡，羌贼拒把拶宗之险，前锋王亨、刘仲武等谕之，不肯下。贼党有谋内应者，永年闻之，率大众赴之，力战，夺其险，杀获甚众。内应者见我师得利，皆争倒戈，贼大奔溃，遂克罗瓦抹逋城。罗瓦抹逋城旧名通湟寨。越三日（即二十一日戊辰），永年等先至湟州，陈于东坂之上。城中贼酋望见师少，有轻我心，谋以翌日出奇兵击破之。会厚大军至，贼不敢发。是日，诸将各率所部，列旗帜，鸣钟鼓，环城遣人约降。其大首领丹波秃令结尽拘城中欲降者，据城不下。厚与童贯引中军登城，南山视城中，尽见其战守之备，分遣诸将各据一面攻城。贼援力兵，自城北宗水桥上继至，势益张。日暮，诸将有言：'贼得援力生兵，我师攻战久，已罢。请暂休士卒，徐图之。'厚谓贯曰：'大军深入至此，是为死地。不急破其城，青唐王子引大众来援，据桥而守，未易以旬日胜也。形见势屈，将安归乎？诸将不以计取，顾欲自便，岂计之得邪？敢再言者斩！'于是诸将各用命。死士乘城，贼以石击垂，至堞而坠，夺复上者，不可胜数。鼓四合，昼夜不绝声，矢下如雨。城中负盾而立，旌动，贼皆掩耳号呼。庚午（二十三日），别遣骁将王用率精骑出贼，不意乱宗水上流击破援兵，绝其路，乘胜夺水寨。初，元符

间,筑城宗水之北以护桥。至是,贼据守之。有蕃将包厚缘城而上,执枪击贼,引众逾入。贼退保桥南。厚开其门,王用因以其众人据桥城而战,贼势犹未沮,遂火其桥,中夜如昼。诸将乘火光尽力攻城,贼不能支,大首领苏南抹令呱潜遣人缒城送款,请为内应,许之。是夜,王亨夺水门入,与其戏下登西城而呼曰:'得湟州矣!'诸军鼓噪而进。丹波秃令结以数十骑由西门遁去。辛未(二十四日)黎明,大军入湟州,假永年知州事,完其城而守之。攻凡三日,斩首八百六十四,生擒四十一人,临阵降者一百八十三人。前后招纳湟州境内漆令等族大首领潘罗溪兼馢七百五十人,管户十万。厚具捷书以闻"①。

上《克复湟州奏捷》。

《奏捷》云:"契勘节次被受御札处分,及枢密院札子指挥,招纳西蕃部族,仍专一措置边防事务。臣谨遵依圣训,统帅将兵前去新边,应接降羌,经画故地也。已于六月十七日,亲率大军,分两道渡黄河,出安乡、京玉二关,所过城寨部族,逐一宣扬朝廷恩信,人人抚接,务尽欢心。先有大首领余装迎降,臣等乘机径至邈川城下,会合高永年北路人马,有青唐遣到大首领丹波秃令结等劫众据城抗守。臣与诸将攻拔其城。至二十四日丑时,臣与童贯及诸将官属收复湟州,寻分兵屯守要害堡寨,仍召已降酋长厚加犒劳,各遣归族,抚辑蕃部,安心住坐,并无惊扰。所有新边一行事务,见行区处,略已贴定。其收复湟州境内地里、户口,谨具画一数目如后,须至奏闻者。一、收复湟州,并管下城寨、周围边面地里共约一千五百余里,东至黄河、兰州、京玉关;西至省章峡、宗哥界次;西至廓州黄河界;南至河州界;北至夏国盖朱界。一、收复湟州并管下城寨一十所:通川堡、通湟寨、省章寨、峡口堡、安陇寨、宁洮寨、鱿当城、宁川堡、安川堡、南宗堡。一、招纳到湟州管下部族并户口大首领漆令等二十一族,户口约十万余计。大首领余奘等五十余人,小首领巴班等四百余人。臣检会自

---

① 《皇宋通鉴长编纪事本末》,第2334—2336页。

奉朝旨措置招纳已来,至今才及数月,一方边事,已见成效,此皆圣算幽微,动达机变,致边臣遵依从事,举无遗策,仍以温厚恩信普加安恤,是以羌胡异俗,悉皆向化,莫不举种内附,愿为汉民。今湟州一境土壤膏腴,实宜菽麦。控临西夏,制其死命。前世所欲必复之地,今乃一举得之,此缘朝廷威灵,诞施无外,是使臣等得措微力,共济大功。所有新降首领,已依元降等第支给例物,补授官爵。其下户口、人众,亦差委使臣、蕃官遍加抚存,务令安静。所有逐处城寨,见行相度紧慢,团结兵夫,节次修完去讫。谨具捷奏以闻。"贴黄:"今来再行收复湟州并管下城寨,诸羌降附,兵不血刃,自古无有。圣德所及,千古盛事。伏乞宣付三省、枢密院施行。"①

《宋会要辑稿·兵九》之五:崇宁"二年二月,以王厚权管勾当熙河兰会路经略司,童贯为熙河兰会路勾当公事。六月,厚、贯发,总领蕃兵将官高永年②、蕃兵将官李忠、熙州将辛叔詹、河州将辛叔献、兰州将姚师闵、刘仲武、通远军潘逢、王用及王亨、党万等提兵分道并进,连日大捷,遂围湟州。溪巴温溪赊罗撒遁去,收复湟州。以一公城为循化城,达南城为大通城,乱当城为来宾城,当摽城为安强寨"③。

陈均《九朝编年备要》卷二十六亦载:六月,"复湟州。先是王厚、童贯合诸道兵十余万,乞进兵,上止之。既而厚奏可保万全,遂听焉。会禁中火,上以手札止贯,贯视之,遽纳靴中,厚访其故,贯曰:'上趣成功尔。'遂遣统制官高永年与蕃将新知熙州李忠、权兰州姚师闵及熙河诸将辛叙献等九人,提兵分道并进,希巴乌锡罗萨勒诱群寇拒我师,我师稍衄,厚等休士鼓行而前,连日大捷,希巴乌等遁去,而奇凌等二十一族及兰藏等皆来降。既而大军毕至,王厚率诸将尽锐攻城三日,拔之并复管下城寨一十所。寻论功行赏,蔡京等并进官,曲

---

① 《皇宋通鉴长编纪事本末》,第2336、2337页。
② 原文"平"当为"年"之误。
③ 《宋会要辑稿》,第6908页。

赦熙河兰会路"①。

**二十七日，上《措置防守与夏国青唐接境边面奏》。**

奏云："今月二十六日，准御前札子称：'知尔近已统率兵将，出寨安乡、京玉，与夏国青唐等接境。虑师出之后，主帅远离内地，贼人窥伺间隙，忽来侵犯两关，乘势奔冲，越河作过。可疾速差那得力将副军兵在彼守把，仍严行诫敕，须管寅夜、明远斥候，多作堤备，勿使少落贼奸便，以挫国威'者。臣契勘自大军离熙州日，首遣将官沈言带领人马，屯守京玉关，照应夏国窥伺边面，及差将官刘成、陈迪引兵赴安乡关驻扎，照应西蕃河南强梗部族，仍令成等常切轮往南川寨巡绰边面，觉察奸寇。今来臣等既已收复湟州及管下城寨，蕃部各已安贴。详今两关边面，皆在湟州之里，篱落完固。臣虽居外，必保无虞。兼臣亦自丁宁沈言等详审探伺，过为堤备去讫。伏望圣慈，时宽过虑。"②

**七月初二日，百官入贺，朝廷褒奖王厚。**

《长编纪事本末》卷第一百三十九："七月己卯，以收复湟州，百官入贺。""诏付王厚：'览卿累奏克捷次第，及收复湟州事具悉。分道进兵，应期会合，叛讨舍服，威怀并施，平定邈川，势同破竹，固吾疆圉，控制兴、凉。继览捷书，不忘嘉叹。盖由汝志怀节义，识达几微，乘衅徂征，举无遗策，掎角夏寇，冠带氐羌。师不逾旬，武功克着。强梗者既已授首，柔服者尤在抚绥。切务怀来，式昭仁信。除已差李石计置前去，赐汝等衣带、茶药及将士犒设支赐外，特颁奖谕，宜体眷怀。'"③《资治通鉴后编》卷九十五："七月己卯，以收复湟州，百官入贺。"④已卯为初二日。

**初五日，以厚为威州团练使、知熙州。**

---

① 陈均《九朝编年备要》，景印文渊阁《四库全书》，第328册第721页。
② 《皇宋通鉴长编纪事本末》，第2337页。参见《全宋文》第133册，第32页。
③ 《皇宋通鉴长编纪事本末》，第2339页。
④ 徐乾学《资治通鉴后编》，景印文渊阁《四库全书》，第343册第749页。

《长编纪事本末》卷第一百三十九：初五日"壬午，东上阁门副使、知河州、权熙河兰会路经略司王厚为威州团练使、知熙州，入内东头供奉官、熙河兰会路勾当公事童贯转入内皇城使、果州刺史，依前熙河兰会路勾当公事"。《资治通鉴后编》卷九十五：壬午"诏：以王厚为威州团练使、知熙州，童贯转入内皇城使、果州刺史，依前熙河兰会路勾当公事。赏复湟州功也"。

**初七日，朝廷降德音于熙河兰会路，减囚罪一等。**

《长编纪事本末》卷第一百三十九："甲申，降德音于熙河兰会路，减囚罪一等，流以原之。勘会：'赵怀德彼土旧主，昨来姑示矜容，遣还湟州，以顺众心。而乃阻命至今，不令在湟州住坐。今来未知所在，仰经略安抚司根问去处，即令归汉。敢有邀拦阻滞或辄行杀害者，即移兵前去，讨荡其造谋杀害之人，全家诛斩。除多罗巴累肆狂悖，降指挥召人捕杀，不在今来德音原免之限，仰多方招募人捕杀外，访闻郎阿章是彼土首领，负罪逃亡，未敢归顺。德音到日，亦子细说谕，特与免罪，许令自新。间已降指挥，如出汉郎阿章，特除防御司。'"甲申为初七日。

**二十四日，诏王厚候措置青唐了毕，方得班师，前去熙州。**

《长编纪事本末》卷第一百三十九："辛丑，诏付王厚：'勘会湟州虽已修筑省章等处，把据要害，然青唐一带尚未措置，于抚定一方，绩用未究。所当悉意处画。今据所奏，以兵力劳弊，未可前去廓州，欲候南宗毕工，遂班师过河，略定当摽、一公，抚宁河南部族，俟来春进复廓州，一举可定，即青唐不能自立。详所奏陈，未为至计。缘事贵乘时，今湟州初定，方当措置青唐，以弭后患。虽未可进兵廓州，亦当先务广行招纳，可候南宗兴筑才毕，尔且留湟州处置诸事，仍抽秦凤兵马，令附带粮草，与旧兵更番戍守，务令声势相续，以慑敌人之气。多方遣人招谕廓州等处部族，及郎阿章已有归汉之谋，更切随宜应接。既湟州腹心之地有帅臣在彼，又兵力声势相续，人人惧祸，自当归投者多。如此，则强梗虽未顺服，若有机会可乘，便可及时抚定。候措置青唐了毕，方得班师，前去

熙州。更在精加思虑，依此施行，仍节次具状闻奏。'"①辛丑为二十四日。

**八月初一，朝廷降黜先前主张废弃湟州者。**

《长编纪事本末》卷第一百三十九："八月丁未朔，诏：'湟州近已收复，其元行废弃及迎合议论、沮坏先烈之人，理当更加降黜。除许将已放罪、曾布已责廉州司户参军衡州安置外，龚夬移送化州，张庭坚送象州，并编管。责授崇信军节度副使韩忠彦责授磁州团练副使，依旧济州安置；责授定国军节度副使、汉阳军安置安焘责授祁州团练副使，依旧汉阳安置；右正议大夫、知杭州蒋之奇降授中大夫，依旧知杭州；降授朝请大夫、少府少监、分司南京、徐州居住范纯礼责授静江军节度副使、徐州安置，除名勒停人陈次升移送循州居住；降授承议郎、权发遣坊州都贶降授宣义郎、添差监抚州盐矾酒税务，任满更不差人；钱景祥、秦希甫并勒停；李清臣身死，其男祉当时用事，移送英州编管；降授复州防御使姚雄恃勒停、光州居住。'"②

**二十一日，诏王厚乘机抚定廓州。**

《长编纪事本末》卷第一百三十九："丁卯诏：'王厚绥远关已毕工，须常留三千兵马，选委两将在彼戍守。如河南一带部族，可乘机抚定，即差李忠就便措置，兼措置廓州。除勾收秦凤兵马一万外，如使唤不足，火急具奏。又诏童贯招诱说谕小陇拶及廓州洛施、军令结等，早令出降。仍差王端就绥远关广设方略，说谕招诱。王厚候抚定廓州一带事毕，依累降指挥，取便路归湟州驻扎，一面应副措置招纳等事。所有熙河合应办事件，即委官前去。童贯候随军回至湟州讫，权暂赴阙。'"③丁卯为二十一日。

**二十三日，奉诏措置河南生羌，二十五日平一公城。**

《长编纪事本末》卷第一百三十九：二十三日"己巳，湟州既平，王厚奉诏

---

① 《皇宋通鉴长编纪事本末》，第2340页。
② 《皇宋通鉴长编纪事本末》，第2341页。
③ 《皇宋通鉴长编纪事本末》，第2342页。

措置河南生羌。其地在大河之南，连接河、岷，部族顽梗。厚以为若不先事抚存，据其要害，大军欲向鄯、廓，必相影助，或于熙、河州界出没，为牵制之势，扰我心腹，其害甚大，乃留王端、王亨在湟州，与高永年等就近招纳宗哥、青唐一带部族，存抚新属羌人。大军由来宾城，以甲子（八月十八日）济大河，南出来羌，过山后，先遣裨将党万、陈迪为前锋，道密章谷，指当摽城。是日己巳，进薄城下。有生羌发伏邀截，万等与战，斩首百余级，追北十数里，遂拔其城（后为安强寨），大首领军角四等率其部族出降"。"厚将大军，自五牟谷进至西蕃界首，地名分水岭，统领官冯瑾、姚师闵受郎家等族大首领角四结、角四瞎、令结并鬼驴等放大首领厮鸡彪、龙哥令等降，押赴前军。""辛未（二十五日），王厚别遣洮东安抚冯瑾统兰、岷州、通远军将兵取一公城，至城之西二十里，贼众据扼要路。瑾与战，破之。一公城平，瑾还会大军。壬申（二十六日），河北首领洛施、军令结、阿撒四等领廓州邈龙、拘掠等族五千余众，自青丹谷出，攻来宾城。城中先纳诈降蕃部十余人为之内应。知城杨洙、监押董仙、巡检赫连青弁等战败，遂弃城走。安川堡巡检纪育死之。王厚自当摽、一公城引兵至达南宗城下，西蕃王子之父欺巴温、妻掌牟杓拶、遵厮鸡率其大小首领等出降，达南宗平，赐名通津堡。癸酉（二十七日），王厚自达南宗引军赴米川城（即大通城），遇蕃贼三千余骑，与战，破之，贼焚桥遁去。甲戌（二十八日），厚修桥欲济，贼酋心牟掩提等复来扼据津渡，厚及童贯几为流矢所伤。遣人招谕心牟掩提等，皆不从。乙亥（二十九日），来宾城陷。王厚遣秦凤路将官吕整及东路第三将副党万、陈迪统兵八千往救，弗及，军令结等入城，掠取财物，仍各散去。"①

**九月初一日，诏报立功将士。**

《长编纪事本末》卷第一百三十九："九月丁丑（朔），诏付王厚：'省童贯奏，八月二十三日，据前锋将党万等申占据当摽城，及与蕃贼战斗，斩获首级，

---

① 《皇宋通鉴长编纪事本末》，第2342、2343页。

大挫贼气,其余羌众惊溃遁去,并降附郎家族大首领等事具悉。委尔经画逸川,既能成效,已完堡障,屏敌新民,又复因势抚定当摽。再览捷书,益增嘉赏。更宜拊循士卒,量度事机,举动审详,以终伟绩。应立功将士等,可速具功状奏来。'"①

是日,从王厚之奏,以鄯州为陇西节度,仍置都护;湟州为副都护。置河南安抚司。

《宋会要辑稿·方域六》之三:"崇宁二年九月一日,熙河兰会经略王厚奏:'将来建置城寨,乞以鄯州为陇西节度,仍置都护;湟州为副都护。溪哥城乃古积石军,今当为州,乞置河南安抚司。廓州去鄯百里而近,止为城,置知城,其辟差官吏、分屯人马等悉条上。'并从之。"②

**二十日,胜宗谷大捷,复来宾城。**

《长编纪事本末》卷第一百三十九:二十日"丙申,王厚既定河南羌族,大军将还,会闻鸡赊罗撒之众据胜宗隘,以逼胁湟州新羌,来宾城被围,守者奔溃,乃复由巴金进讨。诏秦凤遣兵一万济师。是日,大军至胜宗,大破贼众,焚其族帐、储峙不可胜计,复完来宾城,斩弃城者"。

**二十二日,奏胜宗谷大捷。**

《长编纪事本末》卷第一百三十九:"戊戌,王厚又奏:'蕃贼见于胜宗、宗哥一带啸聚。除已分擘人马于乩当、当摽等处控扼外,臣亲统大军进次湟州,寻差高永年帅熙、秦两路兵随臣前进,诛抚胜宗、宗哥一带贼众。就军前措置合行事务,仍差选第九将刘仲为权领湟州职事,在彼固实根本去讫。'又奏:'臣亲统大军,二十二日至胜宗谷,分遣将兵讨杀贼众,焚荡二千余帐,斩获甚多,未见的实数目。胜宗一带贼众悉皆溃散走。翌日,遂进军丁令谷相度事机。

---

① 《皇宋通鉴长编纪事本末》,第2343、2344页。
② 《宋会要辑稿》,第7407页。

续具奏闻。'"①戊戌为二十二日。《全宋文》分别辑为《诛抚胜宗宗哥一带蕃众事奏》《言胜宗谷大捷奏》。

**二十三日,灭余贼;二十四日,奉诏班师。**

《长编纪事本末》卷第一百三十九:二十三日"己亥,大军离胜宗,王厚以为贼虽败散,山中有遁匿者,必来追蹑我军,乃别遣兵设伏于后。大军既发,贼果来袭。伏发,斩首二百五十一,生擒六人,贼遂大溃。庚子,次绥远,奉诏班师。十有四日至熙州"。

**十月八日,还至熙州。**

《长编纪事本末》卷第一百三十九:"十月甲寅,王厚还至熙州,遣童贯领护大首领掌牟朾拶、遵厮鸡及酋长温龙彪赴阙。"②《资治通鉴后编》卷九十五:九月辛丑,"王厚奉诏班师。冬十月甲寅,还至熙州,遣童贯领护大首领掌年朾拶遵厮鸡及酋长温龙彪赴阙"。甲寅为初八日。

**十二月二十八日,诏别建熙河兰会路措置边事司,命王厚措置边事。**

《长编纪事本末》卷第一百三十九:"十二月癸酉,诏别建熙河兰会路措置边事司,命皇城使、威州团练使、权发遣熙河兰会路经略司事王厚措置边事,入内皇城使、果州刺史童贯罢熙河兰会路勾当事,差熙河兰会路同措置边事,仍兼领秦凤。得以节制兵将,应副兴废。"③癸酉为二十八日。

## 崇宁三年甲申(1104),五十一岁。

在熙州。正月二十二日,厚奏言弟王端④措置湟州事。

《长编纪事本末》卷第一百四十:"崇宁三年正月丁酉,王厚奏:'臣近得弟

---

① 《皇宋通鉴长编纪事本末》,第2344页。
② 《皇宋通鉴长编纪事本末》,第2345页。
③ 《皇宋通鉴长编纪事本末》,第2346页。
④ 按,王厚六弟,徽宗时为显谟阁待制(《东都事略》卷八十二)。

端书,近往湟州措置招纳,称宗哥城首领结毡将文字遣亲弟结菊来归顺,候大军到,开城门迎降,及乞心白旗。又廓州蕃僧欲候大军到献酒,青丹谷首领阿丹三人,亦称候大军到迎降。青丹谷部族恃险,最为强梗,今皆通诚款,情意如此,鄯、廓当可坐致矣。青唐自来倚恃宗哥,以为篱落,又恃廓州为肘腋之援,今皆有向汉归顺之意,即青唐何赖焉?观今事机,蕃中人情,又如去年夏间未收湟州时。大功必成,惟是洛施军令。结阿撒四诸首领窃弄权柄,自作威福,已失国中人情,其部族甚有归汉之望。切须措置守御屯戍人兵、粮食之类足备,临时不致劳力。臣已丁宁臣弟端等更切多方抚谕,速就事功去讫。'"①丁酉为二十二日。《全宋文》辑为《言王端措置湟州事奏》。

**三月二十九日,王厚、童贯帅大军发熙州,出筛金平。**

《长编纪事本末》卷第一百四十:"三月壬辰,童贯自京师还,至熙州,凡所措置,与王厚皆不异,于是始议大举。壬寅,王厚、童贯帅大军发熙州,出筛金平。陇右都护高永年为统制,诸路蕃、汉兵将随行;知兰州张诫为同统制。厚恐夏人援助青唐不测,于兰、湟州界侵扰,及河南蕃贼,亦乘虚窃发,骚动新边,牵制军势,乃遣知通远军潘逢权领湟州,知会州姚师闵权领兰州,照管夏国边面;别遣河州刘仲武统制兵将驻安强寨,因而兴筑甘朴堡,通南川、安强、大通往来道路。于是本路家计完密,无后顾之忧,大军得以专力西向。"②壬辰为十九日,壬寅为二十九日。

**四月初七日,决定兵分三路,占据绥远关、渴驴岭等。**

《长编纪事本末》卷第一百四十:"四月庚戌,王厚、童贯率大军次湟州。诸将狃于累胜,多言青唐易与,宜径往取之。厚曰:'不然,青唐诸军用兵诡诈,若不出奇兵分道而进,不足以振大声势,折贼奸谋。且湟州之北有胜铎谷,西

---

① 《皇宋通鉴长编纪事本末》,第2348页。
② 《皇宋通鉴长编纪事本末》,第2349页。

南有胜宗隘、汪田、丁零宗谷,而中道出绥远关,断我粮道,然后诸部合势夹攻渴驴岭、宗哥川之间,胜负未可知也。'于是定议,分出三路,厚与贯率中军,由绥远关、渴驴岭指宗哥城;都护高永年以前军由胜铎谷沿宗河之北;别将张诚同招纳官王端以其所部由汪田、丁零宗谷沿宗河之南,期九日会于宗哥城下。是日,贯犹以诸将多言青唐易与为然,先趋绥远,用冯瓘统选锋登渴驴岭。候骑言:'青唐兵屯岭下者甚众。'贯止绥远。翌日(初八辛亥),厚以后军至,始下渴驴岭,溪赊罗撒遣般次迎于路,窃觇虚实,劳而遣之,诚曰:'归语而主,欲降宜亟决。大军至,锋刃一交,将无所逃矣!'般决还报,以为我军不甚众,初不知分而进。溪赊罗撒喜曰:'王师若止如此,吾何虑哉?'以其众据朴江古城。俄闻三路兵集,遽退二十里宗哥城之东,地名葛陂。有大涧数重,可恃而战,贼遂据之。是夕,中军宿于河之南鹞子隘之左,永年军于丁零宗谷口。"①庚戌为初七日。

**上奏战况。**

《克复绥远关渴驴岭奏捷》云:"臣等依奉御前处分,统率大军起离熙州前进,克复鄯、廓等处,自河州度大河,越巴金、邈川,今月七日,至湟州城西下寨,一行人马平安。所有同措置边事童贯统领前锋兵将冯瓘等先次前进,于当日至绥远关下寨。寻准童贯公文,据洮东安抚冯瓘申,今月初七日巳时,统领选锋人马,已占据渴驴岭。臣勘会诸路兵将,并到湟州会合。臣见统率继续前去,措置宗哥一带事务,逐旋具状奏闻次。"贴黄:"及丞童贯关报称,渴驴已占据了当,别无贼马。已指挥冯瓘审择地利下寨,明远斥候,过作堤备。"又贴黄:"契勘今来诸路兵将会合湟州,势不可久留。不惟坐费粮食,兼节次探到事机,不可少失机会。已分遣高永年统制一头项取湟州北、临宗之东胜铎谷,张诚统领一头项由丁零宗谷,臣与童贯统率冯瓘等,自渴驴岭前去,至宗哥会合,才候

---

① 《皇宋通鉴长编纪事本末》,第 2349、2350 页。

到宗哥相度事势,前进青唐次。"①

**初九日,破宗哥城;十一日,复安儿城。**

《长编纪事本末》卷第一百四十:初九日"壬子,王厚、童贯遣选锋五将前行,中军渡河而北。继高永年之后,张诚夹河而行。日未出,至贼屯所,贼众五六万人据地利列阵,张疑兵于北山下,其势甚锐,而厚命冯瓘统选五将,与贼对阵,王亨统策选锋继其后。永年驰前视贼,未知所出。厚谓童贯曰:'贼以逸待劳,其势方炽。日渐高,士马饥,不可少缓,宜以中军越前军,傍北山整阵而行,促选锋入战,破贼必矣!'既行,谍者言:'溪赊罗撒与其用事酋长多罗巴等谓众曰:"彼张盖者,二太尉也,为我必取之!"'贯欲召永年问贼势,厚曰:'不可,恐失支梧。'贯不听。永年至,揽辔久之,无一语。厚与永年曰:'两军相当,胜负在顷刻间。君为前军将,久此何耶?'永年皇恐驰去。时贼军与我选锋相持未动,溪赊罗撒以精兵数十骑自卫,登其军北高阜之上,张黄盖,列大旆,指挥贼众。其北山下疑兵望见厚与贯引中军傍山,欲来奔冲,厚遣游骑千余登山,潜攻其背。贼觉而遁,游骑追击之,短兵接。中军伐鼓大噪,永年遽执选锋突阵,贼少却。张诚以轻骑涉河,捣其中坚,取溪赊罗撒之旆及其黄屋,乘高而呼曰:'获贼酋矣!'诸军鼓声震地。暴风从东南来,尘大起,贼军不得视,我军士乘势奋击,自辰至午,贼军大败,追北三十余里。溪赊罗撒单骑趋宗哥城,城闭不纳,遂奔青唐。诸将争逐之,几及,会暮而还。是日,斩首四千三百一十六,降俘三千余人。大首领多罗巴等皆被伤逃去,不知所在。宗哥城中伪公主、前安化郡夫人瞎叱牟蔺毡兼率酋首以城归顺。宗哥城旧名龙支城,留兵将守之。是夕,合军于河之南。翌日(癸丑初十日),胜宗首领钦厮鸡率众来降。甲寅,王厚、童贯入安儿城"②。甲寅为十一日。

---

① 《皇宋通鉴长编纪事本末》,第 2350 页。
② 《皇宋通鉴长编纪事本末》,第 2350、2351 页。

**十二日，引大军平鄯州，奉诏建为西宁州。**

《长编纪事本末》卷第一百四十：十二日"乙卯，王厚、童贯引大军至鄯州，军于城东五里。伪龟兹国公主、前封齐安郡夫人青宜结牟及其酋豪李河温率回纥、于阗般次诸族大小首领开门出降，鄯州平"。原注："其后奉诏建为西宁州、陇右节度，置安抚使、都护，以高永年知军州事兼领之；湟州置同安抚、同都护，以知军州事王亨领之。"西宁今属青海。

**十六日，帅大军复廓州。**

《长编纪事本末》卷第一百四十：十五日"戊午，湟城驰报王厚等云：'夏兵万众阵于临宗奶酪河之东，为青唐援。会闻溪赊罗撒败于宗哥，贼气沮伤。厚即遣张诚率师赴之，贼望风而退。'己未，王厚等帅大军，自鄯州趋保敦谷，过骊厮温厮岭南入廓州界，本州岛大首领洛施军令结率其众降。宗哥之战，洛施军令为我军砍伤其首，至是拜于马前，曰：'愿贷余生，尽力报东京官家'"①。己未为十六日。

**十八日，入廓州，驰表称贺。**

《长编纪事本末》卷第一百四十：十七日"庚申，次结啰城。辛酉，王厚入廓州，驰表称贺，命厚别将陈迪守之。大军驻于城之西，青丹大首领阿撒四率众诣军前降。河南部族日有至者，厚谕以朝廷抚存恩意：宗哥战败，所诛祸福之恩，诚其不得妄作，自取屠戮，重为种族之累。皆唯诺听命"。辛酉为十八日。

**二十二日，以厚为武胜军节度观察留后、熙河兰会经略安抚使兼知熙州。**

《长编纪事本末》卷第一百四十：二十二日"乙丑，成州团练使、知熙州兼权发遣熙河兰会路经略安抚司事、措置边事王厚为武胜军留后、熙河兰会经略安抚使兼知熙州，昭宣使、成州团练使、勾当内东门司、熙河兰会路同措置边事

---

① 《皇宋通鉴长编纪事本末》，第2353页。

童贯为景福殿使、襄州观察使,依旧勾当内东门司。诏以厚、贯提兵出塞,曾未数月,青唐一国境土尽复,故有是赏"①。《宋会要辑稿·蕃夷六》之四一载:崇宁"三年四月二十二日诏:威州团练使、熙河兰会经略安抚王厚为武胜军节度观察留后。以其尽复青唐故地也"②。

**二十四日,群臣称贺,厚引军得胜铎谷。**

《宋会要辑稿·兵一四》之二〇:"徽宗崇宁三年四月二十四日,熙河兰会路经略安抚使王厚言:'臣等统率大兵自鄯州趋山南,至结啰城,主管郭州界蕃族大首领洛施军令结迎降。'是日,百官以收复鄯、廓称贺。"③《长编纪事本末》卷第一百四十:二十四日"丁卯,群臣以尽复青唐故地称贺。是日,王厚引军过龙支城,次省章峡口之西,相地利控扼之要,得胜铎谷,乃夏兵来路,遂于谷左建城五百步,置兵守之"。

**二十七日,过湟州,沿兰州归于熙州。**

《长编纪事本末》卷第一百四十:二十七日"庚午,王厚过湟州,沿兰州、大河并夏国东南境上耀兵巡边,归于熙州。厚所克复三州及河南地,上自兰州、京玉关沿宗河而上,取湟州、临宗寨、乳酪河之西,入鄯州界管下宣威城、青海、洗纳、木令波族,东南过溪哥城,至河州循化城,入洮州,复自洮州取庞公原,循山后出怀羌、来羌城,沿黄河过来宾城,上巴金岭,篾南谷抵京玉关。开拓疆境幅员三千余里,其四至:正北及东南至夏国界,西过青海至龟兹国界,西至卢甘国界,东南至熙、河、兰、岷州,接连阶、成州界。计招降到首领二千七百余人,户口七十余万,前后六战,斩获一万余人"④。

**五月十二日,改鄯州为西宁州。十三日,王厚上奏,乞于鄯、廓等州创置弓**

---

① 《皇宋通鉴长编纪事本末》,第2354页。
② 《宋会要辑稿》,第7839页。
③ 《宋会要辑稿》,第7002页。
④ 《皇宋通鉴长编纪事本末》,第2355页。

**箭手。**

《长编纪事本末》卷第一百四十："五月丁丑，诏以收复鄯、廓州，遣亲王奏告太庙，侍从官分告社稷、诸陵。甲申，改鄯州为西宁州，仍为陇右节度。乙酉，王厚奏：'臣契勘大军今来收复鄯、廓等州，拓疆幅万余里。其鄯州管下，自省章西峡口大川，经由宗哥，出安儿、青唐两峡，至本州岛，复自州之西直抵林金，北取猫牛、宗谷，南取溪兰宗；廓州管下，东西川及结啰城、未川等处，左右除是心白人户田土依旧为主，秋毫不得侵占外，因与官军抗敌，杀逐心黑之人所营田土，并元系西蕃王子董毡、瞎征、温溪心等田土，顷亩不少。已指挥逐州尽行拘收入官，摽拨创置弓箭手，应副边备，可省戍兵经久岁费，为利甚博。又得弓箭手与新附诸羌杂居，伺察羌人情不敢作过，实安边万世之利。除已于四月二十六日具提举弓箭手孙适所乞招置弓箭手文状奏闻，乞赐详酌施行外，已令逐州如有情愿投刺之人，一面招置，听候朝廷指挥，仍将已种到青苗就便摽充为种粮去讫。所有上件田土，可招置弓箭手，不可置营田，须招置厢军耕种，不免散居诸处，侵扰新附部族，不可安心住坐，偷夺羊马之类，必致引惹，别生它患，非经久之计，委实不便。窃虑臣僚不见得利害别有申陈，乞置营田，重为一方之患。须至预行申明，候降到许令招弓箭手指挥，别具合行措置事奏闻次。'诏许令本路近里弓箭手，依湟州例投换。"①甲申为十二日，乙酉为十三日。《全宋文》辑为《乞于鄯廓等州创置弓箭手奏》。

《宋会要辑稿·兵九》之五亦有略载云：崇宁"三年三月二十九日，厚、贯统大军出熙州筛金平。四月九日，高永年三道进师鼓，行至鹞子隘，大捷，斩首四千余级，追奔三十余里。是日，入宗哥城。十一日②复安儿城。青唐首领伪公主寿宜结牟乞降。十二日，王师入青唐城。十三日，复林金城兰宗堡。十八日复结罗

---

① 《皇宋通鉴长编纪事本末》，第2355、2356页。
② 原文"月"字当为"日"之误。

城。十九日复廓州。五月,曲赦熙河、秦凤、永兴军路,以鄯州为西宁州"①。

　　王厚收复廓州、鄯州经过,《资治通鉴后编》卷九五亦有详载:三年三月壬寅,"童贯自京师还至熙州。凡所措置,与王厚皆不异。于是始议大举。是日,厚、贯帅大军发熙州出筛金平。陇右都护高永年为统制,诸路蕃汉兵将随行,知兰州张诚为同统制。厚恐夏人援助青唐于兰、湟州界侵扰,及河南蕃贼亦乘虚窃发骚动新边牵制军势,乃遣知通远军潘逢权领湟州,知会州姚师闵权领兰州,控御夏国边面,别遣知河州刘仲武统制兵将驻安强寨,通往来道路。由是措置完密,无后顾之忧,大军得以专力西向"。四月"庚戌,王厚、童贯率大军次湟州,诸将狃于累胜,多言青唐易与宜径往取之。厚曰:'不然,青唐诸羌用兵诡诈,若不出号,兵分道而进,不足以张大声势折贼奸谋,且湟州之北有胜铎谷,西南有胜宗隘、汪田丁、零宗谷,而中道出绥远关,断我粮道,然后诸部合势夹攻渴驴岭、宗哥川之间,胜负未可知也。'于是定议分出三路,厚与贯率三军,由绥远关、渴驴岭指宗哥城;都护高永年,以前军由胜铎谷沿宗河之北;别将张诚同招纳官王端,以其所部由汪田丁、零宗谷沿宗河之南,期九日会于宗哥城下。是日,贯犹以诸将之言为然,先趋绥远,用冯瑾统选锋登渴驴岭,候骑言青唐兵屯岭下者甚众,贯止绥远。翌日,厚以后军至,始下渴驴岭,溪钖罗萨勒遣班禅迎于路,窃觇虚实,劳而遣之。诚曰归语,而主欲降,宜亟决。大军至,锋刃一交,将无所逃矣。班禅还,报以为我军不甚众。初不知分而进也。溪钖罗萨勒喜曰:"王师若止如此,吾何虑哉。"以其众据朴江古城。俄闻三路兵集,遽退二十里,宗哥城之东地名葛陂汤,有大涧数重,可恃而战,贼遂据之。是夕,中军宿于河之南鹞子隘之左,永年军于丁零宗谷口。壬子,厚、贯遣选锋五将前行,中军渡河而北,继永年之后。张诚夹河而行,日未出,至贼屯所,贼众五六万人,据地利列阵,张疑兵于北山下,其势甚锐。厚命冯瑾统选锋五将,与贼

---

① 《宋会要辑稿》,第6908页。

对阵,王亨统策选锋继其后,永年驰前视贼,未知所出,厚谓贯曰:'贼以逸待劳,其势方炽。日渐高,士马饥不可少缓,宜以中军越前军,傍北山整阵而行,促选锋入战,破贼必矣'。既行,谍者言:'溪锡罗萨勒与其用事。'酋长都尔伯等谓众曰:'彼张盖者,二太尉也,为我必取之。'贯欲召永年问贼势,厚曰:'不可,恐失支梧。'贯不听。及永年至揽辔,久之无一语。厚谓永年曰:'两军相当,胜负在顷刻间,君为前军将久,此何耶?'永年惶恐驰去。时贼军与我选锋相持未动,溪锡罗萨勒以精兵数千骑自卫,登其军北高阜之上,张黄屋列大旆,指挥贼众,其北山下疑兵望见厚与贯,引中军傍山欲来奔冲,厚遣游骑千余,登山潜攻其背,贼觉而遁。游骑追击之,短兵接,中军伐鼓大噪,永年遽挥选锋突阵,贼少却,张诚以轻骑涉河,捣其中坚,取溪锡罗萨勒之旆及其黄屋,乘高而呼曰:'获贼酋矣!'诸军鼓声震地,会暴风从东南来,尘大起,贼军不得视,我军士乘势奋击,自辰至午,贼军大败,追北三十余里。溪锡罗萨勒单骑趋宗哥城,城闭不纳,遂奔青唐,诸将争逐之,几及会暮而还。是日,斩首四千三百一十六,降俘三千余人,大首领都尔伯等被伤逃去,不知所在。宗哥城中,伪公主瞎且默凌珍戬率酋首以城归顺。宗哥城旧名龙支城,留兵将守之。是夕,合军于河之南。翌日,胜宗首领沁斯结率众来降。甲寅,厚、贯入安儿城。乙卯,引大军至鄯州,伪龟兹公主青伊特结默及其酋豪李河温率回纥、于阗班禅诸族大小首领等开门出降,鄯州平。初溪锡罗萨勒败于宗格,夜至青唐,谋为守计,部族莫肯从之者。翌日,挈其长妻逃,入溪兰宗山中,厚遣冯瓘统轻锐万骑,由州南青唐谷入。贼复觉之,遁于青海之上,追捕不获。丙辰,下林金城,西去青海约二百里,置兵将守之。己未,王厚等帅大军入廓州界,大首领罗实结令结率其众降。辛酉,厚入廓州,驰表称贺。大军驻于城西,河南部族日有至者,厚谕以朝廷抚存恩意,宗哥战败所诛祸福之因,戒其不得妄作逆,自取屠戮,皆唯诺听命。乙丑,罢讲议司。诏:'王厚、童贯提兵出塞曾未数月,青唐一国境土尽复,其以厚为武胜军留后、熙河兰会经略安抚使兼知熙州;贯为景福殿使、襄州观

察使,依旧勾当内东门司。'丁卯,群臣以尽复青唐故地称贺。己巳,曲赦陕西。庚午,王厚过湟州,沿兰州大河并夏国东南境上,耀兵巡边,归于熙州"①。

**九月,赐第京师。**

《九朝编年备要》卷二七:"九月,王厚、童贯赐第京师。"②

**十月,坐逗遛责授郢州团练使。**

《资治通鉴后编》卷九六又载:冬十月,"初,蔡京使王厚招夏卓罗右厢监军仁多保忠。厚言:'保忠虽有归意,而下无附者。'章数上,不听,京责厚愈急,厚乃遣弟诣保忠。还,为夏逻者所获,遂追保忠赴牙帐,厚以保忠纵不为夏所杀,亦不能复领军政,使得之一匹夫耳,何益于事?京怒,必令以金币招之。夏乃点兵,延、渭、庆三路各数千骑,遣使求援于辽。朝廷命西边能招致夏人者,毋问首从赏同斩级,又以陶节夫经制陕西河东五路,在延州大加招诱夏主,遣使巽请皆拒之,且令杀其放牧者,夏人遂寇泾原。戊午,围平夏城,河东节度使赵怀德等出降。夏人又入镇戎军,掠数万口而去。于是,羌酋溪锡罗萨勒合兵逼宣威城,知鄯州高永年出御之,行三十里为羌人所执,都尔伯谓其下曰:'此人夺我国,使吾宗族漂泊无处所。'遂杀之,探其心肝以食焉。溪锡罗萨勒复焚大通河桥,新疆大震。事闻,帝怒,亲书五路将帅刘仲武等十八人姓名,敕御史侯蒙往秦州逮治。蒙至秦,仲武等囚服听命。蒙谕之曰:'君辈皆侯伯,无庸以狱吏辱君,第以实对。'狱既具,蒙奏言:'汉武帝杀王恢,不如秦穆公赦孟明,今羌杀吾一都护,而使十八将由之而死,是自刽其肢体也,欲身不病得乎?'帝悟,释不治。惟王厚坐逗遛责授郢州团练使"③。郢州即今湖北钟祥。

**十二月,复为熙河兰会经略安抚使。**

《宋会要辑稿·方域五》之四四载:"崇宁三年十二月六日,熙河兰会经略

---

① 徐乾学《资治通鉴后编》,景印文渊阁《四库全书》,第343册第753—755页。
② 陈均《九朝编年备要》,景印文渊阁《四库全书》,第328册第728页。
③ 徐乾学《资治通鉴后编》,景印文渊阁《四库全书》,第343册第759、760页。

安抚使王厚奏,乞以通远军依旧为渭州,升为节镇,并乞改差文臣知州,仍乞自朝廷选除。诏通远军改为巩州,仍堂除文臣知州,余不行。"①据此知王厚是月已复为熙河兰会经略安抚使。《全宋文》辑为《乞改通远军为州奏》。

### 崇宁四年乙酉(1105),五十二岁。

在熙州。二月,以书谕赵怀德,赵怀德降,复武胜军留后。

《东都》本传云:"初大掌牟之入见也,徽宗亲抚谕使归,而诱致其子。至是,赵怀德遣使约降,而犹豫未决。厚以书谕之,怀德遂送款。复武胜军留后。"此载时间不详。复考《资治通鉴后编》卷九六,崇宁四年二月,"河西节度使赵怀德来降",则知时在崇宁四年二月。

是年,加上骑都尉,特晋封文水县开国男,食邑三百户。

家谱《小传》载:"崇宁四年加上骑都尉,特晋封文水县开国男,食邑三百户。"

### 崇宁五年丙戌(1106),五十三岁。

在京。召还京师,提举太乙宫。

《京口》本传云:"崇宁五年,召还京师。"《东都》本传云:"还朝,提举中太一宫。"按,"太一宫"或作"太乙宫"。《宋史》本传云:"入朝,提举醴泉观。"略异。

九月二十五日有《奏乞荫补用文职表》。

按,该文存于通山《茅田王氏宗谱》之《表》部分,当是王厚遗表,不被《全宋文》之王厚文所录。现录该表如下:

---

① 《宋会要辑稿》,第7405页。

## 奏乞荫补用文职表

具官臣王厚：猥以常流，误蒙圣恩，擢任边帅，夙夜劳勤，未有尺寸之效补报。辄有祈恳，上渎天颜。言臣原系文官，特旨改武，久任武胜军节度观察留后，契勘将来南郊大礼在近，所有今后合该荫补亲属，乞依文官恩例。每遇荫补并许于文职内安排，恳乞圣旨指挥庶得尊守，以后不致每次旋行申请。伏候动旨，臣无任瞻仰激切屏营之至，谨奉表以闻。九月二十五日奉旨依所乞。①

**九月二十六日夜，薨于京，享年五十三岁。谥"庄敏"，赠宁远军节度使。**

《东都》本传云："卒，赠宁远军节度使，谥曰'庄敏'。"家谱《小传》载："崇宁五年九月二十六日夜，薨于京，翌日，童师敏奏闻，上抚膺叹息曰：'何可少此节度使！'赐龙脑水银玉石以殓，赙银绢五百匹，命太常寺集百官议谥曰'庄略'以闻，上改谥'庄敏'，赠宁远军节度使。"《宋会要辑稿·礼五八》之一〇八："武胜军节度观察留后王厚，谥庄敏。"《宋会要辑稿·仪制一一》之二二："武胜军节度观察留后王厚，（崇宁）五年九月赠宁远军节度使。"②

慕容彦逢《武胜军节度观察留后王厚可赠节度使制》云："敕：疆场之臣，朕所眷恤。于其沦谢，宜示褒崇。具官某：曩膺选抡，往督西旅。前人是似，于国有劳。品秩寖隆，宠荣未艾。云胡不淑，遽以疾终。追锡使名，俾建旄钺，时维优典，以慰九原。尚其有知，亦克歆怿。可。"③按，该制似不完整，制文未言赠节度使意，《茅田王氏宗谱》亦载此制，虽文字略有异，内容完整，下文为："今赠卿赙殓龙脑、水银、银绢等具，别录。特赠尔宁远军节度使。右崇宁五年

---

① 王娇、王可喜《新发现湖北〈茅田王氏宗谱〉所存冯京等宋人佚诗文辑考》，《古籍整理研究学刊》，2008年第2期。
② 《宋会要辑稿》，第1665、2035页。
③ 慕容彦逢《摛文堂集》卷八，景印文渊阁《四库全书》，第1123册第399页。

九月二十七日敕。龙脑一斤,水银五十两,银绢五百匹。"

**大观元年(1107)四月,奉敕葬建昌甘泉乡。**

家谱《小传》载:"大观元年四月,奉敕葬建昌甘泉乡白杨。"建昌即今江西永修。按,德安敷阳山(望夫山)亦有王韶父王世规、母陈氏墓及子王廓、王厚墓。敷阳山又名望夫山。

**有奏议三十卷。今存文十六篇。**

家谱《小传》云:"公闲居手不释卷,每草诏,拂纸成文,运笔不停,成则一览,不复改窜。"《京口耆旧传》卷六《王厚传》载:"有奏议三十卷。"①不传。今《全宋文》辑得十二篇,笔者又辑得四篇,共存文十六篇②。

## 第三节　王寀行年系地谱

王寀(1078—1118),字辅道,一字道辅,号南陔,江州德安(今属江西)人。枢密副使王韶之幼子。王明清《挥麈后录》卷三谓其"少豪迈有父风","轻财喜士,宾客多归之","善议论,工词翰"③。《宋史》卷三百二十八《王寀传》(以下简称《宋史》本传)亦谓其"好学,工词章"④。据《宋史》卷二百八《艺文志》,王寀著有《南陔集》一卷,又据赵希弁《郡斋读书后志》卷二,王寀著有《岷山百境诗》二卷,两集均佚。今《全宋词》收其词十二首,《全宋诗》录其诗十六首,另据元陶宗仪《南村辍耕录》卷二十三引《墨庄漫录》,可补得一首《双凫》。《宋史》本传记其事甚为简略,兹据查考所得,考证其生平事迹,撰《王寀行年

---

① 佚名《京口耆旧传》,景印文渊阁《四库全书》,台湾商务印书馆 1984 年版,第 451 册第 187 页。
② 王可喜《王韶家族研究文献集》,江西高校出版社 2018 年版,第 127—135 页。
③ 王明清撰,燕永成整理《挥麈后录》卷三,大象出版社 2013 年版,第 125 页。
④ 脱脱等《宋史》,中华书局 1985 年版,第 10584 页。

系地谱》,以为知人论世之助。因其为林灵素所陷而诛死,故事迹湮没不彰,生平多难考实,不能考实处只得从略①。

**王寀字辅道,一字道辅,号南陔。王韶第十三子。江州德安人。**

《宋史》本传:"寀,字辅道。"王明清《挥麈后录》卷三:"王寀辅道,枢密韶之子。"《郡斋读书志校证》卷十九:"《岷山百境诗》二卷。右皇朝王寀字道辅。少有能诗名。世谓其诗初若不经意,然遣词属意,清丽绝人。自号南陔居士。"②岳珂《桯史》卷一《南陔脱帽》条云:"南陔,寀自号。"《茅田王氏宗谱》所录作于宋淳熙戊戌年(1178)之《三万家谱录》:"幼子寀,字道辅,特恩授承务郎。性敏好学,中霍端友榜成进士,号南陔先生,有文集行于世。"厉鹗《宋诗纪事》卷三十六:"寀字辅道,一字道辅,韶子。"按,王寀为王韶第十三子。父王韶为德安(今九江德安)人,其必为德安人。

著有《南陔集》一卷,《岷山百境诗》二卷,今存词十二首,诗十七首。

《宋史》卷二〇八《艺文志》著录有"王寀《南陔集》一卷",《郡斋读书志校证》卷一九著录有王寀《岷山百境诗》二卷,均佚。今《全宋词》收其词十二首,《全宋诗》录其诗十六首。另据陶宗仪《南村辍耕录》可补得《双凫》诗一首。

**宋神宗元丰元年戊午(1078),一岁。**

**是年生于鄂州。**

按,是年父王韶在知鄂州(今武汉武昌)任上,家人均在鄂州,故当生于鄂州。王寀生卒年有异说。《全宋词》小传定其生于神宗熙宁元年(1068),卒于徽宗宣和元年(1119),而《全宋诗》小传则定其生于元丰元年,卒于政和八年

---

① 王兆鹏、王可喜《北宋词人王寀行年考》,《江西社会科学》2006年第1期。
② 晁公武撰,孙猛校证《郡斋读书志校证》,上海古籍出版社1990年版,第1043页。

(1118),二者生年相差十年,卒年相差一年。经考订,当以《全宋诗》说为是。

庄绰《鸡肋编》卷上:"世之以五行星历论命者多矣,今录贵而凶终者数人,方其盛时未有能言其未至之灾也。以此知阴阳家不足深泥,唯正己守道为可恃耳。张邦昌,元丰四年辛酉七月十六日亥时;王黼,元丰二年己未十一月初二日卯时;……朱勔,熙宁八年乙卯十月二十六日申时;王寀,元丰元年戊午正月初六日子时。"① 此载其出生年月日时甚为详确,应可信。

据前文已考,王韶初娶江国夫人杨氏、续娶燕国夫人刘氏。范镗《宋故华原郡夫人杨氏墓志铭》载:"有子七人:长廓,赐进士,恩授大理评事、签书河南府判官厅公事;次厚,授大理评事;次早亡;次完,□□志尚,初举国学获解;次固、端,尚少;颛,出继伯氏后。女一,少未嫁。"② 据该墓志,杨氏卒于英宗治平三年(1066)十二月,时王韶三十七岁。杨氏卒后,王韶续娶刘氏。王寀为幼子,必为刘氏所生,刘氏亦生七子,则王寀必在王韶续娶刘氏(最早在英宗治平四年)后十多年之际,如此,王寀生于元丰元年与实际情况相符。

然《全宋词》小传定王寀生年为宋神宗熙宁元年(1068),虽无法查实其所据,然有两则史料似与该说相符,兹举出考辨。

岳珂《桯史》卷一《南陔脱帽》条载:"神宗朝,王襄敏韶在京师,会元夕张灯,金吾驰夜,家人皆步出将帷观焉。幼子寀第十三,方能言,珠帽象服,凭肩以从。至宣德门,上方御楼,芗云彩鳌,箫吹雷动,士女仰视,喧拥阗咽,转盼已失所在,驺驭皆惶扰不知所为,家人不复至帷次,狼狈归,未敢白请捕。襄敏讶其反之,亟问,知其为南陔也,曰:'他子当遂访,若吾十三,必能自归。'怡然不复求。咸叵测。居旬日,内出犊车至第,有中大人下宣旨,抱南陔以出诸车,家人惊喜,迎拜天语。既定,问南陔以所之。乃知是夕也,奸人利其服装,自襄敏

---

① 庄绰《鸡肋编》,中华书局1997年版,第14页。
② 该墓志见《文物》1979年第7期,影印1972年出土之埋铭。

第中已窃迹其后,既负而趋,南陔觉负己者之异也,亟纳珠帽于怀,适内家车数乘将入东华,南陔过之,攀辕呼焉。中大人悦其韶秀,抱置之膝,翌早,拥至上阁,以为宜男之祥。上问以谁氏,竦然对曰:'儿乃韶之幼子也。'具道所以,上顾以占对不凡,且叹其早慧,曰:'是有子矣。'令暂留钦圣鞫视。密诏开封捕贼以闻,既获,尽戮之。乃命载以归,且以具狱示襄敏,赐压惊金犀钱果,直巨万。其机警见于幼年者如此。南陔,寀自号,政和间有文声。敢为不诎,充其幼者也。余在南徐与其孙遇游,传其事。"[1]

故事发生在北宋汴京,当时确有元夕观灯之习俗。"内出辇车至第"之"第",即王韶府第"崇仁坊"第一区,《宋史》卷三百二十八《王韶传》载:熙宁"七年入朝,又加资政殿学士,赐第崇仁坊"[2]。《东都事略》卷八十二《王韶传》亦载:"进资政殿学士兼制置泾原秦凤军马粮草,赐崇仁坊第一区。"[3]王韶与家人一起在汴京生活之最后时间为熙宁十年(1077)二月,《宋宰辅编年录校补》卷八载:熙宁十年"二月己亥,王韶罢枢密副使"[4]。以上故事似应发生在熙宁七年(1074)至十年二月之间。据《宋史》,神宗御宣德门观灯,自熙宁七年至十年间,有熙宁七年、八年二次。可见,王寀幼年在"京师"长大,且熙宁七年、八年已是聪颖机警,连皇帝、皇后都十分喜爱之六七岁大孩子。如此,则其生年恰在熙宁元年(1068)前后。

又《德安县志》附《宋神宗褒奖王韶的八道敕》之四云:"朕既赏其身矣,今又录其诸子,及命尔秩,于京办寄,以效忠勤,以荣尔父。朕于士大夫可以无负矣。特赐韶长子廓进士出身,次子厚俱大理评事,完、固、端、孚、定、确、寰、实、寀俱承务郎。熙宁七年七月□日奉特旨。"[5]熙宁七年七月上赐王寀承务郎,总

---

[1] 岳珂《桯史》,中华书局1981年版,第5—6页。
[2] 脱脱等《宋史》,中华书局1985年版,第10581页。
[3] 王偁撰,孙言诚等点校《东都事略》,《二十五别史》,齐鲁书社2000年版,第692页。
[4] 徐自明撰,王瑞来校补《宋宰辅编年录校补》,中华书局1986年版,第442页。
[5] 孙自诚主编《德安县志》卷二四,上海古籍出版社1991年版,第790页。

该有几岁,至少在此前出生,故与熙宁元年出生大致相符。

审视这两则史料,岳珂《桯史》所载,毕竟是相隔百年之口头传说故事,似小说家之言,加工成分有多大无法确认,虽部分情节与史实相符,却不足以证明王寀生于熙宁元年。《德安县志》所载,源于王韶家谱——《茅田王氏宗谱》①。既是家谱,就不能排除其后人随意添加熙宁七年七月后出生王韶诸子之名的可能,故亦不足以证明王寀生于熙宁元年。姑志此疑,以俟识者。

## 元丰四年辛酉(1081),四岁。

**在洪州。六月,父王韶病卒洪州任上。**

《宋史》卷三百二十八《王韶传》载:元丰"四年,病疽卒,年五十二。赠金紫光禄大夫,谥曰襄敏"②。李焘《续资治通鉴长编》卷三百十三载:元丰四年六月"己卯,洪州言知州、观文殿学士、正议大夫王韶卒。辍视朝,赠金紫光禄大夫,谥襄敏,官其子六人,赐三女冠帔,封长女瑞昌县君"③。己卯为二十四日。洪州即今南昌。

## 徽宗崇宁二年癸未(1103),二十六岁。

**在京。是年三月,登霍端友榜进士第。**

《江西通志》卷四十九《选举》之进士题名:崇宁二年癸未霍端友榜,"王寀,德安人"④。按,原文写作"莱",误,当为"寀"。《茅田王氏宗谱》之《三万家谱录》载:"幼子寀,字道辅,特恩授承务郎。性敏好学,中霍端友榜成进士,

---

① 《德安县志》附《宋神宗褒奖王韶的八道敕》源于王韶家谱——《茅田王氏宗谱》,其中王韶、王厚、王寀三人传记均参《茅田王氏宗谱》相关内容。
② 脱脱等《宋史》,中华书局1985年版,第10582、10583页。
③ 李焘《续资治通鉴长编》,中华书局1995年版,第7592页。
④ 谢旻《江西通志》,景印文渊阁《四库全书》,第514册第594页。

号南陔先生,有文集行于世。"①《德安县志》卷二十四《人物志》:王寀,"宋崇宁二年登进士第"。《宋会要辑稿·选举七》之三一:"徽宗崇宁二年三月八日,上御集英殿试礼部奏名进士,内出制策曰:'昔者圣人之用天下也,任之以道,立之以政,又(用)之以人,故敷五典则逊,修九功则叙,迪百工则厘,绥四夷则服。朕甚慕焉,而未知所以为此之方。永惟先帝盛德大烈,施及后世博矣。追而复之,罔敢坠失。盖以恩睦族,故为之品制禄秩而辨疏之等;以经造士,故为之众建师儒而兴庠序之教。平其市价,通其有无,以修理财之政;明其功赏,复其境土,以宣御戎之威。彰善瘅恶,以明君臣父子兄弟之义。凡此于朕志,谓庶乎其可矣。然而道德之难明,风俗之不一,何也?仪刑缉熙,欲其效见有加而泽被生民,赖及万世,则必有道以致于斯也。子大夫其悉意为朕言之无隐。'得霍端友已下五百三十八人,并赐及第、出身、同出身。"②

## 崇宁三年甲申(1104),二十七岁。

**在京。由蔡京荐入馆阁,为秘书省著作佐郎。**

王明清《挥麈后录》卷三:"早中甲科,善议论,工词翰。曾文肃、蔡元长荐入馆为郎。"③曾布谥号文肃,蔡京字符长。曾布(1036—1107),字子宣,南丰(今江西南丰)人。巩弟。与巩同登嘉祐二年(1057)进士。徽宗立,元符三年(1100)十一月自知枢密院事授银青光禄大夫、守尚书右仆射兼中书侍郎,独当国政,崇宁元年(1102)闰六月罢。大观元年(1107)卒于润州,年七十二。后赠观文殿大学士,谥曰文肃。蔡京(1047—1126),字元长,兴化军仙游人,熙宁三年(1070)进士。崇宁元年正月为尚书左丞,七月右仆射,二年正月左仆射,

---

① 王可喜《王韶家族研究文献集》,江西高校出版社2018年版,第315页。
② 徐松等辑《宋会要辑稿》,中华书局1957年版,第4371页。
③ 王明清《挥麈后录》,上海书店出版社2001年版,第89页。

五年二月罢,入相凡四年。大观元年再入左相,三年六月罢①。按,王寀登第时曾布已罢相,蔡京当政,应为蔡京所荐。其入馆阁时间在崇宁二、三年间。

## 崇宁四年乙酉(1105),二十八岁。

**在京。在秘书省著作佐郎任上,作《浪花》诗。**

洪迈《夷坚志》三志己卷第八云:"曹道冲售诗于京都,随所命题即就。群不逞欲苦之,乃求《浪花》诗绝句,仍以红字为韵。曹谢曰:'非吾所能为,唯南熏门外菊坡王辅道学士能之耳,他人俱不可也。'不逞曰:'我固知其名久矣,但彼在馆阁,吾侪小人,岂容辄诣?'曹曰:'试赍佳纸笔往拜而求之,必可得。'于是,相率修谒下拜有请,王欣然捉笔,一挥而成,读者叹服。其语曰:'一江秋水浸寒空,渔笛无端弄晚风。万里波心谁折得,夕阳影里碎残红。'读者无不嗟伏。"②王寀因而诗名大振。

## 崇宁五年丙戌(1106),二十九岁。

**在京。十二月十五日,因刘逵牵连罢职。**

《宋会要辑稿·职官六八》之一三载:崇宁五年十二月"十五日,金部员外郎范域、秘书省著作佐郎王寀并与在外合入差遣。以言者论域、寀出入刘逵之门,内为腹心,外作羽翼,故黜之"③。按,刘逵初附蔡京以进,是年二月蔡京罢相,王寀因刘逵牵连遭罢黜。刘逵罢职有详载,《宋会要辑稿·职官七八》之三一:崇宁"五年十二月二日,中大夫、中书侍郎刘逵罢,守本官知亳州。以言者

---

① 徐自明撰,王瑞来校补《宋宰辅编年录校补》,中华书局1986年版,第677、694、698、700、708、723、747页。
② 洪迈撰,何卓点校《夷坚志》,中华书局1981年版,第1367—1368页。
③ 徐松等辑《宋会要辑稿》,中华书局1957年版,第3914页。

论逵操行儇浮,性资邪险,愚视一相,凌轹同列故也"①。《宋宰辅编年录校补》卷十一:崇宁五年"十二月己未,刘逵罢中书侍郎。依前中大夫、知亳州。逵自崇宁四年二月除同知枢密院事,五年正月除中书侍郎,是年十二月罢,执政二年。时,蔡京罢相,国柄逵主之。于是,言者论逵,谓其乘间抵巇,尽取陛下崇宁以来继述缉熙美意良法,不问大小轻重而尽废之。陛下立教养升贡之法,而逵乃腹非窃议,稽留旬浃,不即奉行。陛下息邪说以正人心,而逵取为元祐学术者。陛下疾朋党以示好恶,而逵进系党人之子者。陛下罪诋诬以尊宗庙,而逵擢上书邪等者。陛下勤继述以绍先烈,而逵用改更熙丰法令者。陛下擢用之,不二三年间致位辅弼,逵乃若此,岂不负陛下哉!遂罢知亳州。京复相,又责镇江军节度使、安州居住"②。

## 徽宗大观元年丁亥(1107),三十岁。

在京。罢职闲居。

## 大观二年戊子(1108),三十一岁。

在汝州。以直秘阁知汝州。

王明清《挥麈后录》卷三:"后以直秘阁知汝州。"具体时间不详。王寀《汝帖跋》云:"寀来汝逾年,吏民习其疏拙,不甚诶以事。闭合萧然,奉亲之外,独念弃日偶得三代而下讫于五季字书百家,冠以仓颉奇古,篆、籀、隶、草、真、行之法略具。用十二石,刻置坐啸堂壁。其论世正名于治乱之际,君子小人之分,每致意焉。识者谓之笔史,盖使小学家流因以博古知义,不特区区近笔砚而已。大观三年八月上丁,敷阳王寀记。"③大观三年八月王寀"来汝逾年",则

---

① 《宋会要辑稿》,第4191页。
② 徐自明撰,王瑞来校补《宋宰辅编年录校补》,中华书局1986年版,第729页。
③ 曾枣庄等《全宋文》,上海辞书出版社2006年版,第156册第105页。

其知汝州当在大观二年。汝州即今河南临汝。

**子彦融生。**

《京口耆旧传》卷七《王彦融传》载："王彦融,字炎弼,江州人,韶之孙,居金坛。父寀,以林灵素谮死。靖康改元,彦融时年十九,徒步走京师,上书讼冤,召对命官。"①知彦融系王寀之子,靖康元年(1126)十九岁,据知其生于大观二年。

## 大观三年己丑(1109),三十二岁。

**知汝州。八月,刊刻《汝帖》。**

宋曾宏父《石刻铺叙》卷下载："汝帖十二段,大观三年己丑八月,郡守敷阳王寀刊石,置郡之坐啸堂。第一则金石文八种,二则秦汉三国刻五种,三则晋宋齐梁陈五朝帝王书三十行,四则魏晋九人书四十八行,五则晋渡江三家帖四十八行,六则二王帖并洛神赋,七则南朝十人书,八则北朝胡晋书十二种,九则唐三朝帝后四书,十则唐欧虞褚薛书,十一则唐六臣书,十二则唐迄五代诸王七人书二百六字。每段皆刻汝之郡印暨王敷阳所题标目。会稽亦有翻本,黄长睿深讥其谬。寀后仕亦通显。坐降天神事,为林灵素所挤,不得其死。"②知大观三年刊刻《汝帖》时,尚为汝州郡守③。

## 大观四年庚寅(1110),三十三岁。

**在知汝州任上。**

---

① 佚名《京口耆旧传》,中华书局1991年版,第93页。
② 曾宏父《石刻铺叙》,《丛书集成初编》本。
③ 李之亮《北宋京师及东西路大郡守臣考》据《宋会要辑稿·职官六八》之一八和《宋史·叶梦得传》谓大观三年五月知汝州为叶梦得(巴蜀书社2001年版,第222页)。叶梦得确曾除知汝州,但未赴任即被免职。详参王兆鹏《两宋词人年谱·叶梦得年谱》(台北文津出版社1994年版,第159—160页)。李之亮又据《宋会要辑稿·选举三三》之二五谓大观三年七月郭知章出知汝州。此载与《石刻铺叙》有矛盾。未详孰是,姑志此疑。

按，据宋制三年一任，是年仍在汝州任上。

### 徽宗政和元年辛卯（1111），三十四岁。

知陕州。

《挥麈后录》卷三："知汝州考满守陕，年未三十。轻财喜士，宾客多归之。坐不觉察盗铸免官。"据"考满"，知守陕州与知汝州两任相续，应在今年。"年未三十"系为夸张说法，意指其年轻。陕州即今河南三门峡。

### 政和二年壬辰（1112），三十五岁。

在陕州。

### 政和三年癸巳（1113），三十六岁。

在京闲居。坐不觉察盗铸钱罢知陕州，正月勒停。

《宋会要辑稿·职官六八》之二七载之甚详："三年正月二十一日，王寀先次勒停。昨政和二年十二月九日，陕西转运副使侯临奏：'臣僚言夹锡钱并当二文铜钱行用，阌乡知县论九龄却将夹锡钱估价，七八文当一文，申转运副使张深，乞依此价。其张深并不检会前后夹锡钱敕条，便依所申行下，及牒知陕州王寀，依阌乡县所估贯伯施行。其王寀并不检会申明，便依深牒内事理行下六县，将夹锡钱七八文当一文收买轻赍。'至是，臣僚言：'朝廷比复行夹锡钱于诸路用之，既已通流无遏，陕西张深、王寀、论九龄乃敢恣坏成法，擅增物价。深暨九龄已除名勒停，寀独依冲替人例而已。况深暨九龄擅增物价才阌乡一县耳，寀害钱法，实行下平陆、湖城、灵宝、芮城、夏、陕六邑，伏望重行贬责。'故有是命。"①

---

① 徐松等辑《宋会要辑稿》，中华书局1957年版，第3921页。

**政和四年甲午（1114），三十七岁。**

除知襄州。

按，明年八月除名勒停，今年当已在知襄州任上。襄州即今湖北襄阳。

**政和五年乙未（1115），三十八岁。**

在襄州。八月除名勒停。

《宋会要辑稿·职官六八》之三五载：政和五年八月"十八日，王寀除名勒停，免编管，勒令侍养。初，寀除知襄州，奉御笔：'王寀，张怀素案内有此姓名，与都下宫观。'继而寀奏以自辩，云：'张怀素等所犯凶逆，罪至诛夷。臣与张怀素并不识面，亦不系亲戚婚姻，不曾保任荐举逐人，亦不曾与书简往还。'故特有是责"①。

**政和六年丙申（1116），三十九岁。**

在山西。秋九月，游紫团山，有诗一题十四首。

《山西通志》卷二二六《艺文》录王寀《题紫团山三十六景》十四诗：《迎阳峰》《倚秀峰》《天杠》《磨崖》《濯缨溪》《东华表》《西华表》《碧罗峰》《金屋山》《鸱尾山》《山翁崖》《驻云亭》《老人峰》《南极园》。并录其自序云："紫团胜赏，闻之旧矣。壶关大夫俾图作赞，欲得予诗。时在管城锦绣潭上，自食至晡，三十六景赋之遍，点窜一二字耳，因以草卷寄之，时政和六年秋九月既望乙巳，辅道书。"《山西通志》同卷又载："郡志曰：辅道书，字神奇。原刻十二石，亦以拓本累僧，碎之，埋于山麓。后人踪迹掘之，止得八石，嵌之慈云寺壁间。后止存四石。顺治十八年知县朱辅移置学宫。"②今《全宋诗》之王寀诗即据此

---

① 徐松等辑《宋会要辑稿》，中华书局1957年版，第3925页。
② 觉罗石麟《山西通志》，景印文渊阁《四库全书》，第550册第629—631页。

辑得。

### 政和七年丁酉(1117)，四十岁。

**在京。或任兵部侍郎。**

厉鹗《宋诗纪事》卷三六及《全宋词》王寀小传均谓其曾任翰林学士、兵部侍郎，时间不详。《东都事略》卷八十二亦载："寀尝著作东观，后为兵部侍郎。"①据前文所考，王寀政和六年前历任相连，故此两任时间当在政和六年至八年间。

洪迈《夷坚志》丁志卷七载："王厚，韶之长子，位至节度使，为边帅。晚年归京师，一日家集，菜楪内萝卜数十茎，忽起立，须臾行于案上。众皆愕然，厚怒形于色，悉撮食之，登时呕吐，明日死。幼弟寀，字辅道。宣和初，为兵部侍郎。坐天神降其家，被极刑。人以为韶用兵多杀之报。"②此谓王寀任兵部侍郎在宣和初，不确，政和八年王寀被诛，不可能宣和初再任兵部侍郎。洪迈乃据传说所言，不可信据。

### 政和八年戊戌(1118)，四十一岁。

**在京。六月，以谋逆被诛死。**

《宋会要辑稿·刑法六》之二三载：政和"八年六月二十八日，诏曰：'朕惟先王以仁为恩，以义为理。仁之施者惟恐其不博，而义之尽者有所不为。朕奉承祖宗令绪德泽之美，垂休无穷，稽唐虞忠厚之政，解汉、唐严苛之法，所以惠天下者甚厚。比年以来，内自畿甸，外薄四海，民重犯法，囹圄屡空，而逆乱之谋、谤议之言与夫妖妄娇诬，撰造非语，不在于乡闾之小民贱吏，而出于勋臣之

---

① 王偁撰，孙言诚等点校《东都事略》，《二十五别史》，齐鲁书社2000年版，第693页。
② 洪迈《夷坚志》，中华书局1981年版，第592页。

世、禁从之间,庠序崇养之士,迭相附会,以伪为真。朕照知邪谋,俾加验治,至于旬浃,踪迹既露,乃命有司,佐以近密,研穷究赜,情犯斯得。尚虑狱词或出诬伏,诏遣审录,至于再三,阅实无爽,一听以法,无加损焉。姚立之、王大年一介贱士,不足比数;刘昺出入禁闼,腹心之臣;王寀儒馆通籍,勋阀之后,而议论交通,踪迹往复,诗歌酬唱,辞所连逮者三十人。悖逆不道,谤讪妖诡,载籍所未尝有,人臣所不忍闻。立之、大年、寀诛止其身,家属悉原;昺特贷死,长流海外,又听其子随逐。非故屈法宥奸,盖所以体天道之贵生,视斯民之觊德。故兹诏示,可出榜朝堂,布告在位,咸使闻之'"①。

王韶家谱——《茅田王氏宗谱》之《特晋正议大夫充观文殿大学士襄敏公小传》载:"(公)晚年手笔多焚,古文稿有《治河》等书,常恐为后人害,及疾笃,持其书并《大历元元经》俱付夫人珍藏。夫人付之南陔,后遭戊戌之难,遂失其本。"②戊戌年即政和八年,"戊戌之难"指王寀被诛之家庭灾难。此亦可证王寀于政和八年被诛死。

**王寀系被林灵素陷害。**

《宋史》本传载其原委甚详:"忽若有所睹,遂感心疾,唯好延道流谈丹砂、神仙事。得郑州书生,托左道,自言天神可祈而下,下则声容与人接。因习行其术,才能什七八,须两人共为乃验。外间欢传,浸淫彻禁庭。徽宗方崇道教,侍晨林灵素自度技不如,愿与之游,拒弗许。户部尚书刘昺,寀外兄也,久以争进绝还往。神降寀家,使因昺以达,寀言其故,神曰:'第往与之言,汝某年月日在蔡京后堂谈某事,有之否?'昺惊骇汗洽,不能对,盖所言皆阴中伤人者。乃言之帝,即召。寀风仪既高,又善谈论,应对合上指。帝大喜,约某日即内殿致天神。灵素求与共事,又弗许。或谓灵素,但勿令郑书生偕,寀当立败。即白

---

① 徐松等辑《宋会要辑稿》,中华书局 1957 年版,第 6705 页。
② 《茅田王氏宗谱》,民国三十年辛巳(1941)重修,雕版刻印。茅田王氏系王韶第八子王定一支,宗谱收录了宋淳熙五年(1178)至清光绪九年(1883)历代续修的序跋题记,完整连续,可信无疑。

帝曰：'宷父兄昔在西边，密与夏人谋反国。迟至尊候神，且图不轨。'帝疑焉。及是日，宷与书生至东华门，灵素戒阍卒独听宷入。帝斋洁敬待，越三夕无所闻，乃下宷大理，狱成，弃市。"①

王宷被林灵素所忌，刘昺兄弟又被开封府尹盛章所忌，王宷被陷后，盛章利用王宷事陷害刘昺，昺时为户部尚书。前引王明清《挥麈后录》卷三载："翌日，章以急速请对，因言'宷与炳（即刘昺）腹心诽谤，事验明白，今对众越次，上以欺罔陛下，下以营惑群臣，祸将有不胜言者，幸陛下裁之。'上始怒。是日有旨，内侍省不得收接刘炳文字。炳犹未知之，以谓事平矣，故不复闲防。章既归，遣开封府司录孟彦弼携捕吏窦鉴等数人即讯炳于家。炳囚服出见，分宾主而坐，词气慷慨，无服辞。彦弼既见其不屈，欲归，而窦鉴者语彦弼曰：'尚书几间得宷一纸字足以成案矣。'遂乱抽架上书，适有炳著撰稿草，翻之至底，见炳和辅道诗，尚未成，首云：'白水之年大道盛，扫除荆棘奉高真。'诗意谓辅道尝有嫉恶之意，时尚道，目上为'高真'尔。鉴得之以为奇货，归以授章，章命其子并释以进，云：'"白水"谓来年庚子宷举事之时，炳指宷为"高真"，不知以何人为"荆棘"，将置陛下于何地？岂非所谓大逆不道乎？'但以此坐辅道与客皆极刑。炳以官高，得弗诛，削籍窜海外。……华阳张德远文老，子蒙（按，刘昺字子蒙）之婿也，又并娶德远之妹，目睹其事，且当时亦以有连坐，送吏部与监当，故知之为详。"②

看来，王宷除被林灵素所诬外，亦有刘昺被陷相牵连之故，且有文字狱之嫌。

王宷当是大晟词人群成员，其谋逆事件对周邦彦有直接影响。庄绰《鸡肋编》卷中："周邦彦待制尝为刘昺之祖作埋铭，以白金数十斤为润笔，不受，刘无

---

① 脱脱等《宋史》卷三百二十八，中华书局1985年版，第10584页。
② 王明清撰，燕永成整理《挥麈后录》卷三，大象出版社2013年版，第125—126页。

以报之。因除户部尚书,荐以自代,后刘缘坐王寀妖言事得罪,美成亦落职,罢知顺昌府宫祠。周笑谓人曰:'世有门生累举主者多矣,独邦彦乃为举主所累,亦异事也。'"①王寀、周邦彦、刘昺三人关系密切。刘昺是王寀表兄,刘昺举荐周邦彦。"邦彦于政和元年知河中时,王寀亦知陕州,河中与陕州为邻郡,且政和二年,童贯在陕西兴平棐与夹锡钱之狱,王寀、论九龄即撄其锋。邦彦是否亦曾卷入,未得其详。然邦彦于政和二年自河中归汴京时经陕州,且有可能与王寀诗酒唱和,早为故人则明矣。王寀既为故人,而刘昺又为其举主,连坐其中亦顺理成章耳。况且邦彦早已卷入蔡京集团,以郑居中为首的反对派,攻邦彦亦在意中。"薛瑞生先生在该文中还辩明:"王、刘事件,完全是政治斗争之产物,是以郑居中为首的反对派对蔡京集团之闪击。盛章新用事,刘昺欲挤盛章,反为盛章所算,则盛章倾向于郑居中明矣。所谓'谋逆',只是政治斗争的由头,深文周纳,成罪而已。王寀完全是个冤死鬼,刘昺虽冤,却也咎由自取。"②对于周邦彦与刘昺之交往,马莎分析说:"刘昺其人擅长文学、颇富才华,任大晟府大司乐,主乐事、撰乐书;周邦彦自大观元年议礼局设置之初即入为检讨官,而刘昺便是议礼局的直接负责人,两人同局修礼三年有余。"③可见,刘昺也是擅长文学、精通音律的,一定是有词作的,只是没有流传下来。这样,王寀、周邦彦、刘昺三人不但私交关系密切,而且有共同爱好——文学与音乐。

**王寀冤案**,绍兴五年由其长子王彦融上书讼冤,曾得以平反,追复朝奉大夫,旋遭论劾,诏命又被收回。

李心传《建炎以来系年要录》卷九十六载:绍兴五年十二月十四日壬子,"诏王寀追复朝奉大夫。寀,江州人,尝为亲卫中郎,政和末,坐诈为天神示现,

---

① 庄绰《鸡肋编》,中华书局1983年版,第70页。
② 薛瑞生《周邦彦卷入王寀、刘昺"谋逆"事件考辨》,《西北大学学报》2004年第4期,第135—140页。
③ 马莎《刘昺举周邦彦自代考》,《文学遗产》2010年第1期,第140—142页。

诛死,至是用其家请而复之。后省疏其罪,命遂格"①。按,"用其家请"即其子王彦融之请,《京口耆旧传》卷七《王彦融传》载:"王彦融,字炎弼,江州人,韶之孙,居金坛。父寀,以林灵素谮死。靖康改元,彦融时年十九,徒步走京师,上书讼冤,召对命官。"②知王寀之子王彦融于靖康元年为其讼冤,且使其冤案在绍兴五年得以平反。

**王寀与颜博文厚善。**

邓椿《画继》卷三:"颜博文字持约,德州人。政和八年嘉王榜登甲科。长于水墨。……初,持约与王寀厚善。寀败,持约方退朝,闻之,即驰马还家,闭关拒人,尽焚与寀平生往来笺记、诗文之类,于是独免。"③

**王寀与周纯最与相亲。**

邓椿《画继》卷三:"周纯字忘机,成都华阳人。后依解潜,久留荆楚,故亦自称楚人。少为浮屠,弱冠游京师,以诗画为佛事,都下翕然知名,士大夫多与之游。而王寀辅道最与相亲。后坐累,编管惠州,不许生还。……初,寀未败,会朝士大尹盛章在焉,谓忘机曰:'子能为我作图梅,状"遥知不是雪,为有暗香来"之意乎?'忘机曰:'此临川诗,须公自有此句,我始为之。'盛恨甚。未几,寀败,而盛犹为京尹,故忘机被祸独酷。"④

---

① 李心传编撰,胡坤点校《建炎以来系年要录》,中华书局2013年版,第1839页。
② 佚名《京口耆旧传》,中华书局1991年版,第93页。
③ 邓椿《画继》,景印文渊阁《四库全书》,第813册第515页。
④ 邓椿《画继》,景印文渊阁《四库全书》,第813册第517页。

## 第四节　王阮行年系地谱

　　王阮(1140—1208),字南卿,一名元隆,号义丰,江州德安(今属江西)人,少随父客居姑苏,是南宋中兴诗坛重要诗人。孝宗隆兴元年(1163)进士,调都昌主簿,移永州教授。淳熙二年(1175)到建宁府建阳考亭拜见朱熹,与朱子切磋理学,成为朱子门人。六年(1179),知新昌县(今江西宜丰)。九年,丁内艰,辞官居家。十五年,知昌国县(今浙江定海)。光宗绍熙元年(1190),撰《绍熙昌国志》,久佚不传。二年秋,自昌国北上途中游太湖洞庭山,与范成大聚首唱和。庆元四年(1198)知濠州(今安徽凤阳)。五年,移知抚州(今属江西)。开禧元年(1205)十一月,奉祠归隐庐山。嘉定元年(1208)卒。其与张孝祥、朱熹、周必大、范成大、王质、陆游等著名诗人交游甚密,是著名的主战派爱国诗人。诗文创作颇丰,有《义丰文集》一卷。《宋史》卷三百九十五(以下简称《宋史》本传)、明嘉靖《九江府志》卷十三有传。然对其生平事迹记述颇简略,兹据相关史料,作其行年系地谱,并对其部分诗什作编年。附考乃父王彦博生平事迹[①]。

**王阮,字南卿,一名元隆,号义丰,江州德安(今属江西)人。**

　　《宋史》本传谓:"王阮,字南卿,江州人。"《德安县志》卷二十四云:"王阮,字南卿,一名元隆。"刘克庄《王南卿集序》云:"县尹王旦,携其先大夫义丰公遗文五卷,示余读之。""公名阮,字南卿。义丰,所居山名(在德安县城西)。"刘克庄称其"义丰公",且明谓"义丰"系王阮以居地为号。岳珂《桯史》卷一有《王义丰诗》条,卷三《馆娃浯溪》条亦有"近世王义丰、杨诚斋为之赋"云云。

---

① 王可喜《南宋诗人王阮生平事迹考》,《长江学术》2009 年第 2 期。

"诚斋"系杨万里别号,"义丰"与之联举,显然系王阮别号。

子二人:王汲、王旦。王旦淳祐间以承直郎任惠州博罗县令,方大琮举荐其可重用。

刘克庄《王南卿集序》云:"县尹王旦,携其先大夫义丰公遗文五卷,示余读之。""余读公之文,悲公之志,乃取文公之语冠之编端,以行于世,且以慰公之子焉。"吴愈《义丰集序》:"其子(王)旦为邑惠之博罗,粹其文锓梓以归,属愈识其卷首貌焉。……淳祐癸卯夏六月甲子,里人吴愈序。"①故知王旦系王阮之子。王旦知博罗县,政绩卓著,得方大琮肯定与举荐,《铁庵集》卷四有《举知博罗县王旦奏状》,云:"窃见惠州诸邑,博罗素号难治,顷经兵火之残毁,继苦盐寇之出没,户口萧条,财赋失陷,盖难之而又难者也。承直郎、知惠州博罗县事王旦适承其弊,奋然语人:'天下岂有不可为之邑?顾懦者不晓,晓者不颛,此民隐所以不通,而吏奸易于为欺也。'于是苦心劳力,如立家计。厅事之后,置一榻焉,治事于斯,寝食于斯,有赴愬者相与唯诺,有输送者且纳且销。村民既得直达,猾吏不敢为奸。剔去宿蠹,时出新意。既为前官补久欠,又积醋钱例卷七百缗,代纳五等丁。将满,又以其纂剩五千二百余缗代纳明年夏税。他如增置学田,整治桥道,百废俱举,一邑大治。州家爱之如干蛊子弟,部民赖之如在堂父兄,同官惮之如法家拂士,盗贼避之如敌国长城。至邑之初,适值岁荒,饥民群啸,揭竿借食。旦以身弹压,极力救疗,治其渠数人,反侧者旋定。上司得其条具,亟借义仓;大家感其恩信,争发私廪,活邑民数千口,至今遂为乐土。每岁之冬,例有盐子入境,小抄掠,大焚荡。旦择豪民之可用者,授以方略,责之把守,乘而为扰者必治,勇于任责者有赏;扼险阻,置寨栅,盐子不敢过其境,至迁路以出他邑。其部勒隅总,练阅保丁,皆可推为他处永法,非

---

① 吴愈《义丰集序》,见王阮《义丰集》卷首,景印文渊阁《四库全书》,台湾商务印书馆1985年版,第1154册第538—539页。

特一邑保障而已。且盖习闻家世,颇负勋业之传,不为腐儒口耳之学。精神强可以效驱策,干略优可以当事任。而又廉介不苟取,静重不苟进。试令蛮瘴之乡,能自植立其身,功之所及虽有限,惠之所留已不小,入粗入细,有用之材也。当此时事之孔殷,诚宜奖拔以待用。臣等辄以其试邑治状上闻;伏望圣慈特赐升擢差遣,庶几远方小吏皆有不自弃夷之意,非止为人材计,亦足为国家用材计也。"①王旦在淳祐癸卯(1243)首次刊刻王阮的《义丰集》。

**宋高宗绍兴十年庚申(1140),一岁。**

**生于是年。**

王阮生年无确切记载,《宋史》本传载其卒年为嘉定元年(1208)。钱保唐《历代名人生卒录》等仍只言卒年,未知生年。而《德安县志》小传明载其"生于高宗绍兴十年"②,惜乎所据不详,兹从之。

**绍兴二十一年辛未(1151),十二岁。**

**是年,随父客居姑苏。**

王阮《宿灵佑观谢沈君》诗前小序:"闻林屋之胜久矣,客姑苏四十年,欲至不可得。绍熙辛亥,归自宝陀山,始遂此志。"辛亥为绍熙二年(1191),上推四十年为绍兴二十一年,王阮自江州德安随父移居吴地即在此时。按,后文有考,阮父彦博为官吴越,故安家于姑苏(今江苏苏州)。

**绍兴二十二年壬申(1152),十三岁。**

---

① 方大琮《铁庵集》卷四,景印文渊阁《四库全书》,台湾商务印书馆1985年版,第1178册第181—182页。

② 孙自诚《德安县志》,上海古籍出版社1991年版,第793页。

客居姑苏。父彦博以右朝请郎、添差通判临安府。

李心传《建炎以来系年要录》卷一百六十八载：绍兴二十五年六月"乙未，右朝请郎、添差通判临安府王彦博知衢州"①。按，彦博绍兴二十五年六月知衢州，按一任三年类推，则今年或已在临安府通判任上。

## 绍兴二十三年癸酉(1153)，十四岁。

客居姑苏。父彦博在通判临安府任上。

## 绍兴二十四年甲戌(1154)，十五岁。

客居姑苏。父彦博在通判临安府任上。

## 绍兴二十五年乙亥(1155)，十六岁。

客居姑苏。六月，父彦博知衢州。

李心传《建炎以来系年要录》卷一百六十八载：绍兴二十五年六月"乙未，右朝请郎、添差通判临安府王彦博知衢州。彦博至郡，召人告讦赵令衿事，遂兴大狱。彦博，江州人也"②。《浙江通志》卷一百一十《知衢州军》题名亦有载。

八月，父彦博为江淮等路都大提点坑冶铸钱。

《建炎以来系年要录》卷一百六十九载：八月"壬寅，右朝请郎、知衢州王彦博，为江淮、荆浙、福建、广南路都大提点坑冶铸钱"③。

十月二十三日，曹泳特勒停，彦博受牵连而罢。

---

① 李心传编撰，胡坤点校《建炎以来系年要录》，中华书局2013年版，第2753页。
② 《建炎以来系年要录》，第2753页。
③ 《建炎以来系年要录》，第3210页。

《建炎以来系年要录》卷一百六十九载之原委甚详：

（绍兴二十有五年十月）丁酉，执政奏事，上曰：秦桧力赞和议，天下安宁，自中兴以来，百度废而复备，皆其辅相之力，诚有功于国，伤悼久之。权尚书户部侍郎兼知临安府曹泳特勒停，新州安置。右朝散郎守鸿胪少卿朱敦儒令依旧致仕；枢密院编修官兼权检详文字薛仲邕、右朝请郎江淮等路提点坑冶铸钱王彦博、左奉议郎提举两浙西路常平茶盐公事杜师旦并放罢，日下押出门。秦桧既死，右正言张扶乃奏：泳肆为凶悖，傲诞不逊，招权怙势，以收人情，监司郡守必欲出其门下，广为死党，一或不然，则必以事阴中之摈斥废罢者，踵常相继，缙绅畏之，视如鬼蜮。近见太师秦桧不安未赴朝参，日与群小妄议朝政，动摇国是，专欲离间君臣，窃恐别有觊觎，将致误国。殿中侍御史徐嚞言：泳性资凶险，貌状奸雄，威声虐焰，震慑朝野，而又招权市恩，擅作威福，引援市井不逞之人，结为心腹，如朱敦儒者，乃赵鼎之心友；杜师旦者，李光之上客；王彦博者，赃污淫滥，专事刻剥；薛仲邕，乃泳之甥，踪迹诡秘，唯务躁进，而泳悉致之门下，国家财赋自有常，经泳巧计百出，必为额外多方聚敛，较利之锱铢，割民之脂膏，怨嗟之声满于道路，甚者幸大臣之有疾，遂日与群小会聚妄议朝政，便欲窃弄权柄，恣其悖逆不臣之心，以摇国是，罪恶贯盈，未易弹举，欲望屏窜远方，以快天下，仍将敦儒、师旦、彦博、仲邕等并行罢黜，使凶恶不有君父之臣及阴邪奸赃交结之徒，皆知所惩艾，故有是命①。

按，彦博因通判临安府时与户部侍郎兼知临安府曹泳同府为官，被视为曹

---

① 《建炎以来系年要录》，第2773页。

泳同党。

### 绍兴二十六年丙子（1156），十七岁。

**客居姑苏。闰十月，父彦博被勒停送靖州编管。**

《宋会要辑稿·职官七〇》之四六则载：绍兴二十六年"闰十月四日，左朝请郎王彦博、右朝散郎郑枏特勒停，彦博送靖州、枏送辰州编管。臣僚言，彦博权临安府通判，往衢州体究赵令衿公事，招人告讦，以兴大狱"[1]。按，南宋靖州属荆湖北路，领县三：永平、会同、通道[2]。今属湖南靖州苗族侗族自治县。

### 绍兴二十七年丁丑（1157），十八岁。

**在临安。入太学，与王质友善。**

王阮《雪山集序》云："绍兴中，阮游成均，与东平王君景文同隶时中斋，听其论古，如读郦道元《水经》，名川支川，贯穿周匝，无有间断。间语世务计后成否，又如孟子言历千载日至无毫厘差，咳唾随风，皆成珠玑。使读之者如嚼蜜雪齿颊有味。其施之场屋，如拾芥，如破竹，而为世所贵重者，特其余事耳。未足以论景文也。"[3]成均，指太学。"绍兴中"，应为绍兴末年。王阮在太学与王质同隶"时中斋"，王质绍兴三十年科举考试，至少是年已在太学，王阮亦同。王质，字景文，兴国军永兴县（今湖北阳新）人，绍兴三十年（1160）进士，曾官枢密院编修官。有《雪山集》《诗总闻》等传世。

### 绍兴二十八年戊寅（1158），十九岁。

---

[1]《宋会要辑稿》，第2967页。
[2] 脱脱《宋史》卷八十五《地理志》，中华书局1985年版，第2197页。
[3] 王可喜《王韶家族研究文献集》，江西高校出版社2018年版，第199页。

在临安,游学太学。

## 绍兴二十九年己卯(1159),二十岁。

在临安,游学太学。与范成大游馆娃宫遗址,有赋一篇。

岳珂《桯史》卷三《馆娃浯溪》条云:"义丰赋中称先生,盖时从范石湖成大游。"陈元龙《历代赋汇》卷一百八题作《馆娃宫赋》①,今朱瑞熙等《义丰文集校注》题作《馆娃赋》。按,王阮明年冬归德安丁父忧,故从范成大游或在是年前后。

## 绍兴三十年庚辰(1160),二十一岁。

在德安。十一月,父彦博卒于靖州贬所,丁父忧。

《建炎以来系年要录》卷一百八十七载:绍兴三十年十有一月庚子,"编管人、前右朝请郎王彦博死于靖州"②。王阮《雪山集序》曾自谓:"庚辰春,景文中进士第,阮以服丧,乃相契阔。"是年王阮"服丧",亦证乃父卒于是年。

友人王质为撰哀辞悼念。

王质《王仲说哀辞(并序)》云:

王仲说大夫仕于时,不苟于其职,绳绳律律,引义助法,操切事情,他人不足,仲说有余,所谓能者,非耶?然天下学士多讪怒之,岂所谓人情者哉?语曰'才者动色,不才失魄',非虚言也。察察似刻,栗栗似暴,汲汲似躁,世所以病才,盖亦有端,非苟而已也。真伪相形,能否相临,所谓莫能两大者耶。势逼伎生,故缓不切事不谓之迂,

---

① 陈元龙《历代赋汇》,景印文渊阁《四库全书》,第1421册第362页。
② 《建炎以来系年要录》,第3626页。

谓之大体;缪无能为不谓之庸,谓之长者。斯言之行于世也,才者病焉。昔者,赵广汉以击断死,盖宽饶以亢直诛,李德裕、郭崇韬以果敢毙。裕于才者凶其家,足于能者殃其身,不亦悲乎!优哉游哉,聊以卒岁,此不亦无咎无忧,康宁而考终命耶?然立志之大,不以彼而易此者,不肯自欺其心也。吾于仲说之死而哀之,辞曰:

  五溪兮纷流,蹇不进兮淹留。涉其浅兮濡辔,乱其深兮无舟。日冉冉兮崦嵫下,鬼出游兮跳舞。庭有钟鼓兮击考,左春华兮右秋素。满堂兮芳菲,出门兮不顾。虎弗兮君车,亦平生好游之故也。进无底兮,退无依也,吁嗟已矣兮,命之衰也。湘水之上兮九疑,盍往兮陈辞,曰维帝其天兮,臣死无归①。

按,阮父王仲说字彦博,以字名(详前世系考)。

## 绍兴三十一年辛巳(1161),二十二岁。

**居德安,丁父忧。**

## 绍兴三十二年壬午(1162),二十三岁。

**居德安,丁父忧。春,与王质同游庐山。**

王质《玉渊龙记》:"绍兴三十二年三月十七日,予与友人王阮南卿俱来栖贤访智通,不遇,则徘徊玉渊亭上。有若蛇者骤见于崩涛骇浪之中,或与水曲折相抵冒如钩,或引吭树起如笔,平行见其背如黛,倒侧见其腹如金,蜿蜒上下,如戏如怒,如有所喜。予顾谓南卿曰:'是何为者?予疑其非常蛇者二:玉渊之上,去草木甚远,平衍莹滑,非蛇所宜至。且水势乃尔,他蛇至则靡矣,尚

---

① 王质《雪山集》卷十一,景印文渊阁《四库全书》,第1149册第452页。

安能立？是二者吾意其尤焉。'南卿未对。"①栖贤寺、玉渊亭在庐山五老峰。李贤等《明一统志》卷五十二《南康府·寺观》："栖贤寺，在五老峰下，唐李渤读书处，宋陈舜俞有诗。"②祝穆《方舆胜览》卷十七："玉渊亭，在栖贤寺门外。涧中白石不以数计，如卧羊，故曰玉渊。张安国书二字。"③据此推知，父彦博当归葬德安，王阮回德安丁忧。

### 孝宗隆兴元年癸未(1163)，二十四岁。

**在临安。正月，登进士第。**

《宋史》本传："登隆兴元年进士第。时孝宗初即位，欲成高宗之志，首诏经理建业以图进取，而大臣巽懦幸安，计未决。阮试礼部，对策曰……。知贡举范成大得而读之，叹曰：'是人杰也！'"④按，是年科举洪遵知贡举，范成大为点检试卷官。《宋会要辑稿·选举二〇》之一五："隆兴元年正月九日，命翰林学士承旨、知制诰洪遵知贡举，试兵部侍郎周葵、试中书舍人张震同知贡举，秘书少监胡铨、吏部郎中杨民望、司勋郎中宋似孙、都官郎中钱豫、吏部员外郎吴龟年、工部员外郎魏杞、监察御史陈良翰、芮烨参详官，秘书丞唐阅、太府寺丞陈天麟、枢密院编修官尹穑、著作佐郎龚茂良、国子监丞王悦、诸王宫大小学教授吴祗若、大理司直惠迪、将作监丞邹枑、军器监丞张之刚、秘书省正字王东里、方翥、张宋卿、御史台检法官郑丙、司农寺主簿陶去秦⑤、武学博士刘敦义、国子录高遴、临安府府学教授陈禾、监登闻检院单时、监太平惠民和剂局范成大、权行朝⑥权货务都茶场潘慈明、主管吏部架阁文字俞晔、主管刑部架阁文字

---

① 王质《雪山集》卷六，景印文渊阁《四库全书》，第1149册第392页。
② 李贤等《明一统志》，景印文渊阁《四库全书》，第473册第73页。
③ 祝穆撰，施和金点校《方舆胜览》，中华书局2003年版，第305页。
④ 脱脱等《宋史》卷三百九十五，中华书局1985年版，第12053、12054页。
⑤ 当为"秦"字。
⑥ 当为"在"字。

刘大辩、临安府府学教授莫冲点检试卷。"①《宋会要辑稿·选举一》之一六："孝宗隆兴元年正月九日,以翰林学士承旨洪遵知贡举,兵部侍郎周葵、中书舍人张震同知贡举,合格奏名进士木待问以下五百六十人。"②王阮随父移居姑苏,从范成大游,早已相知,故范成大十分推崇、肯定。

**五月,同榜进士始授官,回江州守选待阙。**

《宋会要辑稿·选举二》之一九："隆兴元年五月一日,诏新及第进士第一人木待问补左承事郎、签书诸州节度判官事,第二人黄洽、第三人丘崈、四川类试第一人赵雄并左文林郎、两使职官,第四人郑伯英、第五人袁枢并从事郎、初等职官,第六人以下至第四甲并左迪功郎、诸州司户簿尉,第五甲守选。"③据王阮首任都昌县主簿职,其科第当是五甲。据是年秋在江州拜见唐文若,知其已回到家乡江州守选待阙。

**秋冬,唐文若知江州刚到任,即上诗请求举荐。**

《宋史》卷三百八十八《唐文若传》："孝宗嗣位,张浚以右府都督江、淮军事,文若时以疾请外,除敷文阁待制,知汉州,寻改都督府参赞军事。浚使行边按守备,多所罢行者。未还,除知鼎州,改江州。明年,浚入相,都督府罢。"④《宋史全文》卷二十四上:隆兴元年八月癸未(二十五日),"诏复都督参赞军事唐文若知鼎州,以户部侍郎王之望代之"⑤。知唐文若知江州在隆兴元年秋冬。王阮《上九江唐舍人(文若)一首五十韵》诗中自注:"公下车始,即问姓名。"又诗云:"立国须才用,闻公锐意收。龙门如可上,敢请与荀俦。"⑥知唐文若隆兴

---

① 《宋会要辑稿》,第4582页。
② 《宋会要辑稿》,第4238页。
③ 《宋会要辑稿》,第4254页。
④ 脱脱等《宋史》,中华书局1985年版,第11913页。
⑤ 佚名撰,李之亮点校《宋史全文》,黑龙江人民出版社2004年版,第1639页。
⑥ 王阮著,朱瑞熙、孙家骅校注《义丰文集校注》,华东师范大学出版社2005年版,第9页。下引王阮诗文皆同此版本,不另出注。

元年刚到任,王阮即上此诗请求唐文若举荐。李之亮《宋两江郡守易替考》,考定唐文若于1164—1166年知江州①,误,当为1163—1165年。

  唐文若(1106—1165),字立夫,一字仲懿,晚号遯庵,眉山(今四川眉山)人,唐庚子。绍兴五年(1135)登进士第,分教潼川府,通判洋州、遂宁府。二十六年以光禄丞召,改秘书郎,迁起居郎。出知邵州、饶州、温州。三十一年召除宗正少卿,复除起居郎,迁中书舍人。孝宗嗣位,以疾请外,除敷文阁待制,历知汉州、江州。乾道元年卒,年六十,赠左通奉大夫。事迹见《宋史》卷三百八十八本传。

## 隆兴二年甲申(1164),二十五岁。

**在姑苏。浮家东吴,生活贫困。**

  其《和陶诗六首》序云:"隆兴二年,余浮家东吴。僦居日籴,大水入室,无所容其躯。妻孥嗷嗷,至绝烟火。羁旅憔悴之态,如雪堂之在岭外,而渊明之弃彭泽也。由是宦情日薄,而归志日浓矣。暇日,读渊明诗,不能尽和也,事类意感,辄继和焉。惧观者不我赦也,故序其意云。"按,据此知王阮尚未出仕就任,举家回到姑苏家中。

**是年八月,丞相张浚薨,王阮与陆游、王质以诗悼念唱和。**

  陆游《送王景文》诗云:"张公遂如此,海内共悲辛。强敌犹遗种,皇天夺老臣。深知万言策,不愧九原人(君近尝奏策)。风雨津亭暮,辞君泪满巾。"②王阮诗《次陆务观韵寄王景文一首(时张丞相薨)》云:"朔风摇楚水,国步益艰辛。往事忽成梦,逆胡何日臣?凡今天下士,皆属座中人。尚被中原发,烦君与正巾。"按,陆游诗中"张公""老臣"即指张丞相浚,八月二十八日"辛巳,判

---

① 李之亮《宋两江郡守易替考》,巴蜀书社2001年版,第353页。
② 陆游《剑南诗稿》卷一,景印文渊阁《四库全书》,第11629册第15页。

福州、魏国公张浚薨"①。据于北山《陆游年谱》"隆兴二年"纪事:"八月,判福州、魏国公张浚卒。"②

陆游(1125—1209),字务观,越州山阴(今浙江绍兴)人。著名爱国诗人,毕生主张抗金,收复失地,著作繁富,有《渭南文集》五十卷,《剑南诗稿》八十五卷等。《宋史》卷三百九十五有传。事迹详于北山《陆游年谱》。

**是年或已赴任南康都昌(今属江西)主簿。**

《宋史》本传:"调南康都昌主簿,以廉声闻。"按,明年已在任上,或今年已到任。

## 孝宗乾道元年乙酉(1165),二十六岁。

**在都昌主簿任。秋,就近调任饶州秋试考试官。有诗一题。**

其《荐福寺一首(并引)》云:"乾道初,余领番易贡事,实棘荐福寺以试。堂下岩桂盛开,为护持之。淳熙八年再至,为赋一首。'十七年间一梦迷,重来浑不辨东西。院中谁识前时客?莫莫堂前老木犀。'"由淳熙八年(1181)前推十七年,为乾道元年,即任南康都昌主簿期间。其《试院二首》有"尚有选材王事在""偏到庐山脚下州"等诗句,亦知其参与了饶州秋试选拔人才之事。按,饶州郡名鄱阳,治所在鄱阳。《明一统志》卷五十《饶州府·山川》载:"荐福山,在府城东三里,上有荐福寺、鲁公亭。"③同卷《寺观》:"荐福寺,在荐福山,元季毁,本朝永乐间重建。"④

## 乾道二年丙戌(1166),二十七岁。

---

① 毕沅《续资治通鉴》卷一百三十八,中华书局1986年版,第3685页。
② 于北山《陆游年谱》,上海古籍出版社1985年版,第114页。
③ 李贤等《明一统志》,景印文渊阁《四库全书》,第473册第36页。
④ 李贤等《明一统志》,景印文渊阁《四库全书》,第473册第41页。

**在都昌主簿任。春,执行公务到徽州黟、歙。有诗一题。**

《都昌沿檄黟、歙遇春》诗云:"忽忽年华换,悠悠客路长。春声先水响,山气欲花香。何补公家事,空随吏役忙。白云知此意,一片直都昌。"由诗题知作于都昌县主簿时,时令为春季,暂系于是年。黟、歙为徽州属县。

## 乾道三年丁亥(1167),二十八岁。

**在都昌主簿任。将离任,有诗一题咏怀。**

《传舍中竹一首(并引)》诗序云:"都昌传舍中竹,其始数枝而已,护之三年,遂满一轩。惧余既去,为人所伐,作诗示伐者。"自乾道元年"护之三年",即为乾道三年。诗尾联云:"明年我亦江湖去,尚祝同年乞钓竿。"故知其明年将离南康都昌主簿任。

## 乾道四年戊子(1168),二十九岁。

**离任都昌,或闲居德安。**

据《传舍中竹(并引)》诗尾联"明年我亦江湖去,尚祝同年乞钓竿"知,今年离任,新任职不详,或闲居德安。

## 乾道五年己丑(1169),三十岁。

**或闲居德安。有诗四题。**

**四月,与张孝祥同游庐山。**

岳珂《桯史》卷一《王义丰诗》条云:"王阮者,德安人,仕至抚州守。尝从张紫微学诗,紫微罢荆州,侍总得翁以归,偕之游庐山。暇日出诗卷,相与商榷,自谓有得。山南有万杉寺,本仁皇所建,奎章在焉。紫微大书二章,其一曰:老干参天一万株,庐山佳处著浮图。……阮得此诗独怃然不满意,曰:'先生气吞虹儿,今独少卑之,何也?'紫微不复言。……阮是时亦自有二十八字,

175

曰:昭陵龙去奎文在,万岁灵杉守百神。四十二年真雨露,山川草木至今春。紫微大击节,自以为不及。"①紫微即张孝祥(字安国)。万杉寺,在庐山。《明一统志》卷五十二《南康府·寺观》:"万杉寺,在庐山下,唐名庆云院。宋景德中,僧太超即山植万杉,故名。"②又据《正德南康府志》卷十载:"旧名庆云院,去府西北十八里。宋景德中僧大昭即山植万杉,天圣二年赐今名。"③查辛更儒《张孝祥于湖先生年谱》,乾道五年四月,张孝祥"与王阮同游庐山,有诗"④。王阮从张孝祥学诗应可信,王阮诗集中即有上述"二十八字",诗题《同张安国游万杉寺》,并有《桯史》述及的另一首,题《重九再到张已隔世书诗碑后》。据此可了解王阮与张孝祥切磋诗艺之情形。王阮诗风确受张孝祥影响,吴之振《宋诗钞》卷九十三之《义丰集钞》即云:"其诗得之张紫微安国。"⑤《四库全书总目提要》卷一百五十九《义丰集》提要亦云:"今观阮诗,于两派之间各得一体。"⑥这两派指曾几和张孝祥。同游中,王阮还写有《谢张安国相过》一首。

**是年六月,张孝祥辞世,以诗哀悼。**

《挽张舍人安国四首》其四云:"近别逾旬朔,俄传讣问来。初疑余子谤,渐沸使人猜。竟作青黄木,终成怨怒雷。数行衰泪尽,吾意独怜才。"为张孝祥辞世痛心不已。按,张孝祥于是年六月与虞允文饮芜湖舟中,以中暑遽疾,倏然而逝。年仅三十八岁⑦。

## 乾道六年庚寅(1170),三十一岁。

---

① 岳珂《桯史》,中华书局1981年版,第7页。
② 李贤等《明一统志》,景印文渊阁《四库全书》,第473册第73页。
③ 陈霖《正德南康府志》,《天一阁藏明代方志选刊》,上海古籍书店1981年版。
④ 辛更儒《张孝祥于湖先生年谱》,台北五南图书出版公司2003年版,第241页。
⑤ 吴之振《宋诗钞》,景印文渊阁《四库全书》,第1462册第721页。
⑥ 纪昀总纂《四库全书总目提要》,河北人民出版社2000年版,第4112页。
⑦ 傅璇琮、辛更儒主编《宋才子传笺证(南宋前期卷)》,辽海出版社2011年版,第447页。

或闲居德安。

## 乾道七年辛卯(1171),三十二岁。

**是年或已到永州教授任。**

《宋史》本传:"移永州教授。"时间不详。据明年春在长沙见张栻(详下年谱),则今年当已到任永州(今属湖南)。

## 乾道八年壬辰(1172),三十三岁。

**在永州教授任上。春,前往长沙谒见张栻。**

《宋史》本传载:"尝谒袁州太守张栻。"按,张栻去年冬归抵长沙旧庐。查胡宗楙《张宣公年谱》,乾道七年"六月十三日,出公知袁州。十四日,出都过吴兴。七月,寓苏。八月,适毗陵。十二月,游鄂渚,归抵长沙(旧庐)"①。王阮在永州教授任上前往谒见,张栻谓之曰:"当今道在武夷,子盍往求之。"指点王阮去拜见朱熹。王阮后来在考亭拜见朱熹,成为朱子门人。

**十一月,以赈济有功而减三年磨勘。**

《宋会要辑稿·职官一一》之五二:乾道"八年十一月六日,知潭州、充荆湖南路安抚使陈弥作,提举荆湖南路常平茶盐公事胡仰言:'湖南州县荒旱,永州推官应材、永州司户罗全略、永州教授王阮、监潭州南岳庙陈符、长沙知县陈确、善化知县吕行己、衡山县尉对移湘阴知县孙逢辰,究心赈济,职事修办,应材仍有运米往返措置协济之劳。'诏应材转一官,罗全略、王阮、陈符、陈确、吕行己、孙逢辰各减三年磨勘"②。《宋会要辑稿·食货五九》之五二:乾道八年"十一月六日,诏:'应材与转一官,罗全略、王阮、陈符、陈确、吕行己、孙逢辰各

---

① 胡宗楙《张宣公年谱》,《宋人年谱丛刊》,四川大学出版社2003年版,第6295页。
② 《宋会要辑稿》,第2648页。

与减三年磨勘。'以赈济有劳,从湖南安抚使陈弥作、提举湖南常平胡仰之奏也"①。同书《食货六八》之七三亦有相关记载。

其间湖南州县荒旱,王阮到任后,了解情况,采取措施,赈济灾民。王阮曾写有《代胡仓进圣德惠民诗》。诗中自注云:"潭州每岁正苗三十八万石,每石收义仓一斗。自乙卯(1135)至辛卯(1171),当有百万石。臣到任点检,仅存四万石。""潭州自绍兴五年(1135)一旱后,丰稔三十八年。"诗中之"臣",非王阮自称,乃指诗题中之"胡仓",即上文所引《宋会要辑稿》中之"提举荆湖南常平茶盐公事胡仰",此诗是王阮为之捉刀。据"丰稔三十八年"云云,诗当作于是年。《湖南道中三首》其一有"失脚南来又两年"句,王阮乾道七年到永州教授任,"两年"即为乾道八年。当是抗灾期间所作。

**冬入京,有诗呈枢密使王炎。**

《都下病起呈王枢密一首》:"不解雕虫赋《逐贫》,又无饶舌论《钱神》。遭逢此鬼今番疟,零落吾生有限身。旧学试温浑易忘,新书欲谨自难真。时危壮士乃如此,为报堂堂有位人。"按,王枢密即王炎,字公明,乾道七年七月拜枢密使。《宋宰辅编年录校补》卷十七:乾道"七年七月,参知政事王炎授枢密使、左太中大夫依前四川宣抚使。"八年九月召还,以虞允文代之。明年正月罢枢密使②。知是年冬王炎在京。

**此行入京,献书阙下,请罢吴、楚牧马之政。**

《宋史》本传:"移永州教授,献书阙下,请罢吴、楚牧马之政,而积马于蜀茶马司,以省往来纲驿之费、岁时分牧之资,凡数千言。"③《钦定大清一统志》卷二百八十三《永州府·名宦》亦载:"王阮,江州人。孝宗时移永州教授,献书阙下,请罢吴、楚牧马之政,而积马于蜀茶马司,以省往来纲驿之费、岁时分

---

① 《宋会要辑稿》,第5864页。
② 徐自明撰,王瑞来校补《宋宰辅编年录校补》,中华书局1986年版,第1202、1214、1215页。
③ 脱脱等《宋史》卷三百九十五,中华书局1985年版,第12054页。

牧之资,凡数千言。"①

## 乾道九年癸巳(1173),三十四岁。

**在永州教授任上。春,与友人范成大相会于永州。有诗两题。**

按,时范成大赴任广西安抚使,途经永州,故得聚首。范成大此行写有日记《骖鸾录》,其中载:癸巳二月"十八日,宿永州祁阳县,始有夷途,役夫至相贺。……十九日发祁阳里,渡浯溪。浯溪者,近山石涧也,喷薄有声,流出江中。上有浯溪桥,临江石崖数壁,才高寻丈,《中兴颂》在最大一壁碑之上,余石无几。……余不佞,题五十六字于溪上,殆欲正君臣父子之大纲,与夫颂诗形容之本旨,亦不暇为元子及诸词人地也。诗既出,零陵人大以为妄,谓余不合点破渠乡曲古迹。有闽人施一灵者,通判州事,助之噪。独教授王阮南卿是余言,则并指南卿以为党云"②。所谓王阮"是余言",指范成大对《中兴颂》看法与时贤相左,只有王阮赞成。王阮亦写有《读浯溪碑》《题淡岩》等诗。

## 孝宗淳熙元年甲午(1174),三十五岁。

**离任永州。有诗七题。**

按,王阮当于是年春夏离任永州。

王阮此期诗作还有《过桃川万寿宫二首》《登衡岳三首》《竹斋二首》《见梅有感》《次德和韵寄谈李二丈二首》《广中南华寺》《广中二首》等。桃川即桃花溪,源出湖南桃源县,北流入沅江。诗中"刘郎"指刘禹锡,其有《游桃川》诗。南岳衡山在衡阳,与永州为邻;《竹斋二首》之二有"清阴翠色满湘山"句;《见梅有感》有"十月潇湘尽放梅"句;《次德和韵寄谈李二丈二首》之一有"身行湘

---

① 和珅《钦定大清一统志》,景印文渊阁《四库全书》,第480册第541页。
② 范成大撰,孔凡礼校点《范成大笔记六种》,中华书局1957年版,第56—58页。

水中""衡阳春渐暖"句;南华寺在今广东韶关曲江,距永州不远。故由诗题或诗句系于永州任期,即乾道八、九年间。

**淳熙二年乙未(1175),三十六岁。**

**在建阳。到建宁府建阳考亭拜见朱熹。**

《宋史》本传:"尝谒袁州太守张栻,栻谓曰:'当今道在武夷,子盍往求之。'"①按,王阮到建阳考亭拜见朱熹的时间,应在长沙谒见张栻之后、朱熹出任南康之前,因为朱熹任南康时,已经对王阮甚为了解,并请王阮协助讲学白鹿洞书院。且王阮自淳熙元年至五年无为官任职资料记载,而朱熹自绍兴后期至淳熙五年前一直在建阳、崇安一带著书讲学,故推测,王阮到建阳考亭拜见朱熹或在今年至五年之间,暂系于今年。

**初访不遇,有诗纪之。**

《访晦翁不遇一首》诗云:"陈良千里赴周公,正值商山去一鸿。肠断膝行来处路,舞雩空过一番风。"据诗意,知其千里迢迢前来拜见,访而不遇。

**见朱子于建阳考亭。**

《宋史》本传:"阮见朱熹于考亭,熹与语,大说之。"②按,考亭在建阳,有考亭书院。《明一统志》卷七十六《建宁府·山川》:"考亭溪。在建阳县考亭书院前,溪中有沙汀涌现,如龙舌,号龙舌洲。朱熹号沧洲,即此地。"同书卷七十六《建宁府·书院》:"考亭书院。在建阳县西三桂里。唐御史黄端构亭以祀其先,因名。朱熹晚年筑室居此,理宗诏立书院,亲书扁额赐之。本朝宣德中重修。"③

**陪朱子登妙高峰,有诗抒怀。**

---

① 脱脱等《宋史》,中华书局1985年版,第12053页。
② 脱脱等《宋史》,中华书局1985年版,第12053页。
③ 李贤等《明一统志》,景印文渊阁《四库全书》,第473册第594、595页。

《陪晦翁登妙高峰一首》诗云:"千崖盘屈曲,一塔矗空蒙。他处只山好,此中兼水洪。纵观疑犯斗,飞上觉凌风。常恨天难近,今朝路已通。"按,妙高峰在建阳东山。《钦定大清一统志》卷三百三十一《建宁府·山川》:"东山。在建阳县东十里,雄壮秀丽,中有一峰,高出群山,曰妙高峰。"①

## 淳熙三年丙申(1176),三十七岁。

或在建阳从朱子学。与朱子同游武夷山,有诗一题。

《题武夷冲佑观一首》诗云:"九折湍溪九折山,玉簪罗带互回环。若为脱得红尘网,来结疎茆一两间。"按,冲佑观、九曲溪均在武夷山。祝穆《方舆胜览》卷十一《建宁府·道观》:"冲佑观,在崇安县武夷山。旧名武夷观,保大间更曰会仙,皇宋绍圣二年改赐今额,听秩二千石,奉祠者领之。观之北有汉社坛存焉。"同书卷十一《建宁府·山川》:"九曲溪,在武夷山西南隅。发源于毛竹洞,湾环九曲,贯于群岫。"②

## 淳熙四年丁酉(1177),三十八岁。

或在建阳从朱子学。

按,王阮从朱子研修理学于建阳,后又同在白鹿洞讲学,故万斯同《儒林宗派》卷十将王阮归为朱子门人③。

## 淳熙五年戊戌(1178),三十九岁。

行踪不详,或闲居德安。

---

① 和珅《钦定大清一统志》,景印文渊阁《四库全书》,第 481 册第 659 页。
② 祝穆撰,施和金点校《方舆胜览》,中华书局 2003 年版,第 194、188 页。
③ 万斯同《儒林宗派》,景印文渊阁《四库全书》,第 458 册第 555 页。

### 淳熙六年己亥（1179），四十岁。

**在新昌。以宣教郎知新昌县。**

王阮《和渊明〈归去来辞〉》序云："淳熙六年，余为新昌令。"熊相《（正德）瑞州府志》卷六《新昌县·知县事》题名："王阮，宣教郎。"①新昌即今江西宜丰。

**初到，以诗书坐右屏。**

《新昌书坐右屏一首》诗云："私罪不可有，公罪不可无。退作陶渊明，进学何易于。便愿列循吏，宁甘为鄙夫。祸福置不问，吾民其少苏。"

### 淳熙七年庚子（1180），四十一岁。

**在知新昌县任上。六月，有诗题靖节先生祠。**

《题靖节先生祠一首》序云："督邮行县，先生去之。某始未谕，以为接之或可同寅，乌在未见遽谓'小儿'去之哉？晚得一邑，亲见群儿挟权规利，难与为仁，而后敬叹先生何其辨之早也。……时淳熙七年（1180）六月二十五日也。"序中所言"晚得一邑"，即指任新昌县令，处境与陶渊明任彭泽县令时相近，故对陶渊明的诗文读来感同身受。

**七月，南康军大旱，知军朱熹大修荒政②，致信邀请王阮前来协助建昌县（今江西永修）事务，以为倚重。**

朱熹《与黄商伯》云："此间为旱灾所挠，都昌县官稍解事，又请得盛族黄省干同措置，必可无虑。但建昌官员皆不足倚仗，又遍询彼邑寄居士人，无有能分此忧者。意欲恳南卿为同邑官区处，庶几下情稍通，吏不敢肆其奸罔，不知渠肯俯听否。渠虽德安人，而建昌亦有产业，知彼民情，故欲倚以为重耳。

---

① 熊相《（正德）瑞州府志》，《天一阁藏明代方志选刊续编》第42册，上海书店1990年版。
② 束景南《朱熹年谱长编》，华东师范大学出版社2001年版，第673页。

敢烦语次试为叩之,若许幸早见报,当专致书礼请也。"随后又催促云:"前书所扣王南卿事,不知曾为侦之否? 幸早报及也。"① 按,前王厚谱已考知:王阮祖父王厚去世后,于"大观元年(1107)四月,奉敕葬建昌甘泉乡白杨",故王厚子孙有定居建昌、置办产业者,此云王阮"建昌亦有产业"正合。

黄灏,字商伯,一字景夷,号西坡,都昌人。擢进士第。光宗朝,历太常寺簿,论及今礼废阙,出知常州,提举本路常平。既归里,幅巾深衣,骑驴匡山间,若素隐者。朱熹守南康,执弟子礼。熹没,党禁方厉,灏单车往赴,徘徊不忍去。性行端饬,以孝友称。有《西坡集》。《宋史》卷四百三十有传。

**十月,应邀来到南康军,与朱熹聚首甚欢,朱熹欲留不得。**

朱熹《与黄商伯》云:"某力疾救荒,未见涯涘,而传闻遽云云,闻之甚惧,未知将何以副其实也。南卿已到此,相处甚款。但渠欲入浙,不敢邀留之。度其归程,正是急时,当赖其出一只手。又恐其到阙,或为诸公所留耳。"又与朱熹等同游落星寺。朱熹《题落星寺张于湖题字后》云:"朱某奉处士叔父同王南卿、俞子寿、吴唐卿、李秉文、陈胜私、赵南纪及表侄俞洁己、甥魏愉、季子在俱来,观故张紫微安国题字,为之太息。淳熙庚子十月十三日也。"② 王阮《题落星寺》诗亦当写于该年。

**是月,启程入京。**

据上文朱熹《与黄商伯》书信,知王阮此行将入京。

## 淳熙八年辛丑(1181),四十二岁。

**在知新昌县任上。闰三月,自京返回,重到饶州番易荐福寺,有诗纪之。**

《荐福寺一首(并序)》序云:"乾道初,余领番易贡事,实棘荐福寺以试。

---

① 《全宋文》第250册,第217页。
② 朱熹《晦庵先生朱文公文集》卷七,《四部丛刊》本。

堂下岩桂盛开,为护持之。淳熙八年再至,为赋一首。"诗云:"十七年间一梦迷,重来浑不辨东西。院中谁识前时客,莫莫堂前老木犀。"

是月,在朱熹即将离任南康军时,与弟子诸生一起陪同朱熹游庐山。

闰三月二十八日,朱熹"在弟子诸生的簇拥下沿(庐山)山南而行,登黄云观,度三峡,窥玉渊,憩西涧,饮西原,宿卧龙,过开先,游归宗,浴汤泉,观康王谷水帘。然后向山北进发,同行的有刘清之、张扬卿、王阮、周颐、林用中"①。这是朱熹离任时与弟子诸生的告别游,规模大,历时近月。

同游中,有诗纪之。

《游三峡一首》云:"玉渊真水府,三峡跨长虹。万斛镕银泻,千樐战鼓雄。倚天危石立,透地密泉通。四海思霖雨,龙奚久在中?"三峡系庐山一景,与玉渊相邻。此行还有《入山遇雨宿开先寺二首》。开先寺在庐山秀峰,即今"秀峰寺"。

四月,在九江与朱熹以诗赠别。

《送晦翁十首》其五云:"去年民食十分灾,一力先生尽救回。今日手攀辕下者,人人都是翳桑来。"与朱熹知南康抗旱救灾事实相符。其六云:"移苗时节雨连天,白水青苗满大田。天欲先生归去后,故留遗爱在丰年。"知其时正是初夏插秧时节。

## 淳熙九年壬寅(1182),四十三岁。

在知新昌县任上。是年,丁内艰,辞官居家。友人范成大有挽词。

友人范成大《王南卿母挽词》诗云:"柹纵称纯孝,笋珈蚕隐忧。病中心已化,身外世如浮。闻道悲风木,谁能驻壑舟?佳儿行古道,足以贲潜幽。"②查

---

① 束景南《朱子大传》(上),商务印书馆 2003 年版,第 488 页。
② 范成大《石湖诗集》卷二十二,景印文渊阁《四库全书》,第 1159 册第 764 页。

《范成大年谱》:"去岁石湖有《王南卿母挽词》。"①"去岁"即淳熙九年,知王阮是年丁内艰。

**离任新昌,有诗纪之。**

《新昌留别一首》诗云:"奉命诛求下户贫,抗章恳白上官嗔。与其重敛毒千室,宁以深文终一身。吏务循良邦有赖,士虽贫贱气宜伸。空烟亭下桃花水,好送扁舟欲去人。"

## 淳熙十年癸卯(1183),四十四岁。

**居家丁内忧。夏,有诗一题与范成大唱和。**

范成大原唱为《北窗偶书呈王仲显、南卿二友》,诗云:"官居故逼仄,北窗谁所开?胡床憩午暑,帘影久徘徊。高槐忽低昂,知有好风来。须臾堕几席,篆香小飞灰。病翁亦披襟,月露装奇怀。垄头暴背耘,永书妇子偕。不辞梦山裂,田水如泼醅。去年岂堪说,稻根已浮埃。使君坐侯宅,窗间即凉台。何敢诉苦热,洒然助心斋。"②据《范成大年谱》,此诗作于淳熙十年,其时在夏季。王阮和诗题为《次韵范石湖北窗书怀一首》,诗云:"骄阳重郁结,凉飙惊豁开。排户始奔突,转隙少徘徊。仄闻风伯言,敬为邦君来。邦君著之诗,快心吾已灰。独念暑耘人,斯时若为怀。所愿均此施,醒然与之偕。有水何心浆,有瓮何心醅。莫吹天上云,要洗田中埃。高枕谢北窗,披襟笑登台。伏读旨意大,倍使吾容斋。"诗中所写亦为夏季景象,当同时所作。

## 淳熙十一年甲辰(1184),四十五岁。

**居家丁内忧。**

---

① 于北山《范成大年谱》,上海古籍出版社2006年版,第323页。
② 范成大《石湖诗集》卷二十二,景印文渊阁《四库全书》,第1159册第766页。

**淳熙十二年乙巳（1185），四十六岁。**

　　行踪不详，或在乡闲居。

**淳熙十三年丙午（1186），四十七岁。**

　　行踪不详，或在乡闲居。寒食节有诗一题。

　　《丙午寒食题净土寺一首》诗云："方见繁红绣小园，已随流水泛前村。人于醖醳真无分，雨共秋千似有冤。投老故应诸事懒，问春能得几分存？不须便作匆匆散，更把松梅仔细论。"净土寺甚多，未详何指，或为南昌净土寺。

**淳熙十四年丁未（1187），四十八岁。**

　　行踪不详，或在乡闲居。

**淳熙十五年戊申（1188），四十九岁。**

　　在昌国。知昌国县到任。

　　《宝庆四明志》卷二十《昌国县志》载县令题名："王阮，承议郎，淳熙十五年到任。覃恩转朝奉郎，赐绯鱼袋，磨勘转朝散郎。"[①]昌国即今浙江定海。

　　初到昌国，有诗咏怀。

　　《昌国偶成一首》诗云："诸邑皆山可夜驰，海中昌国力难施。风潮阻渡由天地，期会申严限日时。愿以老身从此免，忍将人命逼诸危。交门山下须臾死，肉食诸公知不知？"诗当是初到昌国，面对茫茫大海有感而作。

**淳熙十六年己酉（1189），五十岁。**

---

[①] 罗浚《宝庆四明志》，《宋元方志丛刊》，中华书局1990年版，第5245页。

**在昌国。知昌国县。**春,出郊劝农,有诗题吉祥寺。

《劝农题吉祥寺一首》诗云:"傍石寻幽径,穷源得梵城。潮声四面合,山色一团清。农合巡门劝,僧烦倒屣迎。明年吾更健,来此伴中耕。"冯福京《大德昌国州图志》卷七《寺院》:"吉祥寺,去州三十里富都乡之锦沙,九峰环列,一名九峰山。始寺之未创,山之南有香柏,岩极峻峭,人迹罕到,常隐隐闻钟磬声。唐开元间,高僧惠超居其中,草衣木食,戒行精苦,阅十三代。往宋咸平有真大悲者继之,善诵神咒,乡民归敬,丁县尉渐为舍基,请真公迁其居于山之麓,便民祈祷。庆历改元,文珍嗣其业,丁县尉因改为院。治平元年赐额吉祥,自是层观杰阁,金碧辉煌,茂林修竹,荫荟蒙密,为一方名刹,咸谓之小天童。建炎初,给事中黄龟年施辟支佛牙舍利盈缀,时见五色。绍兴十八年,法宁建阁藏之。嘉熙三年,余参政天锡请以显忠崇孝为额。归附后,大德元年住持僧净怡重建选佛堂,州判冯福京为记。"①诗必作于昌国任上,暂系于是春。

**夏旱,到普陀山为民求雨,有诗纪之。**

《普陀山观音岩祈雨一首》云:"南风不为雨,躬即宝陀求。地势到此尽,天河相接流。鳌登千丈背,蜃吐数层楼。念彼观音力,杨枝洒有秋。"诗必作于昌国任上,暂系于是夏。

**在昌国,徙迁学校,大兴教育。**

《大德昌国州图志》卷二《学校》云:"学旧在州东一百步,淳熙十六年,令王阮徙于丞厅之南","学肇基于县治之东,淳熙间王令阮迁于芙蓉洲。"②

## 光宗绍熙元年庚戌(1190),五十一岁。

**在昌国。知昌国县,创建状元桥。**

---

① 冯福京《大德昌国州图志》,《宋元方志丛刊》,中华书局1990年版,第6101页。
② 冯福京《大德昌国州图志》,《宋元方志丛刊》,中华书局1990年版,第6067、6087页。

《大德昌国州图志》卷三《桥梁》云："市桥旧名'状元桥'，往宋绍熙元年令王阮创建。"①

**巡察宿祖印寺，有诗抒怀。**

《宿祖印寺一首》云："下马杉松石径幽，暗泉一带抱山流。长廊隐隐丹青古，香雾蒙蒙日夜浮。缺月有情还委照，羁人无语独登楼。急呼老瓦招欢伯，为洗胸中万斛愁。"冯福京《大德昌国州图志》卷七《寺院》："祖印寺，在州治东南。寺元在朐山，旧名蓬莱，晋天福五年建。往宋治平二年赐今额，嘉熙二年邑令余桂迁至此，以接待寺并而为一。"②诗必作于昌国期间，暂系于是年。

**是年，撰成《绍熙昌国志》。**

王阮所撰《绍熙昌国志》，久佚不传。元成宗大德时尚能见其本，冯福京据此撰《大德昌国州图志》。徐时栋《至正四明续志·校勘记》卷九载："《绍熙昌国志》，右宋王阮撰。阮，字南卿，江州德安人，孝宗隆兴元年进士，尝从朱子讲学白鹿洞，淳熙十五年以承议郎任昌国县令，兴学造士，文教丕振。……据《宝庆志》，此书作于绍熙元年，盖已将去任矣。元成宗大德时，冯州判福京购之民间，岁余，仅得其一。……前辈有云，南卿所修邑乘，出于传信，可以垂久行远。沧桑屡易，遗书湮没无传为可惜。"③

## 绍熙二年辛亥（1191），五十二岁。

**春，离开昌国，有诗留别。**

《留别昌国五首》其一云："妄意弦歌学子游，迄无三异比中牟。丁宁今夜东风雨，添起潮头急去休。"其四云："当时底事乞身归，万物何曾与我违？最是临行更肠断，海鸥犹自掠船飞。"（页34）按，王阮昌国任满史载为绍熙元年，其

---

① 冯福京《大德昌国州图志》，《宋元方志丛刊》，中华书局1990年版，第6067、6087页。
② 冯福京《大德昌国州图志》，《宋元方志丛刊》，第6102页。
③ 徐时栋《至正四明续志·校勘记》，《宋元方志丛刊》，第6701、6702页。

下任钱棣是年到任。《宝庆四明志》卷二十《昌国县志》载县令题名："钱棣,文林郎,绍熙元年到任,四年满。"①其时或已为年底,离开昌国则为次年春。王阮《洞庭题咏十一首》之《宿灵佑观谢沈君(并引)》序云："闻林屋之胜久矣,客姑苏四十年,欲至不可得。绍熙辛亥,归自宝陀山,始遂此志。"

**临行,友人陈纠饯行,以诗送别,有诗和之。**

《昌国秩满次陈纠祖行韵一首》："昔之督邮逐彭泽,今之督邮眷昌国。不令自赋归去来,更以新诗祖行色。开缄墨湿雨蒙蒙,细读字字含清风。尘埃三载足昏塞,一听妙语还醒忪。持归柴桑有茅舍,揭之其间作佳话。非惟可诧陶渊明,亦愧当年督邮者。"

**途经庆元府,游雪窦瀑布,有诗纪之。**

《雪窦瀑布一首》云："碧空无雨忽潺潺,此水何人激在山。塔现玉光依石侧,柱因冰冻沥檐间。长风浩荡更相和,元气淋漓挽不还。欲究本来源出处,湘江谁借一枝斑。"按,昌国属庆元府,王阮归来必经庆元府,当是顺道游奉化雪窦瀑布。暂系于是年。

**到绍兴府,寻大禹遗迹,拜禹庙、禹陵,有诗抒怀。**

《禹穴一首》诗云："绿绿煌煌锡禹畴,厥初龟负即天休。转为《玉札符经》论,果有藏书此穴不?"《禹庙一首》诗云："万世衣裳脱介鳞,一祠宁足报恩深。长教天下江河顺,始慰胼胝手足心。"《禹陵一首》诗云："禹驾黄龙入九霄,空山应有百神朝。翠微不用熊罴守,乞与遗民共采樵。"按,禹庙、禹陵均在绍兴府会稽山。李贤等《明一统志》卷四十五《绍兴府·祠庙》:"禹庙,在会稽山禹陵侧。"同书卷四十五《绍兴府·陵墓》:"禹王陵,在会稽山禹庙侧。旧志:禹巡狩江南,崩而葬焉。"②

---

① 罗浚《宝庆四明志》,《宋元方志丛刊》,第5245页。
② 李贤等《明一统志》,景印文渊阁《四库全书》,第472册第1064页。

**又拜曹娥庙,有诗纪之。**

《曹娥庙一首》诗云:"英哉神女此江干,德与余姚舜一般。碧草凄凄埋玉冷,清风凛凛矗天寒。求生古患为仁害,誓死今知得所难。我自徘徊不忍去,非干潮小故盘桓。"按,曹娥庙在绍兴府城东。李贤等《明一统志》卷四十五《绍兴府·祠庙》:"曹娥庙,在府城东七十二里,汉元嘉中建,邯郸子作碑文。"①

**闲居临安。秋,观潮有诗。**

《浙江观潮一首》云:"水向东南聚,气钟子午间。大洋一沸鼎,众溜各循环。高岸忽为谷,疾雷惊破山。三年浮海客,见此悟生还。"据"三年浮海客",知为是年自昌国归来所作,时令已是秋天,则其是年春夏当是寓居于绍兴、临安一带。

**九月初,经湖州,游道场、何山,有诗纪之。**

《九月六日泛舟航村,而舟人不审,误抵道场之麓。越二日,登焉,因过何山漫赋一首》云:"千岩矗空蒙,一水还葱蒨。寺从驯虎立,山作盘龙转。嗟予千里来,适此十年愿。"诗题叙述行踪甚详。按,道场,山名,又名云峰,在湖州西十二里,与何山相连;何山,在湖州西南。祝穆《方舆胜览》卷四《安吉州·佛寺》:"何山寺。汪彦章《何氏书堂记》云:'吴兴环城皆水,独西南冈岭相属十余里,而得浮屠氏之居二焉,东曰道场,西曰何山。何山立于宋元嘉中,道场近出于唐末、五季之初。'""万寿院。在道场山,详见上注。苏子瞻《游二山诗》:'道场山顶何山麓,上彻云峰下幽谷。我从山水窟中来,尚爱此山看不足。'"②

**北上游太湖洞庭山,有诗抒怀。**

---

① 李贤等《明一统志》,景印文渊阁《四库全书》,第 472 册第 1064 页。
② 祝穆撰,施和金点校《方舆胜览》,中华书局 2003 年版,第 82 页。

《洞庭题咏十一首》之《宿灵佑观谢沈君并引》云："闻林屋之胜久矣,客姑苏四十年,欲至不可得。绍熙辛亥,归自宝陀山,始遂此志。山在太湖中,意其一岛耳。"诗中又有"秋熟渔樵市"句,知作于秋天。《洞庭留别》亦有"水石秋深未有痕"云云,皆为同时作。知王阮自昌国北上,途经太湖,得便游太湖洞庭山。

**在苏州。泛月,有诗抒怀。**

《姑苏泛月一首》云："夜来谁共泛灵槎,飞上牵牛织女家。但觉满身天雨露,绝无一点世尘沙。秋将寒玉清风阵,月借镕银泼浪花。投晓归来互相告,等闲休向俗人夸。"其时为秋季,当是此行所作。

**在苏州与友人范成大聚首,有诗唱和。**

临别,范成大以诗相送。《古风送南卿》诗云："庐阜有佳人,颜色皦冰玉。不能时世妆,萧然古冠服。纷纭倚市门,组丽眩红绿。妖歌促艳舞,飞上黄金屋。安知乘鸾侣,流落堕空谷。风泉入环佩,月露作膏馥。粱肉岂不珍,沦雪煮黄独。聊用慰朝饥,岁寒肤起粟。绮丛三尺尘,无路到松竹。谁能抚孤桐,为奏招隐曲!"[1]据于北山《范成大年谱》,诗作于是年[2]。按,王阮昌国离任,并无新职任命,故范成大送别诗为鸣不平,惜其不遇。王阮亦有《寄范石湖五首》,其二有云："银山铁垒洞庭秋,又见鸱夷一叶舟。且是云仍高一着,只将山水事清游。"时令亦是秋天,可知是同时所作。

## 绍熙三年壬子(1192),五十三岁。

**在苏州闲居,与友人结诗社唱和。有诗三题。**

《九日陪金市诸友登高阳山二首》其一云："穷途已负菊花期,尚得诸公慰

---

[1] 范成大《石湖诗集》卷三十二,景印文渊阁《四库全书》,第1159册第829页。
[2] 于北山《范成大年谱》,上海古籍出版社2006年版,第385页。

所思。不道白衣持酒至,共将乌帽入风吹。紫萸秋浅浮觞少,黄叶山高策杖迟。却恨社中人阙一,未将汤饼共追随。"其二云:"读书怀古恨难逢,不谓斯时乃有公。心自对谈名利外,士知尊价品题中。一樽此地论文乐,三径何年结社同?待得尘踪去留决,别将消息寄东风。"诗中均提到结诗社,其时在重阳节。金市、高阳山均不详。诗中表达的正是昌国归来,仕途去向不定,不被重用,怀才不遇,以文字游戏消磨时光之感叹。《龙塘久别乘月再到奉呈同社一首(在姑苏)》:"龙塘畴昔擅云烟,破月重来倍爽然。浮玉北堂三万顷,扁舟西子二千年。青山识面争迎棹,白鹭知心不避船。华发翛翛更何往,一茅终在此桥边。"据诗题自注,知其在苏州结诗社。《再用前韵一首》:"已无功业上凌烟,且泛扁舟逐计然。自喜兹游胜平日,不知今夕是何年。横空蟛蚏聊欹枕,满袖婵娟永共船。同社贤豪多载酒,坐添清兴浩无边。"与前诗同韵,当同时作,同样表达功业无成,只好与诗友聊以诗酒自慰的痛苦心情。

## 绍熙四年癸丑(1193),五十四岁。

**在苏州闲居。春夏时节,遇大水,有诗纪之。**

《金市大水一首》:"日气方穿户,风潮忽及门。郊原雨脚密,窗牖浪花翻。船系家家屋,帆飞处处村。江南一羁客,微命托乾坤。"知其是年仍闲居在苏州,其时或为春夏时节。

**重阳节,泛舟松江,有时感怀。**

《九日独泛松江一首》:"松江牢落一舟归,中有人惊岁月违。太一自期莲叶是,白衣何恨菊花非。水收四面郊原阔,霜入千山草木稀。已分沧洲付吾道,便应从此下渔矶。"祝穆《方舆胜览》卷三《平江府·山川》:"松江,在吴江县,一名笠泽。"[①]

---

[①] 祝穆撰,施和金点校《方舆胜览》,中华书局2003年版,第34页。

冬,西归德安故里,与诗社友人以诗留别。

《留别金市诸友一首》诗云:"扁舟昔东下,徒步却西归。久客幸无恙,诸公皆可依。途穷须暂哭,鸟倦不能飞。他日相寻地,江南一翠微。"知其留别后西归德安。

## 绍熙五年甲寅(1194),五十五岁。

行踪不详,或在德安闲居。

## 宁宗庆元元年乙卯(1195),五十六岁。

行踪不详,或已任职,何职不详。

按,明年有督运之事务,必有任职,或今年已在任。

## 庆元二年丙辰(1196),五十七岁。

**冬,因督运公干过庐陵,拜见周必大,有诗纪之。**

《投周益公三首》诗序云:"庆元二年,偶因督运,道出庐陵,公方释位,放意绿野,而某吏役适相值,岂天以此行从人欲邪?奉投三诗。"按,周必大于淳熙十六年(1189)进封益国公,故称"周益公",庐陵(今江西吉安)是其故乡,此时周必大致仕居乡。① 王阮因"督运"经此地,故献诗于周必大。然王阮所任何职,不详。

**过赣江黄公滩,有诗咏怀。**

此行过赣江,又有诗《黄公滩》,诗序云:"赣右三百里,中有大、小黄公滩,与万安县对,无甚险恶。……庆元二年十一月十四日夜,余宿滩下。"

---

① 周纶《周益国文忠公年谱》,《宋人年谱丛刊》,四川大学出版社2003年版,第5903页。

**庆元三年丁巳(1197),五十八岁。**

　　**或已在知濠州任上。**

　　按,据下文所引《瑞麦谣》诗序,绍熙五年甲寅濠州守臣为黄万石,其下任张致远在庆元元年被放罢。《宋会要辑稿·职官七三》之二〇:庆元元年"七月十四日,观文殿大学士、银青光禄大夫、提举洞霄宫赵汝愚落职,朝请大夫、权尚书刑部侍郎郑湜与郡,朝奉郎、监察御史吴猎宫观,秉义郎、差知濠州张致远放罢。以臣僚言:'汝愚自恃有恩,玩侮君上;郑湜草制,乃深怀荐引之恩,巧作诡佞之语;吴猎不避交通之迹,公然上疏乞止宰相掩攒之行;武臣张致远受其亲密之指,朝辞上殿,乞宰相兼枢密使。'故有是命"①。张致远放罢后,自庆元元年至三年或有一任知州,或是王阮继任,因王阮庆元五年移知抚州(详下五年谱),若任满三年,则其庆元三年必到任。濠州即今安徽凤阳。

**庆元四年戊午(1198),五十九岁。**

　　**在知濠州任上。有诗三题。**

　　《瑞麦谣》诗序云:"淮海宜麦旧矣,瑞我圣世,迭出濠梁。淳熙戊戌,得两岐者一,守臣张士元记其异。绍熙甲寅,又得之,益以三岐者,守臣黄万石再播颂声。庆元戊午夏四月壬申,牧儿丁道僧,越五日丙子,农者京太,各献如绍熙之数。又廿日丙申,民兵统领李道衷双穗者,驰丁夫蔡进以献,多至三十有八,和之至也。是岁五谷熟,为大有年。守臣某,仰体谦制,不敢以闻,亦不敢替厥事,赋《瑞麦谣》,纪圣治也。"序中历叙濠州三次出现瑞麦之事及三任知州的反应。由诗序可知,淳熙五年戊戌(1178)濠州守臣即知州是张士元,绍熙五年甲寅(1194)濠州知州为黄万石,而庆元四年濠州知州"某",显然是此诗作者王阮自称。换言之,写此诗时,王阮在濠州知州任上。

---

① 徐松等辑《宋会要辑稿》,中华书局1957年版,第4026页。

按，王阮知濠州，《宋史》本传所载为"绍熙中"，并谓其在濠州"请复曹玮方田，修种世衡射法，日讲守备，与边民亲访北境事宜。终阮在濠，金不敢南侵"。嘉靖《九江府志》卷一三、《钦定大清一统志》卷八八《凤阳府》、《德安县志》卷二四所载相同。李之亮《宋两淮大郡守臣易替考》定王阮知濠州在绍熙元年至三年①，皆与王阮本人所言相矛盾。王阮不可能自绍熙间（1190—1194）到庆元四年一直知濠州，因为这期间濠州至少有其他两任知州，即绍熙五年知州黄万石，庆元元年知州张致远。故《宋史》本传所言王阮"绍熙中知濠州"，有误。《宋两淮大郡守臣易替考》谓绍熙元年王阮始任濠州，也与王阮行实不合。绍熙元年王阮在昌国，二年自昌国归来，寓居绍兴、临安，深秋到湖州，在苏州与范成大相聚时，范成大送行诗《古风送南卿》还为王阮失意不遇而鸣不平。倘此时王阮已由昌国县令除知濠州，则双方都不应有此情绪。据王阮本人在诗序中所言，其是年已在知濠州任。

在濠州，有诗《江上》《宿淮南岸》等。《江上》有"淮南尽日忙"句，可知为此时作品。

## 庆元五年己未（1199），六十岁。

**移知抚州。**

《宋史》本传云："改知抚州。"吴愈《义丰集序》谓王阮"晚官临川"。其间，朱熹寄书。《与王抚州（阮，字南卿）》云："南北形象虽在远方无由究悉，然大概亦可意料。目前固为危机交急之时，其为长虑却顾，亦岂一无可施设者？窃计方规索定，其所区画必有次第。幸蒙见告，乃荷不鄙也。某今年公私之年皆七十矣，疾病益衰，气痞满腹，足弱筋挛，不能转动，跬步之间，亦须人扶乃能自致。闲废之余，固无职事可效，但尚忝阶官，义当纳禄，又不敢自通笺奏，恳求

---

① 李之亮《宋两淮大郡守臣易替考》，巴蜀书社2001年版，第471页。

州郡，累月仅得一申省状。方此发去，而闻台评已及此事，其间词语不无深意矣，未知所请竟复如何。然幸已少伸己志，即此外一切不复计也。老兄气体从来清健，今尚只如旧时否？宣布之余，何以为乐？想见弯弓盘马，横槊赋诗，正自不减当年湖海之气也。此人赵雯，相随颇久，今因其省亲江淮间，附此问讯。其人恐有可驱使处，得隶戏下，幸甚。"①按，朱熹生于建炎四年（1130），至今年恰七十岁，书信必写于今年。从书信内容看，"南北形象虽在远方无由究悉"，"目前固为危机交急之时"云云，又知系托友人赵雯"省亲江淮间，附此问讯"，并请王阮能收用其才，是时王阮尚在濠州，但已有知抚州之命，故朱熹称其"王抚州"，王阮当在本年内或明年初到任抚州（今江西临川）。

## 庆元六年庚申（1200），六十一岁。

在知抚州任上。

## 宁宗嘉泰元年辛酉（1201），六十二岁。

在知抚州任上。

## 嘉泰二年壬戌（1202），六十三岁。

在知抚州任上。

## 嘉泰三年癸亥（1203），六十四岁。

或在知抚州任上。

## 嘉泰四年甲子（1204），六十五岁。

---

① 朱熹《晦庵续集》卷四，景印文渊阁《四库全书》，第1146册第518页。

或在知抚州任上。

## 宁宗开禧元年乙丑(1205),六十六岁。

在庐山。十一月,奉祠归隐庐山。

徐乾学《资治通鉴后编》卷一百三十二载,开禧元年十一月,"王阮有文武干略,绍熙中知濠州,请复曹玮方田、修种世衡射法,日讲守备,与边民亲访北境事宜,终阮在濠,金人不敢南侵。至是改知抚州。阮曾祖韶,即神宗朝开熙河擒木征者也。阮自称将种,辞辨奋发,四坐莫能屈。韩侂胄素闻其名,特召入奏,将诱以美官,夜遣密客诣阮,阮不答,私谓所亲曰:'吾闻公卿择士,士亦择公卿。刘歆、柳宗元失身匪人,为万世笑。今政自韩氏出,吾肯出其门哉?'陛对毕,拂衣出关。侂胄大怒,批旨与祠。归隐庐山,不复出"[1]。毕沅《续资治通鉴》卷一百五十七所载类似,开禧元年十一月,"王阮有文武干略,尝知濠州,请复曹玮方田、种世衡射法,日讲守备,至是改知抚州。韩侂胄素闻其名,特召入奏,将诱以美官,夜遣密客诣阮,阮不答,私谓所亲曰:'吾闻公卿择士,士亦择公卿。刘歆、柳宗元失身匪人,为万世笑。今政自韩氏出,吾肯出其门哉!'对毕,拂衣出关。侂胄大怒,降旨与祠"[2]。按,此两载同源,皆附于本年十一月末尾,知阮是年不依韩侂胄而与祠归隐。据《宋宰辅编年录校补》,庆元元年(1195),"韩侂胄因前日传道诏词,已得亲近上左右,乘间窃弄权柄。其所以谋害公者,计已深矣。……故小人之嗜进者,多附侂胄。"开禧元年(1205)"七月辛酉,韩侂胄平章军国事"[3]。韩氏专权,斥理学为"伪学"。王阮作为朱子门人,自然不满韩氏的所作所为,也是其秉性刚正不阿的性格使然。

---

[1] 徐乾学《资治通鉴后编》,景印文渊阁《四库全书》,第344册第556页。
[2] 毕沅《续资治通鉴》卷一百五十七,中华书局1957年版,第4233页。
[3] 徐自明撰,王瑞来校补《宋宰辅编年录校补》,中华书局1986年版,第1302、1329页。

**开禧二年丙寅(1206),六十七岁。**

**隐居庐山,友人章节夫致书问候,并希望其能见在庐山之詹初。**

章节夫《与王阮书(九江人)》云:"领所惠书,知执事越还清吉。比时有方仲成者,不知途次与相见否?近在浦城见有詹初者,詹达甫族人也,在徽州住。其人始受县尉,颇有政声,后复荐入太学为学录,以言事罢归,今闻入庐山。执事宜往见之,不能使之来,盖其人踽凉不阿,而足下官尊,渠必不肯来见耳。仆与居四旬,颇得其情。其论道以心得为主,不在多言;其作事以诚心为主,不在人知。性狷介,操守甚定,既不与物竞,亦不屑屑与时辈往来。此其所为虽未免有偏,然操持如是,亦可敬也。执事若能接引之,日与之处,必能为吾道一助。孔子言:'不得中行而与之,必也狂狷乎?'执事锐意于道,此人诚不可略也。吾人为学虽在自力,然朋友之功实不可少。仆近时以得此人为幸,故惓惓与执事言之,谅执事必能物色之矣。所委《松斋序》,迟两月方能脱稿,容再呈上,兹不备。"①章节夫所言詹初不依附韩氏而罢官事,史籍有载。《江南通志》卷一百六十四《人物志》:"詹初字以元,休宁人。淳熙间荐为太学录。韩侂胄用事,上《辨邪正》一疏,不报,解官归。著《寒松阁集》。"②

章节夫,字仲制,号从轩,临川(今江西抚州)人。从陆九渊游,九渊勉以"硬竖脊梁",节夫终身佩服,博通诸经,深造自得。尝取朱、陆辞旨异同处集而疏之,名《修和管见》。晚年所守益固,从者益众。卒年七十九,著书数万言。事迹见《万姓统谱》卷四十九。

詹初,字以元,号流塘,徽州休宁(今安徽休宁)人。体仁宗侄。初为县尉,后被荐入太学为学录,尝上《乞辨邪正疏》,忤韩侂胄,罢归,遂入庐山不仕。著有《流塘集》二十一卷,后毁于火。其子阳于族人处乞得残本,归而藏之。事迹

---

① 詹初《寒松阁集》卷三附录,景印文渊阁《四库全书》,第1179册第22页。
② 赵弘恩《江南通志》,景印文渊阁《四库全书》,第510册第3页。

见《宋元学案》卷六十三及《寒松阁集》附录之诸家序跋。

**开禧三年丁卯(1207),六十八岁。**

隐居庐山。

**宁宗嘉定元年戊辰(1208),六十九岁。**

是年卒。

吴愈《义丰集序》云:"庆元初,孽臣窃柄,士大夫倚为泰山,其门如市。吾邑王公先生以蓍蔡之明、冰雪之操,未尝一蹑其门。晚官临川,陛辞奏事,柄臣使密客诱致之,迄弗往见。奉祠而归,优游山间,无一豪损获意。此曾子所谓弘毅之士欤!"①《宋史》本传:"阮于是归隐庐山,尽弃人间事,从容觞咏而已。……嘉定元年卒。"

## 第五节 王彦融生平事迹考

王彦融,字炎弼,江州德安人,王韶之孙、王寀长子,生于大观二年(1108)。《京口耆旧传》卷七《王彦融传》(以下称本传)载:"王彦融,字炎弼,江州人,韶之孙,居金坛。父寀,以林灵素谮死。靖康改元,彦融时年十九,徒步走京师,上书讼冤,召对命官。"②知彦融系王寀之子,靖康元年(1126)十九岁,据知其生于大观二年。

---

① 吴愈《义丰集序》,见王阮《义丰集》卷首,景印文渊阁《四库全书》,台湾商务印书馆1985年版,第1154册第538—539页。
② 《京口耆旧传》卷七《王彦融传》,中华书局1991年版,第93页。

绍兴初，授庐州录事参军，四年(1134)四月寿春守将外叛，权寿春府事，抗敌保城。本传载："绍兴初，授庐州录事参军，会寿春守将外叛，檄权府事，以劳进秩。已而宣司泳委偏将，辄摄守皆畏敌遁去，彦融募乡兵据芍陂以拒敌，城赖以全。"按，寿春系南宋安丰军治，北与金国隔淮河相望，庐州与安丰军相邻，寿春守将外叛金国，故派遣庐州录事参军王彦融权寿春府事。李心传《建炎以来系年要录》卷七十五载之更详：绍兴四年夏四月庚辰朔，"是月，阁门宣赞舍人知寿春府罗兴杀朝散郎通判府事侍其镳，叛降伪齐。淮西安抚使陈规即遣使臣孙晖、庐州录事参军王彦融往摄其事"①。

绍兴初，辟湖南安抚司干办公事，连平湖湘、武冈群盗。《江南通志》卷一百四十三：王彦融"绍兴初连平湖湘、武冈群盗，历官转运判官，终知雅州"。本传云："辟湖南安抚司干办公事，时湖湘盗贼蜂起，檄彦融出讨，未几悉平。帅宪上功，授儒林郎。帅宪复论奏，以为赏不当功，继被旨改合入官，事定，而武冈军所驻东南第九将兵唐明等，以衣粮不足，据城称乱，帅复檄彦融权军事。先是盗贼纷纭，武冈守备严甚，至是贼反资以为用，彦融度不可胜，则散赏榜，使自相携贰，唐明等果自疑，率首领约降。既降而知我师之弱，议复中变，彦融乃单骑造城下，谕以逆顺祸福，贼悔悟，启关请降，彦融即入城视事，一军以安。"

绍兴中，以平湖湘、武冈之乱，进秩知长洲县，权崇德、德清县，有善政。王鏊《姑苏志》卷四十一载：王彦融"绍兴中知长洲县，权崇德、德清，皆以善政称"。本传载："复被进秩之赏，知平江府长洲县。中间权崇德、德清。"

绍兴十九年(1149)三月，权尚书兵部员外郎黄敏行措置递角，辟王彦融为属官。本传载："又尝从奉使兵部黄敏行之辟。"时间不详。考李心传《建炎以来系年要录》，知在绍兴十九年三月。《要录》卷一百五十九载：绍兴十九年三

---

① 《建炎以来系年要录》，第1246页。

月甲辰,"将作监丞黄敏行权尚书兵部员外郎,往四川诸路措置递角。敏行增铺益兵所费甚广,绍兴末,卒罢之"①。

二十年(1150)七月,王彦融献策乞逐路提举马递铺官,令转运司长官兼领。诏从之。熊克《中兴小纪》卷三十四载:绍兴二十年秋七月,"端明殿学士何若卒。先是措置诸路递角所属官王彦融,乞逐路提举马递铺官,令转运司长官兼领。事下兵部,本部言:'若委之漕臣之长,则桩办铺兵衣粮为便。'八月庚戌,诏从之"②。

二十七年(1157),授无为军通判。本传载:"授无为军通判,秩满,知柳州,未上,擢知楚州。"虽未载时间,但知楚州在绍兴三十年九月(详下),既"无为军通判秩满"知楚州,按宋制三年一任,授无为军通判当在二十七年。

三十年(1160)九月,知楚州(山阳),十月已在任上。《建炎以来系年要录》卷一百八十六载:绍兴三十年九月"壬辰,右朝请大夫新知楚州沈邦直复知黄州;右朝奉大夫新知郴州王彦融知楚州。彦融,寀子也"③。十月乙卯,"楚州守臣王彦融亦言,得报金主果死,自宿、亳以北至燕京,民间皆尝缟素,宗偓独以为不然"。

友人曾协代写到任谢表。《代王楚州到任谢表》云:

  怀章间左,将牧远民;下诏日边,更叨便郡。既登时而引道,乃揆日以即工。甫见吏民,具宣德意。中谢。窃以国家抚广输之地,庀中外之臣。任重事繁,每艰民社之寄;地饶壤沃,莫盛江淮之间。虽中更傲扰之烦,而久遂涵濡之乐。问险阻艰难之旧,恍若前生;蒙还定安集之恩,殆将一世。田畴日辟,户口岁增。信使星驰,第有劳迎之

――――――
① 《建炎以来系年要录》,第2579页。
② 熊克《中兴小纪》卷三十四,福建人民出版社1985年版,第414页。
③ 《建炎以来系年要录》,第3119页。

喜;边兵雨洗,不知屯戍之劳。伏矣遗黎,隐然乐国。孰副焦劳之念,宜先慈惠之求。曾是妄庸,乃膺任使。伏念臣禀生多难,受性至愚。把玩陈编,已负传家之学;激昂孤节,自期报上之忠。未输执耒之劳,遽遂影缨之愿。居官白首,半为楚甸之游;许国丹心,未断淮山之梦。方尚须于远次,亦固守于穷途。身留有余,愿展肺肝之蕴;年运而往,频惊齿发之衰。何意明纶,忽加误宠!此盖恭遇皇帝陛下贲明庶政,鼎养群贤。知人安民,奉天地无私之照;显仁藏用,合阴阳不测之神。收精虑于九重,轸渊衷于一郡。肆令绵力,往布宽条。臣敢不内竭疲驽,仰酬造化?以书生而立武事,莫追家世之余;帅疆吏以广诏恩,或称清时之用。庶收微效,仰答隆私。八口无饥,是谓忘家之日;千钟不沾,但坚移孝之心。①

曾协(1119—1173),字同季,号云庄,南丰(今属江西)人。有《云庄集》。其生平事迹详王兆鹏、王可喜、方星移《两宋词人丛考》之《曾协考》。

曾协又写诗《送王炎弼赴山阳守以兵卫森画戟宴寝凝清香为韵十首》送别,其一云:"盛世须材杰,高名动圣明。一麾淮海去,青旆拥千兵。"其五云:"公家西州烈,武事冠方册。祖孙世有人,要足门三戟。"曾协《云庄集》卷二另有《王炎弼安吉丞厅真清轩和沈文伯韵(原注:炎弼名彦融,文伯名长卿)》,与王彦融唱和。

王彦融在楚州保境安民,政绩卓著,加直敷文阁。本传云:"抚摩雕瘵,招纳新附,井井有条。敌骑南下,通判徐宗偃先事奔避,至扬州,妄传制使之命,令焚烧城内外屋宇,彦融誓死不可。事闻,宗偃罢黜,加彦融直敷文阁。"敌骑南下,彦融不从通判徐宗偃妄传制使之命,为安民也,此亦可见彦融之勇气与

---

① 曾协《云庄集》卷三,景印文渊阁《四库全书》,第1140册第259页。

胆识。此事原委,《建炎以来系年要录》卷一百九十二载之甚详:绍兴三十一年八月壬戌,"是日,刘锜在扬州得省札谍报,金以二十五日渡淮,谓右朝奉郎通判楚州徐宗偃曰:'锜来日提师自天长趋盱眙,君速归,语太守,应以北,日下清野,勿留寸草,有不如约,当以军法从事。'又谓转运副使抗曰:'锜调人马,公主军食,各有司存,毋相侵夺,倘粮运乏,绝非人情敢私。'抗与锜素不相下,闻其言甚恐。后三日,宗偃至楚州,金以是日渡淮之说已无验,守臣王彦融以未得制置司檄亦不听宗偃,乃白锜愿以策应右军移屯城下。又旬日,锜遣统制官吴超以所部驻盱眙,宗偃再以书乞留屯淮阴,合两军共万人,淮民稍定"①。

三十二年(1162)正月,为淮南转运判官兼淮东提刑、兼淮北宿泗州招讨司随军转运判官。本传云:"敌退,除淮南转运判官、兼随军运判。"《(隆庆)仪真县志》卷之四"运判"题名有王彦融②,皆时间不详。按,淮南转运司治所在真州。《建炎以来系年要录》卷一百九十六载:绍兴三十二年正月"己巳,右朝奉大夫知楚州王彦融、右朝奉大夫知光州强友谅并为淮南转运判官,填添置阙。彦融兼淮东提刑、兼淮北宿泗州招讨司随军转运判官;友谅兼淮西提刑、提举常平茶盐公事"③。

闰二月,在淮南与王珏、洪适、向沂等受朝廷之命赈济安置归正人。《宋会要辑稿·兵一五》之一〇:绍兴三十二年"闰二月十六日,诏:'访闻两淮归业人户及淮北归正人,将带老小前来,往往暴露,未能安业,可令取拨常平义仓米赈给。淮东令王珏于所管米内支拨一万石,或不足,于浙西米内凑数取拨,交付王彦融。淮西令洪适于江东米内支拨一万石,交付向沂,并专充应副赈济。仍逐路计置合用人船,疾速差人管押装发。其淮北归正人,如愿耕种者,给得

---

① 《建炎以来系年要录》,第3215页。
② 申嘉瑞《(隆庆)仪真县志》,《天一阁藏明代方志选刊》第15册,上海古籍书店,1963年版。
③ 《建炎以来系年要录》,第3305页。

闲田,应副牛种,趁时耕种。各具知禀,申尚书省'"①。

乾道初,以疾丐闲,主管台州崇道观。本传云:"时戎马初定,帑庾一空,大军数万仰给,夙夜尽瘁,仅免乏兴。以是属疾,丐闲,主管台州崇道观。"本传未载时间,若淮南转运判官任满,则为隆兴二年(1164)或乾道元年(1165)。

退闲后,买书数千卷,聚子弟以学。本传云:"岁遇大比,辟草堂于所居之后,集里之秀民,与其子同舍肄业,躬自劝奖。是岁,上名春官者五人,彦融二子预焉,时以为盛。"彦融孙王遂《嘉定县重修庙学碑(并铭)》云:"乾道戊子(1168),先君吉州筮仕昆山尉,奉大父敷文以行。时敷文南定湖湘,北守淮楚,强敌夺气。退居金坛,买书数千卷,聚子弟以学。有诗寄子:'廉勤不可纤毫累,归来使我家中钱。'可谓仕教之忠矣。"②按,"大父敷文"即祖父王彦融,彦融守楚州御敌有功加直敷文阁,故称"敷文"。据此亦知,王彦融乾道四年(1168)尚在世,享年在六十一岁以上。

彦融廉而喜施,贫而好事。本传云:"彦融廉而喜施,贫而好事。所居之巷,广不盈车。屋宇隘漏,仅蔽风雨。门无一金之入,而食客常满。虽无以称其求,而为之宛转,借助不遗余力。"

彦融亦能文,重修于民国辛巳年(1941)的《茅田王氏宗谱》,存王彦融《王氏总说》一篇(全文详后)。

---

① 《宋会要辑稿》,第7021页。
② 钱榖《吴都文粹续集》卷六,景印文渊阁《四库全书》,第1385册第156页。

## 第六节　王万全生平事迹考

王万全(1133—1213),字必胜,一字通一。彦融长子。其生平事迹详载于《京口耆旧传》卷七本传。本传载:"万全,字必胜,一字通一。……嘉定癸酉卒,年八十有一。"①"嘉定癸酉"即嘉定六年(1213),享年81岁,则生于绍兴三年(1133)。

万全以父任出官,授扬州高邮尉,后监户部余杭酒库,初显其才能。本传:"父任出官,授扬州高邮尉、淮东总领所干办公事,总辖常州、镇江府户部酒库,皆以故不上。监户部余杭酒库,期年之间,补负课七万余缗,羡利犹以万计。"

乾道末或淳熙初,丁忧。淳熙中,服除,任真州杨子簿。本传:"以忧去。服除,辟真州杨子簿。"按,乃父王彦融乾道四年(1168)尚在世(详上文),丁忧约在乾道末或淳熙初。三年后服除,则任真州杨子簿约在淳熙中。

淳熙八年(1181)调临安府录事参军,深得京尹王佐称许。本传云:"调临安府录事参军,京尹王佐深知之。孝庙尝有所嘉奖,佐曰:'非臣所及,录事王某为臣言之。'"按,王佐(1126—1191),字宣子,号敬斋。绍兴十八年戊辰(1148)科状元。《会稽志》卷十五有传。王佐知临安府在淳熙八年。《宋史全文》卷二十七载:淳熙八年"五月丙子,上曰:'近日都下销金铺翠复行于市,不必降指挥,只谕王佐严加禁戢。若有败露,京尹安能逃责耶?朕以宰耕牛、禁铜器及金翠等事刻之记事板,每京尹初上,辄示之'"②。

淳熙后期,知绍兴府会稽县、为湖广总领所分差襄阳干办公事。绍熙间通判舒州。本传云:"改秩,知绍兴府会稽县,代还,为湖广总领所分差襄阳干办

---

① 《京口耆旧传》卷七《王万全传》,中华书局1991年版,第94—95页。
② 佚名撰,李之亮校点《宋史全文》,黑龙江人民出版社2005年版,第1863页。

公事。通判舒州。"按，淳熙八年（1181）调临安府录事参军（详上文），任满即淳熙后期，为湖广总领所分差襄阳干办公事则约在淳熙末绍熙初，通判舒州则已到绍熙末、庆元初。

庆元五年（1199）知辰州，本传云："擢知辰州。"庆元五年七月，万全在辰州郡斋为廖行之《省斋集》题跋云："余假守辰溪，自京口溯江西上至鄂渚，由岳阳过武陵，所见士大夫往往道秋官廖益仲之贤。洎抵郡，有青衫槐简，气和而貌粹，表于稠人中，虽未接词，望而知其为益仲矣。他日获观其文，考其行事，皆杰出流辈，余心敬焉。因间携示先府君《省斋文集》，学问该博，议论醇正，可以想见其为人。读之耸然生敬，然后知益仲之贤盖家传有自云。庆元五年七月朔，鄤阳王万全书于郡斋。"①知庆元五年七月万全在知辰州任上。

在辰州，保境安民，政绩卓著。本传云："近辰之蛮有杨氏者，负强为患，万全因其大酋之亡，析其族为三，其患遂绝；居民有陈氏者，挟废契广占民地，为一郡患，万全逮之狱，破其奸；三岁大比，士子附试常德，疲于往来，万全为创贡闱，请于朝，得自宾贡。郡人德之。代还，犹未七十，上章告老。"按，据"代还，犹未七十，上章告老"，知其辰州离任在嘉泰元年（1201）。

万全遇事居官以廉称。本传云："万全与人恭，遇事居官有廉称。"

嘉定六年癸酉（1213）卒，葬丹徒白兔山。本传云："嘉定癸酉卒，年八十有一。葬丹徒白兔山。"《嘉定镇江志》卷十一："朝请大夫、知辰州王万全墓在白兔山。"②

万全有子四：长子王遇，字安世，绍熙四年（1193）登进士第③；嘉定元年（1208）十二月以朝散郎知常州，三年六月除浙东提举④。开禧元年（1205）与

---

① 廖行之《省斋集》卷末，景印文渊阁《四库全书》，第1167册第403—404页。
② 卢宪《嘉定镇江志》卷十一，《宋元方志丛刊》第3册，中华书局1990年版，第2401页。
③ 脱因《至顺镇江志》卷十八，《宋元方志丛刊》第3册，中华书局1990年版，第2853页。
④ 史能之《咸淳毗陵志》卷八，《宋元方志丛刊》第3册，中华书局1990年版，第3021页。

岳珂、刘过等共聚京口,岳珂《桯史》卷二《刘改之诗词》:"庐陵刘改之过,以诗鸣江西,厄于韦布,放浪荆楚,客食诸侯间。开禧乙丑,过京口,余为饷幕(庚)吏,因识焉。广汉章以初(升之)、东阳黄几叔(机)、敷原王安世(遇)、英伯(迈)皆寓是邦,暇日相与跖奇吊古,多见于诗。"①据此知王遇字安世,王迈字英伯,他们寓居于京口。岳珂称其敷原人,系其祖籍江州德安,德安古称敷浅原、敷阳。嘉泰元年(1201)曾"随亲官辰阳",为廖行之《省斋集》题跋(全文详后)。

次子王通,字文伯,累官至常守。《至顺镇江志》卷十九:"(王通)字文伯,京口人,万全仲子。以父任调衢州江山主簿,累官至常守,所至以公廉称。"②

三子王迈,字英伯,寓居京口,与岳珂交游甚密。绍熙三年(1192)五月至五年四月以宣教郎任常州武进县令③。岳珂《桯史》卷六存其文《李龙眠海会图记》一篇(全文详后)。

四子王遰字浩翁,曾知宁国府。《至顺镇江志》卷十九:王遰"字浩翁,万全季子。以父恩授建康椿积库,累迁至大理丞右曹郎,出知宁国府。家有祖业,尽分族人,至饭不足"④。王遰亦为廖行之《省斋集》题跋(全文详后)。

## 第七节　王万枢生平事迹考

王万枢(1143—1205),字赞元。彦融次子。其生平事迹详载于刘宰《故知吉州王公墓志铭》(以下简称《墓志铭》)、《故吉州王使君夫人蔡氏行状》(以下

---

① 岳珂《桯史》卷二,中华书局1981年版,第22页。
② 脱因《至顺镇江志》卷十九,《宋元方志丛刊》第3册,中华书局1990年版,第2859页。
③ 史能之《咸淳毗陵志》卷十,《宋元方志丛刊》第3册,中华书局1990年版,第3036页。
④ 脱因《至顺镇江志》卷十九,《宋元方志丛刊》第3册,中华书局1990年版,第2859页。

简称《夫人蔡氏行状》)①及真德秀《夫人蔡氏墓志铭》、《京口耆旧传》卷七本传等。

乾道四年戊子(1168),以父任授昆山尉。本传载:以"父任为平江府昆山尉"。《(嘉靖)昆山县志》"县尉"题名有王万枢②,皆时间不详。王遂《嘉定县重修庙学碑(并铭)》云:"乾道戊子,先君吉州筮仕昆山尉,奉大父敷文以行。"③"先君吉州"即乃父万枢,故知其授昆山尉时在乾道四年。昆山尉任上,初显才能,《墓志铭》云:"昆山得海盗溢赏格,吏请出郊以应亲获之文,公据实却之。"王鏊《姑苏志》卷四十一:"王万枢字赞元,金坛人。为昆山尉,得海盗溢格,吏请出郊以应亲获之文,万枢据实却之,终奉直大夫知吉州。"

乾道末淳熙初,调秀州崇德丞。《墓志铭》云:"调秀州崇德丞。"按,此两任及知来安县相续,前后两任时间皆可确考,故此任时间约在乾道末淳熙初。崇德揭弊有功。《墓志铭》云:"崇德令受赇丑正,疾公如仇,台谏以其私问覆,护如所厚。"

淳熙三年(1176),自崇德往建康,查清杀人狱,受到留守刘珙举荐。《墓志铭》云:"建康有杀人狱,历十二年,数更官而情不得。公自崇德往,一问即承。留守刘忠肃公珙欲以平反荐,公辞不受,曰:'赏者一而罚者众,吾不忍也。'"据《景定建康志》卷一:"刘珙,淳熙二年(1175)三月,以资政殿大学士、安抚使兼行宫留守。"任至淳熙五年十月④。万枢自崇德往建康,时约在淳熙三年。

淳熙五年戊戌(1178),前夫人范氏卒。《墓志铭》云:"前夫人范氏卒于淳熙戊戌。"按,范氏生二子:适、逢。

淳熙六年(1179)知滁州来安县,继娶夫人蔡氏。本传云:"改秩知滁州来

---

① 刘宰《漫塘集》卷二十八、三十四,景印文渊阁《四库全书》,第1170册第661—663、764—768页。下引该墓志俱据此本,不另出注。
② 杨逢春《(嘉靖)昆山县志》,《天一阁藏明代方志选刊》第9册,上海古籍书店,1963年版。
③ 钱毅《吴都文粹续集》卷六,景印文渊阁《四库全书》,第1385册第156页。
④ 周应合《景定建康志》卷一,《宋元方志丛刊》第2册,中华书局1990年版,第1338页。

安县。"亦时间不详。考《夫人蔡氏行状》,云:"夫人生二十有六年而嫁,寿七十而没,盖后使君之没十有九年。夫人之嫁也,使君始以京秩知滁之来安。"按,蔡氏"年七十,嘉定十六年十二月壬午(十四日)殁于当涂县舍"①,知蔡氏生于绍兴二十四年(1154),卒于嘉定十六年(1223)。淳熙六年(1179)蔡氏二十六岁出嫁时,万枢"始以京秩知滁之来安",故知万枢知滁州来安县时在淳熙六年。知来安县,政绩卓著,民人留之。《墓志铭》云:"来安政成,郡以全椒令阙政庞,檄公暂往。全椒人喜出迎,来安人遮道不可,郡重违两邑民,俾兼治之。"

淳熙末绍熙初,入淮南幕。本传云:任"淮南路转运司干办公事。当孝庙升遐,光宗御极,吊贺之使相属,计台职护视,适以故去"。《墓志铭》云:"入淮南幕,当思陵升遐,光宗御极,吊贺之使相属,计台职护视,费夥事殷。会使者阙,公颛其任,比六七往反,用不加广,而肃给过于平时。"《(隆庆)仪真县志》卷之四:"王万枢,字赞元,金坛人。绍熙初任干办。时思陵晏驾,光宗御极,使者往返,费颇不訾,万枢经画不扰,卒以治绩著。"②

绍熙四年(1193)通判建康府。周应合《景定建康志》卷二十四"通判题名":"王万枢,朝散大夫,绍熙四年七月二十八日到任。"③其间,深得行宫留守郑侨、张杓信赖与重用。《墓志铭》云:"进贰建康,与帅合谋,矫发仓廪以赈饥,多所全活。府更二帅,郑公侨、张公杓,中间赵公师择以王人摄事。郑端清镇物,张明敏过人,府事一以委公。既受代,张从外荐,郑欲从中用之,会公之子逢及遂俱以妙年名贡籍,言者以为私,论罢。"

庆元元年(1195)降一官并放罢。《宋会要辑稿·选举五》之一四载:庆元

---

① 真德秀《西山文集》卷四十五《夫人蔡氏墓志铭》,景印文渊阁《四库全书》,第1174册第725页。下引该墓志,不另出注。
② 申嘉瑞《(隆庆)仪真县志》,《天一阁藏明代方志选刊》第15册,上海古籍书店,1963年版。
③ 周应合《景定建康志》卷二十四,《宋元方志丛刊》第2册,中华书局1990年版,第1716页。

元年"十一月一日，臣僚言：'建康通判王万枢以其二子王逢、王遂嘱试官刘大临，皆预荐书。虽未行根究，而众论决知其是事。臣今考遂家状，则万枢为见任建康通判；考王逢家状，则万枢为前任建康通判。若以为见任，则从来见任守倅子弟，例不敢于隶官处就试，盖避计嘱观望之嫌。若以为前任，则万枢实以今年八月七日受代，必未离建康，则叶（笔者按，当为计字）嘱观望之嫌犹在焉。同官监试，何所不可行其私？合驳放者一也。今逢、遂均为万枢之子，而户实异同，逢作江州，遂作真州，而万枢家状则江州。况遂方年十二，决未能文，代笔私取，其理甚明。合驳放者二也。乞下所属追逢、遂到部，取旨覆试。若其能文，与真卷不异，亦合照臣所言二事而与驳放。如见得委是代笔及有私嘱伪冒等事，乞送有司追人照勘，依法施行。'从之"①。《宋会要辑稿·职官七三》之六三：庆元元年十一月"二十九日，建康添差通判刘大临、通判王万枢各降一官并放罢。以右谏议大夫李沐言：'大临受王万枢请嘱，科举出题，私祷考试官取其子王逢、王遂，士论甚哗。'"②

庆元末起知兴国军。《（光绪）兴国州志》卷十二宋《知军题名》有王万枢（"庆元间任"最后一人）③。

在兴国有善政，兴国人画像祠之。《墓志铭》云："起知兴国军，给久耕之要剂而民免夺攘，蠲河渡之岁课而民不病涉，赋敛之奇零者省之，先期者缓之。部刺使有偏听，久系人于狱者，公察其无辜，立出之。奸民有稔恶于乡，官吏不敢谁何者，公发其积愆穷治之。夫妇离归者，赒之使复合。兄弟竞分者，愧之使弗争。贡士之不能行，远官之不能归，旅榇之不能葬，公有以资之。又斥余财，兴学舍，葺公宇，治兵防。创六城楼，摘坡仙句扁其西曰'叠山'者，最胜也。先是郡苦淮衣之征，盖方承平时，防河之卒，赋衣淮西之蕲、黄，蕲、黄转市于兴

---

① 《宋会要辑稿》，第4319、4320页。
② 《宋会要辑稿》，第4048页。
③ 陈光亨《（光绪）兴国州志》卷十二，《中国地方志集成》本，江苏古籍出版社2001年版。

国,因以为赋。绢以匹计四千一百钱,以缗计万三千皆有奇。版曹视为经费,更太守数十不能去。公于临遣次亟言之,敷奏剀切,上意感悟。退又白御史,御史继以请,诏蠲其半,余令郡以他赋代输,仍命漕臣补助,悉不取之民。后二年,版曹复援故事行下,幸公已至,力持前奏,竟格不行。盖非公言之于临遣之初,则无以悟上意;非公持之于治郡之日,则无以杜方来。成始成终,系公一力。兴国人画像祠之。秩满,部使者上其政,且进用矣,公急于及民,愿复兴国。执政以吉为江左大州,兵赋所仰,亟以命公。吉距兴国不远,民熟公政,徯之如慈父母。故公之亡,二州之人皆依依然。"

开禧元年(1205)四月赴知吉州任,道于仪真病卒,阶终奉直大夫,赠中散大夫。《墓志铭》云:"开禧改元春,诏趣新知吉州王公行,仍俾以行期来上。公祗命就道,夏四月戊子次于仪真,病卒,年六十有三。"《夫人蔡氏行状》:"秩满知吉州,道卒,阶终奉直大夫,赠中散大夫。"

九月,葬镇江府金坛县上元乡白水塘之原。本传云:"葬金坛白水塘。"《嘉定镇江志》卷十一载:"奉直大夫、知吉州王万枢墓在上元乡白水之原。"[1]

万枢宽厚有容,笃于情义。《墓志铭》云:"公宽厚有容,坦夷无隐。和平制行,不矫尤以绝人;警敏见机,不唯阿以逐物。以谨实训其子,以俭约饬其家。蚤岁敏于文,以是受知当路,四举礼部,咸在高选。好读书,卧兴与俱。弟万宝场屋困踬,养生送死,悉仰于公。嫁其女犹己女。从弟有同寓里者,属虽疏,视之如亲,教养其子十年犹一日。伯姊之子蚤孤,今表表自立,公实成之。病且革,犹命遂曰:'某甥未奠居,宜以别业畀之。'其笃于情义如此。喜宾客,谒至必出。"

---

[1] 卢宪《嘉定镇江志》卷十一,《宋元方志丛刊》第3册,中华书局1990年版,第2403页。

## 第八节　王遂行年系地谱

　　王遂(1182—1248),字去非,一字颖叔,号实斋。其先江州德安(今属江西)人,王韶玄孙,祖王彦融始徙金坛(今属江苏)。宁宗嘉泰二年(1202)进士。开禧三年(1207),移楚州教授。嘉定八年(1215),与真德秀、李道传共议救荒赈饥事。十五年,在知当涂县令任上。理宗宝庆三年(1227),知山阴县。绍定二年(1229),知邵武军,辟包恢为光泽主簿。六年,与洪咨夔同拜监察御史,疏奏极论进君子,退小人。端平二年(1235),除右正言,寻拜殿中侍御史。又迁户部侍郎。三年四月,差知平江府。嘉熙三年(1239),知隆兴府兼江西转运副使。淳祐元年(1241),知宁国府,政绩卓著。三年,知建宁府。五年,复知隆兴府兼江西安抚使。六年五月,提举江州太平兴国宫,奉祠居乡。八年,除权工部尚书,未及造朝而薨。积官至龙图阁直学士通奉大夫。赐谥正肃。所著《实斋文稿》《实斋心学》等不传,今《全宋诗》辑其诗一卷,存诗九十首;《全宋文》辑其文三卷,存文四十一篇。事见《京口耆旧传》卷七,《宋史》卷四百十五有传。兹据相关史料及其诗文,撰其行年系地谱①。

**王遂,初字颖叔,改字去非,号实斋,其先江州德安(今属江西)人,祖王彦融始徙金坛(今属江苏)。**

　　《宋史》卷四百十五《王遂传》(以下简称"《宋史》本传")载:"王遂,字去非,一字颖叔。"②《京口耆旧传》卷七《王遂传》(以下简称"《京口》本传")载之

---

① 王可喜《王遂年谱》,《中国诗歌研究》2010年。
② 脱脱等《宋史》卷四百十五《王遂传》,中华书局1990年版,第12460页。以下所引,俱据此本,不另出注。

较详:"遂字去非,先字颖叔,西山真公谓曰:'子志于道,而慕战国策士非字也。'为改去非,且序其说。"真德秀《西山文集》卷三十三有《王去非字说》一篇,载王遂改字经过甚详:"予谓因名以制字,因字以自儆,则'去非'为宜。盖遂之为言,将成而不可已之谓也,故曰遂。事不谏然善焉,而遂之可也;不善焉,而亦遂之,是耻过而作非也,予故曰'去非'为宜。"①

**号实斋。**

"实斋"之号虽诸本传不载,然宋人集中载之甚明:包恢有《祭王实斋文(遂)》②,刘克庄有《跋王实斋送林丛桂序》③,刘宰有《刍言送王实斋守吴门》④,知"实斋"为王遂之号。昌彼德《宋人传记资料索引》及《全宋诗》王遂小传均谓其"号实斋"。

**王遂祖籍江州德安(今属江西)。祖王彦融始徙居金坛(今属江苏)。**

刘宰《故知吉州王公墓志铭》(以下简称《王公墓志》)云:"公讳万枢,字赞元,世居江之德安,曾祖韶,事裕陵,为枢密副使,赠太师、燕国公,卒谥襄敏,国史有传;祖寀,擢崇宁甲科,终左朝奉大夫;父彦融,终朝请大夫直敷文阁,累赠金紫光禄。敷文始家金坛,公其仲子也。"⑤刘宰《故吉州王使君夫人蔡氏行状》(以下简称《蔡氏行状》)又云:"蚤著孝行,后守山阳,以捍寇功擢本道使者,始徙居润之金坛。"⑥知自彦融除淮南运判始家金坛。如此,王遂为徙居金坛之第三代,故诸史志多载其籍贯为金坛。《宋史》本传言:"后为镇江府金坛人。"《(嘉靖)邵武府志》卷十二、《明一统志》卷八和卷十一、《钦定大清一统

---

① 真德秀《西山文集》卷三十三,景印文渊阁《四库全书》,第1174册第522页。
② 包恢《敝帚稿略》卷七,景印文渊阁《四库全书》,第1178册第787页。
③ 刘克庄《后村集》卷三十一,景印文渊阁《四库全书》,第1180册第333页。
④ 刘宰《漫塘集》卷十九,景印文渊阁《四库全书》,第1170册第546页。
⑤ 刘宰《漫塘集》卷二十八,景印文渊阁《四库全书》,第1170册第661—663页。下引该墓志,不另出注。
⑥ 刘宰《漫塘集》卷三十四,景印文渊阁《四库全书》,第1170册第764—768页。下引该行状,不另出注。

志》卷六十三、卷八十一和卷三百三十二均载其为金坛人。而《(嘉靖)宁国府志》卷八、《江南通志》卷一百十六则仍记其籍贯为"敷阳人"。按,敷阳系德安古称,王韶即号敷阳子。王遂既为徙居金坛第三代,敷阳为其祖籍,其本人籍贯以金坛为是。

所著《实斋文稿》《实斋心学》等不传,今《全宋诗》辑其诗一卷,存诗九十首;《全宋文》辑其文三卷,存文四十一篇。

王鏊《姑苏志》卷四十《王遂传》:"所著《诸经讲义》《奏议》《实斋文稿》藏于家。"[1]黄虞稷《千顷堂书目》卷十一:"王遂《实斋心学》一卷(淳祐间人,《解先天图》《说太极图》《中庸章句及西铭》,并附杂作)。"今《全宋诗》辑其诗一卷,存诗九十首;《全宋文》辑其文三卷,存文四十一篇。笔者又辑得佚文一卷(佚文五篇,补全一篇)[2]。刘宰尝称遂"为文雅健,无世俗浮靡之气,足以名世"。

本谱所引王遂诗文均据《全宋诗》《全宋文》。

### 宋孝宗淳熙九年壬寅(1182),一岁。

是年出生。上有兄王适、王逢。

王遂生卒年诸集无载,考《京口耆旧传》《宋会要辑稿》等相关记载,其生年则有异说。

一说生于淳熙九年(1182)。《京口》本传载:"公生十有一,能应举。十四,(与)伯兄逢试江东,对策抵韩侂胄、王德谦,考官舒璘、刘三杰、石宗万并置选中,谏议李沐闻而大怒,谓公父私属监试刘大临,皆劾罢。遂赴后省复试,公与兄方勇往不候试,径驳放。旋以吉州任子恩铨中,主富阳簿,后三年,逢中

---

[1] 王鏊《姑苏志》卷四十,《北京图书馆古籍珍本丛刊》本,书目文献出版社1998年版,第597页。
[2] 王可喜《王韶家族研究文献集》,江西高校出版社2018年版,第259—266页。

第,又三年,公亦第。"①按,王逢登第为庆元五年(1199)。② 此前三年则为庆元二年(1196),"赴后省复试"前一年,则为庆元元年(1195),此年十四岁,则其生年为淳熙九年。此为一说。

二说生于淳熙十一年(1184)。《宋会要辑稿·选举五》之一四载:庆元元年"十一月一日,臣僚言:'建康通判王万枢以其二子王逢、王遂嘱试官刘大临,皆预荐书。虽未行根究,而众论决知其是事。臣今考遂家状,则万枢为见任建康通判;考王逢家状,则万枢为前任建康通判。若以为见任,则从来见任守倅子弟,例不敢于隶官处就试,盖避计嘱观望之嫌。若以为前任,则万枢实以今年八月七日受代,必未离建康,则叶(笔者按,当为计字)嘱观望之嫌犹在焉。同官监试,何所不可行其私?合驳放者一也。今逢、遂均为万枢之子,而户实异同,逢作江州,遂作真州,而万枢家状则江州。况遂方年十二,决夫能文,代笔私取,其理甚明。合驳放者二也。乞下所属追逢、遂到部,取旨覆试。若其能文,与真卷不异,亦合照臣所言二事而与驳放。如见得委是代笔及有私嘱伪冒等事,乞送有司追人照勘,依法施行。'从之"③。庆元元年(1195),"遂方年十二",则其生年为淳熙十一年。此为二说。

三说生于淳熙十三年(1186)。《姑苏志》卷四十小传载:"遂十四对策江东漕司,抵韩侂胄,寻以父任主富阳簿。又三年,及第。"④按,王遂于嘉泰二年(1202)及第⑤,此前三年则为1199年,此时王遂十四岁,则其生年为淳熙十三年。此为三说。

今考三说,生于淳熙九年说为是。理由有三:一、《京口》本传记之甚详。其所记与庆元、嘉泰间科举实际情况相吻合,即庆元元年邹应龙榜、庆元二年

---

① 《京口耆旧传》卷七,中华书局1991年版,第96页。
② 脱因《至顺镇江志》卷十八,《宋元方志丛刊》第3册,中华书局1990年版,第2854页。
③ 《宋会要辑稿》,第4319、4320页。
④ 王鏊《姑苏志》卷四十,《北京图书馆古籍珍本丛刊》本,书目文献出版社1998年版,第597页。
⑤ 脱因《至顺镇江志》卷十八,《宋元方志丛刊》第3册,中华书局1990年版,第2854页。

周虎榜、庆元五年曾从龙榜、嘉泰二年傅行简榜。王遂登第比王逢晚三年亦与相关史料相符(见上文按语)。其初试江东时间与《宋会要辑稿》所记相同,只是年龄相差。二、《姑苏志》所载似与《京口耆旧传》同源或缩略,因其为王遂小传,故省去复试及兄王逢登第时间(1199),亦即其间少四年,故推出生于淳熙十三年说。三、《宋会要辑稿》所载,言者谓其"方年十二",似有意言其年少而不能文。因王逢、王遂对策江东抵韩侂胄而故意黜落之。王遂十四岁参加府试应为无疑,除以上两处记载相同外,真德秀《西山文集》卷四十五《夫人蔡氏墓志铭》(以下简称《蔡氏墓志》)亦载:"遂年十四,与江东荐书,夫人无喜色,既而言者缪于风闻,夫人亦不愠。后二子踵世科,人皆艳之,言者亦愧叹。"[1]按,蔡氏系王遂之母。庆元元年王遂十四岁无疑,则其生年为淳熙九年[2]。

据前世系所考,上有兄王适、王逢。

## 淳熙十四年丁未(1187),六岁。

**居乡求学。**母夫人蔡氏给予幼年王遂以良好教育。

刘宰《蔡氏行状》及真德秀《蔡氏墓志》均载:"诸子幼时,夫人夜课诵读,苟未精熟,夫人亦不寝;所取师友,必四方文学行谊士;膳饮皆亲视具。"

## 光宗绍熙三年壬子(1192),十一岁。

**居乡求学。能应举。**

《京口》本传:"公生十有一,能应举。"

## 宁宗庆元元年乙卯(1195),十四岁。

---

[1] 真德秀《西山文集》卷四十五,景印文渊阁《四库全书》,第1174册第725页。下引该墓志,不另出注。

[2] 王可喜《王遂生卒年考》,《文学遗产》2008年第3期。

**在建康。赴试,因对策抵韩侂胄而被黜落,其父万枢降一官放罢。**

《京口》本传:"十四,(与)伯兄逢试江东,对策抵韩侂胄、王德谦,考官舒璘、刘三杰、石宗万并置选中,谏议李沐闻而大怒,谓公父私属监试刘大临,皆劾罢。"《蔡氏墓志》:"遂年十四,与江东荐书,夫人无喜色;既而言者缪于风闻,夫人亦不愠。"王遂十四岁试江东无疑。父王万枢因此事放罢亦载于《宋会要辑稿·职官七三》之六三:庆元元年十一月"二十九日,建康添差通判刘大临、通判王万枢各降一官并放罢。以右谏议大夫李沐言:'大临受王万枢请嘱,科举出题,私祷考试官取其子王逢、王遂,士论甚哗。'"[1]李沐弹劾万枢奏章详载《宋会要辑稿·选举五》之一四(详前文王遂生年考之二说条所引)。《王公墓志》载:"会公之子逢及遂俱以妙年名贡籍,言者以为私,论罢,起知兴国军。"

## 庆元二年丙辰(1196),十五岁。

**在临安。赴省复试,径驳放。**

《京口》本传:"逮赴后省复试,公与兄方勇往不候试,径驳放。"按,庆元二年有科举考试,周虎榜。王逢、王遂未考而遭"驳放"。

## 庆元三年丁巳(1197),十六岁。

**在富阳。以父任主富阳簿。**

《京口》本传:"旋以父任子恩铨中,主富阳簿。"

## 庆元四年戊午(1198),十七岁。

**在富阳主簿任上。**

---

[1] 徐松等辑《宋会要辑稿》,第4048页。

**庆元五年己未（1199），十八岁。**

在富阳主簿任上。兄王逢登第，授溧水主簿。

《京口》本传："后三年，逢中第。"《至顺镇江志》卷十八"科举题名"："王逢，字吉仲，万枢第二子，庆元五年登进士第，授溧水主簿。"①

**庆元六年庚申（1200），十九岁。**

在富阳主簿任上。

**宁宗嘉泰元年辛酉（1201），二十岁。**

在富阳主簿任上。秋，乡试中举。

按，明年春登第，今年秋冬必入京备试。

**嘉泰二年壬戌（1202），二十一岁。**

在临安。春，登进士第。

《京口》本传载："又三年，公亦第。"《至顺镇江志》卷一八"科举题名"载："王遂，嘉泰二年登进士第。"②

仍赴富阳任主簿，友人刘宰作序相送。

《京口》本传载："仍赴富阳任。"刘宰《送王颖叔主富阳簿序》："余友王颖叔，童子有盛名，弱冠再名荐书，擢上第，吏部选主富阳簿。将行，须余言以别。"③

刘宰（1166—1239），字平国，自号漫塘病叟，金坛（今属江苏）人。光宗绍

---

① 脱因《至顺镇江志》卷十八，《宋元方志丛刊》第3册，第2853、2854页。
② 脱因《至顺镇江志》卷十八，《宋元方志丛刊》第3册，中华书局1990年版，第2854页。
③ 刘宰《漫塘集》卷十一，景印文渊阁《四库全书》，第1170册第529页。

熙元年(1190)进士,调江宁尉。历真州司法参军、知泰兴县、浙东仓使干官。以不乐韩侂胄用兵,遂引退,屏居云茅山之漫塘三十年。理宗嘉熙三年卒,年七十四。有《漫塘文集》三十六卷,其中诗五卷。《至顺镇江志》卷十九、《宋史》卷四百一有传。

### 嘉泰三年癸亥(1203),二十二岁。

在富阳主簿任上。

### 嘉泰四年甲子(1204),二十三岁。

在富阳主簿任上。

### 宁宗开禧元年乙丑(1205),二十四岁。

四月,父王万枢卒,居家丁父忧。

《京口耆旧传》卷七《王万枢传》:"秩满,擢知吉州,道仪真,卒于舟中,实开禧乙丑。"①《王公墓志》:"夏四月戊子(初一),次于仪真,病卒。"

五月,伯兄王逢病亡,刘宰作文祭之。

《京口》本传:"吉州卒,伯兄亡,公奉母治丧。"按,据此,父兄之卒前后时间很近,推测兄王逢当卒于四五月间。刘宰《祭王吉仲主簿文》云:"文士苦心,瑟缩寒窗,子不停思,笑语徜徉,入笔波涛,五湖三江。士志于得,场屋逶迟,子试辄效,如取如携,瓦砾纷披,璀璨珠玑。平居大言,或疏于用,子才小试,涂歌里诵,枳棘丛中,而见鸾凤。负才自喜,或隘其中,子量之宽,有来必容,一气回春,澹荡和融。宜介而寿,宜昌其后。男犹在娠,身年方茂。天乎弗吊,一疾莫救。胡厚厥予,而短其期。胡富其蕴,而狭其施。悠悠苍天,知者其

---

① 佚名《京口耆旧传》,中华书局1991年版,第95页。

谁。某等里社攸同,朋从自昔,萧寺从容,俯仰陈迹。卮酒豆肉,物薄情深,英灵不昧,迟子来临。"①

## 开禧二年丙寅(1206),二十五岁。

居家丁父忧。

## 开禧三年丁卯(1207),二十六岁。

在楚州。七月服除,移楚州教授。

《京口》本传:"服除,而韩侂胄诛死,参政卫公泾以前事白堂,差教授楚州。"按,王遂于本年七月服除,韩侂胄被诛死亦于本年十一月,故移楚州(今江苏淮安)教授当在本年底或次年初。

## 宁宗嘉定元年戊辰(1208),二十七岁。

在楚州。闰四月,适苦旱,献救荒之策,权任通判,得知建康府丘崈器重。

《京口》本传又载:"淮东敌退民归,岁适苦旱,条救荒事宜,上之台郡,既而权倅。制使丘公崈、杨公辅皆以措置给徕委公。"按,丘崈是年正月除江淮制置大使兼知建康府。《景定建康志》卷二十五《制置使》题名:"嘉定元年正月五日,以资政殿学士、通奉大夫、知建康军府事、江南东路安抚使丘崈,改除江淮制置大使、兼知建康府。"②《两朝纲目备要》卷十:开禧三年"十二月乙巳,邱崈为江淮制置大使。时赵淳已为江淮制置使,故加大字以别之"③。《宋史全文》卷二十九下:开禧三年"十二月癸卯,江南东路安抚使丘崈为江淮制置大

---

① 刘宰《漫塘集》卷二十七,景印文渊阁《四库全书》,第1170册第654页。
② 周应合《景定建康志》二十五,《宋元方志丛刊》第2册,中华书局1990年版,第1734页。
③ 佚名《两朝纲目备要》,景印文渊阁《四库全书》,第329册第860页。

使"①。据此知,丘崈改除江淮制置大使兼知建康府之命当在开禧三年十二月底,到任则在嘉定元年正月五日。是年闰四月,上以旱祷雨,诏求言。《宋史》卷三十九《宁宗本纪》载:嘉定元年闰四月"辛卯,以旱祷于天地、宗庙、社稷。癸巳,减常膳。乙未,蠲两浙阙雨州县贫民逋赋。命大理、三衙、临安府、两浙州县决系囚。丙申,幸太乙宫、明庆寺祷雨。丁酉,以旱诏求言"②。王遂因献救荒之策,得上司认可而权任楚州通判。

丘崈(1135—1208),字宗卿,江阴(今属江苏)人。孝宗隆兴元年(1163)进士。调建康府观察推官,历知华亭县、吉州,召除户部郎中,迁枢密院检详文字。为接伴全国贺生辰使,被劾不礼金使奉祠。起知鄂州,移江西转运判官,提点浙东刑狱,知平江府。淳熙十三年(1186)移帅绍兴,十四年改两浙转运副使。光宗即位,擢四川安抚制置使兼知成都府。宁宗嘉泰三年(1203)知庆元府。四年,改知建康府、江淮宣抚使,寻拜签书枢密院事兼督视江淮军马。以忤韩侂胄奉祠。开禧三年(1207),复知建康府。嘉定元年,拜同知枢密院事,旋卒,年七十四。谥文定。有《丘文定集》,已佚。今有《文定公词》一卷传世。《宋史》卷三百九十八有传。

## 嘉定二年己巳(1209),二十八岁。

**在楚州通判任上,得建康留守杨辅器重。**

《景定建康志》卷一《建康留都录》:"杨辅,嘉定二年(1209)八月,以龙图阁学士安抚使兼行宫留守司公事。"按,自去年八月至今年七月,何澹以观文殿学士安抚使兼行宫留守③,均兼江淮制置使。

杨辅(?—1209),字嗣勋,遂宁(今四川潼南西北)人。孝宗乾道二年

---

① 佚名撰,李之亮校点《宋史全文》,黑龙江人民出版社2005年版,第2068页。
② 脱脱等《宋史》,中华书局1985年版,第750页。
③ 周应合《景定建康志》卷一,《宋元方志丛刊》第2册,中华书局1990年版,第1339页。

(1166)进士。淳熙七年(1180)除秘书省正字,迁校书郎,八年出知眉州,十五年,改夔州。光宗绍熙间总领四川财赋,擢利州路安抚使。宁宗庆元二年(1196)召为秘书监,三年出为江东提刑。六年,知江陵府兼荆湖北路安抚使。召还,寻出知成都府兼四川安抚使。开禧三年(1207),密授四川制置使防吴曦之叛。曦诛召还。嘉定二年知建康府兼江淮制置使,旋卒。《宋史》卷三百九十七有传。

### 嘉定三年庚午(1210),二十九岁。

**在建康。入黄度幕,初显政治才能。**

《京口》本传:"黄公度开江淮闸,罗致幕中,建策画平湖海余寇,淮西有雄淮军,虚费诸郡,朝议留屯,以省馈运。公白制阃:'凡田多者,以正月下旬纵遣,使得春耕;田少者,四五月麦登乃遣归,使有以续食,其不预归者改制。'黄公以其说复于朝,行之,所在帖息,岁省缗钱四百万,米斛三十余万。"按,据《景定建康志》卷一《建康留都录》,黄度于嘉定三年正月以朝请大夫安抚使兼行宫留守司公事,任至嘉定五年①。王遂在幕府亦应至嘉定五年或之后。《蔡氏行状》:"大夫从金陵帅黄公度幕府,夫人手书戒曰:'汝年少,更事浅,谨之谨之,家事吾自力,不以累汝也'。"

黄度(1138—1213),字文叔,号遂初,新昌(今属浙江)人。孝宗隆兴元年(1163)进士。授瑞安县尉。淳熙三年(1176),为隆兴府教授,寻两易平江府教授。十二年,知嘉兴县。光宗嗣位,监登闻鼓院。绍熙二年(1191),除国子监主簿。四年,除监察御史。宁宗即位,改右正言,以忤韩侂胄罢归。嘉泰二年(1202),起知泉州。嘉定元年(1208),除太常少卿兼国史院编修官、实录院检讨官,寻除权吏部侍郎兼实录院同修撰。二年,知福州。三年移知建康府兼江淮制置使。五年,为礼部尚书兼侍读。以病致仕。六年卒,年七十六。事见

---

① 周应合《景定建康志》卷一,《宋元方志丛刊》第 2 册,中华书局 1990 年版,第 1339 页。

《絜斋集》卷十三《黄公行状》、《水心集》卷二十《龙图阁学士黄公墓志铭》。《宋史》卷三百九十三有传。

## 嘉定四年辛未(1211),三十岁。

在建康黄度幕府。

## 嘉定五年壬申(1212),三十一岁。

在建康黄度幕府。

## 嘉定六年癸酉(1213),三十二岁。

在建康黄度幕府。

## 嘉定七年甲戌(1214),三十三岁。

或在无为,任淮西总所干办官。

## 嘉定八年乙亥(1215),三十四岁。

在无为。任淮西总所干办官,与真德秀共议救荒赈灾事。

《京口》本传:"淮西总所漕使真公德秀、仓使李公道传共议救荒,事悉咨公,民多全活。"《蔡氏行状》亦云:"真公德秀、李公道传振荒江东,大夫及南库颇参其议,夫人曰:'民命所系,何可忽诸?'"按,《景定建康志》卷二十六"转运司"题名:"真德秀,朝请郎秘阁修撰运副,嘉定八年二月一日到任,十二月除知泉州。"①真德秀任淮西转运副使既在嘉定八年,则王遂任淮西总所干办官最迟在今年,与之商议救灾事亦在是年。按,淮西转运司、提举常平司治所均在无

---

① 周应合《景定建康志》卷二十六,《宋元方志丛刊》第2册,中华书局1990年版,第1761页。

为军(今属安徽)。

真德秀(1178—1235),字景元,改字希元,号西山,浦城(今属福建)人。四岁受书,过目成诵。庆元五年(1199)进士,授南剑州判官。继中开禧元年(1205)博学宏词科,为太学正。嘉定元年(1208),迁太学博士。六年,进起居舍人。八年,出为江东转运副使。十二年,知隆兴府。十五年,为湖南安抚使兼知潭州。理宗即位,召为中书舍人。端平二年(1235)三月,自翰林学士除参知政事;五月,病卒,年五十八。谥文忠。《宋史》卷四百三十七《儒林传》有传,另参魏了翁《鹤山先生大全文集》卷六十九《参知政事资政殿学士致仕真公神道碑》、刘克庄《后村先生大全集》卷一百六十八《西山真文忠公行状》。有《西山先生真文忠公文集》等。

## 嘉定九年丙子(1216),三十五岁。

**在无为。又与李道传共议救荒赈灾事。**

黄榦《知果州李兵部墓志铭》:"七年秋,除提举江南东路常平茶盐公事。"①又据《景定建康志》卷三十二,李道传所作《初建贡院记》落款为:"嘉定九年七月日,朝散郎、提举江南东路常平茶盐公事李道传记。"②则知王遂与李道传议救荒事亦在嘉定八、九年间。

李道传(1170—1217),字贯之,井研(今属四川)人。宁宗庆元二年(1196)进士,调利州司户参军。秩满,移蓬州教授。嘉定二年(1209)召为太学博士,累迁著作郎。六年,知真州。七年,提举江南东路常平茶盐。入为兵部郎官。十年,出知果州,道死九江,年四十八。事见《勉斋集》卷三十八《知果州李兵部墓志铭》。《宋史》卷四百三十六有传。

---

① 黄榦《勉斋集》卷三八,景印文渊阁《四库全书》,第1168册第459页。
② 周应合《景定建康志》,《宋元方志丛刊》,第1877页。

**嘉定十年丁丑(1217),三十六岁。**

在无为。李道传出知果州,以诗送别。

有诗《送李果州归蜀》。黄榦《知果州李兵部墓志铭》:"除兵部郎官,力辞,差知果州。""嘉定十年冬十月壬子,尚书兵部员外郎、知果州李君讳道传字贯之,以疾终于江州之寓舍。"《四川通志》卷九上:"李道传,字贯之。……出知果州,道卒。"①从王遂送别诗内容看,当是李道传赴任相送。

**嘉定十一年戊寅(1218),三十七岁。**

或在淮西总所干办官任上。

**嘉定十二年己卯(1219),三十八岁。**

或在淮西总所干办官任上。

**嘉定十三年庚辰(1220),三十九岁。**

或在淮西总所干办官任上。

**嘉定十四年辛巳(1221),四十岁。**

或已在知当涂县令任上。

王遂知当涂县准确时间无考,《京口》本传:"改秩,知当涂县。"最早或在本年。按,当涂县今属安徽。

**嘉定十五年壬午(1222),四十一岁。**

---

① 黄廷桂《四川通志》,景印文渊阁《四库全书》,第559册第400页。

**在知当涂县任上。四月,有跋文。**

《跋陈少阳建炎所上第三书》见《全宋文》卷六九五一。署"嘉定十五年四月朔",时间甚明。

**在当涂,有善政。**

《蔡氏墓志》:"当涂之政,如古循吏,人谓母训实然,此不惟今女子所难,号古贤妇犹难之也。"刘宰《代柬寄当涂大夫王去非》诗云:"闻道王明府,仁声已四传。催科能不扰,赋入自争先。理到顽民服,仁渐黠吏悛。俊良搜士类,疾苦访氓编。义役颁成制,巫风变昔年。已闻销珥笔,直欲弛蒲鞭。未可徒宽治,还疑执德偏。碧云江外合,爱助正拳拳。"[1]

## 嘉定十六年癸未(1223),四十二岁。

**知当涂。十二月十四日,母蔡氏病卒,丁母忧,去当涂县令任。**

《京口》本传:"丁母蔡夫人忧。"《蔡氏墓志》:母蔡氏"嘉定十六年十二月壬午(十四日)殁于当涂县舍",故知丁母忧在十二月。《蔡氏行状》:"大夫之宰当涂也,佐岁大水,夏六月三日,夫人诞日,是岁初登七秩,郡太守遣同僚,相率升堂为寿,夫人语大夫:'天变如此,汝有社有民,毋以吾故乐饮。'"

**友人刘宰作文哀悼。**

《祭王吉州夫人蔡氏文》:"恭惟夫人,行高德备。持己之严,渊临冰履。宅心之静,鉴明水止。亲亲尊尊,孝敬天至。顺以事天,钦承厥志。谆谆教子,由学而仕。希圣慕贤,蹈仁履义。化行于家,不怒而畏。熏然其和,粲然有礼。内族外姻,恤孤闵瘝。死者复生,生者不愧。五命恩荣,七袠寿祉。人世若斯,可无憾矣。某等尝获升堂,捧觞拜跪。正想潘舆,春风桃李。忽返蓬瀛,路遥

---

[1]《全宋诗》,第33399页。

弱水。敬奠生刍,通家是恃。魂兮不昧,庶其歆此。"①

## 嘉定十七年甲申(1224),四十三岁。

居家,丁母忧。

## 理宗宝庆元年乙酉(1225),四十四岁。

丁母忧。冬,与刘宰同赴吕城拜访魏了翁。

魏了翁《题吕城李氏世藏名帖》:"宝庆元年冬,魏某得罪,时宰投畀蛮荆,道吕城,获观李唐裔孙佑所宝唐贤遗墨。是日,刘平国、王去非踏雪见访,皆奇遇也。"②《魏文靖公年谱》:宝庆元年"十一月,以集贤殿修撰出知常德府。越三日,朱端常劾公欺世盗名,朋邪谤国,落职。……过吕城,观吕氏世藏名帖。王实斋遂同刘漫塘宰来访"③。按,吕城与金坛相邻,临运河,魏了翁赴靖州沿运河而上,王遂丁母忧在家,闻讯拜访魏了翁。

魏了翁(1178—1237),字华父,号鹤山,邛州蒲江(今属四川)人。宁宗庆元五年(1199)进士。嘉泰二年(1202),召为国子正,次年改武学博士。开禧元年(1205),召试学士院,以阻开边之议忤韩侂胄,改秘书省正字。次年出知嘉定府。史弥远当国,力辞召命。丁父忧,筑室白鹤山下,开门授徒。起知汉州、眉州。嘉定四年(1211)擢潼川路提点刑狱,历知遂宁、泸州、潼川府。十五年,召为兵部郎中,累迁秘书监、起居舍人。理宗宝庆元年(1225),因言事以首倡异论、朋邪谤国黜靖州居住。绍定五年(1232),起为潼川路安抚使、知泸州。端平元年(1234),召权礼部尚书兼直学士院,以端明殿学士、同签书枢密院事督视江淮京湖军马。嘉熙元年卒,年六十。谥文靖。遗稿由其子近思、近愚刊

---

① 刘宰《漫塘集》卷二十七,景印文渊阁《四库全书》,第1170册第653页。
② 魏了翁《鹤山集》卷六十五,景印文渊阁《四库全书》,第1173册第67页。
③ 缪荃孙《魏文靖公年谱》,《宋人年谱丛刊》第11册,四川大学出版社2003年版,第7508页。

行,传世有《鹤山先生大全文集》一百九卷。事见本集卷首宋淳祐九年吴渊序、清缪荃孙《魏文靖公年谱》,《宋史》卷四百三十七有传。

### 宝庆二年丙戌(1226),四十五岁。

丁母忧。四月服除,仍居家。

按,嘉定十六年十二月丁母忧,至该年四月累二十七月,为丁忧期。

### 宝庆三年丁亥(1227),四十六岁。

居家。吴定夫过金坛来访。

刘宰《书赠吴定夫》:"南城吴定夫,布衣芒履走天下,欲遍识当世贤者。所赍一布囊,其囊用八尺布缩缝之,其末衡缝之,虚其中以便出纳,权其轻重短长,中分于肩上。丁亥年来金坛,访余与王去非。"①

四月,知山阴县(今浙江绍兴)。

《京口》本传:"除丧服期年,不忍求仕,亲朋勉之,注授知溧水,易山阴县,多贵近公,一切绳以礼义,莫敢干扰。"按,宝庆二年四月服除,至今年四月乃"除丧服期年"。赴任时刘宰有《分韵送王去非之官山阴得再字》诗送行。诗云:"达官须亲民,未竟法应再。昔君治姑孰,报政甫初载。桃李春正华,风木养不待。至今田里间,往往诵遗爱。"②

### 绍定元年戊子(1228),四十七岁。

在知山阴县任上。

---

① 刘宰《漫塘集》卷十九,景印文渊阁《四库全书》,第1170册第545页。
② 《全宋诗》,第33402页。

**绍定二年己丑（1229），四十八岁。**

**在知山阴县任上。冬，盗起闽中，差干办诸司审计司。**

《宋史》本传："历官差干办诸司审计司。"《京口》本传："盗起江西、闽中，公陈《弭盗六策四要》，赴枢密院禀议，干办审计司。"按，两本传均未记时间，据《宋季三朝政要》，晏头陀盗寇之乱在绍定二年①，又《闽中理学渊源考》卷六《忠烈刘君锡先生纯》："绍定己丑，闽寇晏头陀等啸聚汀郡，残破宁化、清流、将乐，陷剑南、犯建宁，纯适调湖北帐干，闻贼迫近其乡里，即归，散家财招唐石义勇千人讨之。樵守王遂请于朝，命知邵武县，俾将所招军往，立官府，收散亡，军势大振。事闻，改宣教郎，诏号其军曰'忠武'。"②此确载为"绍定己丑"。《宋史》卷四百十九《陈韡传》："绍定二年冬，盗起闽中，帅王居安属韡提举四隅保甲，韡有亲丧，辞之。转运使陈汶、提举常平史弥忠告急于朝，谓非韡莫可平。明年，以宝章阁直学士起复，知南剑州，提举汀州、邵武军兵甲公事，福建路兵马钤辖，同共措置招捕盗贼兼福建路招捕使。"③此载又明确在是年冬。王遂既陈弭盗之策后干办审计司，则亦当在是年冬或明年春。又明确称其为"樵守"，则是年底或明年春知邵武军。

**绍定三年庚寅（1230），四十九岁。**

**知邵武军，兼招捕司参议官。**

《宋史》本传："绍定三年，福建寇扰甫定，朝廷选贤能吏，劳来安集，以遂

---

① 《宋季三朝政要》卷一"绍定二年"纪事云："汀郡寇发，陈韡平之。晏头陀、梦彪啸聚汀郡，境上残破。宁化、清流、将乐诸邑迫南剑帅府请于朝，谓非陈韡莫破此贼。时韡丁父忧，诏起复知南剑州。韡至，州籍峡常民兵，申乞调淮西精兵五千人救援，淮西制置曾式中道将陈万以三千五百人来，朝廷遂滕韡提刑招捕使，击破潭飞磜，谕降莲城七十二寨，贼溃，梦彪降，诛之。"景印文渊阁《四库全书》，第329册第969页。按，陈韡，原文写作陈鞾，据《宋史·陈韡传》等改。

② 李清馥撰，徐公喜等点校《闽中理学渊源考》卷六，凤凰出版社2011年版，第94页。

③ 脱脱等《宋史》，中华书局1985年版，第12561页。

知邵武军兼福建招捕司参议官。遂过江山、浦城道中，遇邵武避地之人，即遗金为归资，从者如市。至郡，抚摩创痍，翦平凶孽，民恃以安。"王遂《节斋先生墓志铭》云："先庚寅，遂以君命治邵武寇，往来境上，获睹先生清光，见其子侄，自后书问往来。"①邵武军今属福建。

### 绍定四年辛卯(1231)，五十岁。

**知邵武军，兼招捕司参议官。**

《邵武府志》卷四"秩官"知军事题名："绍定四年，王遂。"②据前文所考，去岁已知邵武军。

**辟包恢为光泽主簿。**

《钦定大清一统志》卷三百三十二《邵武府》："包恢，建昌人。嘉定中，邵武守王遂辟光泽主簿，平寇乱。"③按，邵武军，治邵武县，领县四：邵武、光泽、归化、建宁。"嘉定中"当为绍定中。

包恢(1182—1268)，字宏父，一字道夫，号宏斋，建昌南城(今属江西)人。宁宗嘉定十三年(1220)进士，调金溪簿。历光泽簿，建宁府学教授，沿江制置司干官，通判台州、临安府，知台州，提点福建刑狱兼知建宁府，广东转运判官，提点浙西刑狱，知隆兴府兼江西转运使，湖南转运使。理宗景定初，拜大理卿，迁中书舍人。四年(1263)，出知平江府兼发运使。度宗即位，召为刑部尚书。咸淳二年(1266)进签书枢密院事。三年致仕。四年卒，年八十七。有《敝帚集》，已佚。清四库馆臣据《永乐大典》辑为《敝帚稿略》八卷。事见《桐江集》卷三《读包宏斋敝帚集跋》，《宋史》卷四百二十一有传。

**未几，罢。改知安丰军。**

---

① 王可喜《王韶家族研究文献集》，江西高校出版社2018年版，第265页。
② 邢址《(嘉靖)邵武府志》，《天一阁藏明方志选刊》第30册，上海古籍书店1964年版。
③ 和珅《钦定大清一统志》，景印文渊阁《四库全书》，第481册第693页。

《宋史》本传:"未几,言者以遂妄自标致,邀誉沽名,罢。改知安丰军。"安丰军,治寿春,今安徽寿县。

### 绍定五年壬辰(1232),五十一岁。

知安丰军,迁国子监主簿。

《宋史》本传:"改知安丰军,迁国子监主簿。"该两任时间亦很短,共有年余,且在绍定六年十一月之前。李之亮《宋两淮大郡守臣易替考》,考定其知安丰军时间为绍定四年至五年之间①,所任时间可能在几月至一年之间。

### 绍定六年癸巳(1233),五十二岁。

在临安。迁太常寺主簿。十一月二十八日,与洪咨夔同拜监察御史。

《宋史》本传:"又迁太常寺主簿。"《资治通鉴后编》卷一百四十四:绍定六年十一月"戊辰(二十八日),礼部郎中洪咨夔进对,帝问以今日急务,咨夔言:'进君子退小人,开诚心布公道。因乞召用崔与之、真德秀、魏了翁。'帝纳之,命咨夔与王遂并拜御史"②。《宋史》卷四十一《理宗本纪》亦有相同之记载。

《京口》本传:"与洪公咨夔并命。首疏论决于进君子退小人,则拨乱底于治;决于进小人退君子,则由治趋于乱。君子小人之势,相持未决,而治乱混并未分,虽百君子而一小人。终于以小人而害君子,则天下之似治者,适阶以为乱。于是首疏劾余天锡,再疏劾赵善湘、郑损、陈昈,三疏又劾善湘诸子,并其党与,余逮事藩邸,赵、郑、陈故相之肺腑腹心,久任方面,以功自诡者,公连疏及之。于是人心震悚,朝纲精明,群枉之党倾,众正之路辟矣。"

洪咨夔(1176—1236),字舜俞,号平斋,于潜(今属浙江)人。宁宗嘉泰二

---

① 李之亮《宋两淮大郡守臣易替考》,巴蜀书社2001年版,第555页。
② 徐乾学《资治通鉴后编》卷一百四十四,景印文渊阁《四库全书》,第344册第680页。

年(1202)进士,授如皋簿。继中教官,调饶州教授。崔与之帅淮东,辟置幕府。后随崔至蜀,历通判成都府,知龙州。理宗朝,召为秘书郎,以言事忤史弥远,罢。弥远死,以礼部员外郎召,迁监察御史、殿中侍御史、给事中。官至刑部尚书,翰林学士、知制诰。端平三年卒,年六十一,谥文忠。有《平斋文集》三十二卷。《咸淳临安志》卷六十七、《宋史》卷四百六有传。

### 理宗端平元年甲午(1234),五十三岁。

**在临安。任监察御史。疏奏极论进君子,退小人。**

《宋史》卷四十一《理宗本纪》:端平元年四月,"监察御史王遂言:'史嵩之本不知兵,矜功自侈,谋身诡秘,欺君误国,留之襄阳一日,则有一日之忧。'不报"[1]。知该年四月仍在监察御史任上。《宋史》本传:"拜监察御史。疏奏极论进君子,退小人。又言正风俗,息奔竞。又言:'朝廷谓史嵩之小黠为大智,近功为远略。忽臣之言,必欲侥幸嵩之于不败,非为国至计也。欺君误国,天下知之,而朝廷犹且惑焉,势甚凛凛也。'"《京口》本传亦载:"公又上疏论士大夫心术之弊,历数十年膏肓之疾,若宠赂,若贪墨,若奸回,若嗜进,请以所言,风告列位,若有不悛者,臣当执官刑典宪而枚劾之。自是所论劾甚众,奸党为之一空。史嵩之制置京湖,公劾其原起于故相,自固之谋太工,以兵权付其子弟,畏用兵之念太甚,惟知以货贿遗敌国。"

### 端平二年乙未(1235),五十四岁。

**在临安。除右正言,寻拜殿中侍御史。**

《宋史》本传:"迁右正言,寻拜殿中侍御史。疏言:'三十年来,凶德参会,未有如李知孝、梁成大、莫泽肆无忌惮者。三凶之罪,上通于天,乞重其刑。'"

---

[1] 脱脱等《宋史》卷四十一,中华书局1990年版,第801页。

《京口》本传:"除右正言,上谕:'闻卿山阴之政甚嘉,邵武之功甚不易,自卿入台,台纲振起,皆卿之力。朕读高宗圣政,见赵鼎在台中,率僚属振风采,一时甚赖其力,朕之赖卿亦然。'除殿中侍御史,劾李知孝、梁大成、莫泽,乞行追窜,并论赵至道、留元英罢任。"按,《宋史》李知孝、梁大成等本传载其端平初被劾,端平纪年累三年,故"端平初"当为元年或二年。王遂除殿中侍御史后而劾李知孝、梁大成等,其除殿中侍御史当在端平元年底或二年初。又考《宋史全文》卷三十二《宋理宗二》:端平二年正月二十五日"己未,诏以翰林学士知制诰真德秀知贡举,中书舍人权吏部侍郎洪咨夔、起居舍人蒋重珍同知"①。洪咨夔端平二年正月为中书舍人,其《右正言王遂除殿中侍御史制》当写于端平二年初,故定王遂除殿中侍御史时为端平二年。

洪咨夔《右正言王遂除殿中侍御史制》曰:"敕具官某:朕始亲万几,首得一士,置在明目张胆之地,蔚有正色敢言之风。神鼎铸而魑魅莫逢,干将淬而犀兕亦断。善类吐气,贪夫革心。察之既稔所安,用之不厌其速。甫跻谏列,亟副台端。纯仁之内出姓名,盖非轻授;赵抃之不避权幸,抑所优为。朕方虚己以受人,尔亦得时而行道。难逢者风云之胥会,易失者日月之如流。万古在前,亿世在后,毋替精白承休之节,用为汗青传远之图。可。"②

**四月,有跋文。**

《跋封事后》见《全宋文》卷六九五一。署名:"端平二年四月既望,鄣阳王遂谨书。"时间甚明。

**又迁户部侍郎。**

《宋史》本传:"迁户部侍郎。"《京口》本传:"迁公户部侍郎。公既出台而更化之,初意遂转移矣。公在台逾两年,屡击巨奸。"按,王遂绍定六年十一月

---

① 佚名撰,李之亮校点《宋史全文》卷三十二,黑龙江人民出版社2005年版,第2203页。
② 洪咨夔《平斋文集》卷十七,《四部丛刊》本。参《全宋文》第306册,第241页。

除监察御史,至本年底即"在台逾两年"。除户部侍郎当在本年底。

洪咨夔《殿中侍御史王遂辞免除户部侍郎恩命不允诏》云:"朕自亲政以来,台谏以直声著者必超轶等级而进之,所以劝敢言、广忠益也。卿气壮而材茂,识高而论伟,繇分察再迁,察非法于殿中,暴未殄之恶,折方萌之奸,謇謇匪躬,闻于天下,朕甚器其直。稽诸故府台臣,以供奉赤墀摄贰版部仅一二见,如卿即日为真,亦足昭眷简之殊、旌拔之异矣。矧尝考核郡国计簿,具见本末,理财有疏,义利之辨尤严。今特举而措之,毋多逊。所辞宜不允。"①

## 端平三年丙申(1236),五十五岁。

在临安。正月,以户部侍郎兼同修国史、实录院同修撰,暂兼权侍左侍郎。

《宋史》本传:"迁户部侍郎兼同修国史、实录院同修撰,时暂兼权侍左侍郎。"《南宋馆阁续录》卷九"同修国史""实录院同修撰"载:"王遂,端平三年正月以新除户部侍郎兼。"②

洪咨夔《户部侍郎王遂辞免同修国史实录院同修撰恩命不允诏》云:"文以气为主,职史事者有直气则无曲笔。卿以学问养集义之气,顷为御史,不为强御屈,刚且直矣。进升言语侍从之联,参举纪传编年之法,以前日之是非一时者荣辱,百世均是气也。况司马迁之进奸雄,崇执利;班固之否正直,轻仁义,曾莫能当卿麾诃之余锋。一代大典,久未就绪,非卿其谁宜为?所辞宜不允。"③

旋以宝章阁侍制差知遂宁府,改进焕章阁待制、四川安抚制置副使兼知成都府,又改知平江府。

《宋史》本传:"以宝章阁待制差知遂宁府。进焕章阁待制、四川安抚制置

---

① 洪咨夔《平斋文集》卷十五,《四部丛刊》本。参《全宋文》第306册,第192、193页。
② 佚名撰,张富祥点校《南宋馆阁续录》卷九,中华书局1998年版,第365、388页。
③ 洪咨夔《平斋文集》卷十五,《四部丛刊》本。参《全宋文》第306册,第197页。

副使兼知成都府。差知平江府。"《京口》本传："差知遂宁府改制置四川。陛辞犹论：'和之不可恃，战之必可守，且谓臣远去阙庭，犹不敢忘忠爱者，君子小人之辨是也。诸葛亮出汉中，上表言亲君子远小人，此乃讨贼兴复之第一义，惟陛下念之。'遂行，而蜀士之党郑损者居中沮止之。改知平江府。"按，据《京口》本传，知遂宁府未赴任，制置四川兼知成都府应已启程赴任，下引《王遂知平江府制》云"方叱西征之驭"可证，被沮而途中返回，终改知平江府。四月到任平江府，则启程赴任四川当在三月。

许应龙《王遂除四川制置使制》曰："戎阃系于安危，当求礼乐诗书之帅；朕心为之忧顾，特辍言语侍从之臣。爰锡徽章，晋升次对。具官某身兼数器，望重群公，有能定能应之才，负至大至刚之气，峻登言路，力振朝纲。击搏何心，纵横秋之雕鹗；奸邪褫魄，无当路之豺狼。擢寔贰卿，正图大任。属坤维未臻于奠枕，而制垣正藉于协谋。暂烦王尊叱驭之劳，期底诸葛理民之绩。能胜其任，岂嫌蜀道之难；式遄其行，当使雪山之重。其思康济，用副眷怀。"①

**四月，差知平江府（今江苏苏州），七月初九日到任。**

《吴郡志》卷十一："王遂，朝奉大夫新除焕章阁待制四川安抚制置副使兼知成都府，端平三年四月十二日，三省同奉圣旨，依旧焕章阁待制改差知平江军府事，节制许浦都统司水军，七月初九日到任。"②《京口》本传："改知平江府。下车，首以崇学校、宽民力、抑豪强为务。会两倅及县令，赋诗勉厉之。时诣学，亲为诸生讲说，吴中理学始兴。"

许应龙《王遂知平江府制》云："用之则行，方叱西征之驭；引以自近，复分左翊之符。宣王化以承流，庶京师之蒙润。具官某定而能应，直哉惟清，惓惓怀忧国之忠，蹇蹇厉匪躬之节。施无不可，岂惟振职于宪台；事岂辞难，尤欲宣

---

① 许应龙《东涧集》卷五，景印文渊阁《四库全书》，第1176册第461页。
② 范成大《吴郡志》卷十一，《宋元方志丛刊》第1册，中华书局1990年版，第776页。

威于制阃。遐不谓矣,朕深念之。与其劳十乘以启行,孰若易一麾而出守。使见日觉长安之近,无登天嗟蜀道之难。茂对殊休,勉图治最。"①

**友人刘宰有言相送。**

《刍言送王实斋守吴门》云:"士友当亲,而贤否不可不辨;财利当远,而会计不可不明。折狱以情,毋为私意所牵;荐士以才,毋为权要所夺。当言则言,不视时而退缩;可去则去,不计利而迟徊。庶几名节之全,不愧简册所载。"②

**到任会平江同僚,有诗纪之。**

《会平江两倅六邑宰》诗云:"守令张官本为民,恫瘝无异切吾身。但令六县皆朱邑,何必黄堂有信臣。田里要须兴孝弟,闾阎谨勿致嚬呻。与君共举一杯酒,化作人家点点春。"③据诗意知为初到平江任作。

### 理宗嘉熙元年丁酉(1237),五十六岁。

**知平江府。二月,以秤提会子进一秩。**

《宋史全文》卷三十三:嘉熙元年二月甲辰(二十二日),"知平江府王遂、知建宁府姚珤、知常州何处信各以秤提会子进一秩"④。按,会子是南宋时的一种纸币,初为便钱会子,即汇票、支票之类票据。

**三月,魏了翁卒。王遂经纪丧事,甚为周挚。**

《魏文靖公年谱》:嘉熙元年"三月十八日,薨。……王实斋时知平江府,经纪丧事,甚为周挚"⑤。

**秋七月,应通判翁逢龙之请,为平江府通判西厅建成作记。**

---

① 许应龙《东涧集》卷六,景印文渊阁《四库全书》,第 1176 册第 468 页。
② 刘宰《漫塘集》卷十九,景印文渊阁《四库全书》,第 1170 册第 546 页。
③ 《全宋诗》,第 34274 页。
④ 佚名撰,李之亮校点《宋史全文》卷三十三,黑龙江人民出版社 2005 年版,第 2221 页。
⑤ 缪荃孙《魏文靖公年谱》,《宋人年谱丛刊》第 11 册,四川大学出版社 2003 年版,第 7512、7513 页。

钱毅《吴都文粹续集》卷八载此文。文末署名："嘉熙改元七月丙辰,朝奉大夫、焕章阁待制、知平江军府事兼管内劝农使、节制许浦水军、赐紫金鱼袋王遂记。"[1]翁逢龙,字际可,号龟翁,四明(今浙江宁波)人,吴文英亲兄长,嘉定十年(1217)吴潜榜进士,官至平江府通判,与王遂同僚。

**跋龚昱《乐庵语录》。**

王遂《乐庵语录跋》尾云："嘉熙丁酉孟秋仲浣后学王遂。"[2]

龚昱,字立道,一字邱道,昆山人,明之子。有文学,安贫乐道,乡人师之,称为龚山长。为父龚明之笔录了《中吴纪闻》,又为恩师李衡记录并整理了《乐庵语录》。

李衡(1100—1178),字彦平,江都(今江苏扬州)人。高宗绍兴十五年(1145)进士,授吴江县主簿。孝宗隆兴元年(1163)、乾道二年(1166)连知溧水县。召为监察御史。五年,出知婺州。召拜司封郎中,迁枢密院检详文字,除侍御史。八年,差同知贡举。致仕后定居昆山,名其室曰乐庵,自号乐庵叟,学者称乐庵先生。淳熙五年卒,年七十九。今存《周易义海撮要》十二卷,弟子龚昱辑有《乐庵语录》五卷。事详《淳祐玉峰志》卷中,《宋史》卷三百九十有传。

**是月底,除敷文阁待制差知庆元府沿海制置使,改知太平州,皆未赴任。**

《吴郡志》卷十一:王遂,"嘉熙元年七月二十五日,奉圣旨除敷文阁待制,差知庆元府沿海制置使"[3]。《宋史》本传:"进敷文阁待制、知庆元府,改知太平州。以论罢。"知庆元府应未赴任而改知太平州,知太平州亦未赴任而罢。其次年所作文仍落款"平江知府王遂"。

**八月,作文祭奠王蘋。**

---

[1] 钱毅《吴都文粹续集》卷八,景印文渊阁《四库全书》,第 1385 册第 201 页。
[2] 王遂《乐庵语录跋》,见龚昱《乐庵语录》卷末,景印文渊阁《四库全书》,第 849 册第 320 页。
[3] 范成大《吴郡志》卷十一,《宋元方志丛刊》第 1 册,中华书局 1990 年版,第 776 页。

《祭王著作(蘋)文》存于《王著作集》卷六,《全宋文》辑为《王公陈公立祠祭文》。云:"维嘉熙元年,岁在丁酉,八月己卯朔,初八日丙戌,朝奉大夫、焕章阁待制、知平江府兼节制许浦顾泾水军王遂,谨以清酌庶馐之奠,致告于著作先生王公、唯室先生陈公。"①王遂在郡学为立位。《郡庠先贤位次》第七位:"著作王先生:蘋字信伯,程门高弟。郡守王遂立。"第八位:"唯室陈先生:长方字齐之,寓昆山。著作王先生门人,江阴军学教授。"②

按,王蘋(1081—1153),字信伯,其先福清人,少年时随父迁居平江,从二程子于洛,为高弟。官著作佐郎通判常州,故称王著作,有《王著作集》等。

**知平江府有善政。**

《江南通志》卷一百十三《名宦》:"王遂,字去非,金坛人。理宗时知平江府,崇学校、宽民力、抑豪强,禁盂兰盆,会洞庭村民徐汝贤以诈惑众,自号水仙太保,掠人财,贿妻妾,为害数十年,遂收捕,黥面鞭背,投之盘门水中,污俗一变。"③《明一统志》卷八《苏州府》所载相同。

**有文《重修社稷坛记》。**

钱毅《吴都文粹续集》卷十二载此文。文末署名:"焕章待制知平江府王遂记。"④知为王遂在平江任上作。

## 嘉熙二年戊戌(1238),五十七岁。

**进显谟阁待制、知泉州,改温州,亦皆未赴任,仍知平江府。**

《宋史》本传:"进显谟阁待制、知泉州。改温州。"知泉州、改知温州皆未赴任。是年八月作《南陵修儒学记》,仍署名"平江知府王遂记"。

---

① 王蘋《王著作集》卷六,景印文渊阁《四库全书》,第1136册第96页。
② 王蘋《王著作集》卷六,景印文渊阁《四库全书》,第1136册第96页。
③ 赵弘恩《江南通志》卷一百十三,景印文渊阁《四库全书》,第510册第330页。
④ 钱毅《吴都文粹续集》卷十二,景印文渊阁《四库全书》,第1385册第308页。

**八月，作《南陵修儒学记》。**

文载嘉庆《宁国府志》卷二十一。文末署名"嘉熙二年白露，平江知府王遂记"。据此知，嘉熙二年王遂仍在知平江府任上。

**在平江府任上与方大琮互致启文。**

方大琮《回平江王侍郎遂启》云："言念小己登朝之迹，适逢端平亲政之初。群慝革心，无复护善神之法；众正得路，至今诵怪鬼之诗。时惟两贤，并居三院。某官怀其宿愤，授以新砌。奸魄就诛，直用《春秋》之笔；巨憸引郄，斫开杨墨之途。不下禹功，遽分汉牧。蛟胡为乎水裔，虎犹在于山中。然川岳高深其前，君子所恃以无恐；而风采震厉之后，庸人亦足以自扬。凛一发之仅存，纷众毛而不乱。而某胆薄力腐，素微直声；学馁材凋，非有实用。顾何取于一士，乃得列于七人。况今三陲震动而事会方来，群阴峥嵘而阳气不续，捉衿而肘见，支壁而篱倾。力不逮于前修，事反难于昔日。捡翻月纸，幸谏草之可寻；婴忤雷威，企忠规而终愧。"①王遂原启文不存。按，方大琮于去岁被劾免官，故启云"三陲震动而事会方来，群阴峥嵘而阳气不续，捉衿而肘见，支壁而篱倾"。刘克庄《后村先生大全集》卷一百三十三《答洪帅侍郎》："某辄有管见，仰干穹听。嘉熙丁酉，台官蒋岘劾方大琮、刘某、王迈、潘牥四人在端平初妄伦纪，乞坐以无将不道之刑。先皇圣度如天，悉徙末减，大琮罢右史，某夺袁州，迈失漳倅，牥免官而已。未几四人拔拭擢用，惟牥仅为学官一倅而卒。其后三士委蜕，惟某殿后，遍铭三士之墓，于潘铭尤哀切，念之不忘。"②此载时间甚确，且知方大琮、刘克庄、王迈、潘牥四人同时被劾免官。

方大琮（1183—1247），字德润，号铁庵，又号壶山，莆田（今属福建）人。宁宗开禧元年（1205）进士，授南剑州州学教授。历知将乐县、永福县。理宗端

---

① 《全宋文》第321册，第180页。
② 《全宋文》第329册，第19页。

平元年(1234),擢监六部门,累迁右正言,兼国史院编修官、实录院检讨官。嘉熙元年(1237),以言济邸事奉祠。起为福建路转运判官。淳祐元年(1241),知广州。四年,兼广东经略安抚使。六年,进宝章阁直学士,知隆兴府。七年卒,年六十五,谥忠惠。今有四库本《铁庵集》三十五卷。事见《后村先生大全集》卷一百五十一《铁庵方阁学墓志铭》。

### 嘉熙三年己亥(1239),五十八岁。

在知隆兴府任上。以华文阁直学士差知隆兴府兼江西转运副使。

《(万历)新修南昌府志》卷十二:"王遂,字去非,金坛人。华文阁直学士兼江西转运副使,嘉熙三年。"①按,安抚司、转运司治所均在隆兴府(今江西南昌)。

四月,有诗《题端明苏子瞻书天庆观乳泉赋后》。

诗题原注:"嘉熙三年四月旦。"诗云:"天一生兮上浮,羽人俟兮丹丘。溯儋耳兮东注,夹昆仑兮倒流。"②

### 嘉熙四年庚子(1240),五十九岁。

在隆兴府。知隆兴府兼江西转运副使。

《江西通志》卷四十六"秩官一":"王遂字去非,金坛人。嘉熙间以华文阁直学士任。复兼安抚使。"③按,复知隆兴府兼安抚使详后。

三月,溧水县小学建成,为作记。

周应合《景定建康志》卷三十载《溧水县建小学记》文。文末署:"嘉熙庚

---

① 《(万历)新修南昌府志》卷十二,《日本藏中国罕见地方志丛刊》本,书目文献出版社1991年版,第205页。
② 《全宋诗》,第34287页。
③ 谢旻《江西通志》卷四十六,景印文渊阁《四库全书》,第514册第492页。

子清明日,金坛王遂记并书。"①

### 理宗淳祐元年辛丑(1241),六十岁。

**在知宁国府任上。以显谟阁待制知宁国府,政绩卓著。**

《(嘉靖)宁国府志》卷八载:"王遂,字去非,敷阳人,有文学。淳祐元年以显谟阁待制出守,首革故弊、定斗斛、置义役,奏罢坍塌逃亡田税,尝诣学宫,督励生儒及载酒,出郊劳农,各劝以文,民甚德之。"②《钦定大清一统志》卷八十一《宁国府》亦载:"王遂,敷阳人。淳祐元年出守宁国,除积弊、定斗斛、置义役,奏罢芜废逃亡田税,人群颂之曰:'作民父母,后王前杜。'"③政绩极佳。

**八月,为真文忠公祠堂作记。**

周应合《景定建康志》卷三十一载《真文忠公祠堂记》。记云:"圣上改元淳祐之岁,真公之薨七年矣。……是岁八月寒露日,朝散大夫、显谟阁待制、知宁国军府事、兼管内劝农营田使王遂记并书。"④

**九月,作《华亭修复经界本末记》。**

文见嘉庆《松江府志》卷二十。文末署名:"淳祐元年九月日,朝散大夫、显谟阁待制、知宁国军府事、兼管内劝农营田使、德安县开国男、食邑三百户、赐紫金鱼袋王遂记。"

**是年,作《赡学圩田记》。**

文载嘉靖《建平县志》卷七。记云:"淳祐改元,徐君以书报遂曰:'县学自绍定间章君始建,规模甚壮,门庑甚广,讲会甚弘,然未有葺而治之者。……'此遂之所愿大书特书而未已也,于是乎书。"

---

① 周应合《景定建康志》卷三十,《宋元方志丛刊》第 2 册,中华书局 1990 年版,第 1841 页。
② 黎晨《(嘉靖)宁国府志》卷八,《天一阁藏明方志选刊》第 23 册,上海古籍书店 1962 年版。
③ 和珅《钦定大清一统志》卷八十一,景印文渊阁《四库全书》第 475 册第 604 页。
④ 周应合《景定建康志》卷三十一,《宋元方志丛刊》第 2 册,中华书局 1990 年版,第 1862 页。

### 淳祐二年壬寅(1242),六十一岁。

**在知宁国府任上。**

王遂《颜鲁公祠堂记》云:"淳祐二年,遂守宛陵,爱颜鲁公之为人而无能得其像者。朋友刘汝进过虎耳山谒其墓而得之,取南丰《祠记》而读焉,意其若临川为堂以祠者,亦足以表示一方矣。"①按,宁国古称宛陵,颜鲁公祠在句容县。

**秋,为刘宰《漫塘文集》作序。**

《漫塘文集序》署名:"淳祐二年秋分日,后学王遂序。"按,刘宰号漫塘病叟,有《漫塘文集》。该序存于嘉业堂刻本《漫塘文集》卷首,且有脱缺。

**是年,为文祭奠梅尧臣。**

《祭宛陵先生文》载《宛陵集》附录。祭文云:"维淳祐二年岁在壬寅某月某日朔,朝散大夫、显谟阁待制、知宁国军府事兼管内劝农营田使王遂等,谨以清酌庶羞之奠,致祭于故都官梅公宛陵先生之墓。"②按,宛陵先生即梅尧臣。

### 淳祐三年癸卯(1243),六十二岁。

**在建宁府。以宝章阁直学士知建宁府(今福建建瓯)。**

《宋史》本传:"以宝章阁直学士知建宁府。"《(嘉靖)建宁府志》卷六:"王遂,宝章阁直学士、朝请大夫知建宁军府事,兼管内劝农使,节制左翼军屯戍军马。淳祐三年莅军。文学政事有闻。"③

**九月,建阳重修儒学成,为作记。**

文载《(嘉靖)建阳县志》卷六。《建阳重修儒学记》文末署名:"淳祐三年

---

① 周应合《景定建康志》卷三十一,《宋元方志丛刊》第2册,中华书局1990年版,第1864、1865页。
② 梅尧臣《宛陵集》附录,景印文渊阁《四库全书》,第1099册第435页。
③ 夏玉麟《(嘉靖)建宁府志》,《天一阁藏明方志选刊》第27册,上海古籍书店1964年版。

九月朔旦,宝章阁直学士、朝散大夫、知建宁军府事王遂记。"①

**是月重阳日,为蔡渊作墓志。**

按,《全宋文》据《(嘉靖)建阳县志》卷六辑得《节斋蔡先生墓志铭》一篇,《(嘉靖)建阳县志》明显节录自王遂所撰《节斋先生墓志铭》,全文见明蔡有鹍所辑《蔡氏九儒书》卷三《节斋公集》附录(详后)。

**是年,又作《建宁府重修府学记》《建安书院记》。**

二文载《(嘉靖)建宁府志》卷十七。《建宁府重修府学记》云:"辛丑十月乃始为殿,明年二月讫事,又明年六月建阁,以次而举。……遂到郡,见其轮奂灿然,……他日陞夫讲学建安书堂,私谓遂曰:'子诚有意于共理乎,愿一言以为之教。'遂避席不遑,迟迟数月而不敢当,……乃不辞而书。"按,"辛丑"即淳祐元年(1241),"明年"即淳祐二年(1242),"又明年"即淳祐三年(1243)。"遂到郡"意即是年王遂知建宁府到任。

《建安书院记》云:"淳祐三年夏,前建安太守王公移书今郡守王遂。……遂以是操简执笔而不敢以固陋辞。"按,前太守王公指王埜(?—1260),字子文,号潜斋,金华(今浙江金华)人,南宋诗人、词人、书法家。嘉定十三年(1220)进士,淳祐初知建宁府,创建安书院,王遂刚到任为作《建安书院记》。

### 淳祐四年甲辰(1244),六十三岁。

**知建宁府。筑风雨坛。**

《(嘉靖)建宁府志》卷二十:"淳祐甲辰,郡守王遂筑风雨坛于社稷坛右。"知是年在守建宁任上。

**五月,作《重修拱辰桥记》。**

文载嘉靖《(嘉靖)建阳县志》卷六。文末署名:"淳祐四年五月重午,宝章

---

① 冯继科《(嘉靖)建阳县志》,《天一阁藏明方志选刊》第41册,上海古籍书店1963年版。

阁直学士、朝散大夫、知建宁军府事、兼管内劝农使、节制左翼军屯戍军马、德安县开国男、食邑三百户、赐紫金鱼袋王遂记。"

**是月，又作《重造十桥记》。**

文载康熙《建宁府志》卷四十二。记云："经始于癸卯（1243）六月，明年五月桥成，民无病涉者。"

**是年，有《仁智堂记》。**

文载嘉靖《（嘉靖）建宁府志》卷十七。记云："精舍立于淳熙癸卯，修于淳祐甲辰，为之者知县陈君樵子，佐之者熊蒙正、詹枢云。"仁智堂既"修于淳祐甲辰"，记文亦当作于是年。

**是年，又作《忠列公庙碑记》。**

文载嘉靖《（嘉靖）建阳县志》卷六。记云："绍定己丑，汀、邵盗作，破郡县，掠镇戍，侵轶延平、盱、抚、漳、泉之间，民罹其祸者不啻亿万计，三年始定。……遂乘乱出守，奉行诏书惟谨，道得建阳刘侯，论事明白条畅，有不以贼遗君父之志。……后十四年，遂守建宁。"按，王遂于绍定四年（1231）知邵武军兼福建招捕司参议官（详前），"后十四年"即淳祐四年，王遂在知建宁府任上。

## 淳祐五年乙巳（1245），六十四岁。

**在知建宁府任上。五月，《晦庵续集》成，亲为作序，刻印于建安书院。**

按，该佚文存于江苏金坛岳阳村《王氏宗谱》、丹阳东王村《王氏宗谱》中，《全宋文》不录，兹从宗谱抄录如下。《晦庵先生续集序》云：

　　遂生世不早，不及担簦蹑履于先生之门。闻道又晚，不克筑室反墙①以从先生于没。既脱场屋，读四经而心乐焉。顾义理精深，莫造

---

① 金坛岳阳谱作"场"字。

其极①，而先生长者骎骎没矣。岁在癸卯，遂假守建安，从门人弟子之存者，而求其议论之极，则王潜斋以刻之方册，间从侍郎之子请，亦无所获，惟②西山之孙觉轩早从之游，抄录成帙，刘文昌家亦因而抄掇，悉以付友人③刘文叔忠，刊落其蘩而考订其实，继是而有得焉，固无所遗弃也。抑是书之作，多出于晚年，非尝与西山讲明易学④，则时异事左，与世柄鉴。今圣道昭明，士生其时者，惟恐读其书之晚，安知后之造道者不在于兹乎？后世之君子所当自力也，观者当勉之。淳祐五年五月，后学王遂序⑤。

又按，《四库全书总目提要》卷一百五十九《晦庵集提要》（以下简称《提要》）云："《晦庵集》一百卷、《续集》五卷、《别集》七卷。宋朱子撰。《书录解题》载《晦庵集》一百卷，《紫阳年谱》三卷，不云其集谁所编，亦不载《续集》。明成化癸卯莆田黄仲昭跋，称'《晦庵朱先生文集》一百卷，闽、浙旧皆有刻本。浙本洪武初取置南雍，不知辑于何人。今闽藩所存本，则先生季子在所编也。又有《续集》若干卷，《别集》若干卷，亦并刻之'云云。是《正集》百卷，编于在手。然朱玉《朱子文集大全类编》称在所编实八十八卷，合《续集》《别集》乃成百卷，是《正集》百卷又不出在手矣。《别集》之首有咸淳元年建安书院黄镛序曰：'先生之文，《正集》《续集》潜斋、实斋二公已缕版书院。建通守余君师鲁，好古博雅，搜访先生遗文又得十卷，以为《别集》，其标目则一仿乎前，而每篇之下必书其所从得。'是《别集》之编，出余师鲁手。惟《续集》不得主名，朱玉亦

---

① 金坛岳阳谱作"诣"字。
② 金坛岳阳谱"惟"后有"察"字，当是"蔡"字。
③ 金坛岳阳谱无"友人"二字。
④ 金坛岳阳谱"非"前有"若"字，"学"作"历"字。
⑤ 按，原文"学"后有"生"字，"后学"乃固定说法，"生"字当为衍文，故删去。金坛岳阳谱无时间，在前面标题之下署名"遂公去非"，显系后世录入添加。

云无考。观镛所序在度宗之初,则其成集亦在理宗之世也。"①

《提要》对《晦庵续集》成书提出三大疑问:一是《晦庵续集》何人所编,"不得主名";二是《晦庵续集》何时所编,且据余师鲁《晦庵别集》成于"度宗之初",推测《续集》"成集亦在理宗之世";三是《晦庵续集》在何地编印。因《晦庵集》一百卷,前有嘉靖壬辰九月苏信原序,后有成化十九年癸卯二月黄仲昭及嘉靖壬辰秋七月潘潢两后序,《晦庵别集》亦有咸淳元年六月建安书院山长黄镛所作序,故而《正集》《别集》之编者及所编时间较为明确,只有《晦庵续集》无序,何人何时何地所编一直成谜。

王遂该序之发现,破解了此谜。据该序可知,《晦庵续集》系王遂主导收集、以蔡模所"抄录"之底本为主体,经刘忠考订、校勘编撰而成②。

**是年秋冬,复知隆兴府兼江西安抚使,到白鹿洞,为诸生讲说。**

《宋史》本传:"复知隆兴兼江西安抚使。"《京口》本传:"知建宁。……俄除江西帅,归涂次建阳,士友争迎讲书,道邵武至鹿洞,皆为诸生讲说。"《建宁府志》卷六:"累迁华文阁直学士知隆兴府兼江西安抚使。"按,复知隆兴府与知建宁府相续,故考定时为本年。又按,前知隆兴府兼江西转运副使,复知兼江西安抚使,两任有别,亦知确曾两度出任。

## 淳祐六年丙午(1246),六十五岁。

**在知隆兴府兼江西安抚使任。五月,提举江州太平兴国宫,落职奉祠居乡。**

《京口》本传:"请提举太平兴国宫,自是不复出矣。"时间不详。是年五月作《增修华亭县学记》,文载康熙《松江府志》卷十九。记云:"遂退居金坛,地

---

① 纪昀总纂《四库全书总目提要》,河北人民出版社2000年,第4095、4096页。
② 王娇、王可喜《由王遂佚文解〈晦庵续集〉成书之谜》,《文献》2016年第5期。

之相距者三舍,亦闻政成事举,辞不获命。……淳祐六年端午日,华文阁直学士、中大夫、提举江州太平兴国宫、食邑九百户、赐紫金鱼袋王遂记并书。"同时,据此知王遂是年五月已落职奉祠居乡,退居金坛。

### 淳祐七年丁未(1247),六十六岁。

**奉祠居乡,为士友讲学。**

《京口》本传:"请提举太平兴国宫,自是不复出矣。居乡犹为士友口讲《鲁论》《中庸》《太极图》《西铭》诸书。"

**六月,作《颜鲁公祠堂记》。**

周应合《景定建康志》卷三十一载此文。记云:"淳祐二年,遂守宛陵,……后五年,……明年六月中伏日,华文阁直学士、中大夫、提举江州太平兴国宫、德安县开国伯、食邑九百户、赐紫金鱼袋王遂记并书。"[1]按,《全宋文》编年于淳祐三年,误。未计"后五年",亦于落款"提举江州太平兴国宫"不符。

**是年,作《青溪桥记》。**

文载嘉靖《淳安县志》卷十五。记云:"淳祐六年,淳安县青溪桥成。明年,知县陵阳虞君妣致书句金(坛)王遂,求文以托不朽。"文末署名"华文阁直学士、中大夫王遂记"。按,"金"字后疑脱"坛"字。

### 淳祐八年戊申(1248),六十七岁。

**居乡。除权工部尚书,未及造朝而薨。积官至龙图阁直学士通奉大夫。赐谥正肃。**

《宋史》本传:"召赴阙,授权工部尚书。"《京口》本传:"除权工部尚书,未

---

[1] 周应合《景定建康志》,《宋元方志丛刊》,中华书局1990年版,第1864—1866页。

及造朝而薨,年六十有七。积官至龙图阁直学士通奉大夫。赐谥正肃。""葬金坛上元乡之白水塘。"

**有人包恢为文祭奠。**

《祭王实斋文(遂)》云:"世推名流,公为第一。质犹近古,纯正笃实;文由美中,英华炳蔚;才堪济时,权奇周密。自少俊伟,高视一世。以其姿器,超群拔萃;加以学问,真切深至。何啻饥渴,饮食是嗜。文公我师,父母似之。笃信不疑,直如蓍龟。一言一字,服膺不违。引伸触长,更多发挥。世之学徒,少实多虚,惟公躬行,德行具孚;世号贤人,多伪少真,惟公意诚,表里惟纯。此心对越,可质明神。如鸾如凤,梧冈之祥;如珠如玉,山渊之光。惟公也独,瑞世之望;惟公所作,行其所学。吏政民庸,兵谋将略。颖脱以出,遇几盘错。功在樵川,泽尤优渥。自著表表,所立卓荦。端平之元,更化择贤,起家趋朝,日接以迁,擢为御史,正色直言。著是格非,词切色怡。方虽如矩,圆亦如规;击奸纠枉,夬决大壮。旧污宿赃,魂亡魄丧。一时作兴,斩新气象。海内仰旗,如四谏然。继为侍从,诚心格天。献替弥多,睿眷弥坚。以公才名,文武兼全。牧御责重,暂烦蕃宣。姑苏宛陵,江浙名城。富沙潜藩,家师考亭。儒效历试,非特循吏。仁心仁闻,慈祥岂弟。言政及教,示人则效。所至讲论,恳恳学校。惟恐背师,面命耳提。文公权度,坚守不移。卫道之严,念兹在兹;遗训之明,遗爱之深。迹其平生,孰如公心。不才如仆,久蒙刮目。樵川僻宦,误辱收录。岁月如流,二十春秋。辱知辱爱,始终是犹。公之甘棠,在建不忘。仆后二年,过不自量。亦敢承乏,徒忝前芳。惟闻士民,颂公如新。乃知政化,久而不泯。方将专书,省问兴居。旋以罪去,竟若取疏。但闻召命,久被亲除。将由文昌,特进公孤。仰公入觐,柄用醇儒。论道经邦,非公谁欤?继怀疑贰,公胡未至。岂谓公乎,遽遗斯世。海内悲伤,心焉如刺。人失父师,群黎孰庇。朝失老成,国论孰是。实为国悲,非特私恚。欲躬拜哭,远未能诣。先凭斯文,于以告祭。

二千里外,摧折肝肺。精明如在,监此远意。"①

**子王文子。开庆元年(1259)任建康签判。**

《京口》本传载:"子曰文子,女嫁漫塘之子(刘)汝进。"故知王遂与刘宰为亲家,刘宰《回福帅李大卿(俊)》有"姻家王颖叔,冒当邵武之任"②云云,确证王遂与刘宰为亲家。周应合《景定建康志》卷二十四《签判题名》:"王文子,宣议郎,开庆元年二月二十一日到任。"③

---

① 包恢《敝帚稿略》卷七,景印文渊阁《四库全书》,第1178册第787—788页。
② 刘宰《漫塘集》卷十一,景印文渊阁《四库全书》,第1170册第416页。
③ 周应合《景定建康志》卷二十四,《宋元方志丛刊》第2册,中华书局1990年版,第1719页。

# 第三章　王韶忠烈世家兴盛不衰的原因

在封建时代,决定一个家族的兴盛延续是天时、地利、人和等多方面因素交互作用的结果,有大人物,方有大家族。因此,首先要有一个对家族文化形成起关键作用的核心人物,给家族后人留下了丰富的文化遗产,构成家风的基本内容;其次是子弟的天分及文化教育的重视;其他如婚姻重贤德、家族迁徙及子孙人口发达等。

## 第一节　忠烈家族文化的树立与影响

王韶世家二百年兴盛不衰,首先是起关键作用的核心人物王韶的崛起与发达。王韶家族"先代以农为业",随着家族子弟日增,家势日盛,开始重视文化教育,"开义学于舍旁"[1],乃父王世规中举人,进士不第,时人师尊之。王洋《右朝奉郎王公墓志》云:"曰讳世规,即太师公也。自太师以上,皆晦德不仕。太师尝一举于有司,不第,遂隐于敷阳山,时人师尊之,作《敷阳山记》,号敷阳先生。"[2]这为王韶接受良好的教育奠定了基础,我们完全可以推测,王韶童年一定得到了父亲的精心教育和悉心指教。王韶后游学四方,学业日臻,于嘉祐

---

[1] 王可喜《王韶家族研究文献集》之《三万家谱录》,江西高校出版社2018年版,第313页。
[2] 王洋《东牟集》卷十四,景印文渊阁《四库全书》,第1132册第510—512页。

二年登进士第。虽以文出仕，却立军功于西北，官至枢密副使，成为神宗朝功勋卓越的重臣，是熙宁新法之"强兵"战略的支持者与实践者，是北宋中期影响巨大的军事家、政治家。王韶自然成为家族兴盛起关键作用的核心人物。

王韶以文出仕、以武报国，为其子孙树立的传统主要有三个方面：

一是振兴家族必须重视文化教育。在科举制度已经很完善的宋代，走科举之路是寻常百姓实现报国理想的首选良策，只有重视家族成员的文化教育，才有可能走科举入仕而报国的捷径，王韶就是通过努力学习走科举之路，实现报国理想而成为一朝重臣的。

二是报效国家必须凭借真才实学。王韶虽以文出仕，却能以武报国，是由于他有广博的知识和超强的才能，如丰富的军事知识和领军实战的能力，对历史特别是西北民族历史渊源的了如指掌，对地理特别是西北复杂的山川地势的掌握等等。宋代是一个军事上积贫积弱的时代，文官将兵，又相互牵制，可谓败仗连连，而王韶却是两宋历史上少有的常胜将军，拓土几千里，前后归附几十万口，没有超强的军事才能和谋略是难以创造这个奇迹的；西北地区（甘肃青海之间）民族历史、山川地势极为复杂，领千军万马转战广大地域，没有广泛的了解和掌握，凭运气是不可能取得完胜的。王韶早年曾"客游陕西，访采边事"（《宋史》本传），经过广泛调查研究，做到了胸有成竹。总之，王韶的奋斗与成功的经历足以证明，只要自己有真才实学，有充分的积累，有较强的能力，有报国的壮志，永不放弃，便有报国的机会和成功的可能。

三是个人前途必须与国家命运紧密结合。王安石变法是国家积贫积弱到了非改不可的地步所发生的历史事件，是国家富强、时代进步的必然要求。王韶敏锐地洞察到这一国家发展形势，努力寻找自己的用武之地，"熙宁元年，诣阙上《平戎策》三篇"[1]，详论取西夏之略。熙宁新法的核心是富国强兵，王韶

---

[1] 脱脱等《宋史》卷三百二十八《王韶传》，中华书局1990年版，第10579页。

成为"强兵"战略的支持者与实践者,可见其洞察力之敏锐。此后,其一生都为国家、民族的强大而奋斗,完全将自己的前途与国家命运结合在一起,从而成就了忠君爱国的一代名臣。

王韶为其子孙树立的这三个传统,对其子孙影响深远。

## 一、重视文化教育的传统

王韶家族历来重视文化教育,在王韶的祖辈、父辈时,家族已开义学培养教育子弟。《三万家谱录》载:"先代以农为业,与义门陈氏、谷埠郑氏叠构婚姻。陈、郑并称儒学名家,于是诸族子弟观感兴起,亦皆潜心儒业。家世既盛,乃开义学于舍旁,招四方博学之士与子弟相讲论焉。时有同学者冯京将赴省试,过谒斋主典,谒者称主外出,京遂题于门曰:'三万从来好渺茫,两边松竹栽成行。梧桐不着凤凰宿,只恐梧桐忆凤凰。'主归见而答之曰:'非是柴门昼不开,屡烦燕雀绕亭台。山童不识文章士,将谓寻常泼秀才。'后少傅承寿之五世孙韶,字子纯,自幼天资高迈,志趣不群,识者知其非寻常士也。既长,游学四方,靡有倦志。由是德业日新,遂以成名,登仁宗嘉祐二年进士第。"[①]王韶的成功,是家族义学的第一项辉煌成果,也是一个良好的开端。

此后近二百年,子孙延续并加强这一重视文化教育的传统。

幼子宷生于元丰元年(1078),元丰四年(1081)王韶去世时仅四岁,虽"特恩授承务郎",仍通过自己努力,于宋徽宗崇宁二年(1103)登进士第。《三万家谱录》载:"幼子宷,字道辅,特恩授承务郎。性敏好学,中霍端友榜成进士,号南陔先生,有文集行于世。"王宷自幼聪慧,"性敏好学",成为徽宗政和间有名的诗人、词人,赵希弁《郡斋读书后志》等言其"少有能诗名"。

孙王彦融虽以武报国,"南定湖湘,北守淮楚",但特别重视子弟文化教育,

---

① 王可喜《王韶家族研究文献集》,江西高校出版社2018年版,第313、314页。

退闲后,买书数千卷,聚子弟以学。《京口耆旧传》本传云:"岁遇大比,辟草堂于所居之后,集里之秀民,与其子同舍肄业,躬自劝奖。是岁上名春官者五人。彦融二子预焉,时以为盛。"王遂《嘉定县重修庙学碑(并铭)》亦云:"乾道戊子(1168),先君吉州筮仕昆山尉,奉大父敷文以行。时敷文南定湖湘,北守淮楚,强敌夺气。退居金坛,买书数千卷,聚子弟以学。"

曾孙王阮早岁游太学,绍兴三十年(1160)由于丁父忧而失去当年科举考试机会。王阮《雪山集序》云:"绍兴中,阮游成均,与东平王君景文同隶时中斋,……庚辰春,景文中进士第,阮以服丧,乃相契阔。"但他没有放弃科举仕进的选择,凭自己的才学于隆兴元年(1163)登进士第。为官历任政绩卓著,亦成为南宋中兴诗坛的重要诗人之一,诗文创作颇丰,有《义丰集》传世。

曾孙王万枢及其夫人蔡氏更是重视子弟教育。刘宰《漫塘集》卷三十四《故吉州王使君夫人蔡氏行状》云:"诸子之幼也,夫人夜课诵读,苟未精熟,夫人夜亦不寝。稍长为文,使君有所称奖,夫人必曰:'汝未能之,而父以诱汝也。'所取师友,必四方文学行义之士,膳饮必亲视具。溧水主簿与大夫俱上江东荐书,时大夫年甫十四,夫人无喜色。既而言者谬于风闻,夫人亦不忧,语二子:'汝宜自视能否,诚能耶久当自明,否则只为进德之地。'二子谨奉教。不数年,相继策名,缙绅歆艳,言者亦愧叹。夫人曰:'未也,决科士之常,继是正应学耳。'及诸子志尚日高,文字日工,又戒之曰:'毋近名、毋弊精神于塞浅。'又曰:'阅人多矣,昔富贵者今安在?顾自立何如耳。'"[①]多么伟大的母亲!真德秀《西山文集》卷四十五《夫人蔡氏墓志铭》赞叹曰:"此不惟今女子所难,虽古贤妇犹难之也!"有付出就有回报,六子有四位中进士,其中王遂更是理宗朝名臣,积官至龙图阁直学士通奉大夫,文学造诣也很高,虽所著《实斋文稿》不传,今仍存可观数量的诗文。

---

① 王可喜《王韶家族研究文献集》,江西高校出版社2018年版,第305页。

从第八子王定后裔茅田支来看,同样重视子弟的文化教育。明洪武壬子年(1372)王时俊《茅田王氏谱系序》记载:"于举坑时,开塾礼师,教训有方,贤能才俊彬彬辈出,盖为礼义之族矣。厥后,安民之孙文卿除四川防御使,安时之曾孙竹窗举进士,其子岩夫举省元;而文卿之孙子强、希圣具从景江姚状元雪波①先生学,终三年归。理宗朝,希圣试攀龙,奋天衢,省题中试,擢省元;希圣之子涊清,除来阳州官。其余试吏者不可枚举,适宋遭阳九之运,遂皆致仕。"按,锦江姚状元雪坡先生即姚勉(1216—1262),字述之,又字成一,或作诚一,新昌(今江西宜丰)人。宝祐元年(1253)进士第一,有《雪坡文集》五十卷。王希圣的确师从姚勉,《雪坡集》卷十三有诗《送王希圣归兴国赴举》:"之子趣装归,占黄已在眉。雕虫观暇日,荐鹗信秋期。喜有传衣钵,惭无助鼓旗。捷书来报我,端的菊花时。"茅田王氏不仅"开塾礼师"、教育子弟,而且还不远千里将子弟送到江西拜高师,可见其对子弟教育的重视程度。

重视文化教育的传统也成为王韶家族的家规之一。《茅田王氏宗谱》之《家规十六条》之六"重师长"条云:"作师与作君同尊,师教与父教并重。延师课子,既思成德与达材;爱子重师,必须尽忠而致敬。化沾时雨,先生之教必先;泽被春风,子弟之业自广。"说明重视文化教育的传统,成为王韶后世子孙必须遵守的共同准则和定规,在家族内部已经制度化。同时对进步成功者予以奖励,《家规十六条》之十三"广后进"条云:"礼乐承先,诗书启后。珥貂七叶始是名家,裘马五陵方称望族。若不拾金紫,何云显扬;必能附青云,乃为光耀。入泮者给银几两,及第者赏银几十两。"奖励措施具体明确,犹如今天设立的家族奖学金,激励子弟努力学习,走科举之路。这样就能保证家族内代有人才出,家族能处于长兴不败之地。

---

① 按,景江当为锦江,雪波当为雪坡,当是家谱抄写之误。

## 二、重真才实学以报国的传统

科举是封建时代出仕报国的常道,但不是唯一之路,只有具备真才实学,才真正有报效国家的可能,文可武亦可,文武兼备最佳。王韶以武报国,凭的就是真才实学,领千军万马,开疆拓土,决非纸上谈兵!王韶确立的这一传统,对子孙影响深远。

次子王厚,"承父义训,好学不倦,豁达有度,才思如流"①,虽未中科第,却受父亲影响,"少从父兵间,畅习羌事"②,得到了很好的锻炼。又"心怀报国、志切平戎",故当国家民族有危难之时,便以文易武,于元符、崇宁间,领军出征,定湟、鄯、青唐,如乃父立下了赫赫战功,成为徽宗朝大功臣,崇宁五年薨于京时,徽宗"抚膺叹息曰:'何可少此节度使!'赐龙脑、水银、玉石以殓,赙银绢五百匹,命太常寺集百官议谥曰'庄略'以闻,上改谥'庄敏',赠宁远军节度使"③。

王厚子王彦博,在靖康之变、国难当头之时,率兵勤王而有功。《宋史》卷三百九十五《王阮传》谓:"父彦博靖康勤王,皆有功。"

王厚孙王阮则是文武全才,庆元四年(1198)知濠州(今安徽凤阳),"请复曹玮方田,修种世衡射法,日讲守备,与边民亲访北境事宜。终阮在濠,金不敢南侵"④。凭其文武干略,足保一方境土安宁。

王寀长子王彦融,在绍兴初国家内忧外患之际,表现出非凡军事谋略与勇气。本传载:"绍兴初,授庐州录事参军,会寿春守将外叛,檄权府事,以劳进秩。已而宣司荐委偏将辄摄守,皆畏敌遁去,彦融募乡兵据苟陂以拒敌,城赖

---

① 王可喜《王韶家族研究文献集》之《宁远军节度使庄敏公小传》,江西高校出版社2018年版,第296页。
② 脱脱等《宋史》卷三百二十八《王厚传》,中华书局1990年版,第10582页。
③ 王可喜《王韶家族研究文献集》,江西高校出版社2018年版,第296页。
④ 脱脱等《宋史》卷三百九十五《王阮传》,中华书局1990年版,第12054页。

以全。"绍兴初又连平湖湘、武冈群盗。本传云:"辟湖南安抚司干办公事,时湖湘盗贼蜂起,檄彦融出讨,未几悉平。帅宪上功,授儒林郎。帅宪复论奏,以为赏不当功,继被旨改合入官,事定,而武冈军所驻东南第九将兵唐明等,以衣粮不足,据城称乱,帅复檄彦融权军事。先是盗贼纷纭,武冈守备严甚,至是贼反资以为用,彦融度不可胜,则散赏榜,使自相携贰,唐明等果自疑,率首领约降。既降而知我师之弱,议复中变,彦融乃单骑造城下,谕以逆顺祸福,贼悔悟,启关请降,彦融即入城视事,一军以安。"有报国之志向,还得有报国之才能,彦融兼而有之!

　　王彦融孙王遂,更是文武全才,其走过的成功之路,很似高祖王韶。先举进士第,以文入仕,后入黄度江淮幕,绍定初知邵武军,协助平定晏头陀盗寇之乱,展示出非凡的军事才能。端平初拜监察御史、殿中侍御史,与洪咨夔一起先后疏劾余天锡、赵善湘、郑损、陈眩、史嵩之、李知孝、梁成大、莫泽等巨奸,人心震悚,朝纲精明,理宗朝呈现出南宋后期难得一见的"小元祐"之势。洪咨夔《殿中侍御史王遂辞免除户部侍郎恩命不允诏》称赞云:"气壮而材茂,识高而论伟,繇分察再迁,察非法于殿中,暴未殄之恶,折方萌之奸,謇謇匪躬,闻于天下。"此后成为朝廷重臣,积官至龙图阁直学士通奉大夫。

　　王韶子孙凭真才实学报效国家,继承的是王韶开启的优良传统。

### 三、始终将个人前途与国家命运紧密结合的传统

　　一个人不管能力本事有多大,无论处在什么时代,个人前途只有与国家民族的命运紧密结合,才有可能成就一番事业,才可能成为一个对社会有价值的人。王韶就是把国家统一、民族融合作为自己的使命,并为此不懈奋斗,成就了伟业。其子孙同样做到了这一点,并成为家族传统。

　　王厚以文易武,为的也是国家统一、民族融合,最后成就了一番伟业。宋室南渡的时候,王韶子孙以王彦博、王彦融为代表,护驾南行,把挽救民族危亡

作为自己首要的历史责任，王彦博勤王有功，王彦融南定湖湘、北守淮楚，维护国家统一、社会安定。南宋庆元年间，王韶曾孙王阮出守濠州，"请复曹玮方田，修种世衡射法，日讲守备，与边民亲访北境事宜。终阮在濠，金不敢南侵"，以守边护国为己任。理宗绍定二年，闽寇晏头陀之乱，波及江西、闽中，王韶玄孙王遂"陈《弭盗六策四要》，赴枢密院禀议，干办审计司，差知邵武军、兼招捕司参议"，最后协助平定晏头陀之乱，维护了国家安定。王遂后来入朝为官，不畏强权，弹劾权臣巨奸，置个人生死于度外，尽自己最大努力，与同时代的名士精英一起，维护着大宋江河日下的半壁江山，成为一代名臣。

王韶为子孙树立的这一传统，对家族能二百余年长盛不衰影响巨大。

## 第二节　其他因素对家族兴盛的影响

一个家族的兴盛延续，还与婚姻重贤德、家族因时迁徙及子孙人口发达等也有密切关系。

### 一、名家望族联姻

在封建时代，名家望族相互联姻，是确保家族势力延续，家族子孙文化素质不下降、代有人才，家族之间相互影响、帮助的一个重要途径。《红楼梦》中贾、史、王、薛四大家族联姻，确保封建家族大厦不倒；民国时期，蒋、宋、孔、陈四大家族联姻，相互渗透，确保势力不衰，都是鲜活的例子。

王韶家族也特别注意这个方面。王韶续娶夫人刘氏，就是一个大家族。刘氏之侄孙刘昺，字子蒙，开封东明人。元符末进士甲科，起家太学博士，迁秘书省正字、校书郎，累迁给事中、翰林学士，改工部尚书、户部尚书，加宣和殿学

士知河南府,积官金紫光禄大夫①。王明清《挥麈后录》卷三:"工部尚书刘炳子蒙者,辅道(王寀)母夫人之侄孙也,及其弟焕子宣,俱长从班,歆艳一时。"②虽然刘昺兄弟因附蔡京,卷入政治权力斗争,又因王寀案而被流放海南,但毕竟是名家望族,文化底蕴是甚为深厚的。

王韶孙王彦隆"夫人临川晏氏,朝奉大夫讳天常之女,淑德懿行,有闻于乡"③。临川晏氏自晏殊之后,号名家望族。王彦融夫人曾氏为建昌南丰名门望族的曾氏家族。

王韶曾孙王万枢夫人蔡氏,祖籍莆田,系忠惠公蔡襄家族之后。乃父始自莆徙苏常之境,也是名门望族。《故吉州王使君夫人蔡氏行状》:"莆田蔡氏自忠惠公以谏显仁宗朝,世有伟人。……樗,朝奉大夫、知梅州,始徙居苏、常之间曰望亭。"④《夫人蔡氏墓志铭》:"盖夫人莆田忠惠家女,曾大考曰衮,宣德郎,于忠惠为弟。大考曰觐,承务郎,当崇、观间,父子相戒以勿仕,士高仰之。考曰樗,朝奉大夫、知梅州,始自莆徙苏常之境以居。"⑤蔡氏是一位奉孝道、非常重视子弟教育的伟大母亲。《夫人蔡氏墓志铭》:"夫人性笃孝,六岁居梅州丧,摧毁如成人。事母沈夫人,动静必偕。及归夫家,时舅姑皆先殁,岁时荐飨事细大必亲,遇讳日必戚,以是终其身。平居无戏言惰色,坐不倾倚,行不践阈,自奉菲甚,服饰少珍异,辄椟而藏之,至常所服御,虽故敝弗之弃,曰死必以附我。""诸子幼时,夫人夜课诵读,苟未精熟,夫人亦不寝。所取师友,必四方文学行谊士,膳饮皆亲视具。"王遂及其兄弟的成功,与母亲的教育引导有极大的关系。《夫人蔡氏墓志铭》:"遂之宰当涂也,值夫人生旦,自守以下咸致贺。会大水,夫人蹙然曰:'天变如此,汝有社有民,毋以吾故乐饮。'当涂之政如古

---

① 《宋史》卷三百五十六《刘昺传》,中华书局1990年版,第11206、11207页。
② 王明清《挥麈后录》卷三,上海书店出版社2001年版,第89页。
③ 王洋《东牟集》卷十四《右朝奉郎王公墓志》,《文渊阁四库全书》本。
④ 刘宰《漫塘集》卷三十四《故吉州王使君夫人蔡氏行状》,《文渊阁四库全书》本。
⑤ 真德秀《西山文集》卷四十五《夫人蔡氏墓志铭》,《文渊阁四库全书》本。

循吏,人谓母训实然,此不惟今女子所难,虽古贤妇犹难之也。"连真德秀这位理学大儒也赞叹不已!《故吉州王使君夫人蔡氏行状》同样赞道:"上以承其夫,下以训其子,无一不归于正。"

其实,到了今天,人们认识更到位了,子女的成长,多与母亲关系最大,让一位女孩子失学而没有文化,损害的是一代人!反之,有文化教养的母亲,受益的也是一代人!所以,名家望族联姻,无疑会让后代从小接受高质量的家庭教育,让家族人才辈出,长盛不衰。

## 二、子孙人口发达

在封建时代,一个家族的兴旺,首先是有较多的人口,其次是有较多的科举成功者、为官者。因此,人口的发达是一个重要标志。

王韶家族人口特别发达,王韶共有十四个儿子,其中一个过继给兄弟为后,实有十三个儿子。王遂《送三八弟归九江》云:"燕公最繁盛,子孙十三支。"按,王韶于政和四年追赠燕国公。其中,长子王廓二子八孙,次子王厚有三子十二孙,六子王端七子十五孙,三支人口繁衍较快。第八子王定及十三子王寀两支最为繁盛,王定两孙八曾孙,如今湖北、江西、陕西境内王姓多为其后裔;王寀四子,其中,彦融二子九孙,据江苏金坛等地宗谱,元末明初时繁衍至六十二支,并迁徙江苏各地。前文已考,王韶孙辈在二十三人以上,曾孙辈在四十二人以上,玄孙辈在五十五人以上,人口之发达可见一斑。

王遵(浩翁)在廖行之《省斋集跋》中说:"以仕宦世其家易,以文章世其家难。"确实如此,两者兼而有之更难。王韶家族中,两宋间共有进士十二人,分别是:王韶、王夏、王廓、王寀、王彦举、王阮、王逢、王遂、王遇、王近、王选、王希圣。他们努力"以仕宦世其家",同时又努力"以文章世其家",至今有文章诗词传于世的有王韶、王厚、王寀、王彦融、王阮、王万全、王遂、王遇、王迈、王遵等。"以仕宦世其家"而成功者有:王韶经略熙河,官至枢密副使;王夏与兄

王韶一起经略熙河,为熙河路经略司机宜文字,因功为江宁府法曹参军、大理寺丞,赐绯章服;王厚辟湟、鄯,收青唐,充武胜军节度使观察留后、少师,崇宁四年加上骑都尉,特晋封文水县开国男;王端随兄王厚辟湟、鄯,收青唐,曾官兰州通判,徽宗时为显谟阁待制;王寀历知汝州、陕州、襄州,官至翰林学士、兵部侍郎;王彦隆官七迁至朝奉郎,赐五品服,知河南县事;王彦博通判临安府、知衢州,提点江淮坑冶;王彦融历知郴州、楚州,加直敷文阁,除淮南运判兼随军运判,起知雅州,累赠金紫光禄大夫;王彦举以左迪功郎任庐州教授,淳熙十年任水军统制;王阮历知濠州、抚州;王万全屡迁知会稽县,通判舒州,擢知辰州;王万枢任建康通判,庆元间迁知兴国军,秩满改知吉州;王遂知邵武军、平江府、宁国府、建宁府、隆兴府兼江西安抚使,除权工部尚书;王遇曾除浙东提举;王通累官至知常州;王递累迁至大理丞右曹郎,出知宁国府;王逊(字志叔)终和州判官;王选(字无择)曾知嘉定县;王文子开庆元年任建康签判。

王韶家族既有发达的人口基础,又有热衷科举功名的子子孙孙,他们既以仕宦世其家,又以文章世其家,家族的长盛不衰就必然了。

### 三、家族因时迁徙

封建时代的人口迁徙,一般主要有国家行为、战争因素、家庭因素等。如宋室南渡,大量人口南迁,随后金人不断南侵,为确保家族安全,又不断往山区内地迁徙,如通山茅田王氏,就在南渡前后,由兴国军(阳新)迁入。黄庭坚家族徙居修水双井,除山清水秀之留恋外,躲避战争,确保家族安全也是一个重要原因。

王韶家族迁徙,因为官而家焉者有之。如第八子王定,因官富川郡守而家兴国军,王时俊《茅田王氏谱系序》记载:"绍圣间,有观文学士第八子定,由承务郎除知富川郡事,后以评事致仕。因访承庆遗址,人烟稀少,田园宽闲,山川秀而修阻,于是率仆从而家焉。"王彦融因官淮南运判而家镇江金坛,都成为人口发达的大家族。

王韶家族迁徙,还有信奉传说的因素。王彦融《王氏总说》记载了这样的说法:"先是,滨为家长,当九分析居之日,有一癞疾人自称郭璞后身,四顾山水,叹息久之,曰:'盛则盛矣,奈何旺气散去而不复来聚。'滨公曰:'尔将知吾各居乎?'曰:'知,不然不以此为散也,第三世之后见其方散耳。'又问曰:'盛衰何在?'曰:'正犹决水灌田,奔突四出,皆能有济,东流者为之长,但恐此地池渐竭矣。'言毕而去,滨公未之辨焉。五代间果迁徙散去,如黄土、珠明等族率皆隆盛,三万则世出勋臣,尤为赫奕者,其迁出之时,正及三世之后,以地言之,三万在锹溪之东,所谓东流为之长,岂不至验欤? 宋朝以来,其居锹溪者,族系浸微,门望亦替,此池渐竭之言至应也。"①家族有不断迁徙确保家族长盛的认识,迁徙之后,能有更丰富的资源,有更适合的生活环境,当然有利于家族人口的发达。

茅田王氏当初迁至茅田定居,也有一个传说。王定之子英甫居举坑(今洪港三源境内,江西武宁与湖北通山交界处),生二子仁宏、仁庆。一天,有一过路人路途劳顿,找乡人讨水喝,一连几家拒之,到英甫家,当时也没有现成茶水,但热情留住路人,其夫人临时烧茶待客,又杀鸡做饭盛待客人,路人甚是感动。于是谈起家常,过路人自称是风水地理先生,言主人屋后山别人家菜地有风水,两老百年后当葬于此,而两个儿子不宜再居此地,只有外迁到两千里的地方定居,家族才可发达。主家果真换回屋后山别人家菜地,且后来葬于此。两个儿子开始边做小生意边举家迁徙,因交通不便,一段时间后,来到茅田这个地方,问当地人是何地名,乡人告知是双迁里,于是想起风水先生的话,决定定居下来。双迁里其实就是兴国军的一个乡级村里(今通山洪港镇)之名,包括上双迁里和下双迁里,茅田即上、下迁里之交汇处。兄弟二人并没有迁徙两

---

① 王可喜《王韶家族研究文献集》,江西高校出版社2018年版,第312页。

千里，而是来到了叫双迁里的地方，完全是巧合。其实，他们徙居于此，主要的原因是金人南下发动战争，为躲避战争，以保家人安全。此外，仁宏、仁庆各生四子（详前世系考），因为人口显著增多，举坑田地狭窄，难以供养一大家生存，必须寻找田地较为宽闲的开阔之地，以求家人基本生活保障，茅田正是理想的生活、发展之地。

# 下编　文学研究

# 引 言

　　王韶世家又是文化底蕴深厚的家族。家族成员多热爱文学,并以文学著称,是一个以文学相传的家族。王韶、王厚、王寀、王阮、王遂等均有文集,王阮《义丰集》宋刻本传至今日,甚为珍贵。其他虽原集已佚,仍有诗、词、文流传至今,存于《全宋诗》《全宋文》《全宋词》中,且各有成就。

　　虽然家族成员作品多已散佚,在留下来数量不算多的文学作品中,种类却较为齐全。王韶有诗有文,其中文有策、论、表、奏等体式;王寀有诗、词、文,诗歌以近体为多,其中七言绝句《浪花》最负盛名,词以小令为多;王阮有诗、词[①]、赋,其中诗歌有古体、近体,近体又有律诗、绝句、排律,有五言、六言、七言、杂言等;王遂有诗有文,文以题记散文最多,诗歌体式多样。

---

① 王阮《义丰文集》目录中有《满江红》一阕,惜有目无词。

# 第一章　王韶诗文研究

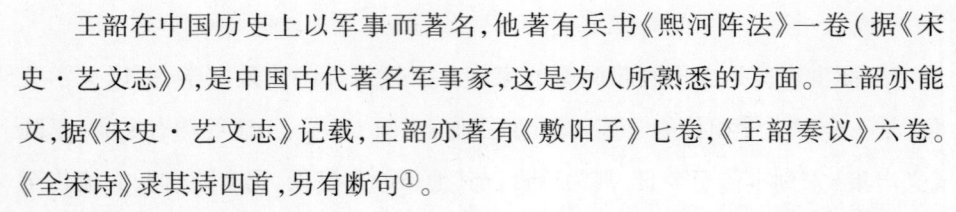

王韶在中国历史上以军事而著名,他著有兵书《熙河阵法》一卷(据《宋史·艺文志》),是中国古代著名军事家,这是为人所熟悉的方面。王韶亦能文,据《宋史·艺文志》记载,王韶亦著有《敷阳子》七卷,《王韶奏议》六卷。《全宋诗》录其诗四首,另有断句[①]。

据王韶家谱——《茅田王氏宗谱》(民国辛巳年重修)宋淳熙戊戌年(1178)所录的《三万家谱录》可补辑一首。《三万家谱录》记载:

公文学最高,少题东林寺有"泉流秀谷长时雨,云拥庐峰白昼烟"之句。自号敷阳子。时得补外,作豫老庵以庐阜,自作诗,求朝贤题咏之。诗云:"恭承嘉命守江滨,才到东林暂驻轮。卜筑豫寻归老地,光华须藉重名人。莲铺石砌邀新客,茅覆阶楹接旧邻。若得华篇浑碑版,山林从此长精神。"所著有《敷阳集》《忠烈》等集,凡百八卷。诸子并显于时。次子厚,字处道,以文官易武阶,继辟湟、鄯。……幼子寀,字道辅,……号南陔先生,有文集行于世。

另据王韶家谱(同上)《特晋正议大夫充观文殿大学士襄敏公小传》记载:

---

[①] 王可喜《王韶及其咏东林诗——兼补校〈全宋诗〉中王韶诗》,《贵州社会科学》2005 年第 2 期。

(公)有《敷阳集》著于世。……于是料理晚年。手笔多焚,古文稿有《治河》等书,常恐为后人害,及疾笃,持其书并《大历元元经》俱付夫人珍藏。夫人付于南陔,后遭戊戌之难,遂失其本。

从以上所录两条资料来看,以下几点值得注意:

1. 王韶著述,除《宋史·艺文志》所载《熙河陈法》一卷、《敷阳子》(亦名《敷阳集》)七卷、《王韶奏议》六卷外,还有《忠烈》《治河》等集。

2. 以上著述,除《王韶奏议》散见于《宋史·王韶传》及《续资治通鉴长编》外,其余均因戊戌之难而佚。王韶第十三子王寀,登第,官至校书郎。因病迷惑,好神仙道术,徽宗政和八年戊戌(1118)为林灵素所陷,"下寀大理,狱成,弃市",所犯的是欺君之罪,这就是"戊戌之难"。在这场家庭灾难中,王寀所藏的王韶著述均被毁而佚。

3. 《全宋诗》录王韶诗四首,与以上资料比较,有以下问题:(1)王韶《题豫老庵》诗(暂如此名之)未被录入《全宋诗》,当可补佚。(2)《全宋诗》中王韶诗有《咏裕老庵前老松》一首,其中"裕"字亦作"豫";(3)《全宋诗》(卷六七八)王韶诗有《东林泉》一首,即:"晋朝危乱有遗贤,陶谢宗雷总学禅。释殿夜深神运木,社堂秋后玉成莲。泉喷秀谷长时雨,云拥香炉白昼烟。"此诗似缺尾联,暂且不论。其中"泉喷"两句与以上资料所言王韶"少题东林寺有:泉流秀谷长时雨,云拥庐峰白昼烟"两句相同,但其中"喷"亦作"流","香炉"亦作"庐峰"可互校。诗题亦可作《题东林寺》,且更合诗意。

4. 从"时得补外,作豫老庵以庐阜"句可知,王韶作为江州德安人,晚年曾在庐山建"豫老庵",作"归老地","豫老庵"可能是北宋东林寺的一部分。陆游《入蜀记》云:"草堂之旁又有一故址,云是王子醇枢密庵基,盖东林为禅苑,始于王公,而照觉禅师常总实第一祖,总公有塑像,严重英特人也。宿东林。"[①]

---

[①] 陆游著、蒋方校注《入蜀记》卷六,湖北人民出版社2004年版,第123页。

可见，王韶晚年在庐山筑豫老庵真实可信，且使东林始为禅苑。

## 第一节　王韶的诗歌

王韶诗现可见仅五首，其中三首与东林有关。除晚年在东林筑"豫老庵"外，王韶与东林寺有一段历史渊源。现录南宋诗人、王韶曾孙王阮《题东林一首并序》如下：

　　远公示寂，谶记曰："后七百年，当有肉身大士草创吾道场。"晋义熙十二年八月六日也。元丰三年，先襄敏公请于朝，照觉总公崇成法席。中烬野烧，今复一新，敬赋古风仰致赞叹。

　　屏迹敷浅原，注目香炉峰。饱闻送客溪，鼎新古梵宫。缅怀结社人，岂止避俗翁。一念薰戒香，千年仰玄踪。蜂房始义熙，凤历当元丰。果有大士出，一与遗言同。堂堂照觉师，赫赫襄敏公。彻彼毗尼藏，揭我临济宗。……①

王阮（1140—1208），字南卿，王韶曾孙。晚年归隐庐山。其咏庐山诗甚多，如庐山瀑布、庐山太平宫、万杉寺、东林寺、五老峰等景观都有诗章。

王阮诗序中的"远公"即僧慧远。慧远于晋义熙十二年（416）年"示寂"，其遗言在宋元丰二年（1079）②年由王韶来实现。王韶作为北宋神宗朝重臣，

---

① 《全宋诗》，第31118页。
② 按，王阮诗序所记为元丰三年，而据《庐山东林寺年谱》，元丰二年，经王韶请示朝廷，神宗诏升东林为禅寺，常总为东林住持。

晚年知洪州、鄂州，元丰二年复知洪州，算是告老还乡，此时为故乡做点有意义的事是他能够办到的，他"请于朝，照觉总公崇成法席"，东林寺才再次兴盛。王阮此序所记，与陆游所言相符。可见，东林寺在宋代的兴盛与王韶有直接关系。

王韶咏东林诗有三首，分别是《题豫老庵》《东林泉（一作寺）》《咏裕（一作豫）老庵前老松》。第一首诗的创作目的在前面资料中已说明，即自作诗"求朝贤题咏之"，建"豫老庵"是为了"寻归老地"。

我们看第二首《东林泉（一作寺）》（诗见前文）。首联对慧远始建东林寺的历史背景渊源作了交代。颔联引东林寺初建时的传奇佳话"神运木""玉成莲"，尽显东林寺之神圣。颈联描绘东林寺的外围环境，有锦秀谷如"长时雨"的瀑布，亦有云雾缭绕的香炉峰之美景，可见东林寺所在之地如仙境一般，有神仙灵气。

据王韶家谱"少题东林寺"之说，该诗当写于早年。颈联气势阔大，正是少有壮志的王韶之笔。王韶对东林寺如此景仰，晚年振兴东林寺、向往东林寺是自然的事。

再看第三首《咏裕（一作豫）老庵前老松》。全诗如下：

> 绿皮皱剥玉嶙峋，高节分明似古人。
> 解与乾坤生气概，几因风雨长精神。
> 装添景物年年换，摆捭穷愁日日新。
> 惟有碧霄云里月，共君孤影最相亲。

——《全宋诗》卷六七八[①]

---

① 《全宋诗》，第 7911 页。

首联写老松历尽风雨沧桑的典型外貌及高风气节，用比喻、拟人手法，十分形象，其中"高节"为诗眼，统领全诗。颔联承首联而来，写老松在天地风雨的沐浴、熏陶下，气概非凡，精神百倍。颈联与尾联对比来写，言自然界一切都在变化，"年年换""日日新"，只有老松高大伟岸，饱经风霜，几乎是变化世界的活见证，老松的品格只有陪伴它长大、成熟的明月才是最了解、最亲近的。

据《庐山东林寺年谱》，元丰二年（1079），经王韶请示朝廷，神宗诏升东林为禅寺，常总为东林住持。王韶所建"豫老庵"也当在元丰二年或三年，王韶卒于元丰四年六月，可见这首诗当是王韶最后岁月的一种心态的反映。作为历尽风雨建有赫赫战功的老将军，他以老松自比。他为人正直，有谋略，在朝廷敢于直言，他拓边熙河，是王安石富国强兵战略的重要组成部分，影响是巨大的。可见，首联正是老将军的自我形象的写照。颔联是自己历尽风雨、建立军功（他一生中最值得骄傲的事业）的人生总结，写来仍然精神百倍。据《宋史》本传记载："韶欲罢珹（注：马珹），王安石右珹，韶始沮，于是与安石异。数以母老乞归，帝语安石勉留之。"王韶的事业是在王安石的支持下而建成的，亦因与王安石在用人方面之异而罢知洪州，回到故里。颈联、尾联对世事多变的感叹，当是这段生活的回顾，"帝语安石勉留之"，使王韶深感自慰，好在"天"（"云里月"在天上）知道他、理解他。

这首诗寓意遥深，情感深沉，老松就是老将军的自我形象。阔大的诗境是官至枢密副使的老将军的阔大胸襟的写照，亦有历史沧桑之感。诗用比喻、拟人、对比等手法，把"老松"这个诗歌意象刻画得饱满而有精神。

## 第二节　王韶的策论代表作《平戎策》

　　《全宋文》辑得王韶文二十二篇，其中奏议十八篇，表一篇，疏一篇，策一篇，其他一篇。影响最大、篇幅最长的是《平戎策》，可为代表作。

　　王韶少有壮志，曾"客游陕西，访采边事"。宋神宗即位，"励精图治，将大有为，……帝奋然将雪数世之耻"[1]。于熙宁二年（1069）起用王安石改革变法，以改变北宋王朝逸豫因循、贫弱不振的现状，实现富国强兵的愿望。王韶在这一形势下，全盘考虑自己所掌握的西北各族情况，向朝廷上奏了《平戎策》三篇，详论取西夏之略，得神宗皇帝和变法派领袖王安石的赏识与重用，王韶从此以一文人出掌军事，担负起了收复河湟的任务。

　　《平戎策》是王韶经略熙河的总构想，犹如宋版的《隆中对》。他提出，要抵御西夏的侵扰，先须招抚处于西夏以南、河湟一带的吐蕃诸部，从而实现使西夏有"腹背受敌之忧"的战略目标。王韶在《平戎策》中以军事家的战略眼光提出了一系列取西夏之略，主要有以下几个方面：首先，王韶指出了吐蕃瓜分、莫相统一的现状，为北宋政府经营河湟地区提供了可靠的事实根据。其次，王韶在上书中指出，西夏正在连年进攻吐蕃，而吐蕃各部势孤力薄，万一让西夏得手，则对北宋的威胁更大了。最后，河湟地区，土地肥美，适宜于种植作物，发展农业。如果河湟一旦收复，将对北宋的经济有所裨益，又可加强对西夏的防务能力[2]。

　　王韶经略熙河的事业，完成了《平戎策》中提出的第一步目标——招抚河湟吐蕃诸部，也贯彻了《平戎策》提出的各项原则。

---

[1] 脱脱等《宋史》卷十六《神宗本纪》，中华书局1990年版，第314页。
[2] 冯瑞等《王韶〈平戎策〉及其经略熙河》，兰州大学学报（社会科学版）2002年第1期。

王韶《平戎策》不仅饱含着丰富的军事战略思想，还提出了一系列处理民族关系的原则，主要有：

1. 恩信招抚。"欲服河、湟，莫若先以恩信招抚沿边诸族。……推恩信以抚之，使其倾心向慕，欢然有归伏之意。……陛下必欲合西戎诸族而用之，宜择通材明敏之士心虑轩豁、能周知羌人情意者，令朝夕出入于其间，往来巡行，察其疾苦，平其冤滥，治其郁结，……有不服者，即稍以恩信绥之，身与之为帅，使其倾心向慕，……然后激作而用之。"①王韶明确提出了"恩信招抚"的原则，并作为处理西北民族关系的首要原则。招抚要达到"使其倾心向慕，欢然有归伏之意"，重在心服，发自内心的和睦相处；招抚的途径是"朝夕出入于其间，往来巡行，察其疾苦，平其冤滥，治其郁结"，即与当地百姓密切生活在一起，关心其疾苦，从实事、小事做起，解决他们的不平与困难。

王韶在后来经略熙河的实践中也贯彻了这一原则。《宋史》本传记载："蕃部俞龙珂在青唐最大，渭源羌与夏人皆欲羁属之，诸将议先致讨。韶因按边，引数骑直抵其帐，谕其成败，遂留宿。明旦，两种皆遣其豪随以东。久之，龙珂率属十二万口内附，所谓包顺者也。"这便是王韶恩信招抚原则在处理民族关系中的精彩表演。"诸将议先致讨"，王韶却以其诚信、胆量与智谋，"引数骑直抵其帐"，以真诚之心取信于人，以道理、利害劝谕成败得失，不费兵卒，不动干戈就实现了民族和解，这便是智慧，也是恩信招抚的成功范例。

2. 汉法教化。"宜遣人往河州与木征计议，令入居武胜军或渭源城，与汉界相近，辅以汉法。……使其习用汉法，渐同汉俗。"中华民族形成的历史就是汉民族与各少数民族经济文化相互融合的历史，在这个过程中，汉族先进的经济文化使少数民族加快了封建化进程，影响深远。王韶在经略熙河过程中，对

---

① 王韶《平戎策》，见曾枣庄等编《全宋文》第76册，上海辞书出版社2006年版，第148页。下引该文，不另出注。

汉法教化进行了实践。首先是蕃官"汉化"。北宋前期已有此制,但王韶此时实施"汉化"的程度更高。熙宁五年(1072),王韶在洮、河、岷等州沿边招纳的蕃部中,"凡补蕃官首领九百三十二人,首领给飧钱,蕃官给俸者四百七十二人"[①]。在这之后,蕃人所授各类职名不仅数量多,而且除授规格、等级也日趋分明,俨然如宋代一般命官的虚职除受制度。其次是以"汉法"治蕃兵。王韶提出"择蕃可教者教之。固其部族,合其心力,使劝勉奋励,乐为吾用"。在这里,王韶强调的是"固其部族,合其心力",充分尊重当时西北民族的"部族"传统,加强蕃汉之间更为紧密的军事关系,也加速了西北部族的封建化进程。最后是设立蕃学。文化教育可谓是汉法教化的核心。熙宁五年(1072)王韶以龙图阁待制知熙州,提出建立蕃学的计划并得到朝廷批准,此后不断扩大,到熙宁八年(1075),熙河路所辖州、军基本上都有了宋王朝官办的民族学校,河湟少数民族地区儒家文化的氛围日渐浓重。此外,王韶还实施经济汉化政策,促进了西北部族地区经济的发展,详论于后。

3. 平等相待。"臣切见鄜延、环庆两路番兵,自来各有成法,使之战斗及守境,皆与汉兵无异,往往御敌杀将,立功塞外。……今四路番兵并是羌夷旧种,虽有吐浑、党项及吐蕃之别,然其种姓实皆出于西戎而已,何独在鄜延、环庆则可用,在泾原、秦凤则不可用?岂天地之所生育与人材性分之所授者,绝然相异耶?……知是教之在人,而不在其性分之相异也。"王韶以平等的态度看待番兵,认为有无战斗力,只是教的方法与效果问题,而"不在其性分之相异",可以说无丝毫的民族歧视之见。事实上,民族融合的过程,就是先进文化对落后文化的帮助、渗透的过程,兄弟民族相互取长补短便是进步,不同民族之间平等相待是共同交流进步的基础。

4. 杂居互学。"蕃部欲其可用,莫若使其与汉人杂居。""使中国羁游无事

---

① 脱脱等《宋史》卷一百九十一《兵志》,中华书局1990年版,第4757页。

之民耕蕃部荒闲之地。"杂居的方式是大杂居、小聚居。在杂居的同时,考虑到蕃部聚居的传统习俗,不使"尽帐起离",否则"蕃人顾恋",可见是尊重平等下的杂居。为使蕃汉互学,王韶于熙宁五年(1072),将长江中下游"谙晓耕种稻田"[1]的农民囚犯,发往熙州指导蕃民种稻,并派水利工匠指导蕃民兴修水利工程、开辟稻田。杂居互学的原则为汉人与蕃部下层劳动人民进行各种交流创造了机会,加强了双方的直接接触,在相互学习和交流的过程中,汉民族的许多习俗、先进的生产技术等,必然深刻影响蕃人的物质生活和精神生活。

5. 发展经济。恩信招抚可获得暂时和平,要实现长期和平稳定必须发展经济,改善蕃部地区人民的生活。发展经济的措施主要有设立营田司和市易司。王韶在《平戎策》中指出:"土地肥饶宜谷者,皆在洮、河、兰、鄯之间。诚得而耕之,其利岂止威伏羌戎而已耶?"如前所述,招募农民囚犯、水利工匠,开垦灌溉,发展水稻生产。同时又采取了以官钱为本的可行措施,其《乞假官钱为本耕种渭源良田奏》言:"渭源城下至秦川,沿河五六百里,良田不耕者何只万顷,但自来无钱作本,故不能致利。欲每岁常于秦州和籴场预借钱三五万贯作本。"这样,既解决了农民耕种无本的困难,又激发了农民耕种的积极性,真乃上策!

西北开边以后,宋廷采取鼓励贸易的政策,在新边之地纷纷设立固定的蕃汉交易市场。熙宁年间,王韶将秦州茶场移到熙州,以便新附部族入场交易。又在熙、河、岷州以及通远军等地各置榷场,称为"市易司"。王韶同样"借官钱为本,稍笼商贾之利",活跃商业经济,取息以供军用。王韶设立市易司,不但发展了生产,活跃了经济,而且对蕃汉经济交流、相互关系的发展、边区人民的生活安定都起了极大的促进作用。

王韶在其《平戎策》中提出了这些处理与西北民族关系的原则,在以后西北开边过程中也贯彻了这些原则。如"恩信招抚",以诚信招抚俞龙珂,归顺朝

---

[1]《续资治通鉴长编》,第2239页。

廷，并在以后镇守岷州的工作中做出了杰出的贡献。同时对晓之以理不知理、动之以情不知情的顽固分裂势力，以招抚为主的同时也不放弃武力讨伐。讨抚兼用的正确的战略方针，使王韶开拓熙河的工作取得了巨大的成功。汉法教化、平等相待、杂居互学、发展经济等原则，促进了西北民族地区经济、文化的快速发展，加快了少数民族封建化进程，加速了民族融合，也提高了少数民族人民的生活水平和质量。这些原则，对今天西北大开发过程中处理与西北少数民族的关系，仍具有不同程度的借鉴意义。

## 第三节　王韶佚文辑考

王韶著述多佚，《全宋文》辑得王韶文二十二篇，笔者从王韶家谱——《茅田王氏宗谱》（民国辛巳年重修）"表"部分又辑得王韶文五篇（以下简称"五表"）。本节旨在用正史中的相关史料，考证"五表"写作背景史实及写作具体时间，以进一步证实该"五表"确系王韶佚文[①]。

前文已考证，重修于民国辛巳年（1941）的《茅田王氏宗谱》，所录谱序起自南宋淳熙间，终自民国辛巳年，完整连续，系笔者家藏，可信无疑。王韶佚文"五表"即从该宗谱"表"部分辑得，出处可信无疑。

下面分篇辑点"五表"，并结合王韶经略熙河之史实，分篇考证"五表"写作背景及时间。

### **辞免右正言直集贤院表**　（熙宁五年）

今月某日，臣王韶进奏院递到诰敕一道，伏蒙圣恩，赐右正言、直

---

[①] 王可喜《王韶佚文考》，《青海民族研究（社会科学版）》2006年第1期。

集贤院者。臣昨以老母思归，缺人侍奉，曾具表陈讫。如今来招纳，不合妄希恩赏，臣甘伏重刑窜出。以臣招纳，薄治成功，依众效体例，不合该恩酬贤①。臣情愿不沾分毫恩翰，只乞检会。臣弟进士王厦曾至分水岭，招纳武胜军都首领结吴叱腊，乞依众效用例，特赐一名目，注使家令入。若遣令迎侍老母南归，臣虽殁身戎②行，死无所恨。今夏③已蒙圣恩降，发江宁府法曹，是时愚衷已遂草请。况臣守耀州司户参军到东路，首尾四年之内，蒙非次进擢，官升朝列，职忝④台阁，总兵边要，分任方面，必欲责臣以成效。赏官民职，足以集事。乞寝荣命，以安愚分。所有诰敕不敢只受，已牒送通远军，于军后库寄讫。臣无任瞻天仰圣，激切屏营之至，谨奉表辞谢以闻。

该表写于熙宁五年（1072）七月十三日。

熙宁五年五月二日，以古渭寨为通远军，王韶知军事。李焘《续资治通鉴长编》卷二百三十三载：熙宁五年五月"辛巳（二日）诏：以古渭寨为通远军，以王韶兼知军。古渭，唐渭州也"⑤。《宋史》卷十五《神宗本纪》载：熙宁五年"五月辛巳诏：以古渭寨为通远军，命王韶兼知军"⑥。十二日，王韶书报已拓地千二百里，招附三十余万口。毕沅《续资治通鉴》卷六十九载：熙宁五年五月"辛卯（十二日），王安石以王韶书进呈；韶言已拓地千二百里，招附三十余万口。帝与安石论人有才不可置之闲处，因言汉武亦能用人"⑦。

---

① 按，家谱原文为"依众效体不例合该恩酬贤"，参下文"依众效用例"，疑"不"字在"例"字后，当是刻印之误，据文意改。
② 按，家谱原文为"戌"，当是刻印之误，据文意改。
③ 按，家谱原文为"下"，当是刻印之误，据文意改。
④ 按，家谱原文为"参"，当是刻印之误，据文意改。
⑤ 《续资治通鉴长编》，第2165页。
⑥ 脱脱等《宋史》卷十五《神宗本纪》，中华书局1990年版，第281页。
⑦ 毕沅《续资治通鉴》卷六十九，中华书局1957年版，第1722页。以下所引只注页码。

七月十三日,王韶为右正言直集贤院,二十九日为集贤殿修撰。《长编》卷二百三十五载:七月"庚寅(十三日),太子中允秘阁校理管勾秦凤缘边安抚司王韶为右正言直集贤院。……王夏为江宁府法曹参军。韶等并以招纳蕃部特推恩,而夏者韶母弟也,始议推韶恩官其子,而上欲慰其母心,故先及其弟。始欲转韶两官,以太常博士直昭文馆,王安石曰:'韶功大,恐博士未称,宜与司谏正言。'上从之"。按,"韶母弟"非母亲之弟,为同母之弟,故言"上欲慰其母心,故先及其弟",该表中亦明言"臣弟进士王夏"。

辞表中"赐右正言直集贤院者""臣弟进士王夏""发江宁府法曹"云云,均与《长编》所载相同,为王韶所写可信无疑。王韶七月十三日为右正言直集贤院,其辞表亦当写于该日。

### 辞免龙图阁待制充熙河元帅表 （熙宁七年）

今月某日,臣王韶伏蒙圣恩,授臣龙图阁待制、充熙河马步军都总管、经略安抚使、知熙河者,只服宠灵,复增惊惧。臣诚惶诚恐,稽首顿首。窃念臣才气甚微,进擢不次。总兵洮陇,获承圣算之全;招纳河湟,期正蕃戮之远。方粗成于戎效,未获扩于王灵。岁历一周,官荣三锡。塞垣宣力,皆素志之愿为;延阁升华,恐殊恩之误及。况复节旄授以屏翰,委寄之深,岂愚臣虚簿之任。愿回钧命,别付能人;上应宸谟,下安愚分。所有诰敕不敢只受,已朦送通远军,寄纳取有。本路经略安抚司公事,橡目即未有正官,恐缓急边事,缺行处置,臣且一面权行管司。伏望圣恩垂听,臣无任战栗恐惧之至,谨奉表辞谢以闻。

该表写于熙宁五年(1072)十月二十三日。原文系年于"熙宁七年"误。

熙宁五年八月,王韶复武胜军,建为镇洮军,又破木征于巩令城。十月二十三日,升镇洮军为熙州,置熙河路。王韶为龙图阁待制熙河路都总管经略安抚使兼知熙州。《长编》卷二百三十九载：熙宁五年"十月戊戌（二十三日），改镇洮军为熙州，以镇洮为节度，军额分熙、河、洮、岷州、通远军为一路，置马步军都总管经略安抚使，……知通远军右正言集贤殿修撰王韶，为龙图阁待制熙河路都总管经略安抚使兼知熙州"。《宋会要辑稿·蕃夷六》之八载："熙宁五年十月二十三日，以知通远军右正言集贤院修撰王韶，为龙图阁待制熙河路都总管经略安抚司兼知熙州，以克复洮岷之功也。"①《续通鉴》卷六十九载："十月戊戌，升镇洮军州以为熙、河、洮、岷四州及通远军，置熙河路，除王韶龙图阁直学士，为经略安抚使知熙州。然河、洮、岷犹未能复也。"②

辞表中"授臣龙图阁待制、充熙河马步军都总管、经略安抚使、知熙河"职官名与《长编》等史料所载相同，"所有诰敕不敢只受，已牒送通远军，寄纳取有。本路经略安抚司公事，椽目即未有正官，恐缓急边事，缺行处置，臣且一面权行管司"等与熙河路新置，工作交接实情相符，为王韶所写亦无疑。王韶十月二十三日为龙图阁待制、熙河路都总管、经略安抚使兼知熙州，则其辞表亦当写于该日。

王韶熙宁六年十月十二日进端明殿学士兼龙图阁学士左谏议大夫。熙宁七年二月入朝，加资政殿学士，五月进观文殿学士、礼部侍郎。《宋会要辑稿·职官七》之一七载：熙宁七年"五月三日，知熙州资政殿学士，左谏议大夫王韶为观文殿学士、礼部侍郎，仍兼端明殿龙图阁学士。上以韶收复熙河功，故虽未历二府，特旌宠之"③。知王韶为龙图阁待制必在王韶熙宁六年之前，其《辞免龙图阁待制充熙河元帅表》系年于熙宁七年为误。

## 服龙图阁待制充熙河元帅谢表 （熙宁七年）

伏蒙圣恩，授臣王韶龙图阁待制、充熙河元帅，已于今月十四日

---

① 《宋会要辑稿》，第7822页。
② 《续资治通鉴》，第1731页。
③ 《宋会要辑稿》，第2543页。

到任讫。臣诚惶诚恐,稽首顿首。伏念启疆成绩,繇内禀于宸谟;因利安民,亦劳资于群策。顾臣何力取宠居殿,为陛阁之华资,与屏藩之重寄?只荷优渥,实增战兢。恭惟皇上于鞠兆民,天临万域。席祖宗之大宝,播羌夏之瀚恩。爰命小臣,抚兹群丑。三年示信,庸推慈爱之心;五陈宣威,仅免纤毫之刃。斩三千余级,降三十万家。臣虽有此微勤,敢沾恩均于能者,如何方面,并使专裁。以兹新展之邦,更有将来之效。全家出塞,用安遥戍之心;拨地兴功,幸免因人之力。经图寸绩,誓报鸿恩;瞻望阙廷,下情无极。臣不胜感戴竦惧之至,谨奉表称谢以闻。

该表写于熙宁五年(1072)十一月十四日。原文系年于"熙宁七年"亦误。
此服表承上辞表而写,辞表写于熙宁五年(1072)十月二十三日,服表在后,又言"于今月十四日到任",当为十一月十四日。

### 辞免枢密直学士尚书礼部侍郎表　(熙宁八年)

今月某日,伏蒙圣恩,授臣枢密直学士、尚书礼部侍郎,并赐金帛等。臣王韶以恩宠至渥,战踢难安。臣诚惶诚恐,稽首顿首。伏念臣驽骀弱质,章句腐儒;赋性甚愚,遭时累洽;不揣末学,漫有壮图。首冲绝塞之风霜,力探种羌之窟穴。临洮假节,已蒙下监天光;拓地降戎,实赖上资睿算。虽执锐常先于士卒,而伸威仅浃于河湟。惧速愆尤,靡遑夙夜;岂图优赏,洊及无功。厚颁金帛以交辉,超擢官联于不次。荒略才谋,既以久尊于师阃;粗疏智职,岂宜进直于枢密。顾兹断断之小臣,敢应煌煌之荣命?即循墙而有获,徒负荆以增忧。矧秘阁之高华,式春官之峻陟。资逾上品,宠骇下情。伏愿履盛思危,益昭用人之哲;计程量力,少加策马之鞭。非冒死而固辞,实叨恩之过

279

当。臣不胜瞻天仰圣,激切屏营之至,谨奉表辞谢以闻。

该表写于熙宁七年(1074)五月三日。原文系年于"熙宁八年"误。

王韶于熙宁六年四月二日迁礼部郎中枢密直学士。《长编》卷二百四十二载:熙宁六年"四月乙亥(二日),右正言、龙图阁待制、集贤殿修撰知熙州王韶为礼部郎中枢密直学士"。熙宁七年二月入朝,加资政殿学士,五月进观文殿学士、礼部侍郎。《宋会要辑稿·职官七》载之一七:熙宁七年"五月三日,知熙州资政殿学士、左谏议大夫王韶为观文殿学士、礼部侍郎,仍兼端明殿龙图阁学士。上以韶收复熙河功,故虽未历二府,特旌宠之"①。《长编》卷二百五十三载:熙宁七年"五月庚子(三日),知熙州资政殿学士、左谏议大夫王韶为观文殿学士、礼部侍郎,仍兼端明殿龙图阁学士"。知该表为由礼部郎中枢密直学士加迁礼部侍郎时所写,五月三日加迁观文殿学士、礼部侍郎,则其辞表亦当写于该日。

熙宁七年十二月四日,王韶召为枢密副使。《长编》卷二百五十八载:熙宁七年"十二月丁卯(四日),观文殿学士兼端明殿学士、龙图阁学士、礼部侍郎知熙州王韶为枢密副使"。《续通鉴》卷七十载:"十二月丙寅,省熙、河、岷三州官百四十一员。丁卯,文武官加恩。以知熙州王韶为枢密副使。"②《宋宰辅编年录补校》载:"十二月丁卯,王韶枢密副使。"③熙宁八年王韶在枢密副使任上,枢密直学士加迁礼部侍郎必在此前,故原文系年于"熙宁八年"误。

### 谢赐封母氏等表 (熙宁八年)

今月十七日,臣王韶得母书,伏蒙圣恩,宣召入内,特晋封嘉泰郡

---

① 《宋会要辑稿》,第2543页。
② 《续资治通鉴》,第1767页。
③ 徐自明撰,王瑞来校补《宋宰辅编年录补校》卷八,中华书局1986年版,第442页。

夫人，及臣弟新妇、男新妇、侄女等各赐金冠霞帔，臣男廓、厚各蒙特赐大理评事，仍赐长男廓进士出身。臣出自寒微，蒙恩拔擢，不三四年间，身致近密。臣夙夜警惕，恐恩宠过骤，无以报称托付之意。比者兵威重震，羌酋草偃，皆上禀圣算，旁资众力，未必皆臣之功。今宠遇厚赐，施及臣母等，使老幼安于内，而臣得尽力于外，臣敢不夙兴夜寐，深图后效，以报终始生成之赐。臣无任感荷战栗之至，谨奉表称谢以闻。

该表写于熙宁八年（1075）四月十七日。

熙宁八年四月九日，神宗连下三诏，加封枢密副使王韶太原郡开国侯，追封三代并妻。《德安县志》附录有《宋神宗褒奖王韶的八道敕》。兹录三诏：

敕：朝廷有枢密之地以来，谋谟以通天下，制变于未形，非伟德冠伦元功特起，未可膺此选也。左谏议大夫、充龙图端明殿学士王韶，智识之明，洞照于远，出师边境，冠带异类，收功万里，望重华夷，系乎安危，所宜入式，功概鸿枢，干通元化。遂能不试兵、销兵于未变之前。朕意有望于尔，尚勉无怠。可特授依前，升礼部侍郎、枢密副使、充观文殿学士、进封太原郡开国侯，食邑一千四百户，实封四百户，余散官如故。右熙宁八年四月初九日敕。

敕：正议大夫、枢密副使、尚书礼部侍郎、加封太原郡开国侯王韶，曾祖师诚，璞玉韬光，良才避用，不著名于近，乃显效于远，既宏于前，当流浸于后。而庆之积，遗之子孙，为朕开拓边疆，招降戎狄，特加异礼，以旌殊勋，使天下知为善之祥，以昭尔后裔之庆，不在其身，必在其子孙也。特赠师诚金紫光禄大夫，特赠郑氏安康郡夫人。右熙宁八年四月初九日敕。

敕：蕴之久者发必大，孝之至者忠斯真。是子之贵，由乎亲之积善，亲之显，由乎子之立身也。观正议大夫、枢密副使、充观文殿学士、太师、特封太原郡开国侯、食邑一千四百户实封四百户王韶，只事祖宗，多历年所，忠谟谠议，绩效勤诚。朕嗣以来，尤资辅赞，夙夜在念，图善始终。盖以韶家学渊源，庭训有素，渐染致然，使恩礼之数不隆，则不足以剧夫宠遇之异，且无以明其积善者报必腆也。韶祖令极，父世规，皆特赠金紫光禄大夫、太子太师，祖母□氏、母陈氏，并封嘉泰郡夫人，诸新妇、侄女各赐金冠霞帔一副。右熙宁八年四月初九日敕。①

王韶此表即是对宋神宗所赐封致谢所写，既"今月十七日，臣王韶得母书"而写，谢表自当写于四月十七日。

综上所考，王韶佚文"五表"，无论出处还是写作背景史实，均证实确为王韶佚文。"五表"对研究北宋神宗朝经略熙河的历史，对研究王韶这位北宋著名的军事家、政治家具有珍贵的史料价值。辑考王韶佚文"五表"，亦可为来日《全宋文》订补所用。

---

① 孙自诚主编《德安县志》卷二十四《人物志》，上海古籍出版社1991年版，第791页。

# 第二章　王厚佚文考

王厚亦能文，湖北通山《茅田王氏宗谱》存《宁远军节度使庄敏公小传》云："公闲居手不释卷，每草诏，拂纸成文，运笔不停，成则一览，不复改窜。"《京口耆旧传》卷六《王厚传》载："有奏议三十卷。"不传。今曾枣庄等编《全宋文》卷二八六四《王厚文》由李文泽先生从杨仲良《皇宋通鉴长编纪事本末》及《宋会要辑稿》等籍中辑出，共十二篇。今又辑得四篇[①]。

**1. 湖北通山《茅田王氏宗谱》之"表"部分存文一篇。**

现录该表如下：

奏乞荫补用文职表

具官臣王厚：猥以常流，误蒙圣恩，擢任边帅，夙夜劳勤，未有尺寸之效补报。辄有祈恳，上渎天颜。言臣原系文官，特旨改武，久任武胜军节度观察留后，契勘将来南郊大礼在近，所有今后合该荫补亲属，乞依文官恩例。每遇荫补并许于文职内安排，恳乞圣旨指挥庶得尊守，以后不致每次旋行申请。伏候动旨，臣无任瞻仰激切屏营之至，谨奉表以闻。九月二十五日奉旨依所乞。

---

① 参拙文《〈全宋文〉订补八则》，《华中学术》2015 年第 1 期。

该表系王厚遗表,当上于崇宁五年九月。

表云"任武胜军节度观察留后",其任此职在崇宁三年四月,上该表必在此后。

崇宁三年(1104)三月,王厚、童贯统大军出熙州筛金平;四月破宗哥城、复安儿城、青唐城、林金城、结罗城、鄯州、廓州。五月以鄯州为西宁州。以厚为武胜军节度观察留后、熙河兰会经略安抚使兼知熙州。《宋会要辑稿·兵九》之五载:崇宁"三年三月二十九日,厚、贯统大军出熙州筛金平。四月九日,高永年三道进师鼓,行至鹬子隘,大捷,斩首四千余级,追奔三十余里。是日,入宗哥城。十一日①复安儿城。青唐首领伪公主寿宜结牟乞降。十二日,王师入青唐城。十三日,复林金城兰宗堡。十八日复结罗城。十九日复廓州。五月,曲赦熙河、秦凤、永兴军路,以鄯州为西宁州"②。《宋会要辑稿·蕃夷六》之四一载:崇宁"三年四月二十二日诏:威州团练使、熙河兰会经略安抚王厚为武胜军节度观察留后。以其尽复青唐故地也"③。

崇宁五年(1106)九月二十六夜,王厚薨于京,享年五十三岁。则上该遗表时间为是年"九月二十五日"去世的前一天。

**2.《皇宋通鉴长编纪事本末》存文三篇。**

近读《皇宋通鉴长编纪事本末》,发现仍有王厚完整奏议三则遗漏未录,现辑录如下,以备《全宋文》重订补入。

《皇宋通鉴长编纪事本末》卷第一百三十九《收复湟州》存有王厚两则奏议。

---

① 原文"月"字当为"日"字之误。
② 徐松等辑《宋会要辑稿》,中华书局1957年版,第6908页。
③ 《宋会要辑稿》,第7839页。

### 克复宁洮奏捷  崇宁二年六月十九日

臣今月十四日,帅领汉、蕃将兵等起离熙州,至十八日,进兵收复臈哥堡,旧赐名安川。已于当日具状奏闻去讫。十九日,自臈哥堡前进,至瓦吹驻军止宿。昨赐名宁洮。沿路遣委归顺酋首译语,使臣等各往本族,照管抚慰部族,悉令安心住坐,不得惊疑,及推谕朝廷抚存恩意去讫。大军自入湟州界,除臈哥堡首领多罗巴男阿令结等三人据城与官军抗,再三遣人招抚说谕,并不听从。又缘多罗巴父子将向顺心白人户,擅行杀戮,诸羌悉皆怨仇,若不略行诛讨,恐不足震服桀黠之众。昨来废弃湟州并管下城寨,止缘多罗巴父子为扰之故。今来大军进复湟州,须至将此首并余党尽行剪灭,即湟州境内,遂可一成安宁。臣等寻令将佐等顿兵臈哥城下,引致阿令结兄弟三人出城,与之接战,仍遣诸将分兵攻夺其城,阿令结等乃率众向前力斗,我军寻斩获阿令结,并其弟厮铎麻令二人首级,小弟阿蒙为流矢中目贯脑,遂窜去。初闻多罗巴自本族奔至臈哥救应,至中路逢见阿蒙,始知男阿令结等二人已被诛戮。及闻官军占据臈哥,遂投还本族。人户见其窜败,不肯接纳。及忽都城为汉兵守御,潜伏所在,见今未知去处。臣令得力人散行根逐次。今诸羌闻汉兵既诛阿令结等,其多罗巴处巢穴,各皆为汉兵所据,莫不欣悦,多称:'自来只被多罗巴父子侵扰,致令部族不得安心住坐,男女等又不得躬亲出汉公参告。阿耶奏知东京官家与男女做主。'臣已再三说谕,令安心归族住坐,除多罗巴窜走见根逐外,阿令结等既已诛死,众心无不悦服。大军沿路经由部族地分,遂无纤毫惊虞,汉蕃并各安贴。今取二十日进军觉当,抚定其余羌众,及令权知河州李忠带领本将人马,照管厢军、家丁修筑觉当,控扼险要。臣与童贯帅其余将卒前去收复湟州。合行措置事件,节次别具申陈次。

**克复通湟寨奏捷**　崇宁二年六月二十二日

　　臣契勘自奉朝旨措置招纳西蕃部族，以远近羌众相继归款，遂为青唐酋长所知，遣多罗巴等据守，并六心、溪丁等族分据要害，隔绝降羌。其多罗巴等据守朦哥堡，在巴金岭之上，峻长三十余里。六心、溪丁等据守把拶宗，在湟水之南，傍有通道，却稍平易。臣遂与童贯亲帅诸将出安乡关上巴金岭，进次朦哥。其城中拒守之人五千有余众，开门尽锐，敌官军。臣与童贯鼓率士卒，亲督诸将夺险，数路并进，遂斩多罗巴男阿令结、厮铎麻令，并射中第三男阿蒙，仍斩强悍首领数百人，然后得城。今来心白羌酋悉皆降顺，即时说谕，遣令归族，安心住坐。其把拶宗路易于措置，臣止遣高永年引兵万余人，出京玉关前进招纳，而六心、溪丁等族首领部众闻臣等大军已破朦哥堡，诛阿令结等，其势大沮，不能固守把拶宗，相率遁去。今高永年一行人马已乘势进至通湟寨，见取二十一日前进，与高永年会合，所有朦哥获捷，已具奏闻去讫。①

按，克复宁洮、通湟寨系王厚率军收复湟州前的两次大捷，是月二十四日黎明，王厚收复湟州。

《皇宋通鉴长编纪事本末》卷第一百四十《收复鄯廓州》存有王厚奏议一则。

**克复绥远关渴驴岭奏捷**　崇宁三年四月七日

　　臣等依奉御前处分，统率大军起离熙州前进，克复鄯、廓等处，自

---

① 杨仲良撰，李之亮校点《皇宋通鉴长编纪事本末》，黑龙江人民出版社2006年版，第2332、2333页。题名系笔者所拟。

河州度大河,越巴金、邈川,今月七日,至湟州城西下寨,一行人马平安。所有同措置边事童贯统领前锋兵将冯瓘等先次前进,于当日至绥远关下寨。寻准童贯公文,据洮东安抚冯瓘申,今月初七日巳时,统领选锋人马,已占据渴驴岭。臣勘会诸路兵将,并到湟州会合。臣见统率继续前去,措置宗哥一带事务,逐旋具状奏闻次。

贴黄:及丞童贯关报称,渴驴已占据了当,别无贼马。已指挥冯瓘审择地利下寨,明远斥候,过作堤备。

又贴黄:契勘今来诸路兵将会合湟州,势不可久留。不惟坐费粮食,兼节次探到事机,不可少失机会。已分遣高永年统制一头项取湟州北、临宗之东胜铎谷,张诚统领一头项由丁零宗谷,臣与童贯统率冯瓘等,自渴驴岭前去,至宗哥会合,才候到宗哥相度事势,前进青唐次。①

---

① 《皇宋通鉴长编纪事本末》,第 2350 页。题名系笔者所拟。

# 第三章　王寀诗词研究

据《宋史》卷二百八《艺文志》，王寀著有《南陔集》一卷，又据赵希弁《郡斋读书后志》卷二，王寀著有《岷山百境诗》二卷，两集均佚。今可见王寀文学作品，《全宋词》收词十二首，《全宋诗》录诗十六首，另据元陶宗仪《南村辍耕录》卷二十三引《墨庄漫录》，可补得一首《双凫》。关于王寀的文学才能，不同史料却有共同的记载，《宋史》本传载："好学，工词章。"岳珂《桯史》言："政和间有文声。"《挥麈后录》载："善议论，工词翰。"赵希弁《郡斋读书后志》卷二称其诗"初若不经意，然遣词属意清丽绝人"。王寀留下诗词作品虽不多，但在《南陔集》已佚的情况下，仍辑得二十九首诗词，这些该是很有影响的作品，不然早就被历史淹没了。

## 第一节　王寀的诗

王寀十七首诗中，让"读者叹服"的《浪花》诗是其成名作。洪迈《夷坚志》三志已卷第八记载了其"一挥而成"的创作过程：

曹道冲售诗于京都，随所命题即就。群不逞欲苦之，乃求《浪花》诗绝句，仍以"红"字为韵。曹谢曰："非吾所能为，唯南熏门外菊坡王辅道学士能之耳，他人俱不可也。"不逞曰："我固知其名久矣，但彼在馆阁，吾侪小人，岂容辄诣？"曹曰："试赍佳纸笔往拜而求之，必可得。"于是，相率修谒下拜有请，王欣然捉笔，一挥而成，读者叹服。其语曰："一江秋水浸寒空，渔笛无端弄晚风。万里波心谁折得，夕阳影里碎残红。"读者无不嗟伏。①

按，王寀于宋徽宗崇宁二年（1103）登进士第。登第后，由曾布、蔡京荐入馆，为秘书省著作佐郎，崇宁五年（1106）罢。据"南熏门外菊坡王辅道学士""彼在馆阁"云云，该诗即作于任秘书省著作佐郎的崇宁五年前，是时王寀二十多岁。

此诗成为千古名作，王寀亦因此诗名大振。故赵希弁《郡斋读书后志》等言其"少有能诗名"。

前两句写江上景色，"空""晚"二字，为夕阳的出现交代了时空。第三句是一个转折，一句提问带来许多悬念，为结句点题造足了先声夺人的气势。最后一句，诗人通过想象，创造了完美的诗境，点题又满足了限"红"字为韵的要求。诗人要我们折取的是波心中一朵艳光闪闪的红花。这朵红花，是波中的浪花，是浪中的夕阳，这些都是无法攀折的花！那是万里波心的一掬残红，是夕阳影里的一掬残红，多么美妙的想象！王寀的诗才让我们领略了，难怪"读者无不嗟伏"！

王寀诗最集中的是组诗《题紫团山三十六景》，按诗题应有三十六首，《全宋诗》据清雍正储大文《山西通志》卷二百二十六辑得十四首。诗后附有一段自序："紫团胜赏，闻之旧矣。壶关大夫俾图作赞，欲得予诗。时在管城锦绣潭上，自食至晡，三十六景赋之遍，点窜一二字耳。因以草卷寄之。时政和六年

---

① 洪迈《夷坚志》，中华书局1981年版，第1367—1368页。

秋九月既望乙巳。辅道书。"①

紫团山位于山西壶关县城东南六十公里，因山有紫气缭绕成团而得名（亦有因产"紫团参"而得名等多种说法）。紫团山在两晋时期已大名远播，北宋达于极盛。北宋历代皇帝崇信道教，宋徽宗尤甚。徽宗于崇宁四年（1105）敕壶关乐氏二仙为冲惠、冲淑真泽真人，至今仍有真泽宫，紫团山成了著名的道教圣地。

王寀信奉道教，也是因为好道而死于非命。王寀向往因道教而闻名的紫团山是自然的事。从三十六景诗后记可知，是壶关大夫向他索求诗章；"三十六景赋之遍"，组诗次题一诗咏一景，说明确有三十六首诗；时间是"政和六年秋九月"，即1116年，是徽宗敕真泽真人之后的第十一年，这些都合乎事实逻辑。三十六景诗原刻于三十六块石碣之上，随着石碣的部分失佚和王寀《南陔集》的失传，清人编《山西通志》时能见到三十六景诗大概只有十四首了。

前文已考，王寀于大观二年（1108）以直秘阁知汝州。次年，刊刻《汝帖》②。《德安县志》卷二十四载：

在任汝州时，淡于政治，把公堂叫"坐啸堂"。醉心书法研究，搜集历代书法名家代表作，按中国书法发展过程编序。自撰《辅道自跋》，于宋大观三年，遴选能工巧匠，细雕在十二块石碑上，每块宽四

---

① 《全宋诗》，第16223页。
② 《汝帖》历代丛帖。包括真、行、草、隶、篆诸体，计九十四种，一百零九帖，分十二卷。北宋大观三年（1109）汝州太守王寀刻于汝州（今河南临汝县）。杂取《淳化阁帖》《绛帖》诸帖以及自藏法书，自皇颉、夏禹以至郭忠恕书，汇集而成。其中多有集古碑中字托名某人书者，驳杂混淆。其帖目：一，三代金石文8种；二，秦汉三国刻石5种；三，晋宋、齐、梁、陈五朝帝王书30行；四，魏晋九人书48行；五，十七帖；六，"二王"帖；七，南朝十臣书；八，北朝十二人书；九，唐三朝帝后四人书；十，唐欧、虞、褚、薛四家书；十一，唐、李、颜、韩、贺、柳、李六臣书；十二，唐讫五代诸国人书206字。其石保存至今。林志钧《帖考》曰："宋刻帖原石至今犹全存者，《汝帖》之外，殆无第二种矣。"现作为珍贵文物移至汝瓷博物馆内收藏。

十公分，长一百一十公分，嵌在"坐啸堂"的墙壁中，供他茶余酒后欣赏，为历史上著名《汝帖》。《汝帖》内容十分丰富，从夏至五代，选名书法八十六种，分为一百零九帖。……艺术价值极高。王寀进京当校书郎，《汝帖》沉重未带走，留在汝州，传之后世。清河南巡抚、碑帖家毕秋帆在其所著《中州金石考》中，赞《汝帖》"真宋石之鸿宝也"。①

可见王寀还是一位书法家。据此推测，紫团山三十六景诗石碣可能系王寀真迹。

现存三十六景诗中十四首诗分别是：《迎阳峰》《西华表》《碧罗峰》《绮秀峰》《天杠》《磨崖》《濯缨溪》《东华表》《金屋山》《鸱尾山》《山翁崖》《驻云亭》《老人峰》《南极园》。

从诗体看，七绝九首，五绝五律各二首，五古一首。王寀长于七绝，其《浪花》诗即为宋人七绝精品之一，组诗中65%用七绝体式来写就不足为奇了。从内容看，次标题即各景点名称，一诗咏一景，但能将眼前景与悠久的历史典故传说紧密结合，其中也不乏深刻哲理。如"山英固有葵心在，不许群峰取次遮"（《迎阳峰》），景中含理，正是宋人诗歌富于理性思致特色的体现。又如"仙翁爱山居，留形在东岭"（《山翁崖》），借山翁崖之传说，咏山翁崖之美景，极富想象力，也寄寓自己崇尚自然，向往清静山居之愿望。从语言看，多种语言手段融于一体，妙合无痕，如《碧罗峰》："风曳山妃带，云穿木客衣。青松容袅袅，红叶半飞飞。月为幽人罢，春从旧处归。明朝碧峰外，试与绊斜晖。"这首五言律诗，除尾联外，其余三联皆以对偶句式出之，十分工整，超出了律诗只要求中间两联对仗的基本要求，并融合拟人、比喻等手法，因而表现力极强。

王寀《题紫团山三十六景》诗，是中国诗歌史上一人咏同一山的鸿篇巨制，

---

① 孙自诚主编《德安县志》卷二十四，上海古籍出版社1991年版。

咏其他胜景,用如此规模的组诗是少见的,也让我们领略了北宋紫团山的盛况及王寀的诗才。

## 第二节　王寀的词

王寀词流传至今的有十二首,周泳先《唐宋金元词钩沉》辑为《王侍郎词》,《全宋词》据以录入。现存十二首词,难见其词全貌,仅略作分析如下。

### 一、王寀词的总体分析

从词牌使用看,共用了《浣溪沙》(三首)、《渔家傲》(一首)、《玉楼春》(二首)、《蝶恋花》(六首)等四个词牌,全为小令。王寀生活于北宋后期,主要活跃在宋徽宗时期,此时词坛主将周邦彦已作三叠、四叠长篇慢词,而王寀现存词中却全是小令,且用调很少,是一个奇怪的现象。王寀是以才子闻名的,《宋史》载:"好学,工词章。"《桯史》言:"政和间有文声。"《挥麈后录》载:"善议论,工词翰。"可见王寀的才力是足够的,要么就是如晏几道固守小令阵地,要么就是其长调慢词没有流传下来。

从内容看,六首《蝶恋花》全是咏物词,分别咏牡丹花、海棠花、桃花、梨花、木瓜花、棠棣花;一首《渔家傲》感叹人生时光易逝,看破红尘;两首《玉楼春》咏闺情,感叹岁月匆匆、青春易逝;三首《浣溪沙》咏春,感叹春光易逝。可见,王寀词的内容也基本固守在词的传统题材范围内。只有《渔家傲》一首,有超出常人的人生感悟,详后具体分析。

从风格看,王寀词呈现出来的主要还是词传统的柔媚婉约风格。南宋王灼《碧鸡漫志》卷二"各家词短长"条云:王辅道"善作一种俊语,其失在轻浮。

辅道夸捷敏,故或有不缜密"。

从流派看,王寀当是大晟词人群的成员。庄绰《鸡肋编》卷中:"周邦彦待制尝为刘昺之祖作埋铭,以白金数十斤为润笔,不受,刘无以报之。因除户部尚书,荐以自代,后刘缘坐王寀妖言事得罪,美成亦落职,罢知顺昌府宫祠。周笑谓人曰:'世有门生累举主者多矣,独邦彦乃为举主所累,亦异事也。'"①王寀谋逆事件对周邦彦有直接影响。王寀、周邦彦、刘昺三人关系密切。刘昺是王寀表侄,刘昺举荐周邦彦。"邦彦于政和元年知河中时,王寀亦知陕州,河中与陕州为邻郡,且政和二年,童贯在陕西兴平粜与夹锡钱之狱,王寀、论九龄即撄其锋。邦彦是否亦曾卷入,未得其详。然邦彦于政和二年自河中归汴京时经陕州,且有可能与王寀诗酒唱和,早为故人则明矣。王寀既为故人,而刘昺又为其举主,连坐其中亦顺理成章耳。况且邦彦早已卷入蔡京集团,以郑居中为首的反动派,攻邦彦亦在意中。"薛瑞生先生在该文中还辩明:"王、刘事件,完全是政治斗争之产物,是以郑居中为首的反动派对蔡京集团之闪击。盛章新用事,刘昺欲挤盛章,反为盛章所算,则盛章倾向于郑居中明矣。所谓'谋逆',只是政治斗争的由头,深文周纳,成罪而已。王寀完全是个冤死鬼,刘昺虽冤,却也咎由自取。"②对于周邦彦与刘昺的交往,马莎分析说:"刘昺其人擅长文学、颇富才华,任大晟府大司乐,主乐事、撰乐书;周邦彦自大观元年议礼局设置之初即入为检讨官,而刘昺便是议礼局的直接负责人,两人同局修礼三年有余。"③可见,刘昺也是擅长文学、精通音律的,一定是有词作的,只是没有流传下来,这样,王寀、周邦彦、刘昺三人不但私交关系密切,而且有共同爱好——文学与音乐。综上分析,王寀也当是大晟词人群的成员。

---

① 庄绰《鸡肋编》,中华书局1983年版,第70页。
② 薛瑞生《周邦彦卷入王寀、刘"谋逆"事件考辨》,《西北大学学报》2004年第4期,第135—140页。
③ 马莎《刘昺举周邦彦自代考》,《文学遗产》2010年第1期,第140—142页。

## 二、代表作《渔家傲》赏析

下面着重分析王寀代表作《渔家傲》词。录全词如下：

渔 家 傲

日月无根天不老。浮生总被消磨了。陌上红尘常扰扰。昏复晓。一场大梦谁先觉。　　雒水东流山四绕。路傍几个新华表。见说在时官职好。争信道。冷烟寒雨埋荒草。

此词感叹人生时光易逝，看破红尘。

先看上片。首句"日月无根天不老"，反用李贺诗句"天若有情天亦老"，"无根"即无情，白居易《与元九书》云："诗者，根情，苗言，华声，实义。"情是根，天道无情，所以天不老，反之，人有情，人会老。意谓自然规律无法违背，岁月匆匆，每个人都会慢慢老去，现实中的一切都是暂时的拥有。不是吗？每个人生都在被消磨。浮生，语源自《庄子·刻意》："其生若浮，其死若休。"人来到世上，只是偶尔浮现，然后慢慢消磨，最后消磨完了，才会干休。这两句词，从整体上写对人生的认识，用的是强烈对比，一者无情而不老，一者有情而消磨。

尽管人生有限，而且不断消磨，已经够无奈的了，但是，人世间的纷纷攘攘、名利之争却时时围绕身边，一天又一天，一年又一年，若把人生比作一场梦，这场梦谁能最先醒来呢？或者说，自古及今，又有几人能看透，真正不为名利所困，爱惜有限的人生，做一个清醒者呢？

再看下片。下片"雒水东流山四绕"，雒水即洛水。洛水岸边山山相连，为北邙山（洛阳市北）。汉魏至唐宋，多为王侯公卿墓地。词人有如指给世人看，看吧，北邙山埋葬的都是王侯公卿，他们哪一个不是活着的时候享尽荣华富贵，他们为金钱、名誉尔虞我诈，忙碌一生，当把自己的人生消磨完了，就只剩

下这荒凉的坟墓了。不是吗？看，那边路旁又增添了几个新的华表。华表是立于墓前的石柱，上刻花纹。增添了新的华表，意即增添了新的坟墓，天天都有消磨尽自己的人生而只剩下坟墓的！唉，常人总是把人生当名利场，总是为名利向往官场，忙于官场，消磨自己的浮生，可有谁相信这人生易老的道理，有谁看到人生易老的现实呢？不管世人相信与否，也不管世人看到与否，客观的现实就是：为名利忙碌一辈子，剩下的就只有冷烟寒雨、荒草丛中的一堆黄土。

啊，人生悲凉！《能改斋词话》卷二："王寀辅道侍郎《渔家傲》词也，歌之使人有遗世之意。"

读罢此词，我们不禁要问，王寀是多大年纪写出这样的词来的？怎么会写出这样令人悲伤的词作呢？

首先，王寀是一位早熟的词人。六七岁就能说会道，聪明绝顶，前引岳珂《桯史》卷一"南陔脱帽"的故事就足以说明。写名作《浪花》诗时，也就二十几岁，而且诗名满天下。早熟的人生，必有早熟的人生思考。

其次，王寀仕途并不顺利。前文已考，王寀元丰元年（1078）出生，崇宁二年（1103）登进士第，政和八年（1118）六月诛死，年仅四十一岁。登进士第后，为秘书省著作佐郎，被罢后于大观二年（1108）三十岁以直秘阁知汝州，四年（1110）守陕州，政和三年（1113）正月勒停。此词当于政和三年正月勒停，途经洛阳而填，时年三十五岁。由于对当官兴趣不大，仕途不顺，遭受勒停的打击，因而对人生的思考来得较快、较深。

再次，党派斗争的激烈。王寀登进士第后，由曾布、蔡京荐入馆，为秘书省著作佐郎，三十岁知汝州，可谓顺利，但当蔡京受到反对派打击时，王寀必也倒霉，无意中被卷入激烈的党争中。这对于才气十足、无兴趣当官的王寀来说，无疑是十分痛苦的。痛苦的现实必然会思考痛苦的人生。

最根本的原因是王寀崇信道教。因为好道而登紫团山，因为好道而死于非命。故而全词充满着消极无奈。

# 第四章　王阮诗歌研究

　　王阮是南宋中兴诗坛的爱国诗人,有《义丰集》传世。今可见《义丰集》均为诗作,主要有宋淳祐三年其子王旦刻《义丰文集》(藏北京图书馆)和影印文渊阁《四库全书》本《义丰集》两种版本。《全宋诗》以王旦刻本为底本,又辑得集外诗一首①,存诗共二百零五首。今有朱瑞熙、孙家骅《义丰文集校注》本②。

## 第一节　王阮诗歌题材内容

　　王阮诗歌内容十分丰富,为便于叙述,本节拟以题材分类为纲,在各类题材作品的分析中,剖析王阮诗歌的思想内容③。

　　王阮诗歌的题材内容主要有以下几个方面:

### 1. 政治诗

　　王阮自隆兴元年(1163)登进士第后,主要精力放在政务上,尽管也有游学

---

①　此诗即《北固山望扬州怀古》,《全宋诗》据清顾贞观《积书岩宋诗删》卷十九辑得。今按,该诗亦见于刘宰《漫塘集》卷二,曹学佺《石仓历代诗选》卷二百十九、厉鹗《宋诗纪事》卷五十八、吴之振《宋诗钞卷》九十二、陈焯《宋元诗会》卷四十六、《御定渊鉴类函》卷三百七均作刘宰诗,当是顾贞观误录,应为刘宰诗。
②　王阮撰,朱瑞熙、孙家骅注《义丰文集校注》,华东师范大学出版社2006年版。
③　王可喜《论王阮诗歌的题材内容》,《名作欣赏》2006年第6期。

及从朱熹在白鹿洞书院讲学的经历。王阮历任都政绩卓著，如昌国任上，兴学校、修桥梁，深得人民爱戴；在濠州任上，"请复曹玮方田，修种世衡射法，日讲守备，与边民亲访北境事宜。终阮在濠，金不敢南侵"①，积极备战，保卫了边境的安宁。对政治的关注与思考而写成的政治诗，展示的是王阮勤政爱民的思想。代表作主要有《新昌书座右屏》《代胡仓进圣德惠民诗》《上九江唐舍人》等。如《新昌书座右屏》：

私罪不可有，公罪不可无。退作陶渊明，进学何易于。但愿列循吏，宁甘为鄙夫。祸福置不问，吾民其少苏。②

这首诗为自己立下了为官的准则与宗旨，那就是不谋私利、一心为民，置个人"祸福"于度外。王阮在同时的作品《题靖节先生祠》序中说："晚得一邑，亲见群儿挟权规利，难与为仁。"可见他初任新昌，遇到了不少阻力，但没有屈就，而是在严格要求自己的同时，整治风气，为民造福。在同时的《新昌留别》中说："抗章恳白上官嗔"，"史务循良邦有赖，士虽贫贱气宜伸"。一方面，他认识到勤政为民既是自己的良心与责任，也是国家兴旺、人民安定的保证；另一方面，从中我们也仿佛看到了一位为民作主、申诉不平的良吏，对抗上级重敛丝毫不屈服的情形。

《代胡仓进圣德惠民诗》系作者乾道八年（1172）代胡仰所写。时湖南州县荒旱，诗人系救灾队伍中的重要一员，并以赈济有功而减三年磨勘。《宋会要辑稿·食货五九》之五二："（乾道八年）十一月六日，诏：'应材与转一官，罗全略、王阮、陈符、陈确、吕行己、孙逢辰各减三年磨勘。'以赈济有劳，从湖南安

---

① 脱脱等《宋史》卷三百九十五《王阮传》，中华书局1990年版，第12054页。
② 王阮著，朱瑞熙、孙家骅校注《义丰文集校注》，华东师范大学出版社2005年版，第28页。下引夹注页码。

抚使陈弥作、提举湖南常平胡仰之奏也。"①故虽为代笔，实乃自己在救灾过程中的真实见闻与感受。全诗一百韵两百句，是一首长篇叙事诗。诗人在"奔忙驰似箭，来往转如圜"的出巡奔忙中，了解到老百姓的困苦生活：

忆昨初行日，萧然亦可怜。饿羸皆偃仆，疾疫更牵缠。讵止家徒壁，多遗屋数椽。葛根殚旧食，竹米继新饘。略救朝昏急，终非肺腑便。声音中改变，形质外羸孱。……状貌已成鬼，帷惊有使褰。初闻争欲走，稍定使来前。……置院收鳏寡，分场赈市鄽。贷粮招复业，散种使耕田。寒给衾裯暖，春颁药剂煎。（页6）

诗人对老百姓困苦生活的了解与同情浸透在每一个字中，从"初闻争欲走"到"稍定使来前"，老百姓信赖了这位良吏。诗人也采取了切实有效的措施，从衣到食到药赈济百姓，贯彻了自己一心为民的从政主张与宗旨。

### 2. 爱国诗

从某种意义上说，爱国诗是政治诗的一个方面。但在南宋这个特定的历史时代，宋、金长期对峙，且宋处于弱势，中原故土与人民长期受金人蹂躏，爱国是这一时期文学的重大主题。王阮作为主战派，在试礼部对策中，就主张定都建康（今南京），以图进取，被范成大称为"人杰"②。王阮的这一爱国主张从未改变，具体体现在他的爱国诗篇中。这类诗歌的代表作有：《次陆务观韵寄王景文（时张丞相薨）》《宿淮南岸》等。如《次陆务观韵寄王景文（时张丞相薨）》：

---

① 《宋会要辑稿》，第5864页。
② 脱脱等《宋史》卷三百九十五《王阮传》，中华书局1990年版，第12054页。

朔风摇楚水,国步益艰辛。往事忽成梦,逆胡何日臣。凡今天下士,皆昔座中人。尚被中原发,烦君与正巾①。(页58)

题中"张丞相"指抗战派将领张浚。"王景文"即与王阮齐名且志同道合的友人王质。王阮作为主战派的一员,对张浚十分崇敬,张浚之薨意味着主战派力量大为减弱,王阮必是为国心忧。诗中慨叹国步益艰辛,北伐恢复中原的理想"成梦"。"凡今天下士,皆昔座中人"不正是"国家兴亡,匹夫有责"的疾呼吗?诗人为国而忧的痛苦心情尽显字里行间。

另一首《宿淮南岸》:

一宿淮南岸,两旬扬子江。山川总极目,天地偶为邦。竟日师虞老,何年虏自降?心知除是月,夜夜照蓬窗。(页102)

这是王阮知濠州时期的作品。诗人感叹位于中原腹地的淮河而今成为国界,指出不积极抗金,"何年虏自降"呢?在金人铁蹄之下的中原故土何日能恢复呢?诗人痛苦的忧国心,只有照着不能入睡的诗人的明月知道!"何年虏自降"与上一首的"逆胡何日臣"均可见诗人头脑的清醒与认识的深刻,也间接批评了统治者偏安一隅的投降政策。王阮知濠州期间,"日讲守备",用自己的行动积极抗金,正是这种信念的实践。

### 3. 览胜怀古诗

王阮东任昌国,南任永州,北任濠州,中任新昌、抚州,几乎行遍南宋的半壁江山,途经的名胜古迹亦不在少数。作为文人的王阮,每登临古迹,总发而

---

① 四库本作"北望中原地,纵横泪洒巾"。

为诗。这类诗歌与纪游山水诗相类,然其览胜怀古,抒发情怀,与纯粹纪游山水诗似有区别,故单列一类。在这些诗中,览胜题咏,怀古抒怀,常常将自己的政治主张和对先贤的景仰融于一体。代表作有《禹庙》、《登衡岳》(其一)等。如《登衡岳三首》(其一):

  膻羊腥犬沸中原,五岳之中四岳昏。节义衡山独不辱,万年千载戴明恩。(页152)

  南宋半壁江山,五岳只有南岳衡山仍在版图之内,诗人登上衡岳大发感慨,"五岳之中四岳昏",着一"昏"字,爱国情怀尽显,对统治者投降路线及不思进取恢复的偏安享乐思想作了严厉的批评,不是四岳自昏,而是统治者昏庸无能导致的结果!诗人以"节义"推崇衡岳,"独不辱"是其爱国思想的表达。

  在《禹庙》一诗中,"长教天下江河顺,始慰胼胝手足心",高度赞颂大禹治水、造福于民的丰功伟绩,这与他一心为民的为政观是一致的,也是这种爱民思想的表达。

  在《谢赵宰拜襄敏墓并留题》(其二)中,高度称赞曾祖王韶(谥号"襄敏")熙宁开拓河湟的赫赫战功,也感叹面对金国南侵,中原长期沦陷,统治者偏安投降,设想要是襄敏公尚在,定能"肃甲破幽都"。在表达对先祖襄敏公的崇敬景仰之情的同时,也表达了自己的抗金爱国的主张。

## 4. 山水纪游诗

  在王阮二百多首诗中,所占比重最大的是纪游山水诗。从诗的内容来看,潇湘、江浙、江淮、江西山水胜景尽览,最集中的还是歌咏浙江和江西山水美景的诗歌。由于杭州为南宋都城,而王阮又曾任昌国县令,浙江境内名胜美景几乎游遍。江西作为自己的故乡,又曾任都昌主簿、新昌县令、抚州守,因而从南

昌以上，鄱阳湖区、名胜庐山等，留下的诗篇更是集中。这类诗歌往往在咏叹自然美景的同时，饱含着诗人对祖国大好河山的无限热爱及对大自然的向往之情。代表作主要有《小湖寺》《瀑布二首》《游三峡》《雪窦瀑布》等。如《小湖寺》：

小湖气象似宝陀，怪石列岸腾嵯峨。近山一抹横修蛾，远山点滴浮青螺。四方上下皆沧波，清秋一片银为河。风平如镜著水磨，有时鄰鄰纬碧罗。倾覆变动一刹那，蛰雷震起千蛟鼍。（页47）

全诗共二十六句，多次换韵，中间这十句集中描写小湖独特而多变的自然风光。先写湖岸景色，有岸边嵯峨怪石，有近处如同特意修理过的蛾眉一般的青山，像是小湖不可或缺的装饰；也有远远望去，如同漂浮在湖面上的青色螺髻一般的山峦远景，远景与近景交相辉映，是小湖美景的重要组成部分。如果把湖面作为画幅的重心，则远山近山就是整幅画面的大背景。随后六句，专写湖面景色，湖面水域浩渺，犹如银河，无风则湖面如镜，微风则泛起鄰鄰波光，刹那大风既起，湖面失去平静，惊涛顿起，如蛟龙戏水，惊险非凡。十句诗，既写湖岸的近景与远景，也写湖面的静景与动景，远近结合，动静交替，变化万千，层次井然，十分巧妙。诗中倾注了诗人对祖国大好河山的无限热爱之情。

再如《瀑布二首》（其一）：

造物小儿不任事，一天元气从淋漓。云中雨降自应尔，山上水行谁激之。幽林汹汹虚籁作，赫日槃槃寒光垂。谪仙独步得兴体，此外篇篇俱比诗。（页85）

庐山瀑布，闻名遐迩。王阮作为江州人，是庐山的常客，晚年还隐居庐山，咏瀑布是当然的事。首联抓住瀑布"淋漓"倾泻的外部特征来写；颔联用"云

中雨降"的自然现象来反衬瀑布形成的奥妙,其实是明知故说,以显眼前瀑布的神奇;颈联从声响和水雾在日光照射下的寒光两方面来状写瀑布景观。读之仿佛置身瀑布之下,同感瀑布的雄奇壮伟。诗人在小序中说"戏述二篇",因此诗语带有调侃之味,如"造物小儿不任事""山上水行谁激之"等语,看似无意义之语,却又显出诗人的好奇心态和对造化伟力的钦佩,这正是宋诗善用理智去思索,少用主观去体验而富含理性思致特点的体现。

**5. 其他如唱和诗、咏物诗、悯农诗、思亲怀友诗等**

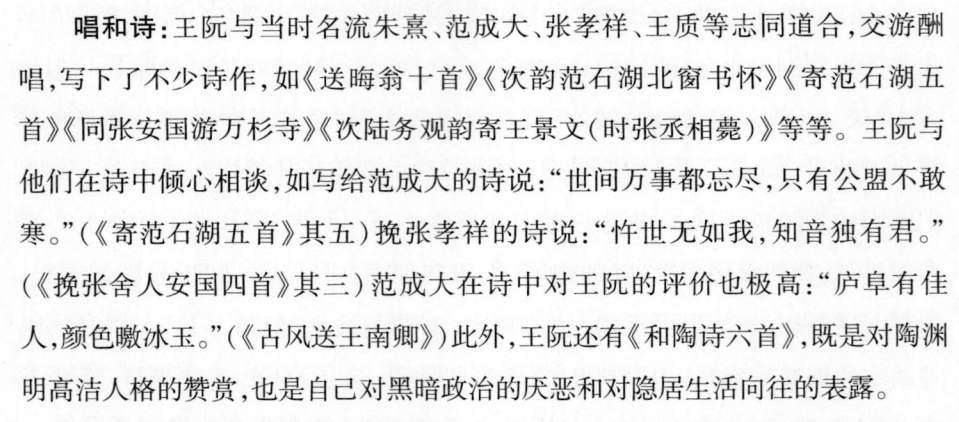

**唱和诗**:王阮与当时名流朱熹、范成大、张孝祥、王质等志同道合,交游酬唱,写下了不少诗作,如《送晦翁十首》《次韵范石湖北窗书怀》《寄范石湖五首》《同张安国游万杉寺》《次陆务观韵寄王景文(时张丞相薨)》等等。王阮与他们在诗中倾心相谈,如写给范成大的诗说:"世间万事都忘尽,只有公盟不敢寒。"(《寄范石湖五首》其五)挽张孝祥的诗说:"忤世无如我,知音独有君。"(《挽张舍人安国四首》其三)范成大在诗中对王阮的评价也极高:"庐阜有佳人,颜色皦冰玉。"(《古风送王南卿》)此外,王阮还有《和陶诗六首》,既是对陶渊明高洁人格的赞赏,也是自己对黑暗政治的厌恶和对隐居生活向往的表露。

**咏物诗**:王阮咏物诗不多,主要有《竹斋二首》《传舍中竹》《见梅有感》等几首,但所咏对象为"岁寒三友"之梅、竹,值得我们注意。竹因竿直而多节,坚硬挺拔,四季常青,被用来象征有节操、有骨气、正直、坚贞之人,又因竹节间空通,又被用来象征虚心豁达之士;梅傲霜雪而怒放,文人常取其坚贞品格以寄怀。王阮一生尚气节,《宋史》本传即以气节推之。时韩侂胄专权,"特命入奏,将诱以美官,夜遣密客诣阮,阮不答,私谓所亲曰:'吾闻公卿择士,士亦择公卿。今政自韩氏出,吾肯出其门哉?'陛对毕,拂衣出关"[①]。如此气节之士,

---

① 脱脱等《宋史》卷三百九十五,中华书局1990年版,第12055页。

真是令人敬佩！王阮咏梅、竹之诗正是自己人格气节的写照。

**悯农诗**：王阮是一位勤政爱民的好官，其写作悯农诗丝毫也不奇怪。这类诗作有《云居还值旱怀旧游寄杨文仲二首》《遇流民有感》等。《云居还值旱怀旧游寄杨文仲二首》（其二）云："夜凉清似水，昼旱气如焚。龙懒浑无用，天高寂不闻。我无田可虑，只虑众纷纷。"逢大旱之年，首先想到的是老百姓，真是难得的能知民苦的好官！

## 第二节　从王阮诗歌看其思想人格特征

在分析王阮诗歌的题材内容基础上，从其诗歌及相关史料着手，着重探讨其思想人格特征，从而分析其不愿依附权臣而选择隐居庐山的原因[①]。

### （一）儒家积极入世的思想占主导地位

在中国历史上，儒家积极入世的思想影响着一代又一代的封建士子，他们走着求学、出仕而报效国家的道路。有宋一代，文人士子的积极进取精神、对社会的责任心大大胜过前代，他们敢于积极言事，常常置个人安危于度外，如我们最熟悉的苏轼，在王安石推行新法及司马光废除新法的过程中，只要他稍作让步，少言时政，便不会一贬再贬，直至贬到远离本土的海南儋州。但他没有少言，而是积极言事，体现出巨大的社会责任心。苏轼仅仅是宋代士人的杰出代表而已。随着宋室南渡，国家面临前所未有的民族危机，文人士子的爱国热情空前高涨，从南渡时期到南宋中兴时代，士人的爱国热情得到了极大弘扬，他们积极入世、努力进取的精神表现得更为突出，涌现出了大批的爱国诗

---

① 王可喜《论南宋诗人王阮的思想人格特征》，《九江学院学报（社会科学版）》2006年第3期。

人、词人，如南渡前后的岳飞、李纲、张元幹、朱敦儒，中兴时代的张孝祥、陆游、辛弃疾、陈亮等等。王阮便是中兴时代众多积极进取的爱国诗人之一。

王阮儒家积极入世的思想一直占主导地位，其一生几乎是在勤奋进取中度过的，即使仕途失意，也没有轻易放弃自己的追求，如绍熙元年(1190)昌国县令任满后，尽管政绩卓著，然闲置未任，直到庆元四年(1198)知濠州。绍熙二年(1191)深秋离开昌国，在苏州与范成大相聚时，范成大有诗《古风送南卿》为其送行，为其失意不遇而鸣不平。但其到濠州任后，"请复曹玮方田，修种世衡射法，日讲守备，与边民亲访北境事宜。终阮在濠，金不敢南侵"，保卫了边境的安宁。王阮儒家积极入世的思想有其独特的表现，主要有：

**1. 对时局社会的密切关注，表现出强烈的忧国情怀。**

王阮对时局社会的密切关注，早在隆兴元年礼部对策中即有鲜明的表现。时孝宗初即位，欲成高宗之志，积极准备北伐，王阮在对策中详细分析了定都临安与建康的利弊，指出战与守应有不同的策略："且夫战者以地为本，湖山回环，孰与乎龙盘虎踞之雄？胥潮奔猛，孰与乎长江之险？"主张定都建康，以图进取，被范成大称为"人杰"。这是一位积极入世的士子强烈忧国情怀的体现，也是其对国家、社会的高度责任心的体现。

隆兴二年八月，前宰相魏国公张浚薨，陆游寄诗王质（字景文）《送王景文》，王阮亦次韵寄王质《次陆务观韵寄王景文（时张丞相薨）》。诗云：

> 朔风摇楚水，国步益艰辛。往事忽成梦，逆胡何日臣。凡今天下士，皆昔座中人。尚被中原发，烦君与正巾。（页58）

王阮作为主战派，对主战派将领张浚十分崇敬，张浚薨意味着主战派力量大为减弱，主和派重新掌权，宋金之间关系将由战而转向和与守，恢复之志受阻，王阮为国心忧。诗中慨叹"国步益艰辛"，北伐恢复中原的理想将"成梦"。

"凡今天下士,皆昔座中人"不正是"国家兴亡,匹夫有责"的疾呼吗?诗人为国而忧的痛苦心情尽显字里行间。

乾道八、九年间在永州教授任上,曾游衡山,《登衡岳三首》(其一)云:

> 膻羊腥犬沸中原,五岳之中四岳昏。节义衡山独不辱,万年千载戴明恩。(页152)

南宋半壁江山,五岳只有南岳衡山仍在版图之内,诗人登上衡岳大发感慨,"五岳之中四岳昏",着一"昏"字,爱国情怀尽显,对统治者奉行投降路线及不思进取恢复的偏安享乐思想作了严厉的批评,不是四岳自昏,而是统治者昏庸无能导致的结果!诗人以"节义"推崇衡岳,"独不辱"是其爱国思想的表达。

庆元四年王阮知濠州,作为边境守臣,他积极备战,遏制了金人南侵,保卫了边境的安宁,使人民能安居乐业。此期代表作《宿淮南岸》诗云:

> 一宿淮南岸,两旬扬子江。山川总极目,天地偶为邦。竟日师虞老,何年房自降。心知除是月,夜夜照蓬窗。(页102)

诗人感叹位于中原腹地的淮河而今成为国界,指出不积极抗金,"何年房自降"呢?在金人铁蹄之下的中原故土何日能恢复呢?诗人痛苦的忧国心,只有照着不能入睡的诗人的明月知道!"何年房自降"与上一首的"逆胡何日臣",均可见诗人头脑的清醒与认识的深刻,也间接批评了统治者偏安一隅的投降政策。王阮知濠州期间,"日讲守备",用自己的行动积极抗金,正是这种信念的实践。

**2. 对民生疾苦的深切同情,表现出可贵的忧民情怀。**

王阮是一位勤政爱民的好官。淳熙七年(1180),王阮知新昌县,其《新昌

书座右屏》诗云：

　　私罪不可有，公罪不可无。退作陶渊明，进学何易于。便愿列循吏，宁甘为鄙夫。祸福置不问，吾民其少苏。（页28）

这是王阮初任一县长官后为自己立下的为官准则与宗旨，那就是不谋私利、一心为民，置个人"祸福"于度外。在同时的另一首诗《新昌留别》中说："抗章恳白上官嗔"，"吏务循良邦有赖，士虽贫贱气宜伸"。一方面，他认识到勤政为民既是自己的良心与责任，也是国家兴旺、人民安定的保证；另一方面，从中我们也仿佛看到了一位为民作主、申诉不平的地方官对抗上级重敛，丝毫不屈服的情形。

乾道八年（1172）代胡仰写《代胡仓进圣德惠民诗》。时湖南州县荒旱，在永州教授任上的诗人，系救灾队伍中的重要一员，并以赈济有功而减三年磨勘。《宋会要辑稿·食货五九》之五二："（乾道八年）十一月六日诏：应材与转一官，罗全略、王阮……减三年磨勘。以赈济有劳，从湖南安抚使陈弥作、提举湖南常平胡仰之奏也。"故虽为代笔，实乃自己在救灾过程中的真实见闻与感受。全诗一百韵两百句，是一首长篇叙事诗。诗人在"奔忙驰似箭，来往转如圜"的出巡奔忙中，了解到老百姓的困苦生活：

　　忆昨初行日，萧然亦可怜。饿羸皆偃仆，疾疫更牵缠。讵止家徒壁，多遗屋数椽。葛根殚旧食，竹米继新饘。略救朝昏急，终非肺腑便。声音中改变，形质外羸孱。……状貌已成鬼，号呼几乱蝉。兽穷思旷野，鱼困想清泉。山僻无人到，帷惊有使褰。初闻争欲走，稍定使来前。……置院收鳏寡，分场赈市廛。贷粮招复业，散种使耕田。寒给衾裯暖，春颁药剂煎。（页6）

诗人对老百姓困苦生活的了解与同情浸透在每一个字中,从"初闻争欲走"到"稍定使来前",老百姓信赖了这位良吏。诗人也采取了切实有效的措施,从衣到食到药赈济百姓,贯彻了自己一心为民的从政主张与宗旨。

王阮的忧民情怀还体现在他的悯农诗中,如《云居还值旱怀旧游寄杨文仲二首》(其二)云:

四野尽龟坼,一天常火云。夜凉清似水,昼旱气如焚。龙懒浑无用,天高寂不闻。我无田可虑,只虑众纷纷。(页99)

逢大旱之年,诗人首先想到的是老百姓,为老百姓而忧,为贫苦大众而虑,"龙懒浑无用,天高寂不闻",矛头直指高层统治者,完全将自己置于劳苦人民的一边,实在难能可贵!另一首《遇流民有感》云:"自怜不在施为地,空对流民数汗颜。"表现的是同情而又无奈的独特感受。

**3. 对祖国山水的细致描摹,表现出无限的热爱之情。**

山水纪游类题材的诗歌,在王阮诗歌中所占比重最大。王阮每到一处,或览胜怀古,抒发情怀,常常将自己的政治主张和对先贤的景仰融于一体;或咏叹自然美景,抒发对祖国大好河山的无限热爱及对大自然的向往之情。如《谢赵宰拜襄敏墓并留题》(其二),诗云:

河湟人去锁春芜,三步遥勤一束刍。盛事发挥千古烈,英词嘘动百年枯。故家零落今朝遇,此段孤高近世无。地下结成无限草,待公肃甲破幽都。(页63)

按,王阮曾祖王韶神宗朝官至枢密副使,谥号"襄敏",其墓在江西德安望

夫山,至今犹为胜迹,为重点保护文物。王阮高度称赞曾祖王韶熙宁开拓河湟的赫赫战功,也感叹面对金国南侵,中原长期沦陷,统治者偏安投降,设想要是襄敏公尚在,定能"肃甲破幽都"。在表达对襄敏公的崇敬景仰之情的同时,也表达了自己的抗金爱国的主张。

又如《瀑布二首》(其一):

造物小儿不任事,一天元气从淋漓。云中雨降自应尔,山上水行谁激之。幽林汹汹虚籁作,赫日粲粲寒光垂。谪仙独步得兴体,此外篇篇俱比诗。(页85)

庐山瀑布,闻名遐迩。王阮作为江州人,是庐山的常客,晚年还隐居庐山,咏瀑布是当然的事。首联抓住瀑布"淋漓"倾泻的外部特征来写;颔联用"云中雨降"的自然现象来反衬瀑布形成的奥妙,其实是明知故说,以显眼前瀑布的神奇;颈联从声响和水雾在日光照射下的寒光两方面来状写瀑布景观。读之仿佛置身瀑布之下,同感瀑布的雄奇壮伟。诗人在小序中说"戏述二篇",因此诗语带有调侃之味,如"造物小儿不任事""山上水行谁激之"等语,看似无意义之语,却又显出诗人的好奇心态和对造化伟力的钦佩,这正是宋诗善用理智去思索,少用主观去体验而富含理性思致特点的体现。诗中表达的是诗人对祖国大好河山的无限热爱之情。

**4. 对个人仕途的不懈追求,表现出积极的上进之心。**

应该说,王阮一生仕途并不顺畅,"朱子尝惜其才气术略过人,而留滞不偶"①。任南康军都昌县主簿,"以廉声闻",过着十分贫困的生活。其《和陶诗六首》序云:"隆兴二年(1164),余浮家东吴。僦居日衰,大水入室,无所容其

---

① 《宋史》卷三百九十五《王阮传》,中华书局1990年版,第12055页。

躯。妻孥嗷嗷,至绝烟火。羁旅憔悴,如雪堂之在岭外,而渊明之弃彭泽也。"这是其此期生活的真实写照,其困苦之状可想而知! 如此清廉,都昌主簿离任后却闲置不用,直到乾道七年(1171)任永州教授。其间湖南州县荒旱,王阮与湖南安抚使陈弥作、提举湖南常平胡仰等一道,采取措施,赈济灾民,并以赈济有功而减三年磨勘(见前文所引《宋会要辑稿·食货五九》之五二)。尽管政绩卓著,乾道九年(1173)离任后又闲置不用,到淳熙七年(1180)知新昌县。淳熙十五年(1188)知昌国县,这期间建学校、兴教育、修桥梁,政绩突出,然又闲置,以致绍熙二年(1191)在苏州与范成大聚首时,范成大为其失意不遇而鸣不平。虽然不被重用,也感叹"圣代多才焉用我"(《瓜时有感》),但王阮每到一任,都能做到恪尽职守,勤政爱民,积极献言献策,珍惜每一次难得的为国为民贡献的机会。这是一位赤诚的仕子在坎坷的仕途上的不懈追求,也是其积极上进的表现。

早在隆兴元年登第不久,时江洲守唐文若(字立夫)刚到任,王阮即写诗《上九江唐舍人(文若)一首五十韵》,诗中介绍了江洲地理、历史、民俗等等,诗末云:"立国须才用,闻公锐意收。龙门如可上,敢请与荀倩。"请求唐文若举荐。同时,写诗《投吏部汪尚书一首》,诗云:"铨选仍多弊,今年得伟人。衣冠归藻鉴,草芥倚阳春。冢宰天官贵,山公启事新。请收才杰士,预作凤池宾。"请求汪尚书举荐。汪尚书何许人不详。

我们知道,在宋代,士人登第后出仕,常常需要名流举荐,士子请求举荐是常见的事,与文学道路上的"名流印可"相类似,不同的是,政治上的举荐,举荐者负有连带责任。成功的举荐者常常广为传颂,被人尊重,如《宋史》卷三百八十四《汪澈传》:"澈为殿中日,荐陈俊卿、王十朋、陈之茂为台官,高宗曰:'名士也!'次第用之矣;在枢府,孝宗密访人材,荐百有十八人。"[1]其举荐之功载

---

[1] 脱脱等《宋史》卷三百八十四《汪澈传》,中华书局1990年版,第11816页。

入史册！王阮请求唐文若等名流举荐,是为了争取更大的用武之地,是其积极入世的表现。

王阮忧国忧民、积极入世,是其占主导地位的儒家思想使然。

### (二)道家消极出世的思想与之伴随

达则兼济,穷则独善,是多数封建时代士子的选择。王阮在儒家积极入世的思想占主导地位的同时,道家消极出世的思想一直与之伴随,直到晚年隐居庐山。

任南康军都昌县主簿期间,由于生活贫困,"羁旅憔悴之态,如雪堂之在岭外,而渊明之弃彭泽也。由是宦情日薄,而归志日浓矣"。诗人当时只有二十五岁,现实使他预感到仕途的险恶,其道家消极出世的思想第一次抬头,其间有《和陶诗六首》,其一《和归田园》云:

> 皇天亦爱我,生我匡庐山。勉承父母志,功名期少年。既无取日手,远去穷虞渊。又无谋生才,广有负郭田。富贵两不谐,胡为乎世间! 眷言奠原居,宛在瀑布前。野旷易得月,谷虚常带烟。行歌紫芝曲,醉上香炉巅。念此百年身,有此足以闲。若乃不决去,使彼山凄然。(页14)

初入仕途,期望有所作为,然而"富贵两不谐"的艰难处境,使他"宦情日薄",产生了归隐故里的念头,这是由期望而失望时产生的特殊心态,也可见诗人道家消极出世的思想是固有的。

如果说入仕之初产生了归隐念头是"少年不识愁滋味",那么中年时期的王阮对仕途险恶的感叹,则是怀才不遇的内心感受。早年请求举荐的热情没有了,与名流交往还注意避嫌。《投周益公三首》序云:"余宰新昌日,丞相周

公东阁君纶为征官,姓名始闻于公。当是时,公方柄用,不欲往见。其后南北道阻且长,御李识荆,此望绝矣。庆元二年,偶因督运,道出庐陵,公方释位,放意绿野,而某吏役适相值,岂天以此行从人欲邪?"其三云:"公相昔宜避,公闲今可从。"王阮知新昌县在淳熙七年(1180),时年四十一岁,尚为一县令,正需要提携之时,却避嫌"不欲往见",可见其热情减退了,道家思想所占比重增大了,又可见其个性之刚直。《瓜时有感一首》诗云:"篱边方对菊花黄,又报文移出草堂。三宿敢云桑下恋,四翁终愿桔中藏。泉萦去路常低咽,酒向离亭不肯香。圣代多才焉用我,明年重上乞身章。"(页56)既不被重用,那就隐居吧,态度非常明确,与早年所谓"归志"大不相同。

绍熙二年(1191)秋,自昌国北上返乡途中,王阮曾游太湖洞庭山,作有《洞庭题咏十一首》,其一《太湖》诗云:"微生已觉渐休闲,老矣何心世路间。尽把虫鱼束高阁,且拿双桨泛湖山。"(页45)已是五十二岁的老人了,刚刚离昌国县令任且暂时闲置,哪里还有心在"世路"上蹭蹬呢?泛舟江湖当是自己的选择吧。

按常理,仕途不畅,需人提携。王阮在坎坷的仕途上不是缺少这样的机会,上文所述周必大任宰相"方柄用",却"不欲往见",这是一例。庆元五年(1199),王阮移知抚州(今江西临川),此时已是六十岁的老人,谁不想有最后的辉煌时刻,王阮有这样的机会。《宋史》本传:"改知抚州。韩侂胄宿闻阮名,特命入奏,将诱以美官,夜遣密客诣阮,阮不答,私谓所亲曰:'吾闻公卿择士,士亦择公卿。刘歆、柳宗元失身匪人,为万世笑。今政自韩氏出,吾肯出其门哉?'陛对毕,拂衣出关。侂胄闻之大怒,批旨予祠。阮于是归隐庐山,尽弃人间事,从容觞咏而已。"①对于不如本心之高官,不合本意之权臣,决不屈就。如此气节之士,真是令人敬佩!吴愈《义丰集序》亦云:"庆元初,孽臣窃柄,士

---

① 脱脱等《宋史》卷三百九十五,中华书局1990年版,第12054、12055页。

大夫倚为泰山,其门如市,吾邑王公先生以著蔡之明、冰雪之操,未尝一蹑其门。晚官临川,陛辞奏事,柄臣使密客诱致之,迄弗往见,奉祠而归。优游山间,无一豪损获意。此曾子所谓弘毅之士欤?"①吴愈早年从王阮游,为王阮弟子。吴愈以敬佩赞叹的语气写此序,王阮高大的人格魅力感染着他,吴愈后来成为抗金英雄。

韩氏专权,斥理学为"伪学"。王阮作为朱子门人,自然不满韩氏的所作所为。王阮一向是"为人痛疾仇"(《寄郑器先》)、"平生自谓此心刚"(《送晦词翁》其十),秉性刚正不阿。他拒附韩氏,保人格,尚气节,是其性格使然,也是与其相伴的道家思想在起作用,因为诗人还有隐居养德的退路。王阮所言"公卿择士,士亦择公卿",真乃至理名言,启迪多少仁人志士!

王阮的个性,在其咏物诗中亦可见一斑,虽然不多,主要有《竹斋二首》《传舍中竹》《见梅有感》等几首,但所咏对象为"岁寒三友"之梅、竹,值得我们注意。竹因竿直而多节,坚硬挺拔,四季常青,被用来象征有节操、有骨气、正直、坚贞之人,又因竹节间空通,又被用来象征虚心豁达之士;梅傲霜雪而怒放,文人常取其坚贞品格以寄怀。王阮咏梅、竹之诗正是自己高尚的人格气节的写照。

王阮最后的岁月弃官归隐庐山,其原因主要有三方面。一是不愿依附权臣韩侂胄而"批旨予祠",这是直接原因。二是长期在地方任职,屈沉下僚,不被重用,这是社会原因。尽管自己不懈努力,勤政爱民,做到了"为氓且尽今生力"(《次韵来梓见赠》),历任政绩卓著,却无用武之地,以致感叹"圣代多才焉用我"(《瓜时有感》)。同时,他清醒地认识到:"古来贤者亦避世,往往适逢天地闭"(《题严陵钓台》)、"世路日益险"(《彭泽道中》其一),既然仕途于己已

---

① 吴愈《义丰集序》,见王阮《义丰集》卷首,景印文渊阁《四库全书》,台湾商务印书馆1985年版,第1154册第538—539页。

闭,世路于己不通,可选择的只有隐居了。三是思想个性使然,这是根本原因。道家消极思想伴随王阮一生,每当仕途不畅,这一思想就会使他产生归隐的念头,"树头宿鸟归尽,天外行人未还"(《六言一首》),提醒自己应尽早归隐;刚正不阿、重人格尚气节的个性,又使他不愿依附于人,特别是政治理念不同的权臣。在《和陶诗六首》之二《和饮酒》中说:"客有爱我甚,命驾来冲泥。怜我与俗异,欲我与世谐。甚知客言是,甚知余心迷。"自己明白自己与世俗相异的个性,却坚持自己的信念,不愿改变。隐居之后又能"优游山间,无一豪损获意",并说"归来世事都忘尽"(《龟父国宾二周丈同游谷帘》其三)、"弃官真等闲"(《彭泽道中》其二),这是难得的平和心态。

# 第五章　王遂等家族成员佚文考

　　王韶子孙王彦融、王万全、王遇、王遂、王迈、王遯等均有佚文存于家谱、别集等文献中，现辑录考证如下。

## 第一节　王遂佚文考

　　王遂所著《实斋文稿》《实斋心学》及诸经讲义等不传，今《全宋诗》辑其诗一卷，存诗九十首；《全宋文》辑其文三卷，存文四十一篇，尚有部分佚文存于家谱及别集附录之中。现以丹阳东王村民国丁巳年(1917)《王氏宗谱》为底本，校以金坛岳阳村民国戊辰年(1928)重修《王氏宗谱》，辑得佚文五篇①。

### 一、据丹阳东王谱和金坛岳阳谱辑补佚文五篇

　　丹阳东王村民国丁巳年(1917)《王氏宗谱》，由王起松续修，王朝昶作序，萃涣堂藏版。全套12册，原谱近年已托存于丹阳市档案馆收藏，族人使用的是A4纸1∶1复印件。该谱四周双线边框，版框高23.7厘米，宽32厘米；左右双栏，半叶10行，行22字；版心上单鱼尾、黑口，上有谱名"王氏宗谱"，下有

---

① 王娇、王可喜《由王遂佚文解〈晦庵续集〉成书之谜——兼辑补王遂文四篇》，《文献》2016年第5期。

堂号"世瑞堂",中间鱼尾下有卷次、叶次。该谱收录有宋绍兴十一年辛酉(1141)王彦融迁金坛创修谱序,庆元二年丙辰(1196)朱熹《重修宗谱叙》。明嘉靖元年壬午(1522)杨一清《重修宗谱序》,隆庆四年庚午(1570)南京国子监祭酒姜宝《续补王氏世谱序》,万历三十八年庚戌(1610)进士翰林院检讨官王祚远《王氏大成宗谱序》、周应宾《王氏大成宗谱序》,知是年修有大成统谱。清雍正四年丙午(1726)王国枢《东王族谱序》,乾隆三十九年甲午(1774)王方德《续修宗谱序》、金坛儒学金禾《王氏续修集成宗谱序》、内阁大学士于敏中《王氏续修集成宗谱序》,知是年再次修有集成统谱。嘉庆十六年辛未(1811)戴梦奎《王氏重修族谱序》,光绪六年庚辰(1880)王荫庭《王氏重修族谱序》,民国六年丁巳王朝昶《重修族谱序》。可见,自宋代以来,除元代无续修外,历代或分修,或统修,谱序连续,可信无疑。此谱以下称丹阳东王谱。

金坛岳阳村系处公之子春一公一支。元末自西塔山迁洮西乡岳阳村。岳阳村民国戊辰年(1928)重修《王氏宗谱》,有民国江苏省议员陈元序,锡类堂藏版。全套26册,完整保存在王春照老人家里。该谱版面高30.2厘米,宽39.4厘米,四周双线边框,版框高25厘米,宽32厘米;左右双栏,半叶9行,行22字;版心上单鱼尾、黑口,上有谱名"王氏宗谱",下有堂号"锡类堂",中间鱼尾下有卷次、篇类、叶次。该谱所收录的谱序明代及以前与丹阳东王谱大致相同,可见同源。自清代以后谱序有异,又可见有单独续修。同样历代谱序连续,可信无疑。此谱以下称金坛岳阳谱。

### 晦庵先生续集序

遂生世不早,不及担簦蹑履于先生之门。闻道又晚,不克筑室反墙①以从先生于没。既脱场屋,读四经而心乐焉。顾义理精深、莫造

---

① 墙,金坛岳阳谱作"场",当是刻印之误。

其极①，而先生长者骎②骎没矣。岁在癸卯，遂假守建安，从门人弟子之存者而求其议论之极，则王潜斋以③刻之方册，间从侍郎之子请，亦无所获，惟④西山之孙觉轩早从之游，抄录成帙，刘文昌家亦因而抄掇，悉以付友人⑤刘文叔忠，刊落其繁⑥而考订其实，继是而有得焉，固无所遗弃也。抑是书之作，多出于晚年，非尝与西山讲明易学⑦，则时异事左，与世柄鉴。今圣道昭明，士生其时者，惟恐读其书之晚，安知后之造道者不在于兹乎？后世之⑧君子所当自力也，观者当⑨勉之。淳祐五年五月，后学⑩王遂序。⑪

据该序，知《晦庵续集》系王遂主导收集、以蔡模所"抄录"的底本为主体，经刘忠考订、校勘编撰而成，淳祐五年五月刻印成书于建安。

### 儒学"中""庸"二大字赞

惟⑫圣立极，一言曰"中"，后圣设教，始加以"庸"。"中"为正道，"庸"乃常理，惟其平常，是以不⑬易，戒谨恐权⑭，无时不然，未发之

---

① 极，金坛岳阳谱作"诣"。
② 骎，金坛岳阳谱作"骏"，当是刻印之误。
③ 以，金坛岳阳谱作"巳"字，二者皆可。
④ 金坛岳阳谱"惟"后有"察"字，当是"蔡"字。
⑤ 金坛岳阳谱无"友人"二字。
⑥ 繁，金坛岳阳谱作"烦"。
⑦ 金坛岳阳谱"非"前有"若"字，"学"作"历"字。
⑧ 金坛岳阳谱无"后""之"二字。
⑨ 当，金坛岳阳谱作"尚"，误。
⑩ 按，原文"学"后有"生"字，"后学"乃固定说法，"生"字当为衍文，故删去。
⑪ 金坛岳阳谱无时间，在前面标题之下署名"遂公去非"，显系后世录入添加。
⑫ 惟，金坛岳阳谱作"前"。
⑬ 金坛岳阳谱"是"作"所"，"不"作"匪"。
⑭ 权，金坛岳阳谱作"惧"，是。

中。不倚不偏，人所不见，谨独尤急，发而中节，无过不及，浑然天理，不杂人欲，极其功效，参赞化育①，"中"非依违，"庸"非合污，一或②反是，小人之徒。③

### 论中和当加存养省察之力④

性者，中之未发；情者，中⑤之已发。方其未发，未有喜也，未有怒也，所谓寂然不动者也。如太虚⑥未分之正气，如赤子未动之良心，保而养之，不亦中乎？欲汲⑦养于未发之中，不可不来⑧中于已发之后，此存养之功也。及其既发，随事而形，喜吾知其所当喜，怒吾知其所当怒，哀乐亦莫不知其⑨所当然，是所谓感而遂通者⑩也，如春夏之发生，如霜露之肃杀，事随理行，不迁不贰，不亦和乎？此省察之功也。推而致之，无一事之不中，无一念之不和也。存心养性，收其放心，掺之⑪则存无毫发，偏倚⑫则极其中，而虽天地无不位焉⑬。有所不忍，达之于其所忍；有所不为，达之于其所为。老少之安怀，朋友之取信，一事一物，必欲得其所，而无少乖戾，则极其和，而虽万物无不并育矣！此非学问之极功、圣人之能事欤？

---

① 金坛岳阳谱作"参化赞育"，当是刻印之误。
② 或，金坛岳阳谱作"合"，误。
③ 金坛岳阳谱此后还有："中、庸之义，至矣大矣，是岂浅陋，所能赞扬。勉诵所闻，深惧不逮。"
④ 力，金坛岳阳谱作"功"，据下文意，是。
⑤ 中，金坛岳阳谱作"和"字。
⑥ 虚，金坛岳阳谱作"极"，是。
⑦ 汲，金坛岳阳谱作"涵"，是。
⑧ 不可不来，金坛岳阳谱作"而不求"。
⑨ 金坛岳阳谱无"其"字。
⑩ 金坛岳阳谱无"者"字。
⑪ 掺之，金坛岳阳谱作"操"，以"掺之"为妥。
⑫ 倚，金坛岳阳谱作"依"，二字皆可用。
⑬ 焉，金坛岳阳谱作"矣"。

按，据《宋元学案》卷七十一《岳麓诸儒学案》，刘宰、王遂均为张栻学派南宋后期传人，系游氏门人。全祖望《岳麓诸儒学案序录》按云："宣公身后，湖湘弟子有从止斋、岷隐游者。然如彭忠肃公之节概，吴文定公之勋名，二游、文清、庄简公之德器，以至胡盘谷辈，岳麓之巨子也。再传而得漫塘、实斋。谁谓张氏之后弱于朱乎！"并于《刘宰传》下考证其学术源流云："《润州旧志》则曰：'先生与王正肃遂同受学勉斋。'予考之，乃默斋游氏弟子，非勉斋也。先生少志伊洛之学，其时丹阳有窦文卿兄弟、汤叔永皆尝从晦翁游，从之讲习，顾未尝称弟子。及与周南仲为同年，又从之问水心之学。至于慈湖，则虽未尝登门，而亦究心于其说。最后尉江宁，乃得默斋而师之。然则先生当为南轩再传也。（先生文集序中俱是鹘突说过，不知何故。）观先生于默斋称夫子，于勉斋称丈，则可见矣。"①

刘宰（1166—1239），字平国，自号漫塘病叟，金坛人。光宗绍熙元年（1190）进士，调江宁尉。历真州司法参军、知泰兴县、浙东仓使干官。以不乐韩侂胄用兵，遂引退，屏居云茅山之漫塘三十年。谥文清。有《漫塘文集》三十六卷。《至顺镇江志》卷十九、《宋史》卷四百一有传。王遂与刘宰同为金坛人，学问文章交流甚密。《漫塘文集》即是淳祐初王遂哀其遗稿编订而成的，集中有与王遂唱和诗文十多首。

王遂作为张栻学派的再传人，研究儒家经典甚深，其与刘宰的理学成就影响较大，在当时还得到了认可。陈著《寄台教王吉甫（名去疾）》诗云："自昔瓮城地最灵，而况金坛人更杰。漫塘词源有流传，实斋理学素磨切。"②陈著对他们的文章学问、理学成就十分推崇。按，陈著（1214—1297），字子微，号本堂，鄞县（今浙江宁波）人。宝祐四年（1256）进士。初监饶州商税，调光州教授。

---

① 黄宗羲著，全祖望补《宋元学案》卷七十一，中华书局1986年版，第2368、2395页。
② 陈著《寄台教王吉甫（名去疾）》，《全宋诗》第64册，北京大学出版社1998年版，第40303页。

景定元年(1260),任鹭州书院山长。为安福令,入朝任著作郎,出知嘉兴。咸淳四年(1268),改知嵊县。四年后通判扬州,寻改临安佥判,擢太学博士。宋亡,隐居四明山中。著有《本堂集》《本堂词》。事迹详《宋史翼》卷二十五本传,又见《本堂集》卷首《宋太博陈本堂先生传》、清光绪刊本《陈本堂文集》附录孙铿编《本堂先生年谱》。

王遂晚年专为士友讲学,著有诸经讲义等。《京口耆旧传》卷七本传云:"居乡犹为士友日讲《鲁论》《中庸》《太极图》《西铭》诸书。……所著书有《论语说》《读大学中庸记》《孝经说》及诸经讲义、奏议稿。"①今《全宋文》据《永乐大典》录有王遂《正心斋铭》《诚意斋铭》《修身斋铭》等理学篇章。以上两文当是其研究感悟《中庸》的成果之一。

### 跋西岗李氏家谱

漫塘先生致西岗李丈之意,使跋其家郑王吉轴之后,遂不敢,以晚出辞。唐宗室后多矣,而罕能有如西岗之族,博雅好文,登上第、中词科,岁发举者不绝,其文字峥嵘盖未已也。尝观其巨轴内,宋广平、颜鲁公皆亲书名笔庄字,大如银山铁壁,至今想见其人。使生斯世,获见斯人,岂不东西上下与之共处耶? 然此人不尝见,又安知今之世有之而不合遇也? 为之三叹。

### 知府尚书赵公生祠记②

皇帝御极十有七年,躬揽庶政,内登用旧德,外更选民牧。于是尚书赵公受诏作镇京口,是时边屯未解,淮民就食日以亿计。公至,则矫发仓廪赈赡之,而厚资其欲归者,又斥其余以给旁郡。未几,士

---

① 佚名撰,钱熙祚校《京口耆旧传》,广文书局1958年版,第195页。
② 原题下署"遂公去非"。此篇录自金坛岳阳谱。

饱于边,民复其业,熙熙如平时。乃四月不雨,悉蠲三岁负租,民大悦。五月,遂下令减二麦折估,斗总为钱六百,白于朝,使后不得加。先是属邑夏秋之输布、豆若麦,令民折变。绍兴中,邑人汤敏肃公鹏举持节本道,始轻豆、布之估而定其制,民至今德之,惟麦眡岁低昂中更甚,贵之岁价适加倍,郡利其赢,指为经费,因不得减,岁又增益之。方中熟时,合二麦之值,斗仅二百,而输送公私之费乃五倍,来者且未已也。民病其扰而忧其终岁,必请于州,州请于部,刺州盖亦有恻然动心者,而才不足以通变,智不足以扼奸,率诿以郡计,所仰铢发不敢损。公自顷以尚书郎董镶事具得民隐,至是,首参十岁之值,视其最下者又杀十之一以惠,斯今以利方来,令下之日,踊跃叹呀,声动闾里,往往父诏其子,兄语其弟,若曰:"自今以后,牟麦播种而熟,不贱售以输官矣,不假贷以加益矣,不鬻子荡产而流离转散矣。"既又合辞请于邑大夫曰:"愿先二邑祝公福寿,以报公德,以贻我子孙无穷之思。"大夫因民欲绘公像祠之,而命遂为之记。遂闻上之施于下者有难易,下之感于上者有浅深,方庆元、嘉泰间,边尘不耸,郡费有经为二千石者,变重敛而从宽固易,易也而漫不省,乃若军兴以后供亿繁矣,顾于此时敛不加多,又从而轻之,其视向来难易何如哉?民之感之深浅又何如哉?乃拜手而为之书。

## 二、据《蔡氏九儒书》补全《节斋蔡先生墓志铭》

《全宋文》据嘉靖《建阳县志》卷六辑得王遂文《节斋蔡先生墓志铭》一篇①,该文只是节录,全文则见于明蔡有鹍所辑《蔡氏九儒书》卷三《节斋公集》附录,现录全文如下:

---

① 王遂《节斋蔡先生墓志铭》,《全宋文》第304册,第352页。

## 节斋先生墓志铭

### 王遂(号实斋,建宁府知府)

《易传》曰:"易有太极,是生两仪,两仪生四象,四象生八卦。"其序莫不始于"易有太极"。其濂溪之图太极也,曰:"无极而太极,动而生阳,静而生阴,太极本无极也。"其起莫不由乎"无极而太极"。夫自尧、舜、禹、汤、文、武以来,以心传道。孔孟而后,周、程、张、朱以言传道,未始有异指也。而易言其有,图言其无,不同者何欤?至节斋先生始发其秘。不观诸太极,无以知气之所由始;不观诸无极,无以知理之所由起。尧舜之道心惟微,文王之无声无臭,孔子之天何言哉,孟子天之所以与我,子思之喜怒哀乐之未发谓之中,程子之冲漠无朕、万象森然已具,皆此理也。周子通贯发明之,程子笃信自得之,而先生敷演克广之。夫学不求其大本,则万理万化何所从始。大原出于天皆空言也,而一心一身何所为之主宰哉。由汉至唐,千余年间,学者讲道未密,察理未精,至近世乃有徒务新奇而不思无极者,乃至极之所得名;但泥名数而不知太极者,即不可加之至理。老师宿儒纷纷和附以误天下,曾不若此理之大明也。然则帝王学术,非四子孰与发周、朱宗指,非先生谁与明之,其光绍前修、昭示后学也有由矣。

先生讳渊,字伯静,号节斋,西山先生冢子也。其生也聪明,其质也纯粹。气和而劲,辞简而严。穷天地之理,尽人物之性。博通五经,遍览子史。幼遵西山之训,长游文公之门。凡义理之大原,经史之要领,诸说之异同,皆咨于父师而讲明焉。西山以《易》授节斋,以《春秋》与复斋,以《皇极》命九峰,兄弟一门,自相师友。春陵之谪,九峰从侍,先生奉母家居。文公曰:"季通素患难,行乎患难;伯静艰贞,近之道。"讣音闻,先生哀毁骨立,一以文公《家礼》为准,庐于墓侧,泣血三年,与当世绝。丁母忧,年方耳顺,哀毁逾礼。文公高弟黄

幹、廖德明、张洽、万人杰、辅广、陈孔硕既折年辈以从之游,学徒包扬、陈文蔚、潘柄日、杨复、李燔、林夔孙、李闳祖、李方子、叶采、沈涧、戴蒙、刘弥邵皆执经抱疑以质其学。真德秀、陈宓、陈韡、黄自然、王埜莫不曲巷过门以问出处之实、理乱之由。真公参大政,欲以《大学》为对,先生以为实之以事,则理有据而言之易入,不然无益。真公深敬服。西山留意宗法,先生绎先志而修明之,建祠堂,立仪约,整整有条,内外有序,男女有班,各供其职,其谨于礼有如此者。惟先生之学见本源,故一事之问必有其理,一言之发必得其当。其所当然而不可易者太极也,其所以然而不容已者无极也。当是时也,动静不必对立而动静以分,行立不必相资而行立以定。孔子所谓易有太极,于变易之中而有不易之妙。周子所谓无极而太极,于未用之中而有有用之理。二五之精本无极也,无极之真即太极也。世之言物物一太极,固非所以尽其本,谓太极之上别为无极,是有二本也。程子所谓易通太极图,固已发其微辞奥旨。邵康节之太极,在一动一静之间,特下一等言耳。朱文公发大头脑以敬承学,"元无一物只有此理"则主理而言,"太极在阴阳内"则主气而言,不可以非二而一之也。周子无极主静以见道,体而用之则动,无不中节。而世之学者不究此理,非先生穷深探颐,则周程朱之义何由而取信哉。

先生之教,知行不偏,敬义兼备,致知自上而下,力行自下而上。先观天地之始,以不疑其所入;次观人道之终,以不失其所存。内主于敬而发之以直,行之以恕,言之有常,而动之可则。尝曰:"屋漏不愧,暗室不欺,独行不愧影,独寝不愧衾,皆先世之训。服而行之,虽妻弩之言,未有不可告人者,亦未有不可告于天者。"暴慢鄙悖之人一见先生,尊敬敛衽,盖素履之懿有以动其秉彝好德之良心也。尝三复先世诗曰:"独抱遗篇过客稀,箪瓢不厌屡空时。悠然自与庖牺近,春去人间总不知。"先生读《易》，于伏羲之画，文王之彖，周公之象，夫子之十翼，四圣一心，若合符节，深潜精熟，融会贯通，易有太极发前人之未发，知至知终皆极其开明。所著《易传训解》《易象意言》《卦爻辞旨》《古易协韵》《大传易说》《象数余论》《太极通旨》《化原问辩》。自程子《易传》、朱子《本义》之外，未尝有此书也。其于《中庸》《大学》，以智仁勇三达德为入道之门，涵泳反复，具有条理，一篇之中，画为八段。有《中庸通旨》《大学思问》。读时吟哦之久，抑扬之熟，悠然自得之意，不待训诂而详精。于《论语》亦多发明，常以夫子语子贡"多学而识""下学上达""予欲无言"三章，令学者玩味。至读《孟子》，紬绎仁心义路之训，以德存于内，不可得而见，不由义路而跌荡妄驰，则心之放也难收矣。圣贤制事之宜具在方册，所谓存义也。考圣贤之成法，识事理之当然，所谓集义也。每以是语诸生，毫分剖析，必使人有自得之妙。有《读诗思问》《论孟体仁拟议》《性情几要》等行于世，与九峰《书传》并行，皆先儒所未闻也。盖持敬有功，格物有道，天地所以高厚，万物所以化育，莫不由是推之。于学无所不通，投壶古意，周易参同契，理虽至微，皆深得其趣。文公大书"及人生而静天地之性也"一章以示先生，学者识与不识皆称节斋先生，故德行足以淑当时，道学足以垂来世。不幸终老于家，而幸述作大显于人，所谓仁以为己任，死而后已者，其先生是矣。

先生于《易》《中庸》《太极说》最所加意。更定数四，曰："动静者，太极生生之节。"此其绝笔也，语不及家事，俨然端坐。久之，诸子扶持就枕。少焉正卧，整衣衾，理须发，怡然而逝。时端平丙申二月十一丁酉日辰时，享年八十有一。娶詹氏，享年八十有九。生四子：格，柄，植，栋。女七人，适杨至、刘端、江渐、王圣举、徐几、杨端、余贤仲，皆其婿也。孙男六人：浩然，毅然，粹然，灿然，自然，焯然。是年十二月庚申,葬本邑均亭里群玉乡石溪之岚头。

先庚寅,遂以君命治邵武寇,往来境上,获睹先生清光,见其子侄,自后书问往来。又十五年,被命守郡,则先生之墓木拱矣。长子格,次子柄,承先生之训,为当时学者师,以不朽为托,遂晚陋,固不敢辞。惟夫无极太极之义有发圣贤之所未发者,岂敢喈其意而爱于言,乃为之铭。曰:

人于天地,惟理与气;理之所在,气无不至;气为阴阳,无极为理。昔代帝王,孔曾思孟;其道无他,传之以是;迨周程朱,所守无二。理学昏冥,盘错旨肇;正学不竞,莫知所起;不以理观,纷错秘始。时维先生,大究宗旨;知行并进,出入表里;由下升高,莫量其正。本领既明,生生不已;以继往圣,以觉来裔;维其绍之,后嗣绳武。

淳祐癸卯重阳日志。[1]

该文既可补全《全宋文》之王遂文《节斋蔡先生墓志铭》,是研究王遂及其理学思想的重要补充,又是研究蔡渊生平思想的重要史料,《闽中理学渊源考》卷二十五《处士蔡节斋先生渊》即大体节录自此篇墓志。

## 第二节　家族其他成员佚文考

家族其他成员如王彦融、王万全、王遇、王迈、王遘等皆有文存于家谱、题跋、笔记之中,一并辑录,略作考证。

---

[1] 明蔡有鹍辑《蔡氏九儒书》卷三《节斋公集》附录,《四库全书存目丛书》集部第346册,齐鲁书社1997年版,第729—731页。

# 一、《茅田王氏宗普》存王彦融佚文考一篇

## 王氏总说

锹溪王氏，周太子晋之遗裔，家谱所载无异词也。晋生颖异，稍长，识治乱事变，不幸早世，其子孙流寓，并允传姓为王氏。历秦汉至晋，有琅琊王览第五子侃为吴国御史。侃卒，子傺之隐居德安昆仑山，是为上宅，距锹溪之北四五里许。

世传云：王傺之初至，有子名伟，甚机敏，而上宅有姓向者，翁媪二人，惟生一女，见王氏子，求之为婿，住双垆坪。故上宅至今名向冲保，而王氏祭享祖先，则必请双垆土地焉。更历三世，迄周隋，无所稽考。至大唐，则徙江州浔阳（原注：即今德安县）蒲塘场（原注：即今锹溪），在太平乡恭顺里中，恭顺正锹溪之里名也。

锹溪主家讳瑾文者，生二子，长曰定，次曰海。定生三子，曰靖，曰显，曰晖；海生二子，曰明，曰昭。大中（原注：唐宣宗号）十二年，家指繁盛至一百二十余口，分为九分。靖生三子，长曰滨，居塘畔，谓之堂上；次曰复，居堂下，谓之西厅；季曰谊，居北冲，谓之中宅。显生二子，长曰诚，居桥东，谓之茶坊；次曰溶，居桥西，谓之墙下。晖生一子，曰哲，居中厅。昭生三子，长曰澄，居西宅；次曰密，居东厅之楼下；季曰燮，居北林，谓之磨坊。于是锹溪东西二岸及二冲等处，接栋连楹，无尺寸空址。近年塘畔诸处掘地而得大砖，有"咸通（原注：宣中[宗]子懿宗号）十四年"字，是其验也。五代间，僭乱迭兴，干戈不息，盗寇蜂起，乡里莫能安逸，吾族虽家势浩大，声誉四驰，盗寇不敢侵，九分之人亦不能无迁徙于四方者矣。今即其前后迁徙而言之，惟堂上楼下二分，寇退仍还锹溪旧宅；西宅一分则迁之宅西四十里许地，名黄土，渌水界；墙下一分则迁之宅东十里许地，名三万；磨坊一

分则迁之宅北十里许地,名珠明村。此五分者,世之相传为最盛,地之相去亦不远焉。若夫西厅一分之徙兴国洴田,中宅一分之徙蕲州白砂河,茶坊一分之徙武宁王坊及三山,中厅一分如君盟迁武宁田畔冷坑,君权迁安乐乡八都驴驻坪,君显迁五凤山龙须寺,其族虽盛,其去锹溪则远矣。至于溶长孙君济之后,复自三万迁兴国王子山,澄长孙君津之后,复自黄土迁瑞昌颜坑。与夫各处分迁武昌、江夏、大冶、通山、瑞州、高安、美岭、软坑、三港、蒜州、潭田、碥头、水口、建昌、桥亭、西山、大埠、澳溪、瑞昌、姣溪者,固指不胜屈也,借使聚处一邑,则王氏之盛岂胜计哉!

先是滨为家长,当九分析居之日,有一癞疾人自称郭璞后身,四顾山水,叹息久之,曰:"盛则盛矣,奈何旺气散去而不复来聚。"滨公曰:"尔将知吾各居乎?"曰:"知,不然不以此为散也,第三世之后见其方散耳。"又问曰:"盛衰何在?"曰:"正犹决水灌田,奔突四出,皆能有济,东流者为之长,但恐此地池渐竭矣。"言毕而去,滨公未之辨焉。五代间果迁徙散去,如黄土、珠明等族率皆隆盛,三万则世出勋臣,尤为赫奕者,其迁出之时,正及三世之后,以地言之,三万在锹溪之东,所谓东流为之长,岂不至验欤?宋朝以来,其居锹溪者,族系浸微,门望亦替,此池渐竭之言至应也。噫,此吾高祖之所录,吾因附之为总说云耳。

荫孙前翰林学士彦融谨撰

按,该文录自民国辛巳年(1941)的《茅田王氏宗谱》,详述江西德安王氏源流,具有重要史料价值。据前文所考,王彦融《王氏总说》写于乾道四年之前,若按家谱约三十年续修一次,淳熙戊戌(1178)年有续修,则此前一次当在绍兴十八年(1148)前后,王彦融《王氏总说》当写于该年前后,淳熙戊戌年续修家谱时录入该文,故落款"荫孙前翰林学士彦融谨撰"之"前翰林学士"当为录入时所加,且不确。但该文为王彦融所写可信无疑。《全宋文》未收王彦融及其作品,故该文既增补一篇佚文,更增补一位作者①。

## 二、廖行之《省斋文集》附录存王万全父子题跋三篇

**1. 王万全《省斋集》跋**

《省斋集》跋

余假守辰溪,自京口溯江西上至鄂渚,由岳阳过武陵,所见士大夫往往道秋官廖益仲之贤。洎抵郡,有青衫槐简,气和而貌粹,表于稠人中,虽未接词,望而知为益仲矣。他日获观其文,考其行事,皆杰出流辈,余心敬焉。因间携示先府君《省斋文集》,学问该博、议论醇正,可以想见其为人。读之耸然生敬,然后知益仲之贤盖家传有自云。庆元五年七月朔,雩阳王万全书于郡斋②。

按,该文系万全庆元五年七月在知辰州任上所作。万全自云"雩阳王万全",雩阳即敷阳,指其祖籍江州德安,不忘本也。

**2. 王遇《省斋集》跋**

《省斋集》跋

文者行之宾,观其文知其为人,贤不肖于此有稽焉。盖弸诸中而彪诸外,灿然有不可掩者,是文也。仆晚生,不及拜省斋于床下,随亲

---

① 王可喜《新发现湖北〈茅田王氏宗谱〉所存冯京等宋人佚诗文辑考》,《古籍整理研究学刊》2008年第2期。

② 廖行之《省斋集》卷末,景印文渊阁《四库全书》,第1167册第403—404页。

官辰阳，与其子益仲游，间出遗文一编以示仆，仆捧帙而问曰："是固淳熙间部使者以卓行荐者耶？"其辞以为，先生第奉常，初官为主书吏，太夫人垂白在堂，恋恋乡土，先生承颜顺志，奉板舆欣然以归，不复以仕进为念。噫，斯人也，其文章从可知矣！开卷跽读，果如仆言，文中子有云君子哉，思王也，其文典以雅。仆于先生亦云。时嘉泰初元二月望日，九江王遇谨跋。①

按，该文系王遇嘉泰元年（1201）"随亲官辰阳"，为廖行之《省斋集》所题。王遇及其《省斋集跋》均不被《全宋文》所录，此可补《全宋文》之阙。又按，王遇署"九江王遇"，亦指其祖籍江州德安，不忘本也。

### 3. 王遴《省斋集》跋

#### 《省斋集》跋

遴尝曰：以仕宦世其家易，以文章世其家难。貂蝉七叶，盈床象笏，此世禄之尤盛者，而天下未尝无其人，至于诗书事业，克守其绪，使先人之遗风不坠于数十百年之后者，盖绝无而仅有也。嗟夫，彼何为乎易，此何为乎难耶！毋亦利禄者，众人之所乐趋，而文章者，世胄之所不暇为乎。省斋先生以诗文知名湖南，而其子益仲复能辛苦卓立，以承其志。益仲与遴游久矣，常时一觞一咏，见其纯深典雅，宛然省斋之遗绪，可谓能以文章世其家者，而今而后，吾知省斋之名，益不泯矣，故喜书之。王遴浩翁跋。②

---

① 廖行之《省斋集》卷末，景印文渊阁《四库全书》，第1167册第405页。
② 廖行之《省斋集》卷末，景印文渊阁《四库全书》，第1167册第405页。

按，该文亦为王迈嘉泰初随亲游辰阳，为廖行之《省斋集》所题。王迈及其《省斋集跋》均不被《全宋文》所录，此亦可补《全宋文》之阙。

## 三、岳珂《桯史》存王迈文一篇

### 李龙眠海会图记

南阎浮提，有大善知识，现居士宰官妇女身，在家修菩萨梵行。有一初学与其子游，以是因缘得至其舍。一日，出示五百大阿罗汉海会妙相一轴，于是合掌恭敬，叹未曾见，如人入暗，忽睹光明，心大欢喜，莫可喻说。宛转谛观，神通变化，皆得自在。小大长短，老幼妍丑，各有所别。足踏沧海，如履坦途，蛟、蜃、鼋、鼍、鱼、鳖、蛙、蛤，俯首听命，如乘安车。天龙八部，夜叉罗刹，诸恶鬼众，前后导从，如役仆厮。宝花缤纷，天乐竞集，金桥架空，琪树蔽日。或阆而窥，或倚而立，瓶钵杖拂，各有所执，凌云御风，升降莫测。或解衣渡水，或濯足坐石，或挽或负，状貌迭出。以种种形，成于一色，于一色中，众妙毕具，如幻三昧，随刹现形，千变万化，不离一性。如是我闻，释迦文佛，既成道已，乃于耆阇崛山集阿罗汉。有学无学，菩萨摩诃萨，次第授记，陈如号曰"普明"，五百阿罗汉，亦同一号，名曰"普明"。既受佛记，即得如来方便法，而《金刚经》云："实无有法，名阿罗汉。"则是诸大阿罗汉，有法无法，有相无相，皆不可知，不可测。飘流大海，一切众生，天龙八部，诸鬼神众，若有若无，若隐若显，亦不可知，不可测。如梦中语，如水中尘，如暗中影，如空中花，谓之有相可乎，谓之有法可乎？是又不可知，不可测。然则斯图之作，沧海浩渺，神通变化，奇形异状，曲极其妙，求诸法耶？求诸相耶？是又愚所不可知，不可测。夫佛于贤劫中，在大梵天，未出母胎，居摩尼殿，集天释梵八部之众，

演畅摩诃衍法,度无量无边众生。其殿百宝装严,众妙殊特,匪因缘而有,匪自然而成,则是殿是佛,是法是相,谓之有乎?谓之无乎?知此则知海之为海,罗汉之为罗汉,蛟、蜃、鼋、鼍、鱼、鳖、蛙、蛤,天龙八部,夜叉罗刹,似耶否耶?有耶无耶?匪大圆觉,合凡圣于一理,混物我于一心,是否两忘,色空俱灭。则法且无有,何况于相;相且无有,何况于画;画且无有,何况于记。虽然,是理也,为发大乘者说,为发最上乘说。若夫即心是佛,因佛见性,善男子、善女子,有能于一切法一切相而生敬心,则聚沙为塔,画地成佛,皆是道场。何况图画庄严,尽形供养,当知是人成就第一,希有功德,所得福德,亦复如是,不可思议,不可称量。于往昔时,有大居士号曰龙眠,得画三昧,始好画马,念念弗忘。有大比丘,见而语之,由此一念,当堕马腹,于是居士瞿然忏悔,乃于一切诸佛诸大菩萨而致意焉。端严妙丽,随念现形,皆得三昧。是罗汉者,居士之所作也。以居士之一念,画此罗汉,以大善知识之一念,得此罗汉,当知是画为第一希有。画者,得者,匪于过去无量阿僧祇劫承佛受记,未易画此,亦未易得此。至于有法无法,有相无相,如鱼饮水,冷暖自知。是记也,盖为画设。开禧二年百六日,初学王迈谨记。

按,《全宋文》第324册王迈(字实之)文中,从岳珂《桯史》卷六辑得《李龙眠海会图记》一篇,实为另一王迈(字英伯)所作。南宋有三王迈。董斯张《吴兴备志》卷十八按云:"宋有三王迈:一字实之,莆人,见《宋史》;一字英伯,京口人,见岳珂《桯史》;一字德远,安吉人,范石湖之婿也。"岳珂《桯史》卷六《记龙眠海会图》条云:"余来京口,因暇日出示王英伯,遂仿贝叶语,为作记其右。""英伯它文亦多奇,累试词闱不偶,今尚在选调中,余前书京口故游,盖其人也。"即前文《桯史》卷二《刘改之诗词》条所载,显然非王迈(字实之)文。

# 余论　论王韶的军事思想

　　王韶是北宋著名的军事家,官至枢密副使。神宗熙宁年间经略熙河,主导熙河之役,拓边二千余里,收复熙、河、洮、岷、叠、宕六州。蔡上翔在《王荆公年谱考略》中评曰:"王子醇天下奇才也。……韶以书生知兵,诚为不出之才,而谋必胜,攻必克,宋世文臣筹边,功未有过焉者也!"[1]陈峰在《武士的悲哀——北宋崇文抑武现象透析》一书中评价说:王韶"是本朝历史上最善用兵、也最具胆魄的军事统帅,其作为在一定程度上已足以与古代名将相媲美"[2]。

　　王韶有军事著作《熙河阵法》,南宋孝宗朝尚由其曾孙王阮刊印过,朱熹还向王阮提出了校对意见。《晦庵集》卷六十《答王南卿》:"《阵法》细看,尚有误处。如上卷第五板阵法内,左边两队各欠马军红点二十五人;第四板阵法,凡马军后并无押队照队;中卷第一版'四十万人而增之至三十万',其'四'字当作'由'字。幸更详考,恐更有此等,当改正也。"[3]王阮刊刻的是三卷本,《宋史》卷二百七《艺文志》作一卷,陈振孙《直斋书录解题》卷十二:"《熙宁收复熙河阵法》三卷,观文殿学士九江王韶子纯撰。"[4]应该就是王阮刻本。

　　王韶的军事思想在《熙河阵法》中当有充分体现,可惜已佚。明人何乔新

---

[1] 蔡上翔《王荆公年谱考略》,上海人民出版社1973年版,第249—251页。
[2] 陈峰《武士的悲哀——北宋崇文抑武现象透析》,陕西人民教育出版社2000年版,第267、268页。
[3] 朱熹《晦庵集》卷六十,《文渊阁四库全书》本。
[4] 陈振孙著,徐小蛮点校《直斋书录解题》卷十二,上海古籍出版社1987年版,第362页。

所编《百将传续编》卷二收录有《王韶传》,该传录自《宋史》本传,但在传末加了评语,曰:"孙子曰:死地吾将示之以不活。韶趋险置阵,麾兵逆击而羌大溃。又曰:攻其不备。韶戒别将由竹牛岭张军声,而潜师越武胜。又曰:避其锐气。韶谓瞎征新胜,气锐未可与争是也。"①正如该书《编辑说明》所言:"《百将传》正续编记述将帅事迹,着重于作战谋略和战法运用方面,每将传记后面都有评语,评语先引《孙子》的用兵之法,再讲本将帅的用兵之实,以说明《孙子》军事思想的指导意义和名将用兵之法的继承性。"《王韶传》评语正是依此体例总结了三条,其实远远不止这三条。现仍然依此体例,据《王韶传》及相关史料,参照《孙子兵法》,结合王韶经略熙河的实践与史实,钩稽、梳理、概括王韶的军事思想如下。

### 1. 上下同欲,择明主而倚之。

《孙子兵法》云:"故知胜有五:知可以战与不可以战者胜;识众寡之用者胜;上下同欲者胜;以虞待不虞者胜;将能而君不御者胜。此五者,知胜之道也。"②意即:官兵同心,上下齐心协力,就可以夺取战争的胜利;将帅有才能而君王不直接驾御的情况下才可以取得胜利。《东都事略》本传载:"时神宗初立,韶内知天子智勇,有志于天下,乃上《平戎策》。……神宗览而奇之,召问方略,以为秦凤路经略司机宜文字。"从此开始经略熙河。王韶在《平戎策》中,提出了西夏可取,必先取河、湟,以断西夏右臂的总构想。王韶深知,只有朝廷的目标与自己的理想一致,只有朝廷委之甚专,才有可能成就一番事业,明主宋神宗是为可倚,明相王安石亦为可靠。后来经略熙河过程中,一开始就遇到巨大阻力,可谓是麻烦不断,若没有宋神宗与王安石的全力支持,成就这一番

---

① 明何乔新《百将传续编》,《中国兵书集成》第9册,解放军出版社、辽沈书社1991年版,第832页。
② 孙武著,于泽民等评注《孙子兵法》谋攻篇,北京古籍出版社2000年版,第28页。

事业几乎是不可能的！这正是"知可以战与不可以战者胜""上下同欲者胜""将能而君不御者胜"。

### 2. 上兵伐谋，其次伐交。

《孙子兵法》云："不战而屈人之兵，善之善者也。故上兵伐谋，其次伐交，其次伐兵，其下攻城。……故善用兵者，屈人之兵而非战也，拔人之城而非攻也。"①意即：上等的用兵策略是以谋略取胜，其次是以外交途径战胜敌人，达到"不战而屈人之兵"。王韶在经略熙河过程中，实践、贯彻了这条原则。毕沅《续资治通鉴》载：熙宁四年八月"癸酉（二十一日），置洮河安抚司，命王韶领其事。初，议取河、湟，自古渭寨接青唐、武胜军，应招纳蕃部市易、募人营田等事，韶悉主之，遂至秦。会诸将以蕃部俞龙珂在青唐最大，渭源羌与夏人皆欲羁縻之，议先致讨。韶因案边，引数骑直抵其帐，谕以成败，遂留宿。明旦，两种皆遣其豪随韶以东，龙珂率其属十二万口内附。既归朝，自言：'平生闻包中丞朝廷忠臣，乞赐姓包氏。'帝如其请，赐姓包、名顺"②。此乃王韶以诚信、胆量与谋略实现民族和解之成功范例，这就是"上兵伐谋，其次伐交"，"不战而屈人之兵"。

### 3. 从易者始，避强击弱。

《孙子兵法》云："古之所谓善战者，胜于易胜者也。"③进攻目标，特别是首攻目标的选择是否得当，直接关系着作战的胜败。只有把首攻目标选择在敌人的弱点上，才有可能达成突破一点而及其余的作战目标。强与弱是矛盾的统一体，任何防御部署，都是由强点和弱点的有机结合而构成的。先打弱点，

---

① 孙武著，于泽民等评注《孙子兵法》谋攻篇，北京古籍出版社2000年版，第25、26页。
② 《续资治通鉴》，第1710页。
③ 孙武著，于泽民等评注《孙子兵法》形篇，北京古籍出版社2000年版，第35页。

不仅容易奏效,而且打下弱点,强点因失去弱点的支持,也就必然转化成为势孤力单的弱点了。因此,避强击弱、拣弱者先打的作战原则,历来为兵家所重视。王韶深谙此理。李焘《续资治通鉴长编》卷二百三十六:熙宁五年闰七月戊辰(二十一日),"王安石言王韶欲讨南市、经略木征事,上以韶为是,既而曰:'韶能了此否?'安石曰:'观韶所奏,甚合事机,然兵有利钝,则未可知。若此举未胜,必须再举,胜而后已。凡经略边夷,当从事于易。木征最为易者,或不能决胜,即士气沮坏,敌情轻我,难复言经略矣。'上曰:'西人敢来助否?'安石曰:'元昊、谅祚或敢来,今决不敢也'"①。王韶所奏详细内容不可知,但我们略可知其大致用意,即"凡经略边夷,当从事于易,木征最为易者"。神宗"以韶为是",王安石也认为"甚合事机"。这就是贯彻避强击弱战术,先攻木征,可涨我士气,为后面全面收复熙河打下坚实基础。

**4. 险为我用,置死地而后生。**

《孙子兵法》云:"投之亡地然后存,陷之死地然后生。"②意即:把军队布置在无法退却、只有战死的境地,兵士就会奋勇前进,杀敌取胜。王韶亲自实践过。《续资治通鉴长编》卷二百三十七:熙宁五年八月甲申(八日),"管勾秦凤路缘边安抚司王韶等言收复武胜军。诏:'具合修堡寨处所以闻。其蕃族所委牛羊,有属降人者并给还,或先已支用者偿其直。'先是,七月韶举兵城渭源堡,遣将破蒙罗角,遂城乞神平,破抹耳水巴族。贼时处高恃险,诸将欲置阵平地。韶计贼苟不肯舍险离巢穴速斗,则我师必且徒归,而师已入险地,则当使险为吾所有,乃径领师至抹邦山逾竹牛岭,压贼军而陈,下令曰:'兵置死地,敢言退者斩!'贼乘高下战,官军稍却。韶亲摆甲麾帐下兵逆击之,贼众溃走,获首领

---

① 《续资治通鉴长编》,第2210页。
② 孙武著,于泽民等评注《孙子兵法》九地篇,北京古籍出版社2000年版,第106页。

器甲,焚其族帐,洮西大震"①。在敌人处高恃险之时,王韶深知"师已入险地,则当使险为吾所有",并明令"兵置死地,敢言退者斩"。在王韶带头冲锋陷阵的鼓舞下,全军拼搏勇杀,终使"贼众溃走",真乃文武双全的大英雄!

**5. 避实击虚,趋其不意。**

《孙子兵法》云:"出其所不趋,趋其所不意。……故善攻者,敌不知其所守;善守者,敌不知其所攻。……夫兵形象水,水之形,避高而趋下;兵之形,避实而击虚。"②意即:带兵的基本战术要像水往低处流那样,不吃眼前亏,避其锋芒,从敌人的薄弱之处打击,让敌人不知道哪里是坚守、哪里要攻打。《续资治通鉴长编》卷二百三十七载:"会木征渡洮为之声援,余党复集抹邦山,韶语诸将曰:'若官军至武胜,则抹邦山可一举而定。'乃令景思立、王存将泾原兵由竹牛岭南路张其军声,示其不疑,而韶潜师由东谷路径趋武胜,未至十里,遇贼破之,瞎药等弃城夜遁,大首领曲撒四王阿珂出降,遂城武胜。"③在"贼众溃走""洮西大震"之后,"木征渡洮为之声援,余党复集抹邦山",王韶知道正面的敌人甚为强大,于是采用避实击虚之策,令景思立、王存虚张声势,摆出一副进攻态势,让敌人不疑,实际上自己"潜师由东谷路径趋武胜",攻敌人薄弱环节,以致敌人或逃跑或出降,很快攻下武胜。真可谓是神出鬼没,精彩至极!

王韶收复熙州、河州战役也运用了避实击虚、趋其不意的战术。《续资治通鉴长编》卷二百五十二载:"初,韶还至兴平,闻景思立败,疾驰而西,会兵于熙州。熙州方城守,韶命撤之。选兵得二万,谋所向,诸将皆欲趋河州,韶曰:'贼所以围河州者,恃有外援也。今知救至,必设伏以待我。且彼新胜,气甚锐,未可与争锋,不若出其不意,以攻其所恃。古人所谓批亢捣虚、形格势禁,

---

① 《续资治通鉴长编》,第2215页。
② 孙武著,于泽民等评注《孙子兵法》虚实篇,北京古籍出版社2000年版,第53、57页。
③ 《续资治通鉴长编》,第2215页。

则自为解者此也。'乃以兵直趋定羌城。"①王韶非常明确地指出,"且彼新胜,气甚锐,未可与争锋,不若出其不意,以攻其所恃"。可见其是有意识地运用这一战术。

### 6. 声东击西,攻其不备。

意即:忽东忽西,即打即离,制造假象,引诱敌人作出错误判断,然后乘机歼敌的策略。为使敌方的指挥发生混乱,必须采用灵活机动的行动,本不打算进攻甲地,却佯装进攻;本来决定进攻乙地,却不显出任何进攻的迹象。似可为而不为,似不可为而为之,敌方就无法推知己方意图,被假象迷惑,作出错误判断。《续资治通鉴长编》卷二百四十六:熙宁六年七月己未(十八日),"熙河经略使王韶言:'奉旨令臣躬将士卒,往视河州修城。臣欲令景思立管勾泾原兵马,而委臣就本路择禁卒、蕃兵、弓箭手五千,及秦凤路先差下策应强壮三千,尽以付臣,为思立后继。若有警急,即专留思立修城,臣不妨退军应接。'上善韶策,遂如所奏行之。王安石曰:'韶策诚善,若声言应接河州,遂自洮西,由洮、岷不虞之道攻其所不戒,乃用兵之至计。'既而韶果以兵穿露骨山破贼,如安石所料"②。王安石明白了王韶用意,"声言应接河州,遂自洮西,由洮、岷不虞之道攻其所不戒",好计策!实施情况如何呢?《续资治通鉴长编》同卷续载:八月庚寅(十九日),"是日,熙河路走马承受李元凯奏:'王韶自露骨山过,一日至五七下马步行。'上不知韶路径所趣,甚忧之。前此,王安石答韶书云:'以万人为景思立后继,甚善,想当以其间攻洮、岷所不戒也。'上再三言:'韶不当如此罢敝兵甲。'安石曰:'韶颇有计虑,举动必不妄。'退召问习知路径者,乃言如此出师大善"。"初,王韶自以兵穿露骨山南入洮州界,破木征弟巴

---

① 《续资治通鉴长编》,第2379、2380页。
② 《续资治通鉴长编》,第2302页。

毡角,尽逐南山诸羌。木征震恐,留其党守河州,自将精锐尾官军伺击。诸将皆欲直走河州,韶独私念:兵抵城下,木征必为外应,而四山蕃部得气,且复垒集,则大事去矣。乃密分兵遣景思立攻河州,而特踪迹木征所在,与战,破走之,然后抵城下。时守者犹以木征至,已而知其非是,乃出降,遂城之"①。王韶声言援河州,实乘其不备,定下南山诸羌,使木征震恐,又遣景思立破走木征,然后抵城下,以致"守者犹以木征至",可谓一举多得,精彩至极,用的正是声东击西,攻其不备之计。

### 7. 围魏救赵,各个击破。

围魏救赵,是指当敌人实力强大时,要避免和强敌正面决战,应该采取迂回战术,迫使敌人分散兵力,然后抓住敌人的薄弱环节发动攻击,各个击破,置敌于死地。王韶收复熙州、河州战役从大的方面看,是运用了围魏救赵、各个击破的战术。《续资治通鉴长编》卷二百五十二载:"初,韶还至兴平,闻景思立败,疾驰而西,会兵于熙州。熙州方城守,韶命撤之。选兵得二万,谋所向,诸将皆欲趋河州,韶曰:'贼所以围河州者,恃有外援也。今知救至,必设伏以待我。且彼新胜,气甚锐,未可与争锋,不若出其不意,以攻其所恃。古人所谓批亢捣虚、形格势禁,则自为解者此也。'乃以兵直趋定羌城。三月丙午,度洮,遣王君万等先破结河川额勒锦族,以断通夏国径路,斩千余级。韶进兵宁河寨,分遣诸将入南山,破布沁巴勒等族,复斩千余级。贼知党援既绝,且恐断南山归道、乃拔寨遁去。甲寅,韶遣诸将领兵旁南山焚族帐,斩三百余级,即日通路至河州。鬼章等余众保踏白城西,朳摩雅克等族,去河州百余里。四月辛巳,师自河州间精谷出踏白城西与蕃贼战,斩千余级。壬午,进至银川,破贼堡十余,燔七千余帐,斩二千余级。癸未,分兵北至黄河,西至南山,复斩千余级。

---

① 《续资治通鉴长编》,第2308、2309页。

又遣将领兵入踏白城，葬祭阵亡将士。甲申，回军至河州。乙酉，进筑阿纳城，前后斩七千余级，烧二万帐，获牛羊八万余口。木征率酋长八十余人，诣军门降。"①王韶明确指出，"贼所以围河州者，恃有外援也"。经过采取迂回战术，破其外援，于是敌人"遁去"；再经过几天的战斗，各个击破歼灭敌人，最终木征投降，大获全胜。

### 8. 以逸待劳，择机出击。

《孙子兵法》云："凡先处战地而待敌者佚，后处战地而趋战者劳。故善战者，致人而不致于人。"②"是故善战者，其势险，其节短。势如彍弩，节如发机。"③意谓困敌可用积极防御，逐渐消耗敌人的有生力量，使之由强变弱，而我因势利导又可使自己变被动为主动，不一定要先进攻。《续资治通鉴长编》卷二百五十一：熙宁七年三月"甲辰（七日），王韶奏，已领兵自秦州入熙州。上深怪韶轻易，王安石曰：'韶此行不为轻易，西贼在马衔山外，木征在洮西宁河寨左右，韶日行秦、熙境内，若贼入，须有烽火斥堠，安能近韶，若防刺客之类，即五百人不为少。况又沿路城寨所收兵五六千人，何所惧而不进？'因言唐太宗与颉利语事，上曰：'太宗有兵随其后至。'安石曰：'韶去贼远，又已集兵通远，臣窃以为无可虑者。韶昨与臣书，已进呈欲扼要害勿与战，须其人心离溃乃要而击之。且欲以修常诃诸城致贼，皆不为失计。兼累书及累奏，皆言持重，必不肯率易取败。'上令安石作书戒韶，安石谓不须如此。先是，上言韶若入熙州坚守为得计，安石曰：'恐韶不得坚守，必择要害地据而扼之，候其师老人饥，然后讨击，乃为得计。'已而韶报安石书，所计悉与安石同"④。王韶领兵

---

① 《续资治通鉴长编》，第2379、2380页。
② 孙武著，于泽民等评注《孙子兵法》虚实篇，北京古籍出版社2000年版，第53页。
③ 孙武著，于泽民等评注《孙子兵法》势篇，北京古籍出版社2000年版，第45页。
④ 《续资治通鉴长编》，第2353页。

自秦州入熙州,旨在"扼要害勿与战","候其师老人饥,然后讨击",让自己占主动,消耗敌人锐气与力量,是典型的以逸待劳战术。

  王韶经略熙河,披坚执锐,深入作战一线,恩威并用,五六年间,拓边二千余里,收复熙、河、洮、岷、叠、宕六州,提出并实践了自己的军事战略战术,其军事思想一定是非常博大丰富的,鉴于《熙河阵法》已佚,仅据现有史料整理以上八个方面。王韶无愧是宋代"最具胆魄的军事统帅",最伟大的军事家!

# 引 用 文 献

## 著　作

**B**

[1] 班固《汉书》，中华书局1962年版。

[2] 包恢《敝帚稿略》，景印文渊阁《四库全书》，台湾商务印书馆1985年版。

[3] 毕沅《续资治通鉴》，中华书局1957年版。

[4] 北京大学古文献研究所《全宋诗》，北京大学出版社1993年版。

**C**

[5] 蔡上翔《王荆公年谱考略》，上海人民出版社1973年版。

[6] 蔡有鹍辑《蔡氏九儒书》，《四库全书存目丛书》本，齐鲁书社1997年版。

[7] 陈峰《武士的悲哀——北宋崇文抑武现象透析》，陕西人民教育出版社2000年版。

[8] 陈光亨《(光绪)兴国州志》，《中国地方志集成》本，江苏古籍出版社2001年版。

[9] 陈桱《通鉴续编》，景印文渊阁《四库全书》，台湾商务印书馆1984年版。

[10] 陈均《九朝编年备要》，景印文渊阁《四库全书》，台湾商务印书馆

1984年版。

[11]陈霖《(正德)南康府志》,《天一阁藏明代方志选刊》本,上海古籍书店1962年版。

[12]陈振孙著,徐小蛮点校《直斋书录解题》,上海古籍出版社1987年版。

**D**

[13]丹阳东王村《王氏宗谱》,民国丁巳年(1917)刻印本,萃涣堂藏版。

[14]邓椿《画继》,景印文渊阁《四库全书》,台湾商务印书馆1985年版。

[15]邓名世《古今姓氏书辩证》,景印文渊阁《四库全书》,台湾商务印书馆1985年版。

[16]董斯张《吴兴备志》,吴兴刘氏嘉业堂刻《吴兴丛书》本,民国十二年。

**F**

[17]范成大《范成大笔记六种·骖鸾录》,中华书局2002年版。

[18]范成大《吴郡志》,《宋元方志丛刊》本,中华书局1990年版。

[19]范涞《(万历)新修南昌府志》,《日本藏中国罕见地方志丛刊》本,书目文献出版社1991年版。

[20]方大琮《铁庵集》,景印文渊阁《四库全书》,台湾商务印书馆1985年版。

[21]冯福京《大德昌国州图志》,《宋元方志丛刊》本,中华书局1990年版。

**G**

[22]龚昱《乐庵语录》,景印文渊阁《四库全书》,台湾商务印书馆1985年版。

**H**

[23]何乔新《百将传续编》,《中国兵书集成》本,解放军出版社、辽沈书社1991年版。

[24]和珅《钦定大清一统志》，景印文渊阁《四库全书》，台湾商务印书馆1984年版。

[25]洪迈《夷坚志》，中华书局1981年版。

[26]洪咨夔《平斋文集》，《四部丛刊》本。

[27]胡仔《渔隐丛话》，景印文渊阁《四库全书》，台湾商务印书馆1986年版。

[28]胡宗楙《张宣公年谱》，《宋人年谱丛刊》本，四川大学出版社2003年版。

[29]黄榦《勉斋集》，景印文渊阁《四库全书》，台湾商务印书馆1985年版。

[30]黄宗羲著，全祖望补《宋元学案》，中华书局1986年版。

**J**

[31]纪昀总纂《四库全书总目提要》，河北人民出版社2000年版。

[32]金坛岳阳村《王氏宗谱》，民国戊辰年（1928）刻印本，锡类堂藏版。

[33]觉罗石麟《山西通志》，景印文渊阁《四库全书》，台湾商务印书馆1984年版。

**K**

[34]孔凡礼《苏轼年谱》，中华书局1998年版。

**L**

[35]蓝吉富《禅宗全书语录部六》，台北文殊文化有限公司，1989年版。

[36]黎晨《（嘉靖）宁国府志》，《天一阁藏明方志选刊》本，上海古籍书店1962年版。

[37]李焘《续资治通鉴长编》，上海古籍出版社1986年版。

[38]李清馥撰，徐公喜等点校《闽中理学渊源考》，凤凰出版社2011年版。

[39]李贤等《明一统志》，景印文渊阁《四库全书》，台湾商务印书馆1984

年版。

[40]李心传《建炎以来系年要录》,中华书局1988年版。

[41]李之亮《北宋京师及东西路大郡守臣考》,巴蜀书社2001年版。

[42]李之亮《宋两淮大郡守臣易替考》,巴蜀书社2001年版。

[43]厉鹗《宋诗纪事》,上海古籍出版社1983年版。

[44]廖行之《省斋集》,景印文渊阁《四库全书》,台湾商务印书馆1985年版。

[45]刘克庄《后村集》,景印文渊阁《四库全书》,台湾商务印书馆1985年版。

[46]刘克庄《后村先生大全集》,《四部丛刊》本。

[47]刘一止《苕溪集》,景印文渊阁《四库全书》,台湾商务印书馆1985年版。

[48]刘宰《漫塘集》,景印文渊阁《四库全书》,台湾商务印书馆1985年版。

[49]卢宪《嘉定镇江志》,《宋元方志丛刊》本,中华书局1990年版。

[50]陆游《剑南诗稿》,景印文渊阁《四库全书》,台湾商务印书馆1985年版。

[51]陆游著,蒋方校注《入蜀记》,湖北人民出版社2004年版。

[52]罗浚《宝庆四明志》,《宋元方志丛刊》本,中华书局1990年版。

[53]罗愿《新安志》,《宋元方志丛刊》本,中华书局1990年版。

**M**

[54]《茅田王氏宗谱》,民国辛巳年(1941)刻印本。

[55]缪荃孙《魏文靖公年谱》,《宋人年谱丛刊》本,四川大学出版社2003年版。

[56]慕容彦逢《摛文堂集》,景印文渊阁《四库全书》,台湾商务印书馆

1985年版。

**P**

[57] 彭百川《太平治迹统类》，景印文渊阁《四库全书》，台湾商务印书馆1984年版。

[58] 普济著，苏渊雷点校《五灯会元》，中华书局1984年版。

**Q**

[59] 钱穀《吴都文粹续集》，景印文渊阁《四库全书》，台湾商务印书馆1985年版。

**S**

[60] 申嘉瑞《(隆庆)仪真县志》，《天一阁藏明代方志选刊》本，上海古籍书店1963年版。

[61] 史能之《咸淳毗陵志》，《宋元方志丛刊》本，中华书局1990年版。

[62] 束景南《朱熹年谱长编》，华东师范大学出版社2001年版。

[63] 束景南《朱子大传》，商务印书馆2003年版。

[64] 苏辙《栾城集》，景印文渊阁《四库全书》，台湾商务印书馆1985年版。

[65] 孙武著，于泽民等评注《孙子兵法》，北京古籍出版社2000年版。

[66] 孙自诚主编《德安县志》，上海古籍出版社1991年版。

**T**

[67] 谭其骧《中国历史地图集》，地图出版社1982年版。

[68] 脱脱《宋史》，中华书局1990年版。

[69] 脱因《至顺镇江志》，《宋元方志丛刊》本，中华书局1990年版。

**W**

[70] 万斯同《儒林宗派》，景印文渊阁《四库全书》，台湾商务印书馆1984年版。

[71]王安石《临川文集》,景印文渊阁《四库全书》,台湾商务印书馆1985年版。

[72]王鏊《姑苏志》,《北京图书馆古籍珍本丛刊》本,书目文献出版社1998年版。

[73]王偁撰,孙言诚等点校《东都事略》,《二十五别史》本,齐鲁书社2000年版。

[74]王凤池《(锹溪)王氏大成谱》,清同治六年(1867)刻印本。

[75]王可喜《宋代鄂南文化名人考》,湖北人民出版社2017年版。

[76]王可喜《王韶家族研究文献集》,江西高校出版社2018年版。

[77]王明清撰,燕永成整理《挥麈后录》,大象出版社2013年版。

[78]王阮《义丰集》,景印文渊阁《四库全书》,台湾商务印书馆1985年版。

[79]王阮著,朱瑞熙、孙家骅校注《义丰文集校注》,华东师范大学出版社2005年版。

[80]王洋《东牟集》,景印文渊阁《四库全书》,台湾商务印书馆1985年版。

[81]王兆鹏《两宋词人年谱》,台北文津出版社1994年版。

[82]王质《雪山集》,景印文渊阁《四库全书》,台湾商务印书馆1985年版。

[83]魏了翁《鹤山集》,景印文渊阁《四库全书》,台湾商务印书馆1985年版。

[84]吴之振《宋诗钞》,景印文渊阁《四库全书》,台湾商务印书馆1985年版。

**X**

[85]夏良胜《(正德)建昌府志》,《天一阁藏明代方志选刊》本,上海古籍

书店 1964 年版。

[86]夏玉麟《(嘉靖)建宁府志》,《天一阁藏明方志选刊》本,上海古籍书店 1964 年版。

[87]谢旻《江西通志》,景印文渊阁《四库全书》,台湾商务印书馆 1984 年版。

[88]辛更儒《张孝祥于湖先生年谱》,台北五南图书出版公司 2003 年版。

[89]邢址《(嘉靖)邵武府志》,《天一阁藏明方志选刊》本,上海古籍书店 1964 年版。

[90]熊克《中兴小纪》,福建人民出版社 1985 年版。

[91]徐积《节孝集》,景印文渊阁《四库全书》,台湾商务印书馆 1985 年版。

[92]徐乾学《资治通鉴后编》,景印文渊阁《四库全书》,台湾商务印书馆 1985 年版。

[93]徐时栋《至正四明续志》,《宋元方志丛刊》本,中华书局 1990 年版。

[94]徐松等辑《宋会要辑稿》,中华书局 1957 年版。

[95]徐自明撰,王瑞来校补《宋宰辅编年录校补》,中华书局 1986 年版。

[96]许应龙《东涧集》,景印文渊阁《四库全书》,台湾商务印书馆 1985 年版。

Y

[97]杨逢春《(嘉靖)昆山县志》,《天一阁藏明代方志选刊》本,上海古籍书店 1963 年版。

[98]杨仲良撰,李之亮校点《皇宋通鉴长编纪事本末》,黑龙江人民出版社 2006 年版。

[99]佚名《京口耆旧传》,中华书局 1991 年版。

[100]佚名撰,钱熙祚校《京口耆旧传》,广文书局 1958 年版。

[101]佚名撰,张富祥点校《南宋馆阁续录》,中华书局1998年版。

[102]佚名《宋大诏令集》,中华书局1962年版。

[103]佚名《宋季三朝政要》,景印文渊阁《四库全书》,台湾商务印书馆1984年版。

[104]佚名撰,李之亮点校《宋史全文》,黑龙江人民出版社2004年版。

[105]于北山《范成大年谱》,上海古籍出版社1987年版。

[106]岳珂《桯史》,中华书局1981年版。

Z

[107]曾宏父《石刻铺叙》,景印文渊阁《四库全书》,台湾商务印书馆1984年版。

[108]曾协《云庄集》,景印文渊阁《四库全书》,台湾商务印书馆1985年版。

[109]曾枣庄等《全宋文》,巴蜀书社1994年版。

[110]曾枣庄等《全宋文》,上海辞书出版社2006年版。

[111]詹初《寒松阁集》,景印文渊阁《四库全书》,台湾商务印书馆1985年版。

[112]赵宏恩等《江南通志》,景印文渊阁《四库全书》,台湾商务印书馆1984年版。

[113]赵希弁《郡斋读书后志》,景印文渊阁《四库全书》,台湾商务印书馆1984年版。

[114]真德秀《西山文集》,景印文渊阁《四库全书》,台湾商务印书馆1985年版。

[115]周纶《周益国文忠公年谱》,《宋人年谱丛刊》本,四川大学出版社2003年版。

[116]周应合《景定建康志》,《宋元方志丛刊》本,中华书局1990年版。

［117］朱熹《晦庵先生朱文公文集》，《四部丛刊本》。

［118］朱熹《晦庵集》，景印文渊阁《四库全书》，台湾商务印书馆1985年版。

［119］朱熹《晦庵续集》，景印文渊阁《四库全书》，台湾商务印书馆1985年版。

［120］祝穆撰，施和金点校《方舆胜览》，中华书局2003年版。

［121］庄绰《鸡肋编》，中华书局1983年版。

［122］邹浩《道乡集》，景印文渊阁《四库全书》，台湾商务印书馆1985年版。

## 论　文

**F**

［123］冯瑞等《王韶〈平戎策〉及其经略熙河》，《兰州大学学报》2002年第1期。

**M**

［124］马莎《刘昺举周邦彦自代考》，《文学遗产》2010年第1期。

**W**

［125］王娇、王可喜《新发现湖北〈茅田王氏宗谱〉所存冯京等宋人佚诗文辑考》，《古籍整理研究学刊》2008年第2期。

［126］王娇、王可喜《〈全宋文〉订补八则》，《华中学术》2015年第1期。

［127］王娇、王可喜《由王遂佚文解〈晦庵续集〉成书之谜——兼辑补王遂文四篇》，《文献》2016年第5期。

［128］王可喜《王韶〈平戎策〉处理民族关系的原则及借鉴意义》，《青海民族研究》2005年第3期。

［129］王可喜《王韶及其咏东林诗——兼补校〈全宋诗〉中王韶诗》，《贵州

社会科学》2005年第2期。

[130]王可喜《王韶佚文考》,《青海民族研究(社会科学版)》2006年第1期。

[131]王可喜《论南宋诗人王阮的思想人格特征》,《九江学院学报(社会科学版)》2006年第3期。

[132]王可喜《北宋名将德安王厚生平事迹考》,《九江学院学报(社会科学版)》2020年第2期。

[133]王可喜《南宋诗人王阮生平事迹考》,《长江学术》2009年第2期。

[134]王可喜《王遂年谱》,《中国诗歌研究》2010年。

[135]王可喜《论王阮诗歌的题材内容》,《名作欣赏》2006年第6期。

[136]王可喜、王兆鹏《王韶行年考》,《古籍研究》2006年第1期。

[137]王兆鹏、王可喜《北宋词人王寀行年考》,《江西社会科学》2006年第1期。

X

[138]薛瑞生《周邦彦卷入王寀、刘昺"谋逆"事件考辨》,《西北大学学报》2004年第4期。

Z

[139]朱瑞熙、孙家骅《北宋军事家王韶墓址考》,《南方文物》1989年第2期。

# 附录  王韶家族故事

### 1. 王韶生而颖异

　　王韶是建立不朽功勋的一代奇人。传说王韶是北斗武曲星下凡。王韶家谱《小传》载:"母陈氏江国夫人,梦北斗坠而未及于地,身侧一人曰:'若击得之,当生贵子。'夫人举杖击之,得第六星,落在衣衿,乃孕公。及诞公,神光满室,氤氲郁蒸。生而颖异,形气不凡。左手有文字,掌后有横文,起贯中指二节,两手五指皆齐。"实属罕见!

### 2. 王韶家教有渊源

　　王韶先代以农为业,父王世规举人,进士不第遂隐于敷阳山。王洋《右朝奉郎王公墓志》:"讳世规,即太师公也。自太师以上,皆晦德不仕。太师尝一举于有司,不第,遂隐于敷阳山,时人师尊之,作《敷阳山记》,号敷阳先生。"父亲王世规亲自启蒙教育,并为他创造良好的读书环境。"家世既盛,乃开义学于舍旁,招四方博学之士与子弟相讲论焉。"(《三万家谱录》)终于培养出王韶这位文武双全的一代伟人。

### 3. 王韶只身访边事

　　王韶于嘉祐二年(1057)与苏轼、曾巩等举同榜进士后,先任新安(今属河南)主簿,嘉祐七年调耀州(今陕西耀县)司户参军。在平凡的岗位上,王韶总觉得自己远大的抱负难以施展,于是自英宗治平元年(1064)开始,只身访采熙州、河州地区历史地理。在两年的调研中,他绘制地图,摸清主要地方势力武装状况、民族关系等等。《宋史》本传载:"客游陕西,访采边事。"王韶精心准备着一盘大棋,只是要等待恰当的政治机会。

### 4. 王荆公慧眼识王韶

据《复斋漫录》记载,王韶年少的时候在庐山东林寺裕老庵闭门苦读,心中充满着理想志向。有一天看着庵前的一棵老松树,写了一首诗:绿皮皱剥玉嶙峋,高节分明似古人。解与乾坤生气概,几因风雨长精神。装添景物年年换,摆捭穷愁日日新。惟有碧霄云里月,共君孤影最相亲。时王荆公在江东为官,过庐山,见王韶及其诗作,大加称赏,遂为知己。

### 5. 王韶诣阙上《平戎策》

宋神宗熙宁元年(1068),39岁的王韶终于等来了建功立业的机会。他得到了宋神宗的召见,诣阙上《平戎策》三篇,详论取西夏之略,得神宗赏识。《东都》本传载:"时神宗初立,韶内知天子智勇,有志于天下,乃上《平戎策》。"以王韶管干秦凤经略司机宜文字。《宋史》本传载:"神宗异其言,召问方略,以韶管干秦凤经略司机宜文字。"自此,王韶在熙河地区大展身手,开始了自己收复熙河、断夏人右臂的伟大事业!

### 6. 王韶智招俞龙珂

熙宁四年(1071)八月二十一日,王韶以恩信成功招抚俞龙珂部。《续资治通鉴》载:八月"癸酉,置洮河安抚司,命王韶领其事。初,议取河湟,自古渭寨接青唐、武胜军,应招纳蕃部市易、募人营田等事,韶悉主之,遂至秦。会诸将以蕃部俞龙珂在青唐最大,渭源羌与夏人皆欲羁縻之,议先致讨。韶因案边,

引数骑直抵其帐,谕以成败,遂留宿。明旦,两种皆遣其豪随韶以东,龙珂率其属十二万口内附。既归朝,自言:'平生闻包中丞朝廷忠臣,乞赐姓包氏。'帝如其请,赐姓包、名顺"。此乃王韶以诚信、胆量与智谋实现民族和解之成功范例!所以王安石对宋神宗称赞王韶"不可得""有智勇"。《续资治通鉴长编》:"安石为上言:韶诚不可得,欲结连一带生羌,又能轻身入俞龙珂帐中,可谓有智勇。"

### 7. 王韶克复武胜军

熙宁五年五月,诏以古渭寨为通远军,命王韶兼知军。王韶开始全心备武胜之役。七月王韶举兵城渭源堡。八月王韶复武胜军,筑城武胜军,建为镇洮军,又破木征于巩令城。王韶复武胜军的经过,《续通鉴》详载:熙宁五年八月八日,"秦凤路沿边安抚使王韶引兵城渭源堡,破蒙罗角,遂城乞神平,破抹耳水巴族。初,羌各保险,诸将谋置阵平地,韶曰:'贼不舍险来斗,则我师必徒归。今已入险地,当使险为吾有。'乃径趋抹邦山,逾竹牛岭,压贼军而阵,令曰:'敢言退者斩!'使皆下马少息。贼乘高下斗,军小却。韶麾帐下兵击之,羌溃走,焚其庐帐,洮西大震。会木征渡洮来援,余党复集。韶命别将由竹牛岭路张军声,而潜师越武胜,遇木征首领瞎药等,与战,破之,遂城武胜"。随后,以武胜军为镇洮军。有破木征于巩令城,降其部落二万余人。十月升镇洮军为熙州,置熙河路。王韶为龙图阁待制、熙河路都总管、经略安抚使兼知熙州。

### 8. 王韶乘势复五州

熙宁六年(1073)二月,王韶复河州,俘获木征妻子。八月,实施穿露骨山破贼之计策。王韶平宕州、岷州、叠州、洮州等州经过,《续资治通鉴长编》记载,军行凡五十四日,跋涉一千八百里,平复州五,开辟土地自临江寨至安乡城,东西上千里,斩首三千多级,获牛羊马以数万计。《续资治通鉴》则记载,这

次战役,五十多天杳无音信,大家都传说王韶已全军覆没。等到大获全胜,传来捷报,神宗皇帝高兴万分,给王韶加官为端明殿学士、兼龙图阁学士、左谏议大夫。神宗在紫宸殿接受群臣上表朝贺,高兴起来,解下自己身上的玉带赐给王安石,奖励王安石推荐了王韶这位文武双全的人才。

## 9. 上阵兄弟父子兵

　　王韶经略熙河,除网罗全国各类人才外,自己的兄弟、儿子也是得力助手。弟弟王夏即为将作监主簿、书写熙河路经略司机宜文字,帮助掌管军事机密文件。熙宁七年(1074)正月,弟王夏管押蕃部都首领瞎吴叱等到京师,当贺表送到朝廷,得到神宗特别接见,王夏升官为大理寺丞,赐绯章服。儿子王厚也随军打仗,得到了锻炼。《宋史》本传:"少从父兵间,畅习羌事,官累通直郎。"崇宁初,王厚复湟鄯、定青塘时,其六弟王端即为兰州通判,措置湟州事的招纳官,是他的得力助手。王端后来官至显谟阁待制。原来王家军也是兄弟父子兵啊!

## 10. 王韶府一日三圣旨

　　熙宁八年(1075)四月九日,汴京城崇仁坊第一区王韶府一日迎来三道圣旨。第一道是奖励王韶,升官为枢密副使、充观文殿学士、加封太原郡开国侯,追封三代并妻。第二道是奖励其曾祖父母,特赠曾祖师诚金紫光禄大夫,特赠曾祖母郑氏安康郡夫人。第三道是奖励其祖父母、父母,祖令极,父世规,皆特赠金紫光禄大夫、太子太师,祖母□氏、母陈氏,并封嘉泰郡夫人。人臣至此,荣耀至极!

## 11. 王韶与东林寺有缘

　　王韶与东林寺有特别的缘分。少年时在东林寺裕老庵读书,结识王安石。

北宋前期，东林不振。知洪州任上的王韶，对东林有特别感情，凭借他的影响力向朝廷请示升东林为禅寺，元丰二年（1079），得到神宗批准，下诏重振东林，常总为东林住持，东林寺很快又拥有"厦屋千楹"。王韶再次来到东林寺，题诗云：恭承嘉命守江滨，才到东林暂驻轮。卜筑豫寻归老地，光华须藉重名人。莲铺石砌邀新客，茅覆阶楹接旧邻。若得华篇浑碑版，山林从此长精神。东林寺成为他的精神家园。

## 12. 王韶气度非凡

王韶志向高远，胸怀豁达，为人粗犷，用兵有方略，每次召集诸将布置好战斗计划，就不再随便更改，结果总能大获全胜。出征熙河时，有一次晚上睡在军帐中，突然前方有来犯之敌，于是两军交战，弓箭、石头齐下，杀声一片，响震山谷，他身边的侍从人员吓得浑身发抖，而王韶依然大睡，鼾声自若。王大帅真是气度非凡、胸有成竹啊！

## 13. 哲宗令立"忠烈"庙

哲宗绍圣三年（1096）七月，王韶去世已经十六年了，朝廷依然不忘他的功勋，令熙河立王韶庙，赐额"忠烈"。《宋史》卷十八《哲宗本纪》载：哲宗绍圣三年秋七月"甲寅，令熙河立王韶庙"。家谱《小传》载："立庙熙河，赐额'忠烈'。"

## 14. 王韶家族五代忠烈

王韶把国家统一、民族融合作为自己的使命，并为此出生入死，不懈奋斗，成就了伟业。确立了始终将个人前途与国家命运紧密结合的家族传统。王厚以文易武，为的也是国家统一、民族融合，最后成就了一番伟业。宋室南渡的时候，王韶子孙以王彦博、王彦融为代表，护驾南行，把挽救民族危亡作为自己首要的历史责任，王彦博勤王有功，王彦融南定湖湘、北守淮楚，维护国家统

一、社会安定。南宋庆元年间,王韶曾孙王阮出守濠州,以守边护国为己任。理宗绍定二年,闽寇晏头陀之乱,王韶玄孙王遂协助陈韡一起平定晏头陀之乱,维护了国家安定。王遂后来入朝为官,不畏强权,弹劾权臣巨奸,置个人生死于度外,尽自己最大努力,与同时代的名士精英一起,维护着大宋江河日下的半壁江山,成为一代名臣。所以史家赞叹王韶家族:"文武全才,忠烈一家!"

## 15. 王厚两复湟鄯

元符二年(1099)六月,师出塞。七月,下邈川,降瞎征。九月,次青唐,陇拶出迎。遂定湟、鄯。《宋史》本传云:"元符元年六月,师出塞。七月,下邈川,降瞎征。九月,次青唐,陇拶出迎。遂定湟、鄯。"崇宁二年(1103)王厚收复湟州,并管下城寨、周围边面地里共约一千五百余里。五月十二日,改鄯州为西宁州,意味西部从此安宁。西宁之名因王厚两次收复而得,并沿用至今。

## 16. 王韶王厚皆赐第

熙宁七年甲寅(1074)二月初一日,王韶已经收复熙、河、洮、岷、叠、宕六州,入朝,加资政殿学士、兼制置泾原秦凤路军马粮草,赐第崇仁坊第一区、银绢二千,授其兄振奉礼郎,弟大理寺丞夏三司勾当公事,令侍母于京师。崇宁三年九月,王厚因收复湟、鄯、廓州和积石军而赐第京师。

## 17. 王寀刊刻《汝帖》

大观二年(1108),王寀以直秘阁知汝州。第二年,在政事之余,他开始整理自己收集的自三代而下至五代的字书百家,包括篆、籀、隶、草、真、行各种字体,刻在十二块方石上,汇帖12卷,每卷首均刊目录,卷末刻帖的数目,共77家又23种。大观三年八月完工后,摆放在自己的官衙坐啸堂的墙壁上,供自己随时品玩。因刻于汝州,故名《汝帖》。与《淳化阁帖》《泉州帖》《绛州帖》并

称为"四大名帖"。

### 18. 王寀挥毫立就《浪花》诗

北宋京城开封有一个诗人叫曹道冲,他以卖诗为业,号称凡有命题,挥笔立成。有一天,几个不怀好意的捣乱者特意给他出难题,请他写一首描写浪花的绝句,限用"红"字为韵。曹道冲作不出来,说只有秘书省著作佐郎的王寀学士才能写得出来。捣乱者说,当然知道王学士的大名,但没法请到。曹道冲说,备好纸笔,往拜求之,一定能成。结果王寀真的欣然答应,挥毫立就,读者叹服。诗曰:"一江秋水浸寒空,渔笛无端弄晚风。万里波心谁折得,夕阳影里碎残红。"这首诗成为千古名作,王寀亦因此诗名大振。

### 19. 彦融兄弟南渡勤王

靖康之难,北宋灭亡。康王赵构在南京(今河南商丘)即位,宋室南渡。在南渡过程中,王韶子孙奋力勤王,为国尽忠。王厚之子王彦博靖康勤王有功,南渡后将家安在苏州。王寀之子王彦融带领堂兄弟七人一起勤王,冲锋在前,奋不顾身,唯恐落后,南渡后将家安在金坛西塔山,在江苏开枝散叶。

### 20. 彦融为父讼冤

王寀于徽宗政和八年六月被林灵素陷害,以谋逆被诛死。靖康之难,改元建炎,十九岁的彦融徒步走京师,上书为乃父王寀讼冤。高宗召见,问明缘由,彦融被任命官职。绍兴五年十二月,朝廷追复王寀为朝奉大夫。彦融尽孝道如此!

### 21. 彦融智平武冈之乱

绍兴初,王彦融辟湖南安抚司干办公事,时湖湘盗贼蜂起,檄彦融出讨,未

几悉平。帅宪上功,授儒林郎。帅宪复论奏,以为赏不当功,继被旨改合入官。事定,而武冈军所驻东南第九将兵唐明等,以衣粮不足,据城称乱,帅复檄彦融权军事。先是盗贼纷纭,武冈守备严甚,至是贼反资以为用,彦融度不可胜,则散赏榜,使自相携贰,唐明等果自疑,率首领约降。既降而知我师之弱,议复中变,彦融乃单骑造城下,谕以逆顺祸福,贼悔悟,启关请降,彦融即入城视事,一军以安。以胆识和智慧平定了武冈之乱。

## 22. 彦融教子孙清廉

王彦融护驾南渡后,南定湖湘,北守淮楚,将家安在金坛西塔山。乾道四年(1168)退居金坛,买书数千卷,开义学,把族中子孙辈聚在一起读书学习。当时,他的两个儿子都在地方做官,彦融写诗鼓励儿子:"廉勤不可纤毫累,归来使我家中钱。"要求儿子清廉为官,勤政为民,不得有丝毫马虎,可谓用心良苦啊!所以,彦融子孙为官都以清廉著称,可见家教有源!

## 23. 石湖赞王阮是人杰

王阮的父亲王彦博靖康勤王,南渡后为官吴越、江淮,故安家于姑苏。王阮在姑苏长大,青少年时期已从范成大游,甚得器重。隆兴元年(1163),王阮参加科举考试,对策纵论建都临安与建康的利弊,范成大时为点检试卷官,当他读到王阮的对策,特别赞成王阮的观点,感叹说:"真是人中豪杰啊!"对王阮十分推崇、肯定。范成大号石湖居士。

## 24. 王阮拒附韩侂胄

王阮自称将种,有文武才略,为官清廉,性格刚直。知濠州时日讲守备,金人不敢南侵。庆元五年(1199)移知抚州。韩侂胄在庆元党禁后独揽大权,开始笼络主战派爱国人士,准备北伐。王阮是主战派爱国诗人,韩侂胄早闻王阮

大名,请他入京,承诺给王阮高官厚禄。王阮主张北伐,但对庆元党禁打击道学和韩氏独揽朝纲非常不满,觉得韩侂胄不是同路人,说:"吾闻公卿择士,士亦择公卿。"断然拒绝,奉祠归隐庐山。

## 25. 方忠惠公举王旦

王阮的小儿子王旦知博罗县时,明知兵火之后博罗难治,但他信心满满,如同治理家庭一样,倾注全力,把床摆到县衙大厅后,处理公务、日常生活、吃睡起居融为一体。经过两年努力,前任拖欠老百姓的钱全部付清,又将积存的醋钱抵扣丁税。将任满时,又将篡剩的钱代纳明年的税。其他如兴学校、修桥补路,深得百姓爱戴,真正是百废俱举,一邑大治!方忠惠公大琮时任知广州兼广东经略安抚使,十分清楚王旦的出色政绩,又了解王旦家世,知道王旦得勋业之传,是一位有实干精神的官员,所以极力举荐,认为王旦可当重任,足为国家大用。

## 26. 遂母教子以民为重

嘉定十六年(1223)王遂在知当涂县任上。这年夏天多雨,六月初三大雨已下几天了,这一天也是母夫人蔡氏的生日,而且是七十大寿的生日,太平州知州王元春派同僚前来祝寿,县衙内热闹非凡,高朋满座,好不气派。一般的母亲应该是高兴、自豪,可是蔡氏夫人却不高兴,她将儿子王遂叫到一边,对他说:"盛夏雨季,大雨下了几天了,作为一县之长,要以民为重,防洪救灾、保护百姓是你的首要责任,千万不要以我生日为由误了老百姓的大事!"这一年的十二月,母夫人蔡氏病逝,原来这是母亲最后一个生日。王遂家教如此,难怪他能够成为南宋后期理宗朝的重臣!

# 后　　记

　　这本书是我二十年来累积成果的汇合。

　　2004 年秋，我到武汉大学做高级访问学者，师从王兆鹏先生做国家社科基金课题"两宋词人丛考"，考证了十二位词人的生平事迹，其中就有《王寀考》。在掌握考据基本方法、套路的基础上，我开始研究自己的校级课题"南宋诗人王阮研究"，写成论文《南宋诗人王阮生平事迹考》。2005 年 5、6 月间，我抓住在武汉大学访学便于查找资料的有利条件，努力收集王韶、王厚、王遂等人资料，准备访学结束后把家族主要成员的事迹做全面研究。这年暑假，我在家一口气完成了《王韶行年考》《王遂年谱》两篇大文章，又继续研究王阮诗歌，写成了《论王阮诗歌的题材内容》《论南宋诗人王阮的思想人格特征》两篇文章。此后，在湖北通山民国《茅田王氏宗谱》等族谱资料中，辑得王韶、王厚的佚诗文，在江苏金坛民国《王氏宗谱》辑得王遂佚文。兆鹏师看到我这些系列成果，鼓励我可以写成一本研究王韶家族的专著。因此，我开始条理化，不断完成主要章节，深入研究，把行年考一类的文章尽量完善、充实为年谱，事迹材料不多的则写成考略，成员扩展到祖孙五代八位人物；又归纳总结王韶家族五代忠烈的文化特色，探讨其家族二百多年兴盛不衰的原因，基本形成上篇"世家研究"；深入研究王韶、王寀、王阮的诗文，初步形成下篇"文学研究"。王韶以文出仕，以武报国，是一位杰出的军事家。然而其军事著作《熙河阵法》失传，难见其军事思想面貌，于是结合孙子兵法的基本理论，努力从其熙河之役的军事

359

实践中概括出其军事思想的八个方面，以见概况，作为"余论"。2023 年，德安县社科联着手地方文化推广普及工作，让我以史实为依据，编写些王韶家族故事，以便拍成小视频。我觉得是一件有意义的事情，更容易让普通人了解、记住，于是写了 26 个小故事。这次出版，把 26 个小故事作为附录，希望慢慢得到传诵。

这本书的写作，除了恩师兆鹏先生的指导、鼓励外，也得到了德安锹溪王氏家族、通山茅田王氏家族、金坛王氏家族的会长、族长们的支持和帮助，他们提供了清同治六年（1867）王凤池等纂修的锹溪《王氏大成谱》、民国辛巳年（1941）《茅田王氏宗谱》、丹阳东王村民国丁巳年（1917）《王氏宗谱》、金坛岳阳民国戊辰年（1928）《王氏宗谱》，获得了珍贵的家谱资料，解决了如世系源流、人物传记、佚诗文的很多关键史料问题。因此，对家族的会长、族长们表示诚挚的谢意！

2018 年，湖北省社科联启动"七个一百人才"成果出版资助计划，我将这本书申报了出版资助并获批。当年底就联系出版社，订合同后将资助经费打到了出版社。因书稿没有全部完成，想继续充实，写得满意些，出版速度暂缓。匆匆一年过去，2020 年初新冠疫情暴发，持续三年的疫情，调研无法进行，书的出版自然也停了下来。如今再次启动出版事宜，重新签订合同，湖北省社科联资助的经费缓解了部分经费压力，在此表示感谢！

持续二十年的累积，自然少不了家人的支持。爱人王娇无论是家庭事务承担还是资料查找、核对，都尽到了她最大的努力。我外出访学、提升学历，家里女儿的学习教育、日常生活都是她一个人忙碌，从无怨言，尽到了贤妻良母的责任。由于她在图书馆工作，利用便利条件，帮我查找研究资料、核对文稿，让我提高了效率，节省了时间。女儿王珮瑶从小就很懂事，学习很努力，成绩一直优秀，很少需要我们操心，2019 年她研究生毕业成为武汉协和医院的一名医生，今年又被国家留学基金委公派到德国汉堡大学攻读博士。没有爱人的

付出和支持,没有女儿的乖巧和争气,让我没有后顾之忧,能安心做学问,很难想象我的研究会是一个什么状态,这本书也不可能写成。感谢我家人的全力支持!

  这本书的出版,得到了江西高校出版社领导和责编的支持。2018年,江西省历史学会王韶研究专业委员会(简称王韶研究会)获批,为准备召开成立大会暨首届全国王韶学术研讨会,决定编撰"王韶研究丛书",成立编委会,孙家骅先生任名誉主任,邹锦良博士和我为主任。先编《王韶研究文献集》《王韶家族研究文献集》两本,我任前一本的副主编,后一本的主编。而且约定,今后王韶研究丛书都在江西高校出版社出版,所以这本书也理所当然选择江西高校出版社。在出版合同签订、书稿编校过程中,编辑非常专业、负责,合作非常愉快,借此机会表达诚挚的谢意!

王可喜

甲辰初夏于湖北科技学院揽月湖畔